中央高校基本科研业务费专项资金资助项目
Fundamental Research Funds for the Central Universities

20世纪的宏观经济学

——从凯恩斯主义统治到学派林立

苏雪串 著

本书以20世纪西方宏观经济学的演进为主线，揭示各种理论产生的学术和时代背景以及研究宏观经济的出发点和侧重点，分析其核心理论和政策主张。逻辑体系的构建既考虑宏观经济学理论的纵向演变，也顾及各种理论之间的横向关联。

中国财经出版传媒集团
经济科学出版社
Economic Science Press

图书在版编目（CIP）数据

20世纪的宏观经济学：从凯恩斯主义统治到学派林立/苏雪串著. —北京：经济科学出版社，2020. 11

ISBN 978-7-5218-2045-4

Ⅰ. ①2…　Ⅱ. ①苏…　Ⅲ. ①西方经济学-宏观经济学-研究　Ⅳ. ①F0-08②F015

中国版本图书馆CIP数据核字（2020）第217023号

责任编辑：于海汛　郭　威
责任校对：郑淑艳
责任印制：范　艳　张佳裕

20世纪的宏观经济学
——从凯恩斯主义统治到学派林立
苏雪串　著
经济科学出版社出版、发行　新华书店经销
社址：北京市海淀区阜成路甲28号　邮编：100142
总编部电话：010-88191217　发行部电话：010-88191522
网址：www.esp.com.cn
电子邮箱：esp@esp.com.cn
天猫网店：经济科学出版社旗舰店
网址：http://jjkxcbs.tmall.com
北京季蜂印刷有限公司印装
710×1000　16开　21.25印张　400000字
2021年10月第1版　2021年10月第1次印刷
ISBN 978-7-5218-2045-4　定价：88.00元
（图书出现印装问题，本社负责调换。电话：010-88191510）

前　言

20世纪是西方经济学发展最为繁荣的一个时期，特别是自20世纪30年代宏观经济学产生以来，西方经济学家在继承或批判凯恩斯经济学的基础上，形成诸多宏观经济理论体系，经历了从凯恩斯主义统治到20世纪末期的学派林立。

本书的内容是以20世纪西方宏观经济学的演进为主线，揭示各种理论产生的学术和时代背景、构建宏观经济理论体系的出发点和视角及其所形成的核心理论及政策主张。逻辑体系的构建既考虑宏观经济学理论的纵向演变，也顾及各种理论之间的横向关联。结构和内容安排的特点主要在于：

第一，把具有多样性特征的经济理论放在历史的、比较的框架中，梳理和反思各种经济思想兴盛和衰落的脉络，比较各种理论观点和政策主张的异同，以期全面、系统地理解宏观经济学理论的过去和现状，并总结和展望宏观经济理论发展的规律和态势。

自1936年《就业、利息和货币通论》（以下简称《通论》）出版起，西方宏观经济学已经经历了80多年的发展和演变，在此期间，有继承、有批判、有创新，也有分化和融合。百花齐放、百家争鸣体现了经济学理论发展的繁荣，作为政府制定政策的依据，经济学理论的繁荣也带来各国政府在不同经济发展阶段或不同时代背景下政策的多样化。本书的论述中，从古典经济学的宏观经济理论开始，到凯恩斯的宏观经济学的产生，到凯恩斯主义占据经济学统治地位，再到反凯恩斯主义诸学派也进入经济学舞台的中央，宏观经济学开始呈现学派林立的态势。同时，公共选择理论、经济增长阶段论以及新经济地理学等也以各自的特点和魅力丰富和充盈着经济学的百花园。

第二，重视挖掘理论产生的背景及历史事件对经济学理论的冲击。

任何理论，只有以历史根源为背景，才能得到准确的理解。作为致用之学，经济学理论演进主要源于经济发展实践变化的驱动。从经济学发展史来看，经济实践的变化推动经济学理论的发展，新的经济问题或经济现象往往会激发出新理论。历史事件往往是导致新理论产生的原动力，每次大的经济事件都成为质疑、反思或批评原有理论的契机，引发理论争鸣和创新。自宏观经济学产生以来，围绕支持或反对凯恩斯经济学的主线，经济学家之间的争论一直存在并将持续。加尔布雷斯也曾强调，宏观经济学这门学科生命的延续部分正是由于它创造性的自我毁灭过程。这个事实也提供了另一个解释来说明为什么我们要把它的演变历史和它的现代形式结合起来学习。

18 世纪英国开启工业化进程，亚当·斯密创作了《国富论》，论证了分工和专业化的经济效应，以及市场机制这只“看不见的手”的调节能够同时实现个人和国家财富的增长。19 世纪，面对不断加剧的贫困现象，李嘉图开始重视收入分配问题的研究，用以解释贫困的原因。在资本主义经济危机频发的背景下，马克思提出了劳动价值论，揭示了劳动者创造的剩余价值被剥削以及商品过剩的根源。1929 年开始的“大萧条”使得古典经济学衰微，也为新的政治和学术思想开辟了道路，产生了凯恩斯宏观经济学，从总需求的角度揭示了经济危机的原因，强调需求决定论，主张通过调节总需求的政策增加就业、促进经济增长。在凯恩斯主义统治西方经济学大约40 年之后，20 世纪 70 年代西方国家经济陷入高失业与高通胀并存的“滞胀”泥潭，凯恩斯主义衰微，成为反凯恩斯主义诸学派登上经济学舞台的序曲，货币主义、供给学派、新古典宏观经济学等和凯恩斯主义在经济学的沃土上百花齐放。

第三，重视各种理论的研究视角和方法的特点分析。

每个学派都有其研究经济问题的独特视角和研究方法，在凯恩斯主义发展过程中，新古典综合派把凯恩斯经济学与新古典经济学融合为一个理论体系，构建了现代经济学理论的基本分析范式。新剑桥学派把权力结构、历史等因素纳入分析框架。新凯恩斯主义从微观经济主体行为角度为凯恩斯经济学补充微观基础，从不同角度和领域补充和完善凯恩斯经济学。货币主义、供给经济学、新古典宏观经济学、公共选择理论从不同方面对凯恩斯主义进行批判，构建新的独特理论并提出相应的政策主张。从研究方法来看，凯恩斯重视逻辑分析及动物精神对经济主体行为的影响，新古典综合学派开启了经济学数学化的分析范式，新剑桥学派重视社会哲学，货币主义重视实证分析等。此外公共选择理论强调经济学方法论的个人主义，新经济地理学把空间因素纳入主流经济学范畴。不同的研究视角和方法都会给我们带来启迪和灵感。

第四，强调各学派的政策主张与其理论的呼应。

宏观经济理论的主要目的，在于全面系统地解释经济的运行方式、经济对特定政策的反应方式，以及各种冲击如何影响经济的稳定性。解释经济运行方式的观点并按一定的逻辑框架组织起来的宏观经济理论，成为设计和实施经济政策的基础。每个学派都试图通过理论研究解决现实问题，以其理论为依据提出解决问题的政策主张，因而政策性争论也扎根在理论分歧中。

新古典综合派的理论揭示了总需求不足和过度分别是经济萧条和通货膨胀的原因，据此提出相机抉择的政策主张——经济萧条时期采取扩张性政策增加总需求，通货膨胀时期采取紧缩性政策减少总需求。新剑桥学派从收入分配角度以收入分配理论为核心发展凯恩斯经济学，因而提出以缩小收入差距为核心的政策。新凯恩斯主义构建黏性等理论解释失业和经济波动，降低工资和价格黏性就成为其重要的政策内涵。货币主义理论强调货币数量稳定增长的重要性，主张单一规则的货币政策。供给学派主张增加投资、刺激创新等有利于增加要素和商品供给的政策。新古典宏观经济学基于理性预期，得出政策无效的结论，因而反对政策调节。公共选择理论以政治市场的行为主体也是“经济人”为前提，强调规则选择的重要性。

第五，寻求经济理论的哲学基础。

任何一种经济理论和思想都必须置于所处的经济发展阶段和文化背景下来理解。每个学派都有其相对完整的理论体系和逻辑思维体系，建构具有逻辑一致性的体系的工具包括哲学、逻辑学、批判性思维等。对人类行为和思想进行反思的哲学必然影响经济思想，本书将尽力挖掘经济理论的哲学基础，比如，凯恩斯主义的哲学基础是柏拉图的理想主义（乌托邦社会），柏拉图强调社会的最高层是哲学家和政治家，追求的目标是国家利益，因而主张构建全能型政府。新自由主义的哲学基础是亚里士多德的现实主义。亚里士多德强调社会各阶层的人都有同样的追求，国家的任务就是使这种追求成为可能，因而崇尚自由放任，反对政府过多干预市场经济。

第六，挖掘经济学家的人生阅历、成长背景及个性，作为理解其理论和政策主张的人文基础。

决定经济学理论的影响力和传播程度的一个重要因素是创建理论的经济学家的个性和理论表达方式。每个学派都有其领袖和代表性人物，其个性特征会影响他们对所生存的世界的理解，并有可能引导人们像他们那样看待经济问题。因此，通过经济学家的生长环境、人生阅历、性格特征、所遇到的事件冲击等传记性资料，能够更准确地把握其理论观点、更深刻地理解其思想精髓。

不谋全局者，不足以谋一域。任何碎片化的知识，都应该被理性梳理并建构起系统化的秩序，才能显示出知识的力量。自宏观经济学产生以来，经过凯恩斯主义的统治，到学派林立，经济学领域异彩纷呈。这些理论为我们积淀了丰富的经济思想，拓展了经济学的研究思路甚至思维方式，也都为经济学的进一步发展提供了可资借鉴的研究视角、观点和方法。通过对宏观经济学在20世纪的产生和发展的理论演变及其比较进行系统梳理和分析，希望能够给读者带来用于理解现代宏观经济学的更开阔的视野和更清晰的历史脉络，从而深化对经济理论的领悟，增强贯通和系统化的分析和应用能力。

目　录

第一章

凯恩斯革命之前：从古典到新古典经济学

古典经济学是现代经济学理论产生的思想渊源，凯恩斯革命的产生也是源于对古典经济学的否定。在凯恩斯革命的语境中，古典和新古典经济学都被定义为“古典”。“对凯恩斯而言，古典学派不仅仅包括亚当·斯密、李嘉图等，……他把马歇尔和庇古纳入了古典学派。……凯恩斯可能认为，就其实际状况来说，将1776～1936年这一阶段的宏观经济思想看作在宽泛的思想范围内基本属于同类是合理的，因为它们都坚信自然的市场调节机制是维护充分就业的均衡的手段。”①

第一节　古典经济学的宏观经济理论：充分就业的均衡是常态

在古代，就有经济思想的产生。自16世纪开始，对现实问题的思考以及寻求解决问题的对策的需要，逐步形成了一些关于经济问题的知识。随着个体经济和自由贸易的发展，出现了越来越多的用来解决当时的实际问题的经济知识和成果。法国的重农主义者提出了较为系统的经济思想和理论，到18世纪，形成了具有系统的理论体系和科学性的学科——经济学。斯密受牛顿物理学的影响，把经济活动作为一个体系来研究。1776年，斯密在其《国富论》中，构建了一个较为完整的经济学理论体系，标志着经济学的产生。

① ［英］布赖恩·斯诺登，霍华德·文．现代宏观经济学：起源、发展和现状［M］．佘江涛，魏威，张风雷，译．南京：江苏人民出版社，2009：37.

亚当·斯密是古典经济学的奠基人，从《国富论》[①] 出版到边际革命之前的经济学被称为古典经济学（classical economics）[②]。从《国富论》出版的1776年到《通论》出版的1936年的160年间，古典经济学一直占据统治地位，成为人们理解经济问题的主导思想。

古典经济学理论的思想渊源包括道德哲学、牛顿物理学、达尔文生物学等，因而内容较庞杂，包括微观经济理论和对宏观经济的研究。在理性经济人（rational economic man）、完全竞争市场、完全信息、市场出清等假设条件下，古典经济学研究资源配置、产出的决定、政府职能等，虽然并没有形成系统的宏观经济理论，但对宏观经济问题的研究隐含或形成了相关理论。

一、古典理论关于就业和产出的决定：市场调节能够实现充分就业的均衡

供给和需求在产量决定中的相对重要性是凯恩斯主义与古典经济学的主要分歧之一。古典经济学认为，充分就业的均衡是市场经济中的常态，“看不见的手”的作用或价格调节能够实现劳动市场、资本市场及总供求的均衡。

（一）生产函数：就业量决定总产量

古典经济学的生产函数为短期生产函数。对单个厂商而言，假设生产技术和资本投入不变，劳动投入是唯一的可变要素，加总所有厂商的生产函数，可以得到宏观生产函数：

$$Y = Af(N, K) \tag{1-1}$$

式（1-1）表明，一定时期的实际总产量 Y 决定于技术水平 A、资本投入量 K 和就业量 N。在短期内，当技术水平 A 和资本投入量 K 一定时，总产量 Y 是就业量 N 的增函数。因为存在劳动的边际产量递减，所以 $f''(N)<0$，总生产函数曲线凸向总产量轴，如图1-1所示。

---

① 《道德情操论》与《国富论》是斯密最有影响的两部著作，前者所阐述的是伦理道德问题，后者所阐述的主要是经济发展问题。19世纪中叶德国历史学派的经济学家提出了“亚当·斯密问题”，即《道德情操论》与《国富论》相互矛盾的问题，前者把人的行为归结于同情，而后者把人们的行为归结为自私。之后，研究斯密的论著的学者都把斯密看作是伦理学上的利他主义者，经济学上的利己主义者。斯密在《道德情操论》中把基于个人利益的利己主义称为“自爱”（self-interest），认为支配人类行为的动机有自爱、同情心、追求自由的欲望、正义感、劳动习惯和交换倾向等；人们自爱的本性是与同情心相伴随的，然而，人在本能上又是自私的，总是在自爱心的引导下追求自己的利益，从而妨碍同情心的充分发挥。人们追求自身利益的自爱是人类的一种美德，是一切经济活动的必要条件。

② 西方经济学家所谓的古典经济学与马克思界定的古典经济学的范畴不同，马克思所使用的古典经济学的概念是指17世纪中叶到19世纪30年代英国和法国的经济学，即英国从威廉·配第到李嘉图，法国从布阿吉尔贝尔到西蒙斯的经济学理论。

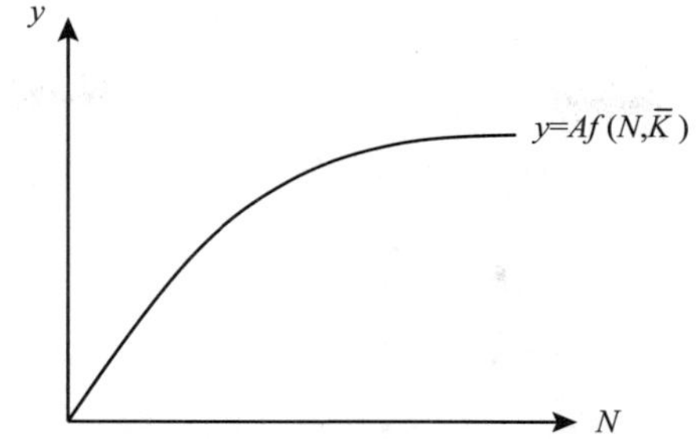

图 1-1　古典经济学的总生产函数

（二）就业量的决定：工资调节能够实现劳动市场充分就业的均衡

在古典经济学中，就业量决定于劳动市场的供求关系。作为劳动的市场价格，工资变动可以调节劳动的供给和需求，使劳动市场达到均衡。如果劳动需求大于供给，工资就会上升，随着工资的上升，劳动需求减少，劳动供给增加；相反，如果劳动需求小于供给，工资就会下降，随着工资的下降，劳动需求增加，劳动供给减少，从而实现劳动市场供求均衡。除非劳动者不愿意接受现行的工资水平或其他工作条件，否则，在工资降至零之前，所有愿意就业的劳动力都能够获得就业机会，不会产生长期的劳动力过剩或失业，即充分就业的均衡是必然的。

在劳动市场，劳动的供给和需求都是实际工资的函数。根据古典经济学理论的假定，工资变动对劳动的替代效应大于收入效应，所以，劳动供给是实际工资的增函数，加总所有劳动者的劳动供给函数，得到宏观经济中的劳动总供给函数：

$$N_s = N_s\left(\frac{W}{P}\right) \tag{1-2}$$

厂商对劳动的需求决定于劳动的边际产量，并根据劳动的边际收益（劳动的边际产量等于边际成本决定利润最大化的劳动投入量：$dy \cdot P = dN \cdot W$）。因为劳动的边际产量递减，所以厂商的劳动需求函数为实际工资的减函数，加总所有厂商的劳动需求函数，即得到宏观经济中的总劳动需求函数：

$$N_d = N_d\left(\frac{W}{P}\right) \tag{1-3}$$

当劳动市场供求均衡时，决定了均衡的就业量，如图 1-2 所示。

在古典理论中，劳动市场为完全竞争市场，货币工资具有完全弹性，当价格水平变动时，货币工资会相应调整，从而使实际工资达到能够使劳动市场实现充分就业均衡的水平。如果存在失业，也只是摩擦性失业、结构性失业、季节性失业等自然失业和自愿失业，而不会有大规模的、长期的非自愿失业，即劳动市场的均衡是充分就业的均衡。

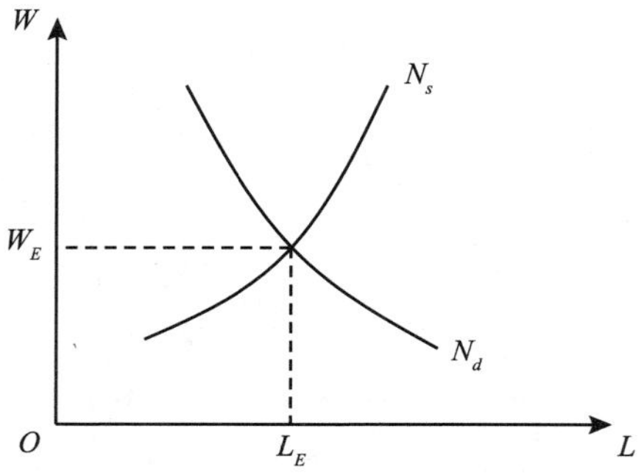

图 1－2　古典经济学中就业量的决定

（三）总产量的决定：总产量等于潜在产出，不受总需求水平影响

货币工资影响实际工资，实际工资决定就业量，就业量决定总产量，这样，就可以得到总供给函数。如图 1－3 所示。

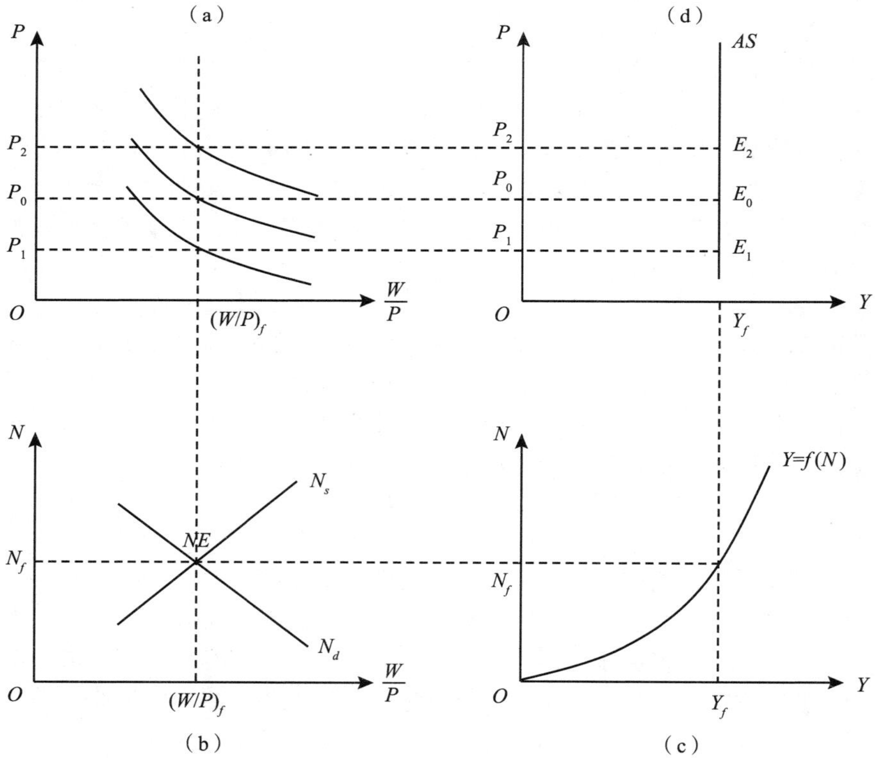

图 1－3　古典经济学中总产量的决定

在图 1－3 中，(a) 显示了货币工资、价格水平、实际工资之间的关系，货币工资和价格水平决定实际工资。当货币工资为 W_0，价格水平为 P_0 时，均衡实际工资为$\left(\frac{W}{P}\right)_f$。实际工资决定就业量，即 (b) 中的就业量为 N_f。(c) 为总生产函数，这时，总产量为 y_f。(d) 为总供给曲线，即价格水平与总产出之间的关系，这时，总供给曲线的对应点为 E_0。

如果价格水平下降为 P_1，则$\frac{W_0}{P_1}>\frac{W_0}{P_0}$，实际工资上升会引起劳动供给增加和劳动需求减少，从而导致货币工资下降，直到降至 W_1，使$\frac{W_1}{P_1}=\frac{W_0}{P_0}$，达到新的均衡。就业量和总产量依然为 N_f 和 y_f，总供给曲线的对应点为 E_1。同理，如果价格水平上升至 P_2，则会出现实际工资下降，从而导致劳动市场供求的调整及货币工资增加至 W_2，使$\frac{W_2}{P_2}=\frac{W_0}{P_0}$，直至在充分就业状态下达到新的均衡。就业量和总产量依然为 N_f 和 y_f，总供给曲线的对应点为 E_2。

E_1、E_2、E_3 对应的产量都是 Y_f，连接这些点即得到总供给曲线 AS，为一条垂线。表明总产量决定于技术水平、资源禀赋等供给方面的因素，总产量等于潜在产量，而不受总需求水平的影响。通过市场机制的调节，各种市场都能够达到资源的最优配置和充分利用，总产量和就业量也必然能够达到充分就业的均衡水平。如果出现失业或经济波动，即总产出和就业偏离充分就业的均衡，市场机制就会做出反应和调整，从而使经济迅速恢复到充分就业的均衡状态。

二、资本市场均衡、古典货币数量论及货币中性

在古典经济学中，价格机制的作用同样能够使得资本市场达到均衡，货币数量的变动只会影响价格水平，而不会影响实际产出，即货币中性。

(一) 利率调节能够实现资本市场均衡

根据古典经济学理论，在资本市场，投资作为对资本的需求，储蓄作为延期消费所形成的资本供给，均由利率调节，并能够实现均衡。其中的作用机理如下。

在只有居民和厂商的两部门经济中，总支出包括居民消费支出和厂商投资支出，且都是利率的函数，在均衡点，总支出等于总产出：

$$E=C(r)+I(r)=Y \tag{1-4}$$

居民延期消费的部分成为储蓄：

$$Y - C(r) = S(r) \tag{1-5}$$

综合式（1－4）和式（1－5）可得：

$$S(r) = I(r) \tag{1-6}$$

储蓄是利率的增函数，投资是利率的减函数，价格机制的作用表现为利率呈弹性，所以，投资与储蓄必然均衡，形成均衡利率，在图 1－4 中，横轴 K 表示资本数量，纵轴 r 表示资本的价格利率。在投资曲线与储蓄曲线的交点处，形成均衡利率。并通过利率的变化调节投资和储蓄，使资本市场总能够实现均衡。

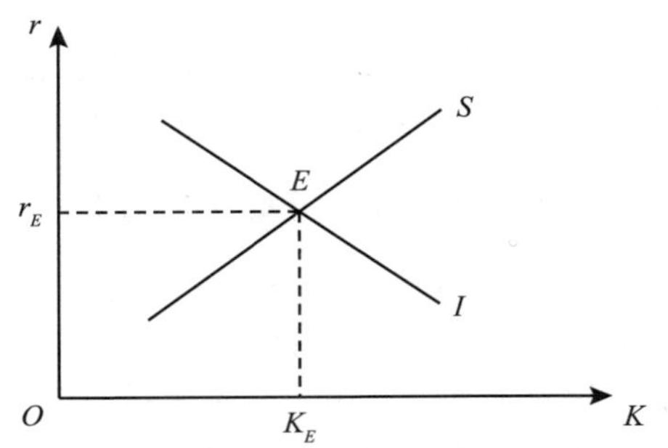

图 1－4　古典经济学中资本市场均衡

（二）古典货币数量论

在宏观经济学产生之前，一直占据主导地位的宏观经济理论主要是古典货币数量论。古典货币数量论认为，货币数量变动只会影响价格水平，而不会影响实际产出和就业。

古典经济学把宏观经济分为“实际部门”和“货币部门”，即“古典的二分法”（classical dichotomy），其中，实际部门的各种产品的产出由相对价格决定，货币部门的货币数量决定一般价格水平。货币数量的变化不影响实际部门的产出等实际变量，即货币在经济体系中的作用是中性的。

在古典货币数量论中，影响较大的理论有两种，一是欧文·费雪的交易数量方程式（transactions approach），一是庇古的剑桥现金余额方程式（cash-balances approach）。

1. 费雪交易方程式。

费雪交易方程式强调货币作为支付手段或其交易功能，用公式表示为：

$$MV = PY \tag{1-7}$$

其中，V 表示货币流通速度，是货币被使用的平均次数，V 具有稳定性，在此式中可看作常数。Y 表示总产出，决定于技术水平和资源禀赋等，即潜在产出，在一定时期为常数。因此，价格水平的变化依赖货币数量的变化，即货币数量变化对实际产出没有影响，只能影响价格水平。

2. 剑桥方程式。

剑桥方程式是从货币需求的角度构建的货币数量论。用公式表示为：

$$M_d = kPY \tag{1-8}$$

其中，M_d 为货币需求；k 为货币需求占国民收入的比例，是一个常数，在数量上等于 V 的倒数；P 为价格水平；Y 为实际产量。

引入货币供给量 M_s，货币市场均衡时，即：

$$M_s = M_d = kPY \tag{1-9}$$

在式（1－9）中，Y 表示的实际产量是充分就业状态下的产量，由技术水平和资源禀赋决定，在一定时期是一个既定的量，k 是一个常数，取决于人们的支付习惯等制度因素。因此，货币数量的变化只能影响价格水平 P。如果政府增加货币供给 M_s，因为 k 和 Y 为常数，所以，要让货币市场恢复到均衡状态，价格水平 P 必然上升。

（三）古典经济学中的货币中性

根据古典经济学理论，实际产出、实际工资和就业等实际变量不会受到货币数量变化的影响，当政府增加货币供给时，只有价格水平、名义工资等名义变量随之变动，可通过图 1－5 说明。

在图 1－5 中，（a）象限表示实际工资率与就业量之间的关系。在完全竞争的劳动市场中，均衡实际工资为$\frac{W_0}{P_0}$，就业水平为充分就业时的劳动量 L_0。（b）象限表示生产函数，总产出决定于就业量，当就业量为 L_0 时，充分就业的总产出为 Y_0。（c）象限表示价格水平与总产出之间的关系，古典的 AS 曲线为垂线，且位于充分就业的总产出 Y_0 处，即总产出不随价格水平的变化而变化，等于充分就业的总产出水平。古典经济学的 AD 曲线可由 $MV = PY$ 导出，因为 V 为常数，所以，当货币供给量一定时，价格水平与实际产出负相关。如果价格水平较高，那么，每笔交易需要较大的货币数量，交易的实际量就减少。若初始的货币供给量为 M_0，AD 曲线为 AD_0，总产出为 Y_0，则价格水平为 P_0。（d）象限表示在既定的名义工资下，价格水平与实际工资之间的关系。当名义工资为 W_0 时，价格水平越高，实际工资越低。

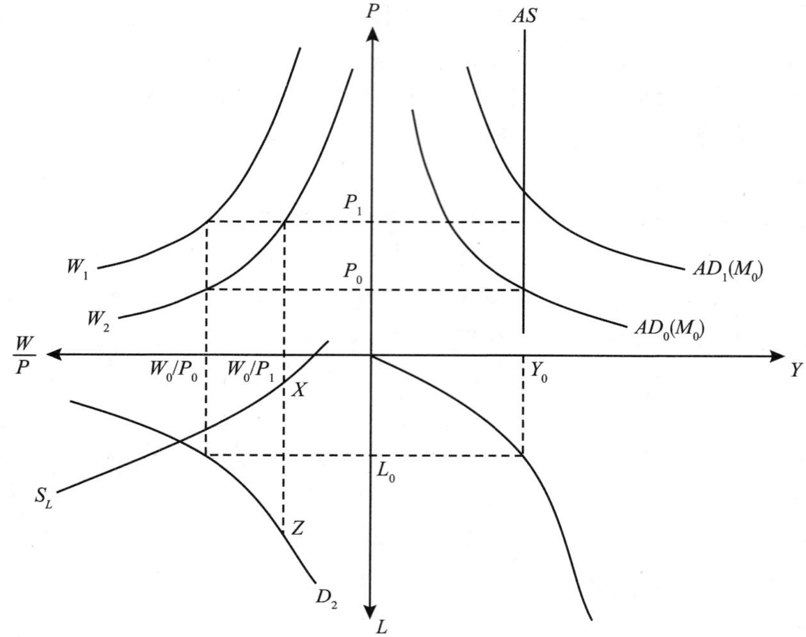

图 1 – 5　古典模型中的货币中性

在初始状态中，货币供给为 M_0，相应的实际总产出、实际工资及就业的均衡值分别为 Y_0、$\frac{W_0}{P_0}$及 L_0。如果货币供给增加至 M_1，结果只能引起名义量变化，而实际变量不变，即货币是中性的。分析如下：

当货币供给增加至 M_1 时，货币市场出现货币供给大于货币需求的非均衡，导致对商品和劳务的需求增加，而总产出是不变的，所以价格水平上升至 P_1。图中（c）象限的 AD 曲线由 AD_0 移动到 AD_1。在劳动市场，对于给定的名义工资 W_0，价格水平的上升会降低实际工资，劳动市场出现需求大于供给的非均衡，实际工资为$\frac{W_0}{P_1}$，此时劳动市场出现过度需求 XZ，过度需求又会引起名义工资上升，直至 W_1，此时$\frac{W_1}{P_1}=\frac{W_0}{P_0}$，即实际工资、就业和总产出又恢复到初始均衡状态，只有价格水平、名义工资等名义变量随着货币数量的变化而变动。

三、萨伊定律

法国经济学家萨伊（Jean – Baptiste Say）于 1803 年在其《政治经济学概

论》中提出了“供给创造自己的需求”的论断，即“萨伊定律”(Say's Law)。劳动者通过就业获得收入，而收入是用来购买产品的。或者说，生产行为同时创造了收入和购买能力，每一种产品实现的价值，都为其他产品提供了市场需求，因而不会因为需求不足而出现非充分就业的情形，即使出现由资源配置不当而导致某种商品的过剩情况，也只是暂时的。李嘉图、穆勒、马歇尔等古典经济学家都认同萨伊定律，即工资和价格弹性会使市场很快“出清”，经济总是在充分就业或潜在产出水平上运行，持久的生产过剩是不可能出现的。如图1－6所示。

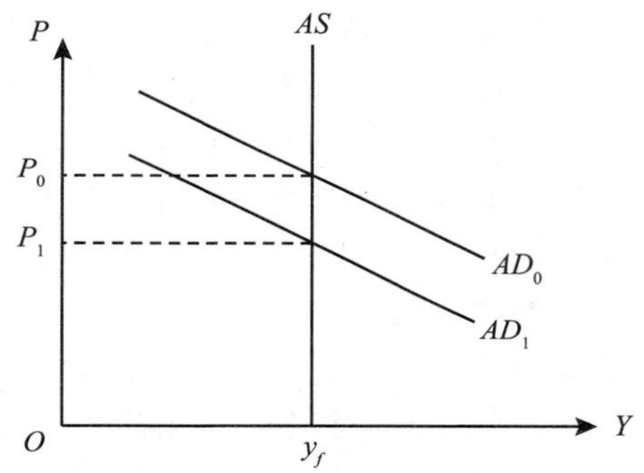

图1－6 古典经济学的核心观点：市场机制的作用必然导致充分就业

在图1－6中，初始状态的总需求曲线在AD_0，总供给曲线为垂线AS，价格水平为P_0，产出水平为y_f。如果因为货币紧缩或其他冲击，总需求下降，AD曲线移动到AD_1，在初始价格水平下，总产出可能会有短暂的减少期，但总需求下降之后，工资和价格弹性导致价格水平会下降至P_1，从而导致就业和产出的增加，总产出又会恢复到潜在产出水平，在C点重新实现充分就业。即需求的变化只会影响价格水平，而不会对就业和产出产生持久影响。

根据古典经济学的分析，在市场经济中，工资和价格具有弹性，从而形成了一种自我矫正机制，使得经济能够迅速恢复充分就业，实际产出等于潜在产出水平。在资本市场上，利率的调节会使得投资和储蓄均衡，储蓄的增加会导致利率下降，引起投资增加。因此，调节需求的经济政策只能影响价格水平，而不会影响实际产出水平。萨伊定律表达了古典经济学强调经济中的供给方面以及崇尚市场机制的特点。

第二节 古典经济学的经济哲学基础：经济自由主义

崇尚自由放任（laissez faire）或经济自由主义（economic liberalism）是古典经济学的经济哲学基础，主张政府只承担市场经济的“守夜人”职能。

一、作为政治范畴的自由主义

作为一种政治思想，自由主义统治了 19 世纪的西欧各国，在自由主义理论发展过程中，最初的理论是以洛克、卢梭和潘恩等人为代表的天赋权利论或自然秩序理论[①]。该理论是基于人的权利及自然秩序的和谐，强调一个人的自然权利需要政府的保护，并且政府只能按照社会条件的许可保护人的天赋权利，政府的职能主要是维护社会稳定、防止暴力和欺骗、保护人们的财产权不受侵犯等，除此之外，政府不应承担其他经济职能。

但是，在早期自由主义关于天赋权利论中，对于最终权利是属于人民的意志还是属于个人的权利的问题，却未能得到解释和解决，于是导致另一种自由主义理论——边沁等人主张的“最大快乐原则”出现，即社会效用最大化要求更多数量的人获得更大程度的快乐，强调人与人之间的平等公正，在计算社会总效用时，任何人都只是一个人，每个人都具有同样的价值，每个人都能感受到快乐和痛苦。如果一个人或一个阶级的统治比另一个人或另一阶级的统治给更多的人带来快乐，那么统治工作就应该交给这个人或这个阶级去做。边沁因为当时发生的事件，不相信政府官员会把公共利益置于个人利益之上。特别是，“个人被认为是最了解本身利益的，由于公共利益是个人利益的总和，因此，只要每个人都能够自由地去追求本身的利益，最大多数人的利益就会被普遍的选择自由最有效地实现。……归根结底，公共利益是与个人利益一致的，尤其是在自由经济制度下，每个人沿着最大个人利益的道路前进，就会完成对社会有最大利益的任务”。[②]

二、作为经济范畴的自由主义——古典经济学的经济哲学基础

科布登学派吸收了天赋权利学说和边沁学说的思想，从经济的角度出发，在

① 也被叫作曼彻斯特学派。

② ［英］霍布豪斯．自由主义［M］．朱曾汶，译．北京：商务印书馆，2007：37.

政府提供相应的法律及社会环境的条件下，主张自由放任主义，认为个人行为不受约束是一切进步的主要动力，人应该自由竞争，最大限度地发挥个人能力。倡导国际自由贸易，政府的职能是有限的。

关于自由和平等的关系，自由放任主义认为："自由而无平等，名义上好听，结果却悲惨可怜。"① 因为在英国，自 1760 年农业革命和工业革命以后，工人和农民的经济地位降低。农民成为无地工人，工资非常低下，城镇工人沦为雇主手下的职工。在工人的工作条件恶劣、收入水平低下，生活状况恶化，连维持基本生存都很困难时，何谈自由。"工人们很快就发现自己根本没有自由，所以从机器工业崛起一开始就力求组织工会来补救。……华尔克的一句至理名言，即经济上的损害倾向于使损害本身永存。一个阶级的地位越是被压得低，它在没有援助的情况下再度崛起的困难也越大。"② "任何时代的社会自由都以限制为基础。它是一种全体社会成员都能享有的自由，也是一种从那些不伤害他人的活动中进行选择的自由。……以牺牲他人为代价获得的自由不是好的自由，所有生活在一起的人都能享有的自由才是好的自由，这种自由取决于法律、习俗或他们的感情使他们防止互相伤害的圆满性并用这种圆满性来衡量。"③

可见，自由主义是以限制为基础的，包括法律的限制、道德的限制等。在自由主义思想形成和发展过程中，一直都很重视道德因素。英国哲学家、经济学家和逻辑学家约翰·斯图亚特·穆勒（1806～1873）特别强调公众利益与个人权利的一致性以及自由内涵中社会生命的道德力量或精神力量。

强调个人自由与社会利益的和谐是自由主义的核心理念，因为社会是一个有机体，任何有机体都是由许多不同的部分组成，而每个组成部分一旦脱离了整体就会遭到破坏或彻底改变。如同人体是有机的，生命依赖于各个器官所履行的功能，每一种器官又都依赖于人体的生命，如果脱离人体，就会毁灭或死亡。因此，社会中的个人应该形成自律的能力，"自由主义坚守这样一种信念，即社会能够安全地建立在个性的这种自我指引力之上，只有在这个基础上，才能建立起一个真正的社会，这样建立起来的大厦，其基础深厚广阔，其范围无法予以限制。这样，自由与其说是个人的权利，不如说是社会的必需。它不是奠基于甲要求乙不打扰他，而是奠基于乙把甲当作一个理性动物对待的义务"。④

因此，在自由主义原则下，个人权利不能同公共利益冲突，任何权利脱离了公共利益就无法存在。并且每一个人的权利所服从的共同利益乃是一种每个人都

① ［英］霍布豪斯．自由主义［M］．朱曾汶，译．北京：商务印书馆，2007：42.
② ［英］霍布豪斯．自由主义［M］．朱曾汶，译．北京：商务印书馆，2007：41.
③ ［英］霍布豪斯．自由主义［M］．朱曾汶，译．北京：商务印书馆，2007：45－46.
④ ［英］霍布豪斯．自由主义［M］．朱曾汶，译．北京：商务印书馆，2007：62.

能分享的利益。在社会有机体中，每个人都能发挥自己的能力和个性，相互联系和作用，形成和谐的整体。18 世纪，以亚当·斯密为代表的古典经济学家认为，经济领域的自由主义强调个人利益与社会利益的和谐一致。经济和政治领域的两种思想融合成为经济社会的自由主义哲学基础。

斯密倡导市场经济的自由放任，但不是不需要政府。按照亚当·斯密的界定，市场经济中的政府应当是法律约束下的有限政府，政府的角色是承担市场经济的“守夜人”（night watch），主要职责包括国防、法律制度构建、基础设施等公共工程和福利的建设和维护等。

古典经济学主要研究商品的生产方面以及影响消费品供给的因素，强调商品的价格是由生产成本决定的，并且发现了要素的边际收益递减规律，加之马尔萨斯关于人口增长的理论，古典经济学家得出了经济发展必将停滞的悲观结论，经济学因而在当时被称为“令人沮丧的科学”（a dismal science）。当然，后来的实践表明，人口增长并没有出现马尔萨斯预期的情形。随着生活水平的提高，人口增长反而减缓，技术进步也掩盖了边际收益递减规律的作用。经济学理论在古典经济学的基础上随着经济发展和对经济体系的认识的深化而不断发展。

第三节 边际效用理论的产生：西方经济学史上的边际革命

古典经济学理论主要从生产方面分析商品价格和产量的决定，19 世纪 70 年代形成的并不断完善的边际分析理论和方法侧重于需求分析，被叫作西方经济学发展史上的边际革命（marginal revolution）。

一、边际分析的思想渊源

最早发现边际效用概念的是瑞士数学家丹尼尔·伯努里（1700 ~ 1782），他在 1738 年的《测定风险新理论之解说》一文中，就提出了边际效用和效用递减的概念和思想。19 世纪，德国的冯·杜能（1783 ~ 1850）[①] 作为边际分析的重要奠基者，在其《孤立国》（*Isolate State*）中，杜能论证了总产出最大化的条件——

① 冯·杜能开创了经济租、收益递减、机会成本等分析的方法，并且是区位经济学的鼻祖——区位理论的开创者。他是一位农场主，也是睿智的理论家。他在农庄里做研究，充分理解理论与事实之间的正确关系。他和李嘉图一样，都认识到使用不同的土地会影响农产品的成本，李嘉图集中考察土地肥沃程度的差别，而冯·杜能主要分析土地位置的差别。土地位置用到市中心或市场的距离表示，根据产品的体积、易腐程度等决定产品生产的最佳区位。

资源等边际地配置。

戈森（1810～1858）[①]、冯·曼格尔特等作为边际革命的先驱者，贡献了具有理论洞见的经济分析方法——边际分析，成为边际革命的理论渊源。之后的一百多年间，马尔萨斯、李嘉图、古诺（1801～1877，古诺是第一个以 $D=f(P)$ 这一形式来表达需求法则的人，需求 D 是价格 P 的函数）、戈森[②]等也都采用了边际分析的方法，研究货币流通、生产和分配等领域的问题，为边际革命的兴起准备了条件。

古典经济学家大都反对在经济学中应用数学，因为在当时的社会历史背景下，经济学特别重视人的道德伦理、情感。而数学冰冷的逻辑和精确的数字与人类的现实不相符。边际革命是经济学思想史上的一个转折点，它使经济学的研究由文字表述转向数理表达，对数学的运用由简单的“算术”扩展为“微积分”，边际分析成为最优化理论的基础。

二、边际革命：需求者的主观感受成为决定商品价值的主要因素

1870 年，法国的瓦尔拉斯（Leon Walras）、英国的杰文斯（William Stanley Jevons）、奥地利的门格尔（Carl Menger），在不同的国家，几乎同时提出了效用价值论[③]。1871 年，杰文斯的《政治经济学理论》和门格尔的《国民经济学原理》的出版，开启了经济学理论的“边际主义”思维方式，边际分析是从古典经济学到新古典经济学研究方法的重要转变。它标志着从“政治经济学”（political economy）到“经济学”（economics）的转变[④]。并且他们“对消费者偏好和商品需求投入了系统性的关注。通过这种努力，他们得到了更多关于市场经济的

① 戈森把经济学看作关于快乐和痛苦的理论，目标是研究经济行为人如何以最小的带来痛苦的努力来实现快乐的最大化。在方法上坚信数学方法是处理经济关系的唯一正确方法，运用数学方法决定经济变量的最大或最小值。戈森的性格有些自命不凡，他在 1854 年出版了《人类交换规律与人类行为准则的发现》，对自己的著作有很高的预期，宣称其作品对经济学的贡献就像哥白尼对天文学的贡献一样。但结果却未如他意，在痛苦失望中，戈森从出版商手中收回了所有未售出的存书予以销毁，不久之后因遭受肺结核的折磨，1858 年去世。

② 德国经济学家戈森（1810～1858）提出的享乐法则，后被称为戈森第Ⅰ定律和戈森第Ⅱ定律，为后来的边际效用递减规律奠定了理论基础。戈森第Ⅰ定律是享乐递减法则，即随着消费物品的增加，物品所带来的享乐必然递减。戈森第Ⅱ定律是边际效用相等法则，即在物品稀缺条件下，只有使各种被满足的欲望相等，才能获得最大享乐。

③ 标志着边际革命兴起的“三位一体”著作分别是：杰文斯的《政治经济学理论》（1871）、门格尔的《国民经济学原理》（1871）和瓦尔拉斯的《纯粹经济学要义》（1874），边际效用递减原理成为一种新的静态微观经济学的重要基石。

④ 英文术语的后缀“ics”表示已经把经济学与数学、物理学等划归一类，从而使经济学具有与自然科学平等的地位。

洞见，彻底改变并重构了整个经济理论”[①]。

边际主义理论认为，商品的价值不是取决于生产过程中的劳动消耗量，而是取决于消费者的主观判断，即商品给消费者带来的效用或边际效用。与古典经济学主张的劳动价值论不同，边际分析被认为是对古典经济学的革命，这也是西方经济学史上的第二次革命——边际革命，1871 年也因此被叫作“边际革命年”。

边际革命的奠基人都力图把经济理论（核心是价值论）建立在主观之上，纳入主观心理的范畴。对于经济学的研究对象和研究方法，他们的研究都与古典经济学不同，认为经济学是研究享乐并使其达到最大化的科学；消费是实现享乐的直接领域，因而应是经济学研究的基础和出发点。在消费行为中，心理活动是关键影响因素，因而分析个人消费心理就成为经济分析理论支点。因此，边际主义者把效用定义为人对物品满足自己欲望的一种估价，纯粹是一种主观判断。即对于具有“稀缺性”的物品而言，消费者的主观感受决定了其价值，或者说，物品的价值就是人对物品主观效用的评价。

三、边际主义理论的扩展

边际革命发生后的十多年间，美国与欧洲各国的许多经济学家对边际主义的理论进行了扩展，主要表现在：对边际效用价值论的深化、从基数效用论转向序数效用论以及边际生产力理论的形成等。

19 世纪后期，德国的历史学派和奥地利的边际效用学派进行过论战。德国和奥地利经济学之争的焦点集中在：客观的历史和主观的效用以及经济演变的动态过程和约束条件下个人最大效用的静态均衡。历史学派经济学家在德国的大学中占据统治地位，以施莫勒为代表的德国经济学家强调历史的方法，批评奥地利经济学家以约束条件下个人行为决策为主要内容，却偏离了最重要的问题——动态制度。而以门格尔为代表的奥地利经济学家强调主观因素，主张主观的、原子论性质的研究方法，重视个体行为的基础作用。主观效用分析最终赢得了胜利。门格尔（杰文斯也同时）提出了稀缺资源配置的等边际原理：当稀缺资源（比如货币）在各种消费上的边际效用都相等时，个人的总效用达到最大。

边际革命之后，边际理论也在不断地改进，主要体现在从基数效用论向序数效用论的演变，并且弱化效用作为一种主观感受，在论及效用和效用函数时，强调效用只是表示偏好的另一种方式；边际效用递减规律主要用来分析消费者对不

---

① ［美］丹尼尔·豪斯曼．经济学的哲学［M］．丁建峰，译．上海：世纪出版集团上海人民出版社，2007：30.

同商品之间的替代关系或消费组合的选择，即通过一种商品替代另一种商品的数量随着被替代品的消费量的增加而递减的规律而重构。

边际革命也开启了经济学与数学、物理学等学科的融合，即用数学、物理学等自然科学的方法研究经济问题。

第四节 马歇尔对古典经济学和边际效用理论的综合：新古典经济学理论体系的形成

边际分析是对古典经济学的革命，边际主义反对劳动生产成本决定价值的理论。但是，马歇尔等人发现，忽略对立的外表，边际主义和古典经济学有许多共同点：在价值决定问题上，分别主张需求和供给的决定作用，但可以被统一到供求论的框架中；在分配问题上，都认为分配论是价值论的延伸或具体应用；在市场机制作用问题上，都为自由放任主义提供了理论依据，边际主义的边际生产力理论还论证了分配的合理性。

因此，马歇尔（1842～1924）[①] 认为，边际主义和古典经济学可以统一在供求论的框架下。马歇尔根据边际主义和古典经济学之间的共同点和联系，对这两个看似对立的理论进行了综合，构建了新古典经济学（neo-classical economics）理论体系，其巨著《经济学原理》首次出版于1890年，是微观经济学成为一个具有较完整的理论体系的标志性著作。核心内容是完全竞争市场条件下的商品和生产要素价格决定理论。从而使得经济学成为一门系统地研究微观经济的经济学科。主要内容包括供给和需求分析及其均衡决定商品价格和交易量。其经济哲学的基础依然是对市场机制的崇拜。

一、需求理论：消费者行为分析及需求定律

首先，马歇尔以边际主义为基础，分析了消费者购买商品的欲望和数量的变动。根据边际效用论的基本观点，马歇尔认为个人欲望及其满足程度决定了人们

---

① 作为经济学家，马歇尔有这样几个特点：他较早认识到经济学是一门进化的科学，经济行为人的人性也是随着环境的变化而变化的；强调历史背景对经济学理论的影响，熊彼特在其《从马克思到凯恩斯十大经济学家》一书中写道，"马歇尔是一位第一流的经济史学家……他对于历史事实的精通和他的思想上的分析习惯并没有割裂开，而是形成紧密的结合，活的事实运用于理论，理论又贯穿着纯粹的历史观察"；对于数学方法在经济学理论中的应用，有着极高的数学天赋和才能的马歇尔认为，数学只是一种补充，论证过程可以使用数学方法，但数学推导过程顶多以附录的形式出现，而不会出现在正文中，他的数学修养甚至美化了他的文字表达，文字叙述和图像解释都让读者觉得流畅自然。"马歇尔的历史—哲学造诣几乎表现在每一页上——他的分析图解是镶嵌在使外行人感到舒适的豪华框架里。"

的需要，欲望递减规律决定人们的购买行为，边际效用决定了消费者对商品愿意支付的价格即需求价格。然后，引入价格因素，分析既定价格及价格变动条件下购买量及其变化的规律。在需求论的其他内容中，比如“消费者剩余”理论中，也采用了边际主义的主观价值论。

二、供给理论：生产者行为分析及供给定律

商品的供给是由生产者即厂商行为决定的，厂商的行为目标是利润最大化。厂商根据生产函数和成本函数分析厂商的要素投入的产量决定。马歇尔采用了边际分析的方法，在生产函数中，随着可变要素投入量的增加，边际产量呈现先递增之后必然递减的规律，边际产量递减且大于零是一种可变要素的合理投入范围；当两种要素皆为可变时，等产量曲线和等成本曲线的切点是要素的最佳组合。在成本函数中，随着产量的增加，边际成本呈现先递减后递增的规律，边际成本曲线和平均可变成本曲线交点以上的部分就是厂商的供给曲线。表明价格与供给量之间的正相关关系，即供给定律。

三、供求均衡论

把需求分析和供给分析进行融合，形成了马歇尔经济学理论体系的重心——均衡价格论。商品的市场供给和市场需求均衡时，该商品市场达到均衡状态，决定了均衡价格和均衡交易量，如图 1－7 所示。并分析了短期和长期价格决定中需求和供给的相对重要性以及规模报酬的不变、递增和递减的不同情况下，产量和价格决定的理论。均衡价格论包含了对市场机制作用较为系统的分析框架。均衡的概念和均衡分析的方法贯穿于马歇尔经济学理论体系的全部内容中。

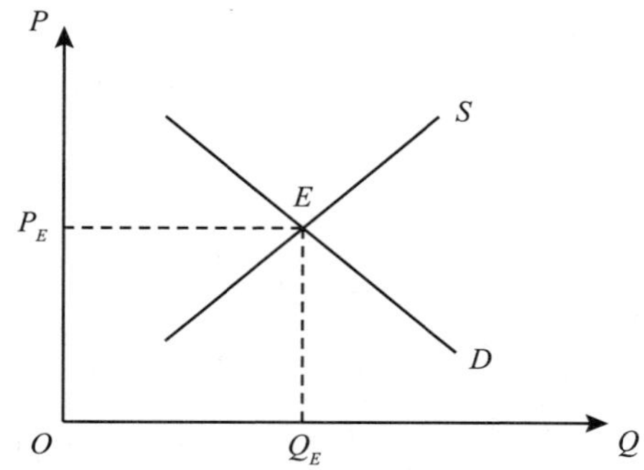

图 1－7　均衡价格和产量的决定

四、内部经济和外部经济

平均成本是衡量企业生产效率的核心变量，新古典经济学用内部经济（internal economies）和外部经济（external economies）解释企业平均成本的变化。“我们可以把因为任何一种货物的生产规模的扩大而产生的经济分为两类：第一是有赖于此工业的总体发展的经济；第二是有赖于从事此工业的个别企业的资源、组织和经营效率的经济。我们可称前者为外部经济，后者为内部经济。”① 内部经济是指企业规模扩大给企业带来的效率的提高，比如分工的深化、雇佣更优秀的管理人才等。外部经济是指企业外部包括整个行业甚至世界市场规模的扩大为本企业带来的好处。在分析外部经济时，马歇尔还揭示了“邻近效应”（neighborhood effect），即同一行业及其关联企业在同一地区的空间集聚给企业带来的好处。马歇尔从中间投入品的规模经济、劳动力市场共享（labor force pooling）、知识溢出方面分析了外部经济产生的机理②。

五、收入分配理论

收入分配决定于个人提供的生产要素的数量，因此，收入分配理论就是要素价格决定理论。马歇尔把均衡价格论应用于生产要素价格的决定，厂商对要素的需求取决于要素的边际生产力，要素供给取决于要素的成本，要素的市场需求和市场供给决定了要素的均衡价格。个人在市场上获得的收入决定于拥有的生产要素的价格。这样的收入分配既显示了分配的合理性，也是最有效率的分配方式。

六、研究方法：重视归纳和演绎法，反对数学的过度应用

马歇尔强调经济学的主要职能之一是揭示经济规律，因而主张经济学通过采用归纳法和演绎法，得出经济规律。因为“经济学的工作是收集事实、整理事实以及解释事实，并从这些事实中得出推论。”③ “归纳法汇集有关各类材料进行整理，并从中推出一般原理或规律。而演绎法又将这些原理彼此联系起来，从中暂时求出新的、广泛的原理或规律，然后再由归纳法主要分担搜集、选择和整理这

① ［英］阿弗里德·马歇尔．经济学原理［M］．廉运杰，译．北京：华夏出版社，2005：224.
② 马歇尔的外部经济效应成为直至现在学术界分析产业集群的经典理论。
③ ［英］阿弗里德·马歇尔．经济学原理［M］．廉运杰，译．北京：华夏出版社，2005：23.

些材料的工作，以便检验和‘证实’这个新规律”[1]。

马歇尔并不崇尚经济学的数学化[2]，他认为，“纯数学在经济问题中的主要用处似乎是在于帮助一个人将他的思想的一部分迅速地、简练地并精确地记录下来，以供他自己使用……然而，是否有人会细心阅读不是由他自己完成的那些将经济学改写成的冗长的数学符号，这似乎是有疑问的。”[3] 作为一种严谨、精确的方法，数学分析是为作者自己相信而用的。在其最有影响的《经济学原理》中，他对图形和其他数学形式的内容只是作为脚注和附录，以免数学损害到经济学。反对经济学的数学化成为剑桥学派的传统，马歇尔的学生凯恩斯以及新剑桥学派都坚持这一传统。

七、经济哲学基础：崇尚市场机制

马歇尔的新古典经济学以完全竞争为市场条件，通过消费者行为理论、生产者行为理论、均衡价格论等解释了商品的均衡价格和均衡产量的决定，通过边际生产力理论，提供了一个公平而有效率的分配理论。最终实现资源的最佳配置，达到帕累托最优。

新古典经济学理论中隐含着对市场机制的崇拜。认为通过市场机制调节，各种资源都能够得到充分利用。因而，经济学理论主要专注于微观经济的研究，直到凯恩斯革命。

本章小结：从古典经济学到新古典经济学，经济学的考察范围和研究方法都发生了变化，在古典经济学中，经济问题本质上是动态的，经济理论主要研究如何增加资本、劳动力等要素供给，提高经济效率，增加经济福利。到新古典经济学时，稀缺成为经济学的核心问题，如何通过竞争机制提高资源配置效率是经济学要研究和解决的主要问题。即经济学发生了从关注动态增长到关注静态效率的显著转变。但是，古典经济学和新古典经济学都强调市场机制及其效率，否定政府调节经济的职能。“大萧条”发生后，凯恩斯要改变思考经济问题的思维方式，要对经济学理论进行系统的革命，所以在本书中，把古典经济学、新古典经济学，甚至包括庇古的福利经济学都纳入古典理论体系，即把从经济学产生的1776年到《通论》出版的1936年间的经济理论都归为“古典”。

---

① ［英］阿弗里德·马歇尔．经济学原理［M］．廉运杰，译．北京：华夏出版社，2005：619.

② 尽管他有很好的数学天赋，年轻时就将李嘉图和穆勒的著作翻译成数学符号，但他对数学在经济学中的应用始终持谨慎态度。他认为用数学语言和方法表达经济问题是出于个人的方便。

③ ［英］阿弗里德·马歇尔．经济学原理［M］．廉运杰，译．北京：华夏出版社，2005：4－5.

第二章

凯恩斯革命：宏观经济学理论体系的形成及其对古典经济学的革命

从经济学产生到“大萧条”出现之前，古典经济学一直支配着人们的经济思想，按照其信奉的经济自由主义，市场经济中政府只是“守夜人”的角色，不承担调节经济的职能。“大萧条”冲击了古典经济学的统治地位，导致了凯恩斯革命。凯恩斯在其《就业、利息和货币通论》中，形成了宏观经济学理论体系，否定了古典经济学的基本理论观点，重新界定了政府在市场经济中的功能。

第一节 凯恩斯革命产生的历史背景及其先驱人物

经济实践与理论之间存在着互动关系：理论可以用来解释经济现象和问题，而新的经济现象和问题也会常常把旧理论推翻，导致新理论的形成。经济思想史表明，新思想演进的主要驱动力之一，就是大的经济事件的出现。最为典型的案例就是：1929～1933 年的“大萧条”冲击了古典经济学，导致凯恩斯革命从而宏观经济学产生。

一、“大萧条”：凯恩斯革命产生的事件冲击

1929～1933 年发生在西方部分发达国家的经济危机是 20 世纪最重要的历史事件之一，甚至被有些学者认为是导致第二次世界大战爆发的主要原因，而后者长久地从根本上改变了世界政治和经济格局。在经济学领域中，“大萧条”动摇了人们对古典经济学的根深蒂固的信仰，开始反思市场经济运行方式的完美性。凯恩斯正是通过对 20 年代以来英美等国经济萧条的分析，主张市场经济需要政

府通过需求管理来实现充分就业的均衡。并从 1931 年开始写作《就业、利息和货币通论》，构建宏观经济学理论体系并提出相应的政策主张，以改变人们对经济问题的思维方式，拯救陷入危机泥潭的资本主义经济。

（一）1929～1933 年的“大萧条”

在第一次世界大战前的几十年间，西方发达国家一直处于经济繁荣和社会稳定的状态。战争期间，各主要参战国都经历了不同程度的通货膨胀和经济衰退。到 1929 年，美国、德国等西方国家都遭受了经济的严重衰退。表 2－1 和表 2－2 是“大萧条”期间部分西方国家的主要经济数据。

表 2－1　　1929～1933 年美国的实际 GDP、价格水平、失业率

年份	实际 GDP*（十亿美元）	价格水平	失业率（%）
1929	103.1	100.0	3.2
1930	94.0	96.8	8.9
1931	86.7	88.0	16.3
1932	75.2	77.6	24.1
1933	73.7	76.0	25.1

注：* 以 1929 年价格为基准。

资料来源：［英］布赖恩·斯诺登，霍华德·文. 现代宏观经济学：起源、发展和现状［M］. 佘江涛，魏威，张风雷，译. 南京：江苏人民出版社，2009：68.

表 2－2　　1929～1932 年西方国家工业生产与 GDP 增长率　　单位：%

国家	工业生产	GDP
奥地利	－34.3	－22.5
比利时	－27.1	－7.1
丹麦	－5.6	－4.0
芬兰	－20.0	－5.9
法国	－25.6	－11.0
德国	－40.8	－15.7
意大利	－22.7	－6.1
荷兰	－9.8	－8.2
挪威	－7.9	－0.9

续表

国家	工业生产	GDP
西班牙	-11.6	-8.0
瑞典	-11.8	-8.9
英国	-11.4	-5.8
美国	-44.7	-28.0
捷克斯洛伐克*	-26.5	-18.2
匈牙利	-19.2	-11.5

注：*捷克斯洛伐克于1993年分离为捷克共和国与斯洛伐克共和国。

资料来源：[英] 布赖恩·斯诺登，霍华德·文，彼得·温纳齐克. 现代宏观经济学指南：各思想流派比较研究引论 [M]. 苏剑，等译. 北京：商务印书馆，1998：10.

（二）古典经济学的困境及凯恩斯理论的产生

面对席卷多数西方国家的严峻的经济衰退的形式，由于坚信古典经济学的信念和传统，经济学界的主流观点是：唯有时间能够医治制度的失衡，应顺其自然等待经济复苏的到来，即按照经济周期的规律，衰退会自然结束①。他们不仅认为经济复苏会自动到来，而且强调，只有当经济复苏确实是自己来临的时候，这种复苏才是实实在在的复苏。古典经济学对"大萧条"难以给出有力的解释，从而使古典经济学陷入困境并产生了对新理论的需要。

面对"大萧条"，"凯恩斯相信，这些现象是他那个时代的经济学及经济学家无法解释的。更糟的是，他断定当时的经济思想习惯和制定的政策只会延长灾难甚至使其经常化。迫切需要的新政策，不可能建立在旧的理论基础之上，必须重新考察经济是如何运行的，要有一个制定政策的新的理论基础。"② 凯恩斯认为，古典经济学理论难以对"大萧条"做出解释，并且其思维方式及其政策还会延长"大萧条"甚至使"大萧条"常态化。因此，需要建立新的理论，解释经济运行的方式及"大萧条"产生的原因，提供新政策的理论基础③。

---

① 影响较大的代表性经济学家包括哈佛大学的熊彼特（Joseph Alois Schumpeter）、伦敦经济学院的罗宾斯（Lionel Robbins）和美国经济理论的领军人物欧文·费雪（Irving Fisher）等。

② [美] 詹姆斯·K. 加尔布雷斯，小威廉·戴瑞提. 宏观经济学 [M]. 孙鸿敞，刘建洲，译. 北京：经济科学出版社，1997：7.

③ 在《1930年的大衰退》(The Great Slump of 1930) 一文中，凯恩斯也强调了对原有的经济思想的重新思考，他指出，大萧条"根源于无形的思想方法上的某些失误和动机的作用方式，这些动机本该产生必要的决策和决心把我们已有的资源和技术运用起来。这就好像两个汽车司机在路上相遇，但由于不知道交通规则，谁也不能通过。这时他们的臂力用不上，汽车工程师帮不了忙，路再好也无济于事。其实，什么都不需要，什么也都没有用，需要的只是一点点清醒的思考"。

凯恩斯认为，古典理论所强调的价格机制的调节作用存在缺陷，会导致经济的波动，充分就业只是一种特例。价格和工资弹性并不是完全的，特别是工资难以下降，即使工资下降，反而会降低消费需求从而抑制投资。所以凯恩斯颠覆了古典传统，主张应扩张政府的经济职能，通过政府调节总需求，才能使得充分就业成为一种常态[①]。

凯恩斯是接受剑桥学派传统的熏陶成长起来的经济学家，其思想也具有古典经济学偏好的自由放任主义的惯性，所以写作《通论》经历了一段摆脱旧思想的挣扎。20 世纪 20 年代，面对西方部分资本主义国家经济的衰退，凯恩斯就意识到增加就业的重要性，并提出扩大就业的政策建议，比如，1929 年，凯恩斯提出用财政赤字扩大需求的政府计划，但是这些政策主张缺乏相应的理论依据。所以凯恩斯要构建一个理论体系，以代替古典经济学。

英国的经济学家和历史学家罗伯特·斯基德尔斯基[②]认为，《通论》不可能提前 10 年出版，因为对古典经济学的指控以及对市场经济缺陷的谴责，都需要“大萧条”使之具体化。“大萧条”及其导致的凯恩斯的宏观经济学从根本上改变了人们思考经济问题的方式以及政府和私人部门之间关系。

二、经济学理论和方法的丰富对凯恩斯革命的支撑

在凯恩斯写作《通论》的 20 世纪 30 年代，经济学正在发生着重大的变动，原有的一些理论受到质疑或冲击，新的理论在形成。经济学理论与实践之间的关系、经济理论研究的环境和条件的变化等，支撑或推动了凯恩斯革命的产生。

（1）马歇尔的新古典微观经济学的扩展。张伯伦（E. H. Chamberlin）和琼·罗宾逊（Joan Robinson）分别建立了不完全竞争模型，把微观经济学的核心理论——价格决定从完全竞争市场扩展到各种市场。

（2）凯恩斯本人在其《货币论》中质疑古典货币数量论。

（3）卡恩提出乘数的概念，剑桥大学的卡恩、罗宾逊等开始思考和讨论如何与新古典经济学理论脱离的问题。

（4）其他学科或经济分析技术与凯恩斯理论互相支撑，主要包括国民收入核算和经济计量学的兴起，凯恩斯经济学为国民收入核算提供了理论基础，国民收入核算又提供了宏观经济分析的数据，在美国的战时经济计划中发挥了作用。在

① 尽管凯恩斯的政治倾向偏左，但他绝不是社会主义者，他从来都是尽力维护资本主义制度。在他看来，最终的政治问题是如何把经济效率、社会公平和自由结合起来。相对于效率、稳定和增长而言，平等永远是处于第二位的问题。他主张的增加政府职能也是政府做私人不做的事情，即政府职能只在市场失灵的领域有效。

② 研究凯恩斯的权威之一。

美国，国民收入核算被用于测算潜在的军需品产出水平；在英国，根据通货膨胀缺口制定反通胀政策，凯恩斯经济理论与国民收入核算综合起来成为经济计量学的基础。

因此，外部的“大萧条”的冲击和经济学内部的理论发展以及支撑条件的变化，使得产生代替古典理论的新理论成为必要和可能。

三、宏观经济理论研究的先驱人物和国际政治背景

1. 宏观经济研究的先驱人物。

在凯恩斯《通论》出现之前，曾出现了一些宏观经济理论研究的先驱人物，为凯恩斯宏观经济学的产生提供了一定的基础条件。

在经济学发展史上，瑞典和奥地利这两个国家不容忽视。在瑞典，奠基性人物是斯塔夫·卡塞尔（Gustav Cassel，1866～1944），他是欧洲经济保守主义的代表人物，受其教育和影响，其门生缪尔达尔（Gunnar Myrdal，1898～1987）、俄林（Bertil Ohlin，1899～1979）等帮助发动了在两次世界大战期间的瑞典的一系列重要改革，其主要内容是“精心使用政府预算”，形成社会福利制度，以便用反周期的方式调节需求和就业。这一主张后来被凯恩斯作为解决经济萧条问题的主要政策，于两次世界大战期间在瑞典的实施取得了公认的成功。缪尔达尔于1931年出版的《货币均衡论》（*Monetary Equilibrium*）一书中，也论述了关于投资和储蓄的均衡不是常态的论点，与后来凯恩斯的《通论》中的论点相一致。

在英国，主要有拉尔夫·乔治·霍特里（Ralph George Hawtrey）、丹尼斯·罗伯逊（Dennis Roberson，1890～1963）等，他们论证了货币非中性等在后来凯恩斯强调的观点。

在美国，福斯特（William Trufant Foster，1879～1950）、卡钦斯（Waddill Catchings，1879～1967）在20世纪20年代就发表了一系列著作，批判萨伊定律，主张通过政府采取措施扩大需求。科里（Lauchlin Currie）于1934年出版了《美国的货币供应和控制》（*The Supply and Control of Money in the United States*）一书，提出了与凯恩斯基本一致的经济思想和政策主张。

2. 凯恩斯革命的国际政治背景。

凯恩斯革命产生的时代背景还包括苏联和德国政府干预经济的成功经验。基于马克思主义思想的指导，苏联在十月革命以后选择了与资本主义完全不同的经济发展道路，通过政府计划，使得苏联经济获得迅猛发展。其成功经验表明：西方资本主义市场经济不是唯一的经济发展模式，市场机制不是唯一的调节经济的手段。波兰经济学家兰格（Oskar Lange，1904～1965）和卡莱茨基

(Michal Kalecki, 1899～1970)（这二位曾移居美国后来又回到祖国任职）都系统对比了美国和苏联经济，提出了一些与凯恩斯一致的思想和主张。在德国，抛开纳粹希特勒的军国主义、种族主义等罪恶行径的话，其经济政策的成就确实是令人瞩目的，其主要政策是通过发行公债增加政府支出。

“大萧条”粉碎了人们对资本主义体系的信心。政府对经济社会的管制在德国和意大利广受欢迎，同时，实行公有制、计划经济体制的苏联却未受到萧条和严重失业的困扰。政治家和理论界都开始思考：中央计划经济体系是否优越于西方资本主义经济体系？

在这种背景下，学术界开始反思单纯依赖市场调节的资本主义经济制度及其支撑的经济学理论——古典经济学。产生革命性影响的就是凯恩斯的《通论》，其中包含系统的宏观经济学理论和政府干预经济的政策内容。

第二节　凯恩斯的经济理论体系的形成及特点

凯恩斯的出身和工作经历等影响了他对资本主义制度的态度和经济思想的形成，其教育背景和知识基础影响了其研究经济问题的特点。经过对经济危机问题的一系列思考和研究，产生了大量学术成果，并于 1936 年出版了《就业、利息和货币通论》，形成了宏观经济理论体系。

一、凯恩斯的教育背景和工作经历对其理论形成的影响

约翰·梅纳德·凯恩斯（John Maynard Keynes，1883～1946）出生于一个杰出的学术之家。父亲约翰·内维尔·凯恩斯（John Neville Keynes，1852～1949）是著名的经济学家，提出了经济学研究方法中的规范经济学与实证经济学的概念，还承担剑桥大学教务主任职务。母亲曾担任剑桥市市长。凯恩斯中学就读于著名的伊顿公学。1905 年，凯恩斯从剑桥大学数学系毕业且获得数学学士学位[①]之后，用一年的时间师从马歇尔学习经济学。

凯恩斯有着丰富的人生阅历和工作经历。1905 年从剑桥大学毕业后，曾任职于政府部门、大学、学术杂志社、金融机构等。这些阅历和实践经验影响了凯恩斯分析解决问题的角度选择和广度。

① 有意思的是，凯恩斯受过系统的数学科学训练，有很好的数学知识基础，但他一直反对在经济分析中运用数学方法。

1906 年，通过公务员考试后，凯恩斯进入英国政府印度事务部工作，这其中两年的工作经历，有利于他 1913 年出版的第一本著作《印度的通货和财政》（*Indian Currency and Finance*）的编写。第一次世界大战爆发后，凯恩斯到英国财政部任职，并于"一战"（1914～1918 年）结束后的 1919 年作为财政部的首席代表参加了巴黎和谈，参与协商《凡尔赛条约》的签订。凯恩斯对和谈的结果不满，他认为，条约对德国不公平，是战争以经济方式的延续，将会产生灾难性的经济后果和政治影响，会损伤德国等战败国战后恢复经济的能力，会给欧洲带来饥荒、贫穷、政治动荡和经济混乱。因此，凯恩斯于 1919 年 6 月宣布辞职，他离开了财政部，并愤怒地写下了《和约的经济后果》（*Economic Consequences of the Peace*）①，于条约签订后的几个月出版。这既是一本富有激情的政治手册，也是尖锐有力的经济分析读本。凯恩斯也因为该书而闻名全球。

凯恩斯从资本主义的缺陷和现代社会心理学的角度解释巴黎和谈结果产生的原因，认为资本家的储蓄癖好，即通过延期消费把经济价值从现在转移至未来的习惯，是导致巴黎和谈失败的重要原因。他认为，"19 世纪的新富人群并没有什么大的支出，相较于直接消费的乐趣，他们更喜欢投资给他们的权力。"② 因而主张少储蓄多消费。凯恩斯还分析了后来作为支撑《通论》主要观点的资本主义经济的新背景，成为重视需求方面以及政府干预经济的理论胚芽。熊彼特把其中的观点概括为："放任自由的资本主义这一'非常的插曲'，在 1914 年 8 月已经结束。技术改进以及一系列的新食物与原料来源的获得所不断创造出来的丰富的投资机会，以及人口的迅速增长所造成的企业领导能够取得一个接着一个的成功这种条件，正在迅速地消失……，因此，资产阶级的储蓄习惯已经失去它们的社会作用；坚持这种习惯实际上会使事情更糟。"③

从财政部辞职后，凯恩斯又回到剑桥大学执教。在 1929～1931 年间，凯恩斯出任过麦克米伦财政与工业调查委员会委员和内阁经济顾问委员会主席。"二战"期间，凯恩斯出任财政部咨询委员会委员。自 1941 年起，担任英格兰银行董事。也曾创办过投资公司、积极从事报刊写稿和编辑等。

1944 年，凯恩斯被封为勋爵。同年，率英国代表团出席在美国布雷顿森林举行的国际货币金融会议，并当选为国际货币基金组织和世界银行董事。凯恩斯

---

① 该书使凯恩斯在世界范围内名声大震，光是其英文版就发行了 84000 册。在该书中，凯恩斯严厉地批评了参加巴黎和会的主要人物，包括美国总统威尔逊、法国首相乔治·克列孟梭等，认为和约要求的德国赔款过高，因而也不切实际。该书和《通论》是凯恩斯在第一次世界大战初期到大萧条结束期间的两本代表性或最具有时代精神的著作，基本上预测了《凡尔赛和约》的经济后果。

② ［美］威廉·戈兹曼．千年金融史［M］．张光亚，熊金武，译．北京：中信出版社，2017：354.

③ ［美］约瑟夫·熊彼特．从马克思到凯恩斯的十大经济学家［M］．宁嘉风，译．北京：商务印书馆，2017：291－292.

作为《布雷顿森林协议》的主要设计者之一，提出设立国际金融机构以增进国际经济合作，帮助设立了“国际货币基金组织”和“世界银行”①，为国际社会提供应对主权债务等问题的新手段，并为“二战”以后的国际经济格局的形成奠定了基础。

凯恩斯是一位兴趣广泛的人，在20世纪20～30年代，他从事了许多领域的活动：在艺术领域，帮助设立了艺术联合会（Arts Council）②。在金融方面，凯恩斯担任了一家保险公司的董事会主席，从事股票交易，担任剑桥大学国王学院的董事和财务主管。在新闻领域，凯恩斯担任一家有影响的周刊《新政治家与民族》（*The New Statesman and Nation*）的董事会主席。他还参加“财政和工业调查委员会”等大量活动。凯恩斯渊博的知识、丰富的阅历、活跃的思维，对其经济理论产生了重大影响③。

自2008年金融危机以来，凯恩斯的经济思想和政策主张再一次被广泛关注和应用。2011年，英国《经济学人》组织由大约50名著名经济学家组成的“特邀经济学家论坛”，提名过去十年间最具影响力的经济学家，结果，美联储前主席伯南克排名第一，凯恩斯位居第二，表明在去世60多年之后，凯恩斯仍然具有巨大的影响力。

二、凯恩斯经济理论的系统化——系列学术著作的产生

凯恩斯是一位多产的学者。1921年，凯恩斯出版了《概率论》（*A Treatise on Probability*）（该书是他从1909年就开始准备的博士论文的修改稿）。1923年出版了《货币改革论》（*A Tract on Monetary Reform*）。该书为凯恩斯在学术界奠定了地位，支撑了他与传统经济学准则的冲突，表现在英国恢复英镑的金本位制问题上的不同意见。1925年，时任英国财政大臣的丘吉尔按照第一次世界大战前通行的平价标准（4.87美元兑换1英镑）恢复英镑的金本位制，对此，凯恩斯发表了《丘吉尔先生的经济后果》（*The Economic Consequences of Mr. Churchill*），批判丘吉尔的这种做法。凯恩斯认为，因为当时高估了英镑的价值，所以恢复金本位制会导致英国出现严重的通货紧缩，指责丘吉尔的这一政策是过于相信传统的

---

① 国际货币基金组织的主要目的是解决国际收支平衡问题，为一些超额外币负债的国家提供贷款并引导其重回收支平衡。世界银行的主要职能是为发展中国家提供贷款、为大型项目的建设提供资金，还为一些如减贫、改善健康和促进教育等高尚目标提供支持。

② 凯恩斯于1925年和俄罗斯芭蕾舞演员莱迪亚．罗泊库娃（Lydia Lopokova）结为伉俪。

③ 公元3世纪希腊诗人阿基罗库斯曾说：“狐狸知道许多事情，而刺猬只知道一件大事。”这一比喻可以用来区分复杂多面的和专一的经济学家。在西方经济学领域，亚当·斯密、马歇尔属于狐狸，而李嘉图、杰文斯、瓦尔拉斯等属于刺猬。凯恩斯被布劳格称为“长成刺猬的狐狸”，而马克思“有时是狐狸，有时是刺猬”。

金融理论所致。

在1926年和1933年，凯恩斯分别出版了《自由放任的终结》（*The End of Laissez - Faire*）和《通往繁荣之路》（*The Means to Prosperity*），论证了市场经济不能单纯依赖市场机制的调节，而需要通过政府干预实现稳定增长。

凯恩斯的著作是对不同时代经历的反映，《货币论》是对20世纪20年代的总结，也被自认为是货币领域研究成果的凝聚。1930年出版的两卷本的《货币论》（*A Treatise on Money*）①，否定了投资与储蓄的均衡以及萨伊定律等传统经济学的基本观点，但还没有考察货币对就业和产出的影响②。到《通论》中，货币理论开始成为产出理论，即论证了货币数量对产出的影响，货币数量的变化通过影响利率→投资→产出这一传导过程最终影响就业和产出。

在其经济理论形成过程中，凯恩斯不断接受社会各界对其思想和主张的争论，同时提炼和升华他的思想和理论，到1936年，《就业、利息和货币通论》（*General Theory of Employment, Interest and Money*）出版，形成了宏观经济学理论体系，也标志着宏观经济学的产生。

三、凯恩斯理论产生的实践支撑——大规模失业的存在

在“大萧条”中，最严峻的问题是大规模失业的存在，所以，凯恩斯在《通论》中研究的核心问题是失业，以及寻找决定就业量的主要因素，解释失业产生的原因和解决失业的对策。

1939年，世界战争再次爆发，凯恩斯又回到财政部，出版了《如何筹措战争开支》（*How to Pay for War*），提出了他的政策主张，试图既能为英国的战争提供财政支持，又不致导致通货膨胀。到1943年，凯恩斯就开始思考战后的问题，并完成了《长期充分就业问题》（*The Long Term of Problem of Full Employment*），表达了他一直担心的一个问题，也是他的理论中强调的市场经济运行的常态是总

---

① 在《从马克思到凯恩斯十大经济学家》一书中，作者熊彼特指出，凯恩斯的《概率论》（1921）和《货币论》被认为“是凯恩斯最为抱负不凡的真正科学研究，是十分卓越而又极其扎实的科学研究”。许多经济学家如汉森、哈耶克等都对《货币论》给予批评和颂扬，但是《货币论》并没有达到预期效果，“从凯恩斯自己的观点看来，它是个失败，而且不仅是因为它所受到的待遇没有达到他的成功的标准。由于某种原因，它不能引起人们的兴趣”。其主要原因是凯恩斯依然沿用了过去的经济学概念和理论，而没有形成自己的理论体系和基本内容。于是，在1935年12月，“他就穿上了新的铠甲，拔出他的利刃，重新进入战场，勇敢地宣称他将领导经济学家摆脱持续150年的错误”，凯恩斯在课堂上、聚会讨论等场合，发表他即将形成的理论和主张，“英国人和美国人都瞥见这一新的光辉。学生们沸腾了。一个预期的热情波浪席卷了经济学界。当这本书终于问世的时候，哈佛的学生急得不能等到书店卖书，他们凑在一起办理直接邮购手续”。

② 凯恩斯早期是一位货币经济学家，在其《货币论》（*A Treatise of Money*）中，他研究的核心变量是一般价格水平，而不关注失业。《货币论》初稿完成后，凯恩斯开始关注失业问题，并赞同老劳埃德·乔治的通过公共工程降低失业率的主张。

需求总是小于充分就业下要求的水平。为此他的政策主张是增加公共工程等政府支出以增加总需求从而实现充分就业。

四、反对运用应用数学方法研究经济问题：凯恩斯关于经济学方法论的认识及其特点

从方法论的角度来看，凯恩斯认为经济学本质上属于道德哲学范畴，并且人的“动物精神”也是影响经济行为的重要因素，因此，反对在经济研究中使用数学方法。

1. 强调经济学的哲学和伦理学属性及经济行为人的动物本能。

凯恩斯成长于学术氛围浓厚、思想激荡的剑桥，当时在剑桥大学任教的马歇尔和哲学家 G. E. 摩尔（G. E. Moore）都对凯恩斯产生了巨大影响。摩尔的《伦理学原理》对凯恩斯的哲学观影响较大，摩尔的主要哲学观是：善是不能定义的，唯一具有内在价值的就是“心理状态”，而其中价值最高的就是人际交往和美的享受。

凯恩斯毕业于剑桥大学数学系，具备较高的数学素养和能力①，并且，在他进入经济学领域的时候，也正是数理经济学起步并积聚力量的时期，凯恩斯却超然于这一潮流之外。因为数理经济学作为纯粹科学的知识体系，其结论对实际问题几乎没有什么作用。“凯恩斯的卓越才能完全都用在政策问题上。……为艺术而艺术，不是他的科学信仰的任何部分。”② 他认为，人类的“动物精神”是市场的重要驱动因素，“除了投机引起的不稳定之外，人类本性的弱点也会造成经济的不稳定性。我们积极行动中的一大部分，与其说是来自冷静的计算（不论是道德方面的、苦乐方面的或是经济方面的），不如说是来自一时冲动的乐观情绪。……人们的绝大多数行动决策只能看作是动物的情绪的产物，即一种一念之间的想动而不想静的产物，而不是根据预期收益的加权平均数乘以可得到的概率的结果。”③ 因此，凯恩斯不仅强调经济学的道德哲学属性，认为不能简单地把经济学问题与哲学问题割裂开来，而且还重视人的动物本能，即投资者和消费者都不是完全理性的，而是受到多种心理因素的影响。

2. 质疑运用数学方法研究的经济问题的可信度。

凯恩斯不主张运用数学方法分析经济问题，他在《通论》中指出：“把一组

---

① 凯恩斯从来没有获得过经济学学位，其博士论文是关于概率论的。

② ［美］约瑟夫·熊彼特．从马克思到凯恩斯的十大经济学家［M］．宁嘉风，译．北京：商务印书馆，2017：85.

③ ［英］约翰·梅纳德·凯恩斯．就业、利息和货币通论［M］．宋韵声，译．北京：华夏出版社，2012：124.

经济分析用符号的假数学的方法变成公式，加以形式化……其最大的弊端，乃在这些方法都明确假定：其所讨论之各因素绝对独立；只要这个假定不能成立，则此等方法之力量与权威便一扫而尽。……近代所谓‘数理’经济学，太大一部分只是杂凑，其不精确一如开头所根据的假定；而其作者，却在神气十足但毫无用处的符号迷阵中，把现实世界中之复杂性与息息相关性置诸脑后了。”① 凯恩斯认为，有些思想只有通过语言论证才能够达到适当的清楚表达。

与马歇尔一样，凯恩斯在表述其思想时使用了所谓的“剑桥说教风格”。即凯恩斯和马歇尔都不是通过过程引导读者，而是直接给出某种结论。《通论》“施展了一种复杂而宏大的高超辩术。这种辩术的本质深刻地影响了此后宏观经济学的发展”②。“毫无疑问，凯恩斯的《通论》是一种最成功的辩术运用，因为大多数经济学同行在非常短的时间内转向了凯恩斯经济学。许多凯恩斯的概念都成了后来宏观经济学发展的基础。但在方法论方面，凯恩斯的追随者却很少。”③

对于数学在经济学上的应用，凯恩斯一开始就有所疑虑，随着年岁的增长，他的质疑非但没有减弱，反而增强了。斯基德尔斯（凯恩斯的传记作家）感觉，这应该是凯恩斯更深入地了解到社会生活的复杂性和自反性④。凯恩斯曾经与计量经济学家丁伯根（Jan Tinbergen）辩论，质疑相关性研究的可信度，1939 年 9 月在《经济学刊》撰文指出，经济学是一门伦理学科，因此，经济学家在应用模型时需要不断地做出价值判断。质疑丁伯根使用多重相关性分析非均质材料的逻辑，以及较长周期固定相关性的假设。

凯恩斯甚至批评有些经济学家把经济学变为一种“冒牌的自然科学”，因为“经济学是一门以模型思考的科学，又是一门选择与当前世界相适应的模型的艺术。之所以如此，是因为它不同于自然科学，在很多方面，它所处理的那些材料在跨时状态下并不是同质的。模型的目的在于把那些近似不变或相对恒定的因素同那些暂时的或波动的因素分离开来，以便发展出一套逻辑思维方式来分析后者，并理解它们在特定情形下所导致的时间序列”。他认为“经济学中的进步几乎全部体现在模型选择方面的不断改进。……但模型的关键之处在于，人们不能用真实值来填入那些含变量的方程，这样做会使模型变得毫无用处。一旦这样做

① ［英］约翰·梅纳德·凯恩斯．就业、利息和货币通论［M］．宋韵声，译．北京：华夏出版社，2012：125.

② ［英］布赖恩·斯诺登，霍华德·文．现代宏观经济学发展的反思［M］．黄险峰，译．北京：商务印书馆，2000：47.

③ ［英］布赖恩·斯诺登，霍华德·文．现代宏观经济学发展的反思［M］．黄险峰，译．北京：商务印书馆，2000：55.

④ ［英］彼得·德·哈恩．从凯恩斯到皮凯蒂：20 世纪的经济学巨变．朱杰，安子旺，于东生，译．北京：新华出版社，2017：37.

了，模型就会失去普遍性和它作为思维方式的价值"①。

"在化学、物理学或其他自然科学中，实验的目的是发现方程或公式中各种变量与因子的真实数值，工作一旦完成就可谓一劳永逸。在经济学中，事情并非如此，要把模型转换成定量公式，就要破坏它作为思想工具的有用性。……把经济学简单类比于物理学，直接与思维的习惯相抵触，而这些思维习惯恰恰是经济学家最需要培养的。"凯恩斯强调，"对于构建模型的专家而言，除非他对模型将被应用其上的那些事实十分熟稔，并据此不端修正其判断，否则必然难以成功。"②

对于凯恩斯反对在经济学中应用数学的倾向，熊彼特解释道："虽然他从来不明确地敌视数理经济学——他甚至接受计量经济学会的会长职位——但他一向不以他的权威支持它。他所提出的忠告几乎千篇一律地是反面的。"主要是因为，"高级数理经济学是属于在一切领域中被叫做'纯粹科学'的东西。其结论与实际问题几乎没有什么关系——无论如何现在还没有"③。

凯恩斯的宏观经济学理论框架、主要观点和政策主张被后来的凯恩斯主义者继承和发展，而其研究方法并未被广泛遵从。

3. 凯恩斯经济理论的思维方式和方法论的特点。

凯恩斯特别重视经济学作为思维方式的特点和功能。他在 1938 年致罗尔·哈罗德的公开信中写道："经济学是逻辑的一个分支，是一种思维方式。"凯恩斯还强调价值判断在经济学中的重要性，因为"我认为经济学在本质上是一门道德科学，而不是自然科学。这也就是说，它必须运用内省和价值判断"。④研究经济问题还必须考虑动机、预期或心理上的不确定性的影响。

凯恩斯在创作《通论》时，就曾明确表达过，他的理论就是要改变经济学家对经济问题的思维方式。其理论的思维方式和方法论特点在于：

（1）对直觉的重视。凯恩斯对其观点首先形成一个总体的论证框架，然后再进行详细的阐述。他认为，就理论而言，最重要的是具有创造力，符合人们的直觉。凯恩斯使用的数字不是用来证实假设的，而是用来反映直觉的正确程度的。在凯恩斯看来，如果数字和你的直觉完全相反，那么你的直觉就有可能是错误的。

（2）注重实际问题，不欣赏缺乏实际价值的研究。凯恩斯认为，不同于古典理论，他的理论与现实世界是一致的。

---

① ［美］丹尼尔·豪斯曼．经济学的哲学［M］．丁建峰，译．上海：世纪出版集团上海人民出版社，2007.

②④ ［美］丹尼尔·豪斯曼．经济学的哲学［M］．丁建峰，译．上海：世纪出版集团上海人民出版社，2007.

③ ［美］约瑟夫·熊彼特．从马克思到凯恩斯的十大经济学家［M］．宁嘉风，译．北京：商务印书馆，2017：284－285.

（3）非论证观点，即运用有力的证据，而不是严谨的推理提出自己的观点。

根据经济学的特点，凯恩斯认为，经济学家应该具备丰富的知识和敏锐的洞察力。在他看来，经济学是一门简单的学科，然而真正擅长的人很少，对此矛盾，他解释道："经济学大师必须兼备多种稀有天赋。他必须在不同领域都有较高的造诣，集罕见的才华于一身。他必须同时是数学家、史学家、政治家、（某种程度上的）哲学家。既要理解数学符号，又能用语言表达。必须能用普遍概念来思考具体情形，兼顾抽象理论和具体实践。必须借鉴历史，研究当下，警示未来。必须考虑到人性或者人的直觉。必须目标坚定，同时又公正无私；像艺术家一样高冷正直，但有时又要像政客一样世俗现实。"①

五、凯恩斯经济理论的意识形态特征：维护资本主义制度

从社会经济制度的角度而言，凯恩斯一直致力于维护资本主义阵营的规模和整体利益。在 20 世纪 20 年代，世界两大阵营——社会主义和资本主义的经济形成鲜明对比，西方资本主义国家陷入危机的泥潭，而以苏联为代表的社会主义国家却经济发展迅猛。资本主义国家失业问题日益严重，经济陷入危机的同时，社会主义国家（苏联等）却在短时间内完成了工业化，并且通过国家计划等方式解决了失业问题。

作为出身于老牌资本主义国家的贵族，凯恩斯认为，失业问题与资本主义制度并没有直接联系，或者说，资本主义制度并不是导致失业的必然原因，还指出社会主义国家是以牺牲效率和自由为代价才解决了失业问题。所以，凯恩斯担心资本主义国家走向社会主义，试图在资本主义制度条件下解决危机问题。研究和解决西方国家的经济危机或失业问题，也是为了拯救资本主义经济，保护资本主义阵营不萎缩。通过构建新理论及相应的政策，解决资本主义国家的失业问题，寻求充分就业、高经济效率及自由的共同实现。

与马克思预言资本主义必然灭亡以及斯宾格勒《西方的没落》相比，凯恩斯认为资本主义的根本问题不是经济制度问题，不是资源配置方式问题，而是调节总需求的方式和资源利用程度或资源未充分利用的问题。

因此，在对待资本主义的态度问题上，凯恩斯一直力图维护资本主义阵营的利益，坚守对资本主义经济制度永恒存在的信心。尽管重视政府对经济的干预，但凯恩斯并不是社会主义者。在他看来，资本主义解决最终的政治问题的重点是

① ［英］彼得·德·哈恩. 从凯恩斯到皮凯蒂：20 世纪的经济学巨变［M］. 朱杰，安子旺，于东生，译. 北京：新华出版社，2017：37.

如何把经济效率、社会公平和个人自由结合起来。但相对于效率、稳定和增长而言，平等永远是处于第二位的问题。

第三节　凯恩斯的《通论》对古典经济学的冲击

在 20 世纪 30 年代之前对经济萧条问题的思考及其形成的系列著作的基础上，凯恩斯从 1931 年开始写作《就业、利息和货币通论》①，从理论前提、研究经济问题的视角和方法，到货币数量的作用、市场机制及政府的作用等方面都与古典经济学有根本的不同，"《通论》企图一举推翻当时存在的经济学中的绝大部分信念。凯恩斯认为，他的经济界同行的理论立场既错误又危险。"② 凯恩斯否定了古典经济学，产生了西方经济学领域的"凯恩斯革命"③。

凯恩斯是在古典经济学理论的熏陶下成长起来的一位经济学家，在《通论》前言中写道："本书的写作对作者来说是一个长期挣扎的过程，一个挣扎着摆脱传统的思想模式与表达模式的束缚的过程。我们大多数人是在旧思想的熏陶下成长起来的，旧思想已进入我们心灵的深处。所以说，现在的困难并不在于新思想本身，而在于摆脱旧思想。"

一、凯恩斯对古典经济学假设条件的分析

凯恩斯在《通论》绪论中指出："本书的主要目的是探讨理论方面的一些艰难的问题，其次才是阐述这种理论在实践中的应用。因为如果正统经济学出现了什么错误的话，那么这种错误不会出在为了逻辑上的一致而精心建立起的上层结构中，而是要出在其前提的不明确和缺乏普遍性上。"

1. 关于古典经济学理论的三个基本假设。

凯恩斯把古典经济学理论所基于的三个假设概括为：

（1）实际工资等于现行就业量的负效用；

（2）从严格意义上讲，不存在非自愿失业；

（3）供给会自己创造自己的需求。

---

① 有一种说法是，《通论》的书名是凯恩斯模仿了爱因斯坦 1915 年发表的具有历史意义的论文《相对论》（The General Theory of Relativity）。

② ［美］詹姆斯·K. 加尔布雷斯，小威廉·戴瑞提．宏观经济学［M］．孙鸿敞，刘建洲，译．北京：经济科学出版社，1997：3.

③ 在《货币论》中，凯恩斯参考了大量主流经济学家的理论观点，而在《通论》中，凯恩斯几乎没有提及主流经济学家，以显示要对之前的经济学理论进行革命的意图。

这三个假设实为一体，存亡与共。其中的任何一个在逻辑上都必然蕴涵另外两个①。

2. 关于古典经济学中就业理论的假设条件。

《通论》产生于“大萧条”的背景下，核心论题是就业，凯恩斯认为，古典经济学关于就业理论的假设条件有二：

第一，工资等于劳动力的边际产出。如果市场与竞争不完善，那么按照此原则，工资就不会等于劳动力的边际产出。

第二，在就业量不变时，工资的效用等于这些就业量的边际负效用。这里所谓的负效用是指，具有充分的理由使得个人或者团体宁愿不工作，也不愿意接受比某一最低效用更低的工资。在此假设条件下，经济中的失业只会有摩擦性失业和自愿失业。“所谓‘自愿性’失业是指由于立法、社会风俗、集体议价、反应迟钝或者人性的固执等诸多因素，工人拒绝或者不能接受相当于其边际生产力的产出价值为工资而导致的失业。”②

在凯恩斯看来，古典理论的前提只适用于某种特殊情况，而不适用于一般情况。它所假定的情形只是各种可能的均衡位置的极点，而且古典理论所假定的特殊状态的特征恰恰不符合我们实际生活于其中的经济社会的特征。

二、凯恩斯对古典经济学中需求分析缺失的分析

供给和需求作为市场经济的两个基本方面，二者的相对重要性是经济学理论演变中围绕的一个焦点。凯恩斯认为，缺少需求分析是古典经济学的主要特征和不足之处。

1. 凯恩斯对古典经济学中需求分析缺失的批判。

在古典经济学中，特别是李嘉图的经济理论中，基本没有考虑总需求的作用，萨伊定律更是强调供给决定论。“总需求函数完全可以置之不论，这也是李嘉图经济学说的基本观点。一百多年来，我们所承袭的经济学都是以这一观点为基础的。诚然，马尔萨斯曾经强烈反对过李嘉图认为有效需求不可能不足的学说，但是无济于事。”因为马尔萨斯不能明确地解释有效需求为什么以及如何不足或过剩，他的观点也形成不了一个学说。“在马歇尔、埃奇沃斯和庇古教授手中，经典学派的力量登峰造极，但在他们的著作中却只字未提有效需求。这个概

① ［英］约翰·梅纳德·凯恩斯．就业、利息和货币通论［M］．宋韵声，译．北京：华夏出版社，2012：17－18.

② ［英］约翰·梅纳德·凯恩斯．就业、利息和货币通论［M］．宋韵声，译．北京：华夏出版社，2012：6.

念只能偷偷摸摸地生活在卡尔·马克思、西尔维·盖赛尔或道格拉斯少校这些不入流的经济学家的著作中。”①

2. 凯恩斯对古典经济学统治地位的解释。

在《通论》中，凯恩斯分析了古典经济学能够长期统治经济学的原因：

（1）从这个学说中得出的结论与常人的预期不相同，反而提升了其学术权威，或是反而被认为是苦口良药；

（2）以此学说为基础，可以建立起庞大的、在逻辑上无懈可击的上层结构，从而增加了它的美感；

（3）它可以把社会的不公平与残酷解释成社会进步过程中的不可避免的偶然事件，正好迎合了统治者的心理；

（4）它还为资本家的自由企业辩护，因此又得到了当权者身后在社会上占有支配地位的人的支持。

根据古典经济学理论，通过市场机制作用，经济必然能够达到充分就业的均衡。“传统经济学理论向来以乐观著称于世……这种盲目乐观的态度，我认为是由于他们忽略了一点：有效需求不足可以妨碍经济繁荣。”②

三、凯恩斯的《通论》与古典经济学基本观点的不同

新古典经济学的核心命题是：通过市场机制的充分作用，消费者可以实现效用最大化、厂商能够获得最大利润，整个经济实现资源的最优配置，达到帕累托最优状态；在各种市场，都必然能够实现充分就业的均衡。尽管新古典主义者们也承认经济周期的客观存在，但经济周期被认为是充分就业均衡状态的暂时中断，市场机制必然会使这种被中断的均衡得到恢复。因为只要价格富有弹性，那么，工资和利息的下降必然促进就业和投资增加，从而实现充分就业。

凯恩斯否定了古典经济学的基本观点，在《通论》中，他从总需求的角度，系统分析了大规模失业产生的原因及政策主张。在理论、方法和政策等方面进行了对古典经济学的革命③。

1. 否定了新古典经济学的基本信条——萨伊定律，提出“总需求决定总供给”的凯恩斯定律。

---

① ［英］约翰·梅纳德·凯恩斯．就业、利息和货币通论［M］．宋韵声，译．北京：华夏出版社，2012：25.

② ［英］约翰·梅纳德·凯恩斯．就业、利息和货币通论［M］．宋韵声，译．北京：华夏出版社，2012：26.

③ 在西方学术界，甚至把凯恩斯对经济学的贡献比作哥白尼在天文学上、达尔文在生物学上、爱因斯坦在物理学上的贡献一样，具有划时代的意义。

萨伊定律关于市场机制完美有效的结论的扩展即供给能够创造自己的需求，其逻辑推理是：每一项生产活动，必然产生一个等量的收入，收入的花费，就产生了等量的需求，即不会发生需求不足的情形。当然，其前提条件是，卖和买同时发生，不会有现金的囤积，或者说，如果发生现金囤积，将会使萨伊定律失效。

作为古典经济学的核心理论，萨伊定律强调，有供给就会有需求，供给决定需求。凯恩斯批驳了萨伊定律后，提出与之相反的“凯恩斯定律”：在非自愿失业为常态的经济中，需求决定供给；在资本市场，投资决定储蓄；在劳动力市场，厂商对劳动力的需求决定就业；在宏观经济中，总需求决定均衡的就业和总产出水平。市场机制在单个市场的作用可能是在价格下降时增加需求，但如果从宏观经济总体的角度来看，就会存在合成谬误。比如，工资的降低，会减少居民总收入，从而减少总消费需求。

货币中性是凯恩斯抨击萨伊定律的一个出发点。在古典理论中，货币仅仅具有交易媒介的职能，货币本身不会影响实际经济部门，这就是实际部门和货币部门的古典两分法的本质，意味着货币是严格中性的。但在古典经济学的世界中，囤积现金本质上是非理性的。但是，凯恩斯提出一个基本心理定律——边际消费倾向小于 1 且递减。因此，供给创造的消费需求小于供给总量。要使萨伊定律有效，消费品的失衡就必须通过投资品需求的增加来弥补。在古典理论中，利率弹性会使储蓄转化为投资，这样最终必然实现总供给与总需求的均衡。而凯恩斯提出了货币投机需求，且因为流动性陷阱的存在使得利率不是完全弹性的，利率的降低有个最低限度。

2. 关于利率的决定及货币对实际经济的影响，提出货币非中性。

古典经济学没有构建一个与实际经济部门相互作用的货币体系。在古典理论中，利息是对延迟消费的报偿，利率由节俭和资本边际生产率等实际因素决定。延迟当下消费等于未来更多的消费，这就意味着储蓄必然会转移到投资品的购买。储蓄的增加通过利率变化自动地增加投资，储蓄相当于另一种形式的支出。

凯恩斯认为，利率是一个纯粹的货币现象，由中央银行决定的货币供给和经济主体的货币需求决定。对于货币需求，凯恩斯在古典理论的交易需求和谨慎动机需求的基础上，还提出了货币的投机动机需求。投机需求取决于利率，利率是对放弃流动性或不储藏货币的报偿，即利率是由货币市场决定，而不是由储蓄和投资决定。投资及其乘数效应影响收入水平，而收入水平决定了储蓄，使其适应投资。

货币的最大特征是流动性强，在具有不确定性的经济中，必然会有持有货币而放弃其他金融资产（债券）的投机动机。凯恩斯强调，流动性偏好比储蓄对利率的影响更大。所以，货币需求函数不具有古典理论得出的稳定性的特征，货币流通速度也是易变的。不确定性导致流动性偏好，货币需求和货币供给通过影响利率从而影响就业和产出，货币非中性。

在《通论》第 21 章中，凯恩斯分析了货币对实际经济影响的几种情况：当实际产出小于充分就业水平时，货币数量增加有可能导致价格水平、实际产出都增加。当经济处于充分就业状态时，古典理论的货币中性是存在的。根据货币数量恒等式：$MV = PY$，因为 V 可变，所以货币数量的变化可能引起 V、P、Y 的变化，货币不一定是中性的。

3. 关于劳动力市场：不论名义工资是否刚性，非自愿失业的存在都是常态。

关于工资水平与失业。古典理论认为，劳动市场的失业是因为工资过高，因此，要解决失业问题应该减少工资。而凯恩斯认为，减少工资不仅不能减少失业，还会加剧失业。原因在于：（1）减少工资会改变工人与资本家之间的收入分配，工人收入的比重下降而资本家收入的比重上升，因为工人的边际消费倾向大于资本家，这样会降低整个经济的边际消费倾向。从而导致商品市场的需求不足和劳动市场的需求不足。（2）降低工资会引起人们延期消费，不确定性的增加会导致货币投机需求的增加，影响利率和投资。凯恩斯也承认降低工资也有降低利率的作用：工资减少导致商品价格下降，人们对货币的交易需求下降，从而利率下降。即工资减少会增加货币存量的实际价值，这也被称为凯恩斯效应。

假设初始状态是充分就业的均衡状态，如图 2－1 所示。

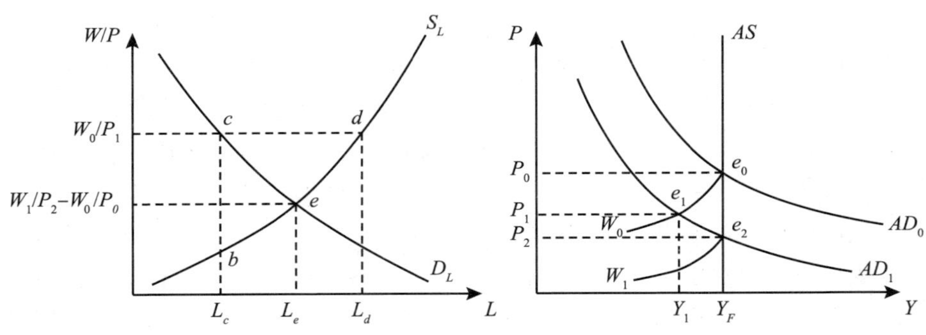

图 2－1　劳动力市场的非自愿失业

（1）若名义工资刚性。当市场受到总需求的冲击，总需求减少使得 AD 曲线由 AD_0 移动到 AD_1，如果名义工资刚性，而价格弹性，那么名义工资不变而价格下降，实际工资上升，劳动需求减少，劳动供给增加，非自愿失业产生。AS 曲

线为 W_0e_0AS。只要把实际工资降至$\frac{W_0}{P_0}$，(L_e-L_c) 的劳动力就能够就业，非自愿失业消失。而降低实际工资的途径有二：降低名义工资和提高价格。

凯恩斯主张通过扩大总需求提高价格水平以增加就业，在图 2－1 中，扩大总需求，AD 曲线右移。凯恩斯认为，不论从理论上分析还是从实践中的可操作性而言，都不主张通过降低名义工资来增加就业。从实践方面来看，分散的工资议价制度往往导致削减货币工资的途径是徒劳无益的，因为劳动力只能在货币工资上议价，而无力控制价格水平，所以全体劳动力不能通过修正与雇主间的货币工资议价而使实际工资降低。

（2）若名义工资弹性。名义工资降低减少失业的传导过程中的中间变量是利率，即名义工资降低，引起价格水平进一步降低，则实际货币供给量增加，利率下降，投资增加，从而就业增加。在图 2－1 中，下降的货币工资使 AS 曲线由 W_0e_0AS 移动至 W_1e_2AS，经济在 e_2 处恢复到充分就业状态。

但是，凯恩斯认为，因为存在阻碍利率下降的流动性陷阱和利率无弹性的投资，这种由市场调节增加总需求的效应往往会失灵，即当价格水平降低时，或者因为流动性陷阱而使得利率不会下降；或者即使利率下降，但因为预期收益差而不增加投资，均衡点不会从 e_1 移动至 e_2。所以，凯恩斯主张通过政府采取政策扩大总需求，才是解决失业问题的有效途径。

4. 宏观经济均衡一般情况下都是小于充分就业的均衡，非自愿失业的存在是一种常态。

凯恩斯否定价格弹性、工资弹性和利率弹性，认为商品市场的垄断和劳动市场工会的作用导致价格刚性和工资刚性，从而小于市场的非充分就业的均衡。因为劳动力存在“货币幻觉”，即影响劳动力的因素是货币工资而不是实际工资，劳动力不能接受货币工资的削减。而就业水平与实际工资率负相关，因此，古典理论中关于通过货币工资率的变化可以实现充分就业均衡的结论不是常态。

凯恩斯进一步分析，即使劳动力愿意接受货币工资的减少，当且仅当商品价格不变时，货币工资下降，才会带来实际工资的下降和劳动需求的增加。但是，因为货币工资下降会导致对商品需求的减少，从而商品价格的下降，抵消了货币工资减少的影响。所以，通过货币工资率实现充分就业是无效的。只有调节总需求才能解决失业。当货币工资率一定时，劳动力能够接受因总需求增加而引起的价格上升，从而实际工资下降，就业增加。

凯恩斯的小于充分就业的均衡与古典理论的充分就业均衡的比较分析，可用图 2－2 说明。

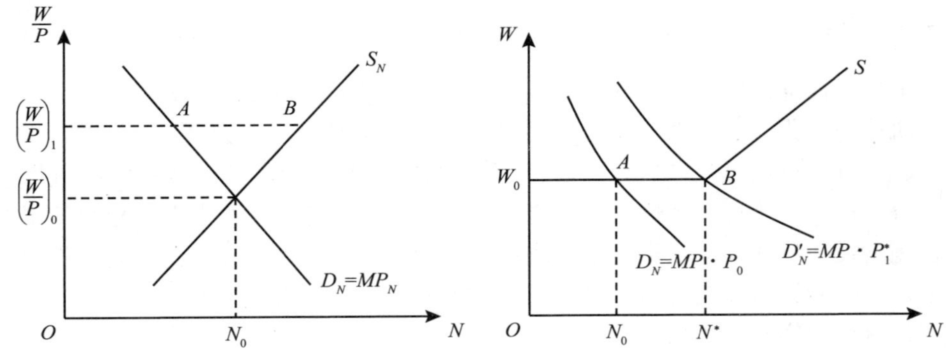

（a）古典劳动市场的充分就业均衡　　（b）凯恩斯劳动市场小于充分就业均衡

图 2-2　凯恩斯关于小于充分就业的均衡与古典理论的比较

在古典理论中，劳动力没有货币幻觉，劳动市场的供求都取决于实际工资率。在图 2-2 中，纵轴表示实际工资率，劳动需求曲线表示劳动的边际生产率。工资弹性使得实际工资率总能够达到充分就业均衡水平，如图 2-2（a）中的 $\left(\frac{W}{P}\right)_0$，充分就业的就业水平 N_0。如果实际工资率高于均衡水平，位于 $\left(\frac{W}{P}\right)_1$，则产生 AB 失业，导致货币工资下降，使实际工资恢复到 $\left(\frac{W}{P}\right)_0$，重新实现充分就业。

图 2-2（b）是凯恩斯对小于充分就业的均衡的分析，因为劳动力根据货币工资率决定其劳动供给，纵轴表示货币工资率，劳动需求曲线表示劳动的边际产品价值。劳动力存在货币幻觉，不会接受货币工资的下降。假设图（b）中的 W_0 是最低工资水平，当工资率为 W_0 时，劳动供给量为 N^*，如果此时劳动需求曲线为 D_N，则就业量为 N_0，产生非自愿失业 AB。

5. 摒弃自由放任，主张政府干预市场经济。

市场机制与政府干预对市场经济的调节作用及其相对重要性，是经济学理论争论的焦点之一，其哲学背景可以追溯到两位古希腊哲学家——柏拉图（Plato）和亚里士多德（Aristotle）。

（1）政府干预主义的哲学基础：柏拉图的理想主义。柏拉图是一位理想主义者，追求理想的社会，因而其国家模式是以理想（完美）人的观念为基础的乌托邦社会。他把社会分成三个阶级，各自的能力、权利和义务不同，这种社会结构就像人体的有机组织一样。其中，人类社会的最底层由“生产者”组成，包括工匠、农夫和商人，这类人在社会中就像人的胃一样，需要解决饥渴等实物需求。军人是中等阶级，像人的心脏一样，代表勇敢等较高的品德。社会的最高层是哲学家和政治家，代表知识与智慧，像人的头脑一样。在三个阶级内部人人平等。处于社会最高层的哲学家和政治家追求的目标是国家利益。因此，柏拉图主张建立全能型政府。柏拉图的思想成为政府干预主义的哲学基础。

（2）自由主义的哲学基础：亚里士多德的务实主义。亚里士多德是一位务实主义者，认为社会各阶层的人都有同样的追求，而国家的任务就是使这种追求成为可能。因此亚里士多德主张政府职能要限定于法制框架下，使每个人都能追求自己的幸福。因此，亚里士多德的思想成为崇尚市场机制的（新）自由主义的哲学基础。

（3）凯恩斯：市场经济需要通过政府干预实现充分就业。在凯恩斯之前，A. C. 庇古（A. C. Pigou）在其《福利经济学》中就揭示了经济自由放任的不足，分析了经济活动中外部效应的存在并导致市场失灵，因此主张政府通过税收等途径协调外部效应以实现社会福利最大化。

凯恩斯革命强调政府调节经济的职能。凯恩斯认为，经济大萧条是由诸多结构性缺陷所致，而不是市场暂时失衡的结果。通过政策调节可以矫正这种失衡，实现充分就业的均衡。

凯恩斯的政策主张改变了长久以来受古典经济学支配的一个历史悠久的信条，即：政府预算应当像一个慎重小心、精打细算的家庭预算那样，是一种平衡预算。曾经流行的在英国财政部存在着的一个共识——英国的“财政部观点”（treasury view）认为，政府扩大公共工程支出需要向私人部门发行债券，这样导致资金从私人部门向政府部门转移，即政府支出产生对私人投资的挤出效应，净就业增量甚微。挤出效应包括：一是资金从私人部门向公共部门的转移；二是公共部门支出增加引起收入从而货币需求的增加，而导致利率上升从而私人投资的减少。公共工程只会把储蓄和劳动力从私有部门分离出去，且公共工程的生产力总是低于私有部门，因此，通过增加公共工程增加总需求的政策是无效的。

凯恩斯否定了财政部观点：第一，当存在非自愿失业时，储蓄大于投资，储蓄并没有得到充分有效利用；未有效利用包括储蓄转移到国外或投入股票市场而抬高证券价格。第二，公共工程支出能够带来储蓄的增加，包括减少失业从而减少失业救济，以及就业者收入增加从而储蓄和消费需求的增加。只要存在失业工人和闲置的工厂设备，就存在乘数作用的条件。凯恩斯革命之后，政府政策成为调节经济的主要手段，市场经济需要市场机制和政府政策共同调节。

自经济学产生以来，经济学家就开始争论：没有政府干预，市场经济是否能够自动实现长期的充分就业均衡。古典经济学认为，工资和价格弹性必然能够使得经济自动且迅速地实现充分就业均衡。凯恩斯的宏观经济学产生于“大萧条”的背景下，其解决的核心问题是失业，揭示了需求不足是导致失业的主要原因。

凯恩斯认为，在市场经济中，小于充分就业的均衡是一种常态，因此，实现充分就业，需要政府干预，主张通过政府扩张性政策增加总需求是解决失业的有效途径。

第四节　凯恩斯的有效需求原理及政策主张

《通论》产生于“大萧条”的背景下，“大萧条”中最严峻的问题是失业，因此，凯恩斯在《通论》中研究的核心问题是失业，主要目的是揭示失业产生的原因并寻求解决失业问题的对策。凯恩斯提出有效需求原理，从总需求的角度，分析了需求不足是导致失业的主要原因，揭示了充分就业均衡只是一种偶然状态，小于充分就业的均衡才是市场经济运行的常态，实现充分就业需要政府采取调节总需求的政策。

一、有效需求原理的基本命题及就业和总产出决定中有效需求的作用

《通论》的核心内容是有效需求原理，论述了有效需求不足的原因及总需求对就业和总产出的决定作用。

1. 有效需求原理的基本命题。

在《通论》中，凯恩斯把有效需求原理概括为以下几个基本命题。

（1）在技术、资源和成本一定的条件下，国民收入水平取决于就业量 N。

（2）国民收入和消费之间的关系——消费倾向，取决于心理规律。在消费倾向一定时，就业量决定了国民收入水平，从而决定了消费。

（3）就业量 N 决定于有效需求 D，包括消费需求 D_1 和投资需求 D_2。

（4）均衡时，$Z(N)=D(N)$，消费需求 D_1 是 N 的函数，表示为 $X(N)$，那么，$Z(N)-X(N)=D_2$。

（5）均衡就业量决定于：总产出函数 $Z(N)$，消费倾向 $X(N)$，投资 D_2。这就是就业一般理论的精髓。

（6）因为存在边际消费倾向递减规律，当收入增加时，消费增加，但消费增量小于收入增量，因此，随着就业量增长，总产量增长，相应的总供给价格与消费之间的差额 D_1 会增加。要实现充分就业，就必须增加投资 D_2，否则，在达到充分就业之前就达到了稳态。

2. 有效需求是决定就业和国民收入水平的最重要的因素。

凯恩斯把总供给和总需求定义为就业量的函数。

总供给函数为：$Z=f(N)$，表示雇佣 N 单位劳动力所能生产的产品的总供给。

总需求函数：$D=f(N)$，表示雇佣 N 单位劳动力所能生产的产品的预期收益。

“就业量决定于总供给函数和总需求函数的交点，因为只有在这一点上雇主的预期利润才能达到最高值。D 在总需求函数与总供给函数交点上的值，即有效需求（the effective demand）。这就是就业一般理论的要旨。”①

纳入并重视需求分析，强调有效需求对就业和产出的决定作用，是凯恩斯有效需求理论的本质特征。

二、三大心理定律导致有效需求不足

凯恩斯把市场需求分为居民消费需求和企业投资需求，并根据三大心理定律论述消费和投资分别是如何决定的，揭示了总需求不足的原因。三大心理定律分别说明边际消费倾向、投资边际效率和流动性偏好对消费需求和投资需求的影响。凯恩斯还强调：“对消费倾向的分析、对资本的边际效率的定义以及关于利率的理论，构成了我们现有知识中的三大必须弥补的漏洞。”②

按照古典理论，供给能够创造需求，即：不论 N 是多少，总有 $Z=D$，且当 Z 增加时，D 也随之同量增加。这样，有效需求不只有一个均衡值，而是有无数个均衡值。需求不足不会成为制约就业的因素，充分就业是必然的。

但是，凯恩斯认为，充分就业只是一种偶然，有效需求不足才是一种常态。因为三大心理定律的存在导致消费和投资需求不足③。

1. 边际消费倾向递减规律和绝对收入假说。

凯恩斯论证了收入水平对消费的影响，用边际消费倾向表示消费与收入之间的数量关系。

（1）边际消费倾向递减规律。边际消费倾向是指收入增加一单位时引起的消

---

① ［英］约翰·梅纳德·凯恩斯．就业、利息和货币通论［M］．宋韵声，译．北京：华夏出版社，2012：21.

② ［英］约翰·梅纳德·凯恩斯．就业、利息和货币通论［M］．宋韵声，译．北京：华夏出版社，2012：24.

③　凯恩斯的经济模型中的因变量是国民收入和就业量（二者几乎是同样的东西），自变量主要包括：消费倾向、资本边际效率和利率。三个自变量决定于三个因素：（1）三个基本心理因素，即心理上的消费倾向、心理上的流动性偏好以及心理上对资本资产的预期。（2）工资，由劳资双方议价决定。（3）货币数量，由中央银行决定。因为工资的影响可以纳入消费倾向中，中央银行决定的货币数量可以纳入利率的作用机理中，这样，三大心理定律通过影响消费倾向、资本边际效率和利率最终影响有效需求。

费增量。凯恩斯认为，影响消费需求的因素包括收入水平、消费的客观环境以及主观需要、心理倾向、消费习惯、收入分配等，其中，收入水平是最主要的影响因素①。在《通论》中，凯恩斯指出："社会心理往往都会是这样：当总实际所得增加时，总消费也增加，但不如所得增加的那么多。"即边际消费倾向（MPC）呈递减趋势。"无论我们是从现已了解的人类本性上看，还是从经验中的具体事实来看，我们可以具有很大的信心来使用一条基本心理规律。这条规律就是：在一般情况下平均来说，当人们收入增加时，他们的消费也会增加，但消费的增加不会像收入增加的那样多。"② 边际消费倾向小于1，特别是在短期，当人们收入增加时，还保持原来的消费习惯，所以收入增量主要用于增加储蓄。

边际消费倾向递减规律存在的原因在于：当收入增加时，人们先满足基本需要。随着收入的持续增长，人们必然会增加储蓄，消费支出在总收入中的比重下降，消费与收入之间的差距不断扩大。

（2）绝对收入假说：凯恩斯的消费函数。在古典经济学理论中，消费和储蓄都是利率的函数，而凯恩斯的消费函数中，收入水平是最重要的自变量。

《通论》侧重于短期分析，在短期内，收入水平对消费的影响最重要。因此，在凯恩斯的消费函数中，当期的收入水平影响当期消费，被叫作绝对收入假说。"本书的主题，除极个别的地方之外，不涉及长远社会变革的后果，不涉及长期社会进步的缓慢作用。……主观的与社会的动机的主要背景的变化是极其缓慢的，而在短期内利率及其他客观因素的变化影响也不大，这样我们可以得出结论：在短期内消费量的变化在很大程度上取决于收入的变化，而不是取决于特定收入量下的消费倾向的变化。"③

根据绝对收入假说的逻辑，曾有人预言，"二战"后美国因为脱离了战时的基础，总产出和消费需求会下降，在 1945～1947 年间，美国的实际可支配收入确实下降了，但实际消费支出却稳定增长，对绝对收入假说形成冲击。另外，库兹涅茨分别对 1869～1938 年间和 1929～1949 年间的统计数据进行测算和回归分

① 凯恩斯把影响消费的因素分为客观因素和主观因素。"一个社会的消费量，显然取决于下列三个因素：（1）收入量。（2）客观环境。（3）该社会居民的主观需要、心理倾向、个人习惯以及分配原则。"客观因素包括工资率、资本资产价值、时间贴现率（消费者对不同时间货币购买力变化的预期和延期消费的风险比如寿命的不确定）、财政政策（比如政府增加所得税会提高居民的消费倾向）、对未来收入水平的预期等。其中，收入水平是影响消费的最重要的因素。对于主观因素，凯恩斯把人们不消费的主观动机或目标概括为"谨慎、远望、算计（增殖）、改善（未来生活得更好）、独立（享受独立感）、管理（获得从事投机生意或从事某种事业的本钱）、自豪与贪婪，"相应的消费动机主要包括："享受、短见、慷慨、失算、炫耀和奢侈。"

② ［英］约翰·梅纳德·凯恩斯．就业、利息和货币通论［M］．宋韵声，译．北京：华夏出版社，2012：76.

③ ［英］约翰·梅纳德·凯恩斯．就业、利息和货币通论［M］．宋韵声，译．北京：华夏出版社，2012：85－86.

析，得出长期与短期边际消费倾向不一致、长期和短期消费函数不同的结论。库兹涅茨的统计分析表明，1869～1938 年的 70 年间，美国的实际收入增长了 8 倍，以 10 年为组距，计算出的长期平均消费倾向是稳定的，消费占国民生产净值的比重稳定在 0.84～0.89 之间（1929～1933 年除外），没有下降的趋势。①

因此，一些经济学家开始重新构建消费函数，产生了另外三种消费函数理论，分别是：哈佛大学的杜森贝利（James Duesenberry）提出的相对收入假说（强调过去的收入水平、消费习惯对消费的影响）、弗里德曼（Milton Friedman）提出的持久收入假说（强调持久收入水平对消费的影响）和莫迪利安尼（Franco Modigliani）提出的生命周期假说（强调消费者从整个生命周期安排各阶段的消费支出）。

2. 资本边际效率递减规律。

边际消费倾向递减导致消费需求不足，因此，要维持一定的就业量，必须增加投资以吸收未被消费的产量。而投资取决于资本的边际效率和利率。“假定社会的边际消费倾向不变，那么就业量的均衡水平取决于当前的投资，……当前的投资量还取决于投资诱惑，投资诱惑又取决于两组势力的相互关系，第一组为资本的边际效率表，第二组则为各种期限不同、风险不同的贷款利率。”②

投资的预期收益（prospective yields）和资本的供给价格共同决定投资量。预期收益指在投资品的寿命期限内的各期的总收益。资本资产的供给价格也就是其重置成本（replacement cost），即厂商购买最后一单位资产愿意接受的价格。这样就产生了资本边际效率的概念。“我把资本边际效率定义为一种贴现率，而根据这种贴现率，在资本资产的寿命期间所提供的预期收益的现值能等于该资本资产的供给价格。”③ “但资本边际效率本身并不是现行的利息率。资本边际效率曲线可以被认为是为了进行新投资而需要借进资金的人所愿意支付的代价，而利息率则代表现行的提供资金的代价。”④

凯恩斯强调投资引诱不足是抑制投资增长的关键。在《通论》中，凯恩斯指出：在整个人类历史中存在一种长期趋势，即储蓄的倾向强于对投资的诱惑。资本边际效率呈递减规律，即随着投资的增加，投资边际效率递减。主要原因有二：一是当投资增加时，投资的预期收益将下降；二是当投资增加时，会导致投

① 罗志如，范家骧，厉以宁．当代西方经济学学说（上）［M］．北京：北京大学出版社，1989：108.

② ［英］约翰·梅纳德·凯恩斯．就业、利息和货币通论［M］．宋韵声，译．北京：华夏出版社，2012：22.

③ ［英］约翰·梅纳德·凯恩斯．就业、利息和货币通论［M］．宋韵声，译．北京：华夏出版社，2012：105.

④ ［英］约翰·梅纳德·凯恩斯．就业、利息和货币通论［M］．宋韵声，译．北京：华夏出版社，2012：127.

资品的价格上升。其中，第二个因素的短期效应显著，而第一个因素的长期效应显著。

每一类投资的预期收益都随着投资的增加而递减，图 2－3 中有一条负斜率的资本边际效率曲线 *MEI*，把所有的资本边际效率曲线加总起来，即得到总的资本边际效率曲线——投资需求曲线。“投资量会增加到资本边际效率曲线上的一点，在该点上一般的资本边际效率等于现行的市场利息率。”① 即投资由资本边际效率和利率共同决定。

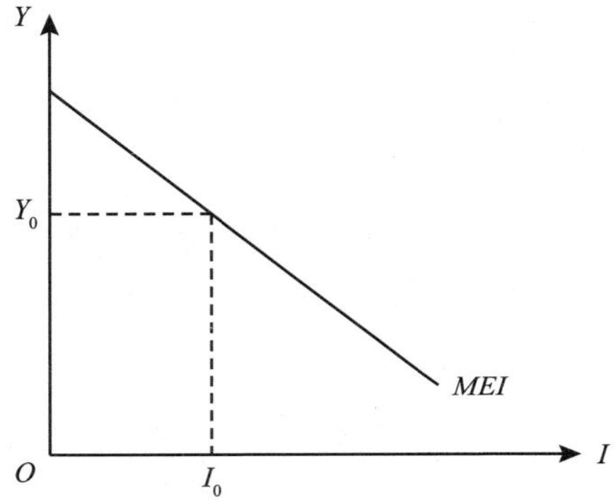

图 2－3　投资边际效率递减及投资需求的决定

资本边际效率不仅取决于现期收益，还取决于未来收益，因此，对未来的预期也是决定资本边际效率的重要因素，包括对货币价值变动（利率）的预期和对宏观经济态势的预期。

预期收益影响资本边际效率从而影响投资，而人们根据资本资产现状和市场需求等对未来的状况进行预期，信心状态（the state of confidence）是影响预期从而影响资本边际效率的重要因素。凯恩斯强调非理性的心理因素在预期中的重要性，因为“我们据以估计预期收益的知识，其基础是极其脆弱的。我们对若干年后决定投资收益的因素实际上也是知之甚少，也许根本就不大了解”②；“企业家是在玩一种既靠本领又靠运气的混合游戏。……如果人类的本性不喜欢碰运气，或者对开工厂、修铁路、开矿和开垦农场，除了利润之外别无他图，仅凭冷酷的计算，那就不可能有大量的投资”。③ 在所有权和经营权分离之前，企业的“投

① ［英］约翰·梅纳德·凯恩斯．就业、利息和货币通论［M］．宋韵声，译．北京：华夏出版社，2012：106.

② ［英］凯恩斯．就业利息和货币通论［M］．徐毓枬，译．北京：商务印书馆，1997：128.

③ ［英］凯恩斯．就业利息和货币通论［M］．徐毓枬，译．北京：商务印书馆，1997：129.

资量往往取决于个人的活跃性格和事业的动力，以及将事业看成是谋生手段，而不是依靠对未来的精打细算”①。随着资本市场的发展，所有权和经营权分离以后，有了投资市场，证券交易中不确定因素进一步增多，导致预期中的心理作用更重要。

3. 流动性偏好和流动性陷阱。

投资的预期收益和成本是决定投资的两大基本因素，流动性偏好通过影响利率从而影响投资，当出现流动性陷阱时，利率不再下降，从而抑制投资增长。

（1）流动性偏好影响利率的决定。在古典理论中，利息是放弃当前消费或延期（等待）的报酬。利率由储蓄（资本的供给）和投资（资金的需求）决定，且作为资本的价格，利率的变动调节储蓄和投资从而使资本市场实现均衡。

凯恩斯否定了古典经济学的观点，认为利息不是延期消费的报酬，而是放弃流动性的报酬；利率不是由储蓄和投资决定的，而是由货币需求（流动性偏好）和货币供给决定的。凯恩斯把利率定义为：一特定时期内放弃流动性的报酬。因此，利率不是使投资与储蓄均衡的“价格”，“而是能使以现金形式持有财富的愿望和现有的现金数量相平衡的‘价格’。”②

利率可以用来衡量流动性偏好的程度。这样，货币需求与利率负相关，流动性偏好即货币需求与货币供给是决定利率的两大因素。

在流动性偏好与利率之间的关系中，假设条件包括：利率的未来值具有不确定性；人们的金融资产有两种形式——货币和债券，人们面临着在持有债券和持有货币之间的选择。持有货币没有或只有很低的利率，持有债券可以获得较高的债券利息。债券价格与市场利率之间的关系为：

$$\text{债券价格}=\frac{\text{债券利息}}{\text{市场利息率}}$$

债券价格与利率负相关。当利率较高时，债券价格较低，债券价格上升的空间较大，人们愿意持有债券，货币需求较小；随着利率下降，债券价格上升，持有债券的预期收益下降，人们会增加货币需求而减少持有债券。人们的心理因素决定了对利率的预期，并且影响流动性偏好。如果预期未来的利率会上升，债券价格下降，就会增加货币需求；如果预期未来的利率会下降，债券价格上升，那么就会增加债券需求而减少货币需求。

（2）“流动性陷阱”阻碍利率下降，从而导致投资需求不足。流动性偏好函

---

① ［英］约翰·梅纳德·凯恩斯．就业、利息和货币通论［M］．宋韵声，译．北京：华夏出版社，2012：116.

② ［英］约翰·梅纳德·凯恩斯．就业、利息和货币通论［M］．宋韵声，译．北京：华夏出版社，2012：129.

数表示利率与货币需求之间的对应关系，即在不同利率下经济主体愿意持有的货币数量。用图 2－4 表示为：

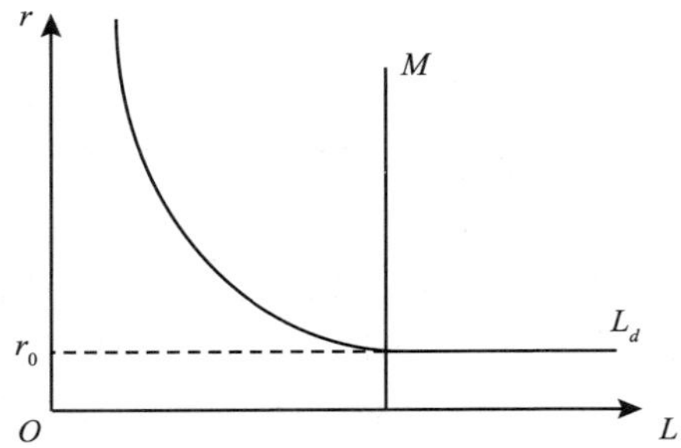

图 2－4　流动性陷阱

在图 2－4 中，横轴 L 表示货币数量，纵轴 r 表示利率，负斜率的曲线 L_d 表示在每一利率下对应的货币需求量。

在传统货币数量论中，货币的功能是交易，影响货币需求的因素是收入水平。凯恩斯认为，货币还有一个重要功能是投机。即在债券市场，持有货币可以买卖债券获取收益，因而利率也是影响货币需求的重要因素。

这样，凯恩斯货币需求的动机分为三类：交易动机，满足当前交易所用；谨慎动机，希望保证有一部分资产与未来的现金等价；投机动机。如果没有完善的债券交易市场，则谨慎动机的货币需求会增加，如果有完善的债券交易市场，则投机需求较大。交易需求和谨慎需求不受利率影响，利率主要影响投机需求，二者负相关。

因交易和谨慎动机产生的货币需求主要受收入水平的影响，投机动机产生的货币需求是利率的函数，货币需求函数表示为：

$$M = L_1(Y) + L_2(r)$$

当利率降至很低的水平时，比如 $r = r_0$，债券价格已经很高了，几乎没有上升的空间，人们都不愿意持有债券，而愿意持有流动性最高的货币。这时人们愿意持有任意数量的货币，货币需求曲线成为一条水平线。如图 2－4 中的 r_0，持有货币的成本较低，在这一利率下，人们愿意持有任意数量的货币。这种情况被称为“流动性陷阱”或“凯恩斯陷阱”，货币数量 M 增加，利率不再下降。

货币供给和货币需求决定利率，从而影响就业和总产量。在流动性陷阱出现之前，货币数量的增加，会导致利率下降，刺激消费和投资增长，带动就业和经济增长。而当利率很低时，陷入流动性陷阱，货币供给增加，人们全部以货币形式持有货币增量，利率不再下降，因而对就业和经济增长就不会产生促进作用。

这种情况往往发生在经济严重萧条时期，因此，凯恩斯得出结论，在经济严重萧条时，货币数量的增加不会引起利率的下降，货币数量增加对投资没有促进作用，导致投资需求不足。

三、非自愿失业的存在是市场经济的常态

当消费倾向和投资一定时，存在一个使总需求和总供给相等的均衡就业量。因为三大心理定律导致有效需求不足，即实际总需求总是小于充分就业的总需求，因此，一般情况下的均衡都是小于充分就业的均衡，充分就业只是一种特例，非自愿失业是常态。“一般说来，我们并没有理由可以期望这一均衡水平等于充分就业均衡。与充分就业相吻合的有效需求只是一个特殊情况，仅当消费倾向与投资诱惑之间存在一种特殊关系时才能实现。”① 如图 2－5 所示。

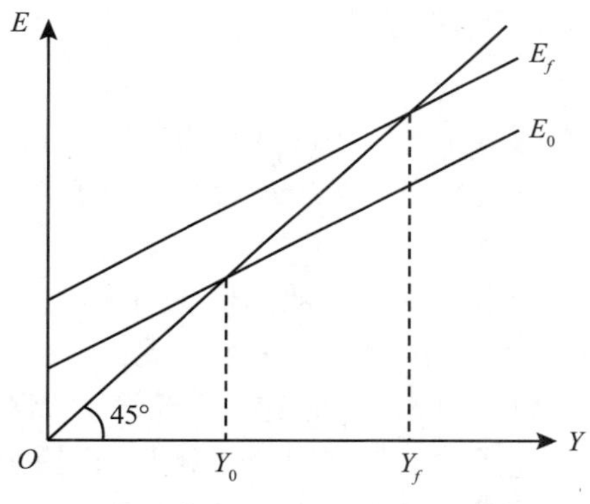

图 2－5　有效需求不足导致非自愿失业

在图 2－5 中，横轴 Y 表示总产出，纵轴 E 表示总支出或总需求，包括消费和投资，充分就业的总需求曲线为 E_f。消费函数为 $C = C_0 + MPC \cdot Y$，消费曲线为纵轴的截距即自发消费 C_0，斜率为边际消费倾向 MPC，因为总产出在短期不影响投资，投资曲线与横轴平行，在不考虑政府支出和国外情况的条件下，总需求 = 消费 + 投资，总需求曲线 E_0 即为消费曲线和投资曲线的垂直加总，或消费曲线向上平移投资。引入 45°线，充分就业的总产出为 Y_f，实际总产出为 Y_0，$Y_0 < Y_f$，从而出现相应的非自愿失业。

① ［英］约翰·梅纳德·凯恩斯．就业、利息和货币通论［M］．宋韵声，译．北京：华夏出版社，2012：22.

因此，就业量决定于消费和投资需求，有效需求不足会导致失业。“而且，社会越富有，其实际产量与潜在总产出之间的差别就会越大，因而经济体制的弱点就暴露的更明显，甚至令人感到愤慨。对于一个贫穷的社会来说，其产品的大部分都用于消费，因而只要有少量的投资就可以造成充分就业。反之，在一个富庶的社会中，如果富人的储蓄倾向与穷人的就业量不发生冲突，那么投资的机会就要比在贫穷的社会中多得多。”但是，“在一个富庶的社会中，不仅消费的边际倾向较弱，而且由于它的资本积累较大，致使进一步投资的机会也变小，除非利率迅速下降”。①

因此，有效需求不足导致实际总产出在一般情况下总是小于潜在产出，非自愿失业是一种常态，并且，随着总产出的增加，实际总产出与潜在产出的差额会越来越大。这一理论的政策含义就是：要实现充分就业，就需要政府采取调节总需求的政策。

四、边际消费倾向与投资乘数

消费是总需求最基本、占比最大的部分，边际消费倾向的大小不仅通过影响消费支出影响总产出，而且边际消费倾向还会影响投资乘数从而影响总产出的决定和变动。

R. 卡恩（Richard Kahn）首次将乘数的概念引入经济学理论，用于估计投资增量与总就业增量之间的关系。乘数概念最早出现在卡恩给经济顾问委员会的备忘录中，正式表述是在卡恩于 1931 年发表在《经济学杂志》上的论文《国内投资与失业的关系》中，论述了政府增加投资对就业和国民收入有乘数效应。凯恩斯把卡恩的乘数称为就业乘数（employment multiplier），等于就业增量与投资增量之间的比率。1933 年，凯恩斯在《泰晤士报》上发表的“繁荣的方法”系列论文中，系统地论述了乘数概念及投资乘数效应。后来乘数理论成为《通论》的重要内容之一。

在卡恩的基础上，凯恩斯提出投资乘数（investment multiplier）的概念，把乘数用于衡量投资增量与总产出增量之间的关系，且乘数的大小取决于边际消费倾向，与边际消费倾向正相关，若用 K_I 表示投资乘数，则：

$$K_I = \frac{1}{1 - MPC}$$

投资对总产出的乘数作用源于投资增量发生后，会形成一系列的收入和消费

① ［英］约翰·梅纳德·凯恩斯．就业、利息和货币通论［M］．宋韵声，译．北京：华夏出版社，2012：24.

增量，而每一轮收入增量取决于边际消费倾向，最终产生$\left(\frac{1}{1-MPC}\right)\Delta I$的收入增量，即收入增量$\Delta Y$是投资增量$\Delta I$的$\left(\frac{1}{1-MPC}\right)$倍。

因此，凯恩斯主张人们多消费，而不是节俭。凯恩斯为了解释个人增加储蓄不利于经济增长，使用了18世纪早期出现的一本用讽刺性的散文诗体写成的书——《蜜蜂的寓言：私人的恶德、公众的利益》（*The Fable of the Bees—Private Vices, Public Benefits*）作为论据。消费包括对当期生产的产品的消费和之前生产的产品的消费，后者表现为存货的减少即负投资，因此，"随着资本存量的增加，使资本投资超过资本负投资的数量大到足以补偿净收入和消费之间的差额成为日益困难的问题。……只有预料日后的消费倾向将增加，今天消费倾向的减少才符合公共利益。《蜜蜂的寓言》这则故事提醒我们——明天的快乐是人们今天刻苦奋斗不可缺少的理由。""资本不能离开消费而独立存在。反之，消费倾向一经降低便会成为永久性的习惯，不仅消费需求会减少，资本需求也会减少。"①

在凯恩斯理论中，节俭不再是一种美德。"我们越有德行，越有决心节俭，越是能执行个人与国家正统的财政政策，那么当利息率（相对于资本边际效率来说）相对提高时，我们的收入就减少的越多。顽固不化只能受到惩罚，而不会得到奖赏，这是不可避免的。"②

五、政府应采取调节总需求的政策以实现充分就业

凯恩斯经济理论的核心问题是就业和产出的决定。有效需求原理得出了非自愿失业是常态的结论，即揭示了政府干预市场经济的必要性。重视政府干预经济也是凯恩斯革命的基本特征之一。

1. 政策目标是增加就业和产出，中间变量是总需求。

宏观经济政策的四大目标主要包括充分就业、经济增长、物价稳定和国际收支平衡，其间有一致，也有冲突。比如，在不考虑产业的就业弹性差异的情况下，充分就业与经济增长是一致的；与物价稳定的目标往往是鱼和熊掌不可兼得的关系。因为《通论》产生于"大萧条"的背景下，主要研究的问题是大规模失业，导致失业的原因是有效需求不足，当需求不足时，不会有通货膨胀问题的产生。因此，凯恩斯政策的主要目标是实现充分就业和经济增长。主张通过政府

① ［英］约翰·梅纳德·凯恩斯．就业、利息和货币通论［M］．宋韵声，译．北京：华夏出版社，2012：83.

② ［英］约翰·梅纳德·凯恩斯．就业、利息和货币通论［M］．宋韵声，译．北京：华夏出版社，2012：87.

扩张性政策增加总需求，以实现充分就业。

2. 政策工具主要是财政政策。

西方国家调节经济的两种基本的政策工具是财政政策和货币政策。凯恩斯更加重视财政政策而忽视货币政策，因为当出现流动性陷阱时，货币政策无效；并且在经济严重萧条时，人们对未来有悲观的预期，即使利率很低，因投资的预期利润率低，人们也不愿意增加投资。所以，凯恩斯主张采取扩张性财政政策增加总需求。

扩张性财政政策包括增加政府支出和减税。增加财政支出能够直接增加总需求，政策效应显著。减税可以通过增加居民和厂商的可支配收入从而增加总需求。因此，增加政府支出特别是政府的公共工程支出是凯恩斯政策主张的主要内容。这也使得赤字财政成为大多数西方国家的常态。

因为凯恩斯重视人的情绪对经济波动的影响，认为政府政策还可以起到调节公众预期的作用，通过刺激和情绪管理阻止恶性循环，避免由于非理性恐慌导致的经济萧条。比如，当厂商订单减少、投资收益率出现下降、股价下跌时，“政府可以在一根棍子的末端绑根胡萝卜来促使驴子继续向前，即让它看到奖励，避免让她筋疲力尽”。[①]

凯恩斯革命改变了许多经济学家的信仰，也改变了政府职能的传统观念，从此，增加就业、实现经济稳定增长，成为西方国家政府政策目标。在英国，1944年政府发布《就业政策》白皮书，公开了维持较高的稳定的就业水平的决心。在美国，1946 年的《就业法案》明确联邦政府必须争取最大的就业、产出和购买力水平。《就业法案》的重要成果还包括美国总统经济顾问委员会（Council of Economic Advisors，CEA）的建立，其主要任务是为总统提供有关经济问题的建议。澳大利亚、加拿大、比利时、法国、荷兰、新西兰等国政府也都做出了以充分就业作为优先目标的承诺。这些被视为凯恩斯革命开始对实际经济产生影响的重要标志。

第五节　凯恩斯革命之后：各种理论流派的形成

在写作《通论》的过程中，凯恩斯就以各种方式宣传其理论，公开出版后，凯恩斯的经济理论和政策主张，从英国到美国，再到世界各国被广泛传播和采纳。以《通论》为基础，西方宏观经济学不断发展演变，逐步形成各种理论流派。

① 威廉·戈兹曼. 千年金融史［M］. 张光亚，熊金武，译. 北京：中信出版社，2017：359.

一、凯恩斯理论的传播

《通论》出版后，凯恩斯的思想、理论和政策主张通过各种途径被传播到世界各国。

1. 凯恩斯理论在西方国家的传播。

在英国，凯恩斯在剑桥大学的同事理查德·卡恩、詹姆斯·米德、琼·罗宾逊、皮鲁·斯拉法等人都从不同的角度对凯恩斯理论的传播和发展做出过贡献。通过学术交流等途径传播了凯恩斯的思想，并发展凯恩斯经济学形成了新剑桥学派。

在美国，最初凯恩斯理论受到质疑和反对，主要原因在于：凯恩斯是英国的经济学家，他的理论也许只适合英国而不适合美国；作为与社会主义相对立的资本主义阵营，一些人认为凯恩斯理论为集体主义和国家干预提供了让他们担心的聚合点。但是，凯恩斯理论对当时经济问题的解释力及其政策效果等最终使其在学术界和政府被广泛接受。《通论》刚出版时，经济学家特别是青年经济学者都逐渐归附了凯恩斯经济学。在罗斯福执政初期，凯恩斯思想在学术界的传播比在政府要更快。在《通论》写作期间，凯恩斯多次到美国宣传他的思想和政策。1933 年末，凯恩斯在《纽约时报》发表致罗斯福的公开信，劝说美国总统通过发债等方式增加政府支出以扩大居民购买力，后来到白宫与罗斯福会晤，努力在美国政府传播其理论和政策主张。

在加拿大，有着在剑桥大学和哈佛大学求学经历、富有影响的罗伯特·布赖斯（Robert Bryce）实施了凯恩斯主义的政策，为加拿大走出萧条做出了重要贡献。这样，在西方国家，学术界和政府都接受了凯恩斯理论和政策主张。

2. 凯恩斯理论传播的其他条件。

国民经济核算体系的建立和不断完善，为宏观经济分析和政策制定提供了可依据的精确的统计数据。关于国民经济核算对宏观经济学发展的重要性，萨缪尔森在其《经济学》中说道："没有 20 世纪的这一伟大创举……宏观经济学将会在一片杂乱无章的数据汪洋中漂泊。"直到"大萧条"发生较长时间以后，美国都还没有准确反映经济状况的数据，包括失业率、失业分布等。有了准确的数据依据后，美、英等国都实施了凯恩斯主义的政策主张，取得了显著效果——较高的经济增长和较低的通货膨胀。

"二战"也为凯恩斯思想的传播起了促进作用，因为战争产生了政府干预经济的机会和环境，符合凯恩斯主义。

在《通论》写作过程中，在给剧作家朋友乔治·萧伯纳（George Bernard

Shaw）的信中凯恩斯就写道："你要知道，我相信自己正在写作的这本经济学理论著作将会极大地革新——我想不是马上，而是在接下来的十年里——人们对于经济问题的思考方式。"① 事实证明了凯恩斯的预期，《通论》于 1936 年出版后，在西方经济学界引发了凯恩斯革命。《通论》确实改变了人们思考经济问题的方式。迪拉德把《通论》与马克思的《资本论》相提并论，认为马克思揭示了资本主义的症结所在，而凯恩斯则是摒弃了自由放任的基础。《通论》对古典经济学产生根本的冲击，在《通论》出版后的 10 年间，凯恩斯主义经济学就被奉为圭臬。

二、凯恩斯革命后经济学理论的主要变化

凯恩斯革命使得经济学理论体系、市场经济的调节手段、研究方法、对经济问题的思维方式和理念等方面都发生了根本性的变化。

1. 宏观经济学形成独立的理论体系。

在经济学领域，对宏观经济的研究由来已久。在凯恩斯之前，已经有一些经济学家研究宏观经济问题，认识到政府支出的乘数效应以及工资增加对总需求从而对国民收入增长的作用。也提出了主张政府增加公共工程支出、联邦政府实施赤字财政预算、联邦储备委员会放松信贷。这些宏观经济思想和政策主张与后来凯恩斯在《通论》中的观点基本一致。但这些只是零碎的观点和政策，凯恩斯对宏观经济的分析系统化，形成了宏观经济学的理论体系，并提出相应的政策主张。

2. 经济理论与政策开始相关联。

从经济学理论与实践的关系来看，在凯恩斯之前，大部分经济理论只重视理论的严谨性，即在既定假设条件下得出合乎逻辑的推论，因而难以对理论进行经验性的检验，也没有政策处方。理论与现实联系较弱。凯恩斯以有效需求原理为依据提出了通过宏观经济政策调节总需求的政策，也使得经济理论与经济政策制定相协调。之前的新古典经济学主要作用在课堂教学和学术领域，凯恩斯的政策主张被政府采纳，应用于经济发展实践。在凯恩斯之后，宏观经济学与政策制定者们之间的关系开始密切：宏观经济学理论中的国民收入构成可以与国民经济核算相联系，宏观经济运行与政策主张密切相关。

① ［英］彼得·德·哈恩．从凯恩斯到皮凯蒂：20 世纪的经济学巨变［M］．朱杰，安子旺，于东生，译．北京：新华出版社，2017：42.

3. 开启宏观经济分析的总量分析方法。

从研究方法来看，凯恩斯开创了总量分析的宏观经济分析方法。在新古典经济学中，均衡价格的决定及其对消费者和厂商行为的调节从而资源配置是核心问题，市场价格是关键变量，研究方法是个量分析，即研究的经济变量都是单个消费者、单个厂商或一种商品市场的相关变量。而凯恩斯关注的核心问题是总就业和总产量水平的决定，主要影响因素是由总消费、总投资等构成的总需求，即宏观经济分析中的方法是总量分析，研究的经济变量都是宏观经济中的总量。

4. 政府职能的变化。

古典经济学崇尚市场机制，认为通过市场机制的作用，能够达到资源的最佳配置和资源的充分利用，即充分就业的均衡是一种常态。凯恩斯则认为，因为三大心理定律的作用，有效需求不足，最终导致小于充分就业的均衡即失业的存在是一种常态，因此，政府不仅是“守夜人”，还应该承担调节宏观经济，实现充分就业的职能。凯恩斯主张市场机制不是调节经济的唯一手段，应重视政府干预。

就政策目标而言，在古典经济学中，价格稳定是最被重视的经济目标，实现这一目标的途径则是市场机制的自我调节。凯恩斯认为，充分就业是最重要的宏观经济的目标，实现途径是通过政府政策干预，特别是通过增加公共工程支出、减税等财政政策刺激消费和投资的增长，从而促进就业和经济增长。关于货币是否中性，在古典经济学中，因为资源总能够被充分利用，所以实际产量等于潜在产量水平，货币数量的变化只能影响到价格，而不能影响实际产量，即货币是中性的。根据凯恩斯理论，货币数量影响利率，所以影响投资和消费，从而影响总产量水平，所以，货币非中性。

5. 社会态度的变化。

影响人们行为和看法的一些社会态度也随着凯恩斯革命而发生了变化，主要包括对节俭和收入分配差距的态度等。就节俭而言，之前节俭一直被视为一种美德，也能促进经济增长。而根据凯恩斯的分析，当出现失业和资源闲置时，公共的和私人的节俭都不再成为一种美德，不利于增加需求、就业和经济增长。对待“收入差距扩大”的态度也发生了变化，在古典经济学中，因为高收入者的储蓄率较高，所以，收入差距扩大有利于资本积累和经济增长。而根据凯恩斯理论，低收入者的边际消费倾向较高，所以，收入差距扩大不利于扩大消费需求和经济增长。

凯恩斯革命对古典经济学产生了致命的冲击，正如萨缪尔森所言：“当然，(20 世纪）30 年代的大萧条并不是第一次暴露古典学说综合体系难以成立的性质。古典哲学总是随着经济活动的大幅度的波动而兴盛和衰落。每一次它都回到原地。但是，它第一次遇到了一个有竞争力的体系——一个推理严密的思想体系……一个综合体系。"①

凯恩斯的经济思想和政策主张对经济问题的许多观点和态度、经济理论和政策等方面都产生了革命性的影响。《通论》出版之前，在经济学理论体系中，虽然也有对宏观经济问题的研究，但没有系统的宏观经济学理论体系；在经济政策方面，美国、瑞典等国政府也曾采取措施促进就业和经济增长，但因缺少严谨的理论支持而受到诋毁和攻击。凯恩斯的宏观经济学系统分析了政府干预市场经济的必要性及政策内容，从此，政府干预和市场机制成为调节市场经济的两种必要的手段，这两种手段的相对重要性也成为后来西方宏观经济学发展演变的主线及各流派争论的焦点。

三、以《通论》为基础的宏观经济学的发展：不同理论流派逐步形成

凯恩斯经济学解释了"大萧条"产生的原因，形成宏观经济学理论体系，其政策主张对"二战"以后西方国家经济的长期增长起到重要作用。但是，缺乏微观基础、忽略对供给方面和动态的分析等，是其主要的理论缺陷，也为后来的经济学家对其理论的补充、发展和完善提供了空间。凯恩斯之后，西方宏观经济学的发展就是在凯恩斯《通论》的基础上，围绕对凯恩斯理论的不同理解、发展甚至批评展开的。

1.《通论》的缺陷为理论演变和发展提供了空间。

凯恩斯的《通论》产生于"大萧条"的背景下，主要研究失业问题，时代背景和理论使命等使得其理论存在着一些缺陷。

（1）就理论体系而言，只有宏观而没有微观经济理论。经济理论应包含研究资源利用的微观经济学和研究资源利用的宏观经济学，而凯恩斯的《通论》主要研究宏观经济问题，因此，如何为凯恩斯经济学补充微观经济学基础，成为后来发展凯恩斯经济学的任务之一。

（2）就市场经济的两个基本方面而言，需求和供给是两个最基本的驱动因素，凯恩斯主要从需求方面论证了失业产生的原因及对策，而没有重视经济中的供给方面。

（3）就经济问题而言，市场经济面临的主要问题包括失业和通货膨胀，凯恩

① ［美］保罗·萨缪尔森，威廉·诺德豪斯．经济学（第 12 版）［M］．高鸿业，译．北京：中国发展出版社，1992：243.

斯主要研究了失业产生的原因和对策，而没有重视通货膨胀问题。

（4）就研究方法而言，凯恩斯在《通论》中主要采用短期的静态和比较静态分析，没有长期的动态分析，即缺失经济增长和经济周期理论。

（5）就《通论》与新古典经济学之间的关系而言，《通论》中存在自相矛盾的表述。

凯恩斯经济学的这些不足之处，成为凯恩斯的追随者及反凯恩斯主义者发展或批判凯恩斯经济学的出发点和依据。

2. 以《通论》为基础的不同理论流派的形成。

凯恩斯构建了宏观经济学理论体系，也掀起了西方经济学领域对宏观经济学理论的研究热潮，其成果可谓汗牛充栋，且分歧突出，导致了宏观经济学领域学派林立。

罗宾逊夫人等人从凯恩斯写作《通论》的原因和背景等方面理解和发展凯恩斯的理论，形成了新剑桥学派；萨缪尔森等人把新古典微观经济学与凯恩斯的《通论》融合为一个理论体系，形成了新古典综合派；罗默和曼昆等学者从微观经济主体行为角度解释宏观经济中失业的原因，形成新凯恩斯主义。弗里德曼侧重于货币数量，第一个扛起反凯恩斯主义的大旗，形成货币主义；供给学派重视经济中的供给方面，也加入反凯恩斯主义的浪潮；新古典宏观经济学以理性预期为基础，成为最极端的反凯恩斯主义学派；公共选择学派则从政治市场的行为主体也是个人利益最大化的追求者的角度，反对凯恩斯主义。

"凯恩斯不管对哪一个宏观经济学流派来说都是主要且唯一的参照点，这个参照点可以是正面的，也可以是反面的。所有流派在界定自己时，都与凯恩斯在《通论》中最初阐述的某些观点相联系，要么是他的某种思想的发展，要么是凯恩斯之前的某种古典思想的复活。"①

凯恩斯革命之后，宏观经济学的发展就是对凯恩斯理论进行周期地反革命的演化过程。以《通论》为基础，宏观经济学领域产生了诸多学派，不仅丰富了经济学理论，还为政府政策提供了不同的理论依据和思路。到 20 世纪后期，经济学形成了百家争鸣、学派林立的繁荣景象。

① ［英］布赖恩·斯诺登，霍华德·文，彼得·温纳齐克．现代宏观经济学指南：各思想流派比较研究引论［M］．苏剑，等译．北京：商务印书馆，1998：38.

第三章

新古典综合：凯恩斯主义统治地位的确立

在美国，《通论》被学术界和政府接受后，从20世纪40年代起，汉森、萨缪尔森、克莱因、索洛等对凯恩斯经济学进行补充和发展，把新古典经济学和凯恩斯经济学进行综合，使得凯恩斯主义经济学成为包含宏观和微观经济学的较为完善的理论体系，并不断发展凯恩斯的宏观经济理论，形成了新古典综合派（neo—classical synthesis school），从此确立了凯恩斯主义经济学的正统地位，也开启了西方国家政府系统地干预市场经济的模式。

第一节　新古典综合的经济学逻辑

在《通论》出版的最初十几年间，关于凯恩斯经济学与古典经济学之间的不同是经济学领域的研究热点，直到萨缪尔森等人进行了“新古典综合”。新古典综合派是根据凯恩斯在《通论》结语中对新古典经济学的表述、新古典经济学的理论前提与其和宏观经济学之间的关系等，把新古典微观经济学与凯恩斯宏观经济学综合为一个理论体系。

一、凯恩斯经济学与新古典经济学的对立

凯恩斯经济学的产生，是对（新）古典经济学的革命。二者在理论核心问题、供给和需求的相对重要性、货币是否中性、政府是否具有调节经济的职能等方面都存在根本性的分歧。在凯恩斯革命之前，（新）古典经济学一直支配人们的经济思想，崇尚市场机制，认为通过市场调节，能够实现资源的最佳配置和充分利用，政府只是市场经济的“守夜人”。凯恩斯提出了与古典经济学相反的理论，认为市场经济的常态是小于充分就业的均衡，强调政府调节市场经济的必要

性和有效性。

因此，凯恩斯经济学与新古典经济学甚至被一些经济学家认为是水火不相容的两个理论体系，二者能否融合为一个理论体系是西方经济学领域长期争论的一个焦点问题。

二、新古典综合的逻辑

萨缪尔森等人要补充和发展凯恩斯经济学，凯恩斯经济学缺少微观基础，需要补充微观部分，这就给新古典综合提供了必要性。

对于进行新古典综合的可能性，其依据主要来源于凯恩斯在《通论》中最后一部分的表述。凯恩斯指出："我们对古典学派经济学理论的批评，主要不是发现了在它的分析中有什么逻辑错误，而是在于指出该理论所依据的几个暗含假定很少或从未得到满足，所以用这种理论不能解决实际问题。不过如果实行了国家管理，能够确立一个与充分就业相适应，近乎可实现的总产量，那么从这一点以后，古典学派的理论还是可用的。"① 也就是说，当通过政府政策调节，实现充分就业以后，新古典经济学的均衡价格论和收入分配理论依然有效。据此，新古典综合派认为新古典微观经济学与凯恩斯宏观经济学是相互依存的，因而把二者融合为一个理论体系。

根据新古典综合派的分析，新古典经济学理论以充分就业为前提，论证市场调节如何实现资源最优配置。其理论前提和结论包括：

（1）隐含着充分就业或资源充分利用的前提条件。因为新古典经济学崇尚市场机制，市场结构是完全竞争市场，市场机制能够充分发挥作用。所以，通过市场调节，每一种市场的宏观经济都能够实现充分就业的均衡，即充分就业是必然存在的正常状态。经济学理论只需要研究如何通过市场机制的作用，实现资源最优配置。

（2）凯恩斯宏观经济学为新古典经济学提供了理论前提。凯恩斯经济学分析了非自愿失业的存在是常态，并提出增加就业的政策主张，认为政府通过采取增加总需求的政策能够实现充分就业。

这样，凯恩斯经济学解决了就业问题，为新古典经济学提供了理论前提，资源配置问题依然可以用新古典经济学的理论来解决。新古典综合派以此为依据，把新古典微观经济学纳入凯恩斯经济学理论体系，即新古典综合派。

① ［英］约翰·梅纳德·凯恩斯．就业、利息和货币通论［M］．宋韵声，译．北京：华夏出版社，2012：290.

第二节　新古典综合派的形成及其主要代表人物

新古典综合派把新古典经济学作为凯恩斯宏观经济学的微观基础，形成了一个相对完整的理论体系，其产生的标志是萨缪尔森的《经济学》的出版[①]。

一、萨缪尔森及其《经济学》：新古典综合派形成的标志

萨缪尔森（Paul A. Samuelson）[②]（1915～2009）在芝加哥大学获得学士学位后，到哈佛大学读经济学研究生。毕业后到麻省理工学院任教[③]。在经济学进入诺贝尔奖的第二年——1970 年，因为“他发展了数理和动态经济理论，将经济科学提高到新的水平。他的研究涉及经济学的全部领域”而荣获诺贝尔经济学奖。

萨缪尔森是凯恩斯的宏观经济学在全世界的主要传播者和发展者，作为经济学家，萨缪尔森属于经济学通才，他的研究领域的主题包括：消费者行为、线性规划、经济增长、经济学方法论、经济理论发展的历史、福利经济学、公共支出理论、国民收入决定、财政政策、货币政策等，可归为宏观经济学，也可归为数理经济学、福利经济学等。他自认为是一位兼收并蓄的经济学家，并解释道：“我之所以兼收并蓄，只因为经验表明大自然母亲是兼收并蓄的。”[④]

作为对凯恩斯经济学最有影响的传播者和发展者，萨缪尔森在方法论方面与凯恩斯却有根本的不同，主要表现在对数学方法的应用上[⑤]。萨缪尔森是经济学数学化的奠基人，其博士学位论文《经济分析基础》（1947 年出版）的副标题是“经济学理论的操作意义”，即其主要目标之一就是推出经济学中“在操作上有

① 当时的经济学教科书基本上沿袭了马歇尔的《经济学原理》的内容和体系，均衡价格的形成是理论核心，并没有凯恩斯理论的地位。1948 年，萨缪尔森出版了教科书《经济学：初步分析》，在该书中，以凯恩斯理论为主体，将新古典微观经济理论置于次要地位，这种理论安排到 20 世纪 50 年代被理论化为“新古典综合”。从此，凯恩斯理论进入经济学课堂，并得以广泛传播。

② 萨缪尔森与马歇尔有很多相似之处，二人都写作了成功的教科书，都试图将不同的理论进行综合。马歇尔是把边际理论与古典经济学进行综合，形成了新古典经济学。萨缪尔森是把凯恩斯经济学与新古典经济学进行综合，产生了新古典综合派。二人的不同主要在于对经济学的数学化的态度和做法，马歇尔认为，数学只有其验证直觉的作用，萨缪尔森倡导经济学的数学化。

③ 萨缪尔森的到来带动了以理工科见长的麻省理工学院经济学科的发展和地位显著上升。

④ ［美］萨缪尔森．我的人生哲学：政策信条和工作方式//［美］迈克尔·曾伯格．经济学大师的人生哲学［M］．北京：商务印书馆，2002：337.

⑤ 在其《经济学的黄金时代：一个人的自传》一文中，萨缪尔森写道：他进入哈佛大学学习，使他正好置于现代经济学三个主流思想的前沿：凯恩斯革命、垄断或不完全竞争革命以及运用数学和经济计量学对经济现实所做的分析中。

意义的一般原理”，亦即证伪主义方法论。证伪主义方法论成为其后经济学理论发展的主要研究方法。该书为他赢得了学术声誉，被公认为经济学理论的重大里程碑，特点就是用数学提出和证明经济学中的主要命题。他曾指出，“20 岁时我已预见到经济计量方法的巨大进步。尽管没有预见到计算机时代的到来，但随着计算变得越来越简易，我预计新的计量经济学将使我们能减少经济学理论中的不确定性。”① 但他也不是仅推崇数学方法的应用，“对学术研究来说，重要的是对重要的问题要有审美感觉。否则浅薄的头脑会浪费在只是漂亮的模型上。”②

萨缪尔森也强调作为经济学家的他对道德准则的关注。他曾说：“尽管对现实世界的实证分析指引并限制着我作为一名经济学家的每一个行动，我从未真正忘记对结果的道德准则的关注。我的道德准则很简单，就是支持处于劣势的人们，且（在其他条件相同的情况下）憎恶不平等。”③

萨缪尔森获得了经济学职业所能带给他的一切赞美，1947 年就获得了克拉克奖，1970 年，成为第一个荣获诺贝尔经济学奖的美国人。他的博士学位论文于 1947 年以《经济分析基础》为名出版，该书在数量经济学领域做出了启发性贡献。1948 年，萨缪尔森的《经济学》（第一版，后续出版了 19 版次）出版，该书以凯恩斯理论为主体，把凯恩斯理论与新古典经济学综合为一个理论体系，成为新古典综合派形成的主要标志④。到 1955 年，在《经济学》第 3 版中，萨缪尔森用“新古典综合”来命名其理论体系。在第 10 版和第 12 版中，分别使用“后凯恩斯主流经济学”和“现代主流经济学的新综合”来命名其理论体系。凯恩斯理论从此进入大学经济学课堂，并逐步占据西方经济学的主流地位。

二、新古典综合派的主要代表人物

新古典综合派是一个实力强大的学术团体，在该阵营，萨缪尔森、詹姆斯·米德（James E. Meade）、克莱因、托宾、莫迪里安尼（Franco Modigliani）、索洛分别是 1970 年、1977 年、1980 年、1981 年、1985 年、1987 年经济学诺贝尔奖

---

① ［美］萨缪尔森．我的人生哲学：政策信条和工作方式//［美］迈克尔·曾伯格．经济学大师的人生哲学［M］．北京：商务印书馆，2002：337.

② ［美］萨缪尔森．我的人生哲学：政策信条和工作方式//［美］迈克尔·曾伯格．经济学大师的人生哲学［M］．北京：商务印书馆，2002：342.

③ ［美］萨缪尔森．我的人生哲学：政策信条和工作方式//［美］迈克尔·曾伯格．经济学大师的人生哲学［M］．北京：商务印书馆，2002：329.

④ 萨缪尔森和马歇尔都通过把不同理论进行融合发展经济学理论。马歇尔把边际理论与古典经济学进行综合，形成了新古典经济学。萨缪尔森把凯恩斯经济学与新古典经济学进行综合，产生了新古典综合派。两位经济学家分别出版了教科书——马歇尔的《经济学原理》（*Principles of Economics*）和萨缪尔森的《经济学》（*Economics*）。

获得者。汉森、萨缪尔森、托宾、莫迪里安尼、索洛、克莱因等都曾担任过美国经济学会、计量经济学会会长，也都曾担任过罗斯福、肯尼迪等总统的经济顾问和美联储经济顾问等职务。

1. 汉森："美国的凯恩斯"。

《通论》出版后，在美国迅速传播和被广泛接受，是由阿尔文·汉森（1887～1975）引领的。汉森的经济哲学思想的形成受到约翰·R. 康芒斯（John R. Commons）的很大影响。在古典经济学盛行时期，康芒斯就为政府职能的扩张辩护，倾向于政府与市场的合作，因此汉森也更容易接受扩大政府职能。

从读研究生时开始，汉森就对经济周期特别感兴趣，在《通论》出版之前，他就开始研究凯恩斯的作品。在明尼苏达大学执教期间（1927 年），他出版了《经济周期理论》一书，该书的出版，提升了他在经济学领域的影响力。1937 年，即《通论》出版后的第二年，汉森成为哈佛大学教授。他发表了大量学术成果，还组织青年学生的研讨会等，传播凯恩斯的经济理论。凯恩斯的观点和政策主张成为他的教学研讨班的主题。萨缪尔森就是当时研讨班的成员。汉森的《凯恩斯入门》一书成为当时研究生学习凯恩斯理论和其他人了解凯恩斯理论的重要文献。

汉森重视把凯恩斯的理论与美国的实际情况联系，1941 年，汉森出版了《财政政策与经济周期》一书，提出了"补偿财政"（compensatory finance）主张，理论直接源于凯恩斯，并运用美国前十年的统计数据，论证了财政政策的必要性。因为汉森支持、传播和发展凯恩斯的理论观点和政策主张，被称为"美国的凯恩斯"。1975 年，他以 87 岁高龄与世长辞时，《纽约时报》写道："起初凯恩斯学派的思想只吸引了少数几个追随者，但从 1937 年汉森加入哈佛的教师行列后，由于他不懈的努力，他的影响飞速扩展。由于固执地提倡当时还是有害的异端邪说的思想，他赢得了声誉（也有恶名）。"①

2. 詹姆斯·托宾：美国最卓越、最著名的凯恩斯主义经济学家之一。

托宾在 1918 年生于伊利诺伊州，1939 年、1940 年、1947 年分别获得哈佛大学的学士、硕士和博士学位。后来主要在耶鲁大学担任经济学教授。由于他分析了"金融市场以及它们和支出决策、就业、生产和价格的关系"，获得了 1981 年诺贝尔经济学奖。

托宾积极传播和发展凯恩斯理论，倡导凯恩斯主义稳定经济增长的政策，而且一直与反凯恩斯主义学派进行论战。在货币与宏观经济、经济周期与经济增

① ［美］威廉·布雷特，罗杰·L. 兰塞姆. 经济学家的学术思想（第三版）［M］. 孙琳，等译. 北京：中国人民大学出版社，2004：92.

长、经济政策等方面都有卓越的贡献。影响较大的作品有：《十年来的新经济学》（*The New Economics One Decade Older*，1974）、《经济学论文集：宏观经济学》（*Essays in Economics*：*Macroeconomics*，1971）、《国家经济政策》（*National Economic Policy*，1966）、《充分就业和经济增长：进一步的凯恩斯主义政策》（*Full Employment and Growth*：*Further Keynesian Essay on Policy*）、《货币主义反革命：一个评价》（*The Monetarist Counter – Revolution*：*An Appraisal*，1981）。

1993 年 2 月，在接受英国经济学家霍华德的采访时，托宾说，当《通论》刚出版时，19 岁的他阅读《通论》的感受是感觉到了一场智识革命，推翻了过去包裹起来的迂腐智慧。并认为他自己所做的大量工作是在发现有理论问题或缺少微观基础的地方，以各种方式修补凯恩斯的思想。

3. 克莱因：凯恩斯经济思想的数学表述者。

劳伦斯·克莱因（Lawrence R. Klein）1942 年毕业于加州伯克利大学，1944 年获麻省理工学院哲学博士学位。1958 年起任宾夕法尼亚大学经济学教授。克莱因于 1947 年出版了《凯恩斯革命》一书，对“凯恩斯革命”一词的广泛传播和认可起了重要作用。被誉为“计量经济学之父”的克莱因把计量经济学方法与凯恩斯宏观经济理论结合起来，在《凯恩斯革命》一书中，第一次完整地把凯恩斯的经济理论表述为数学形式。在该书中，克莱因认为，凯恩斯早年受到马歇尔经济学理论的熏陶，信奉古典经济学理论。到 20 世纪 20 年代中后期，凯恩斯开始关注失业问题，但尚未获得系统理论的支撑。“大萧条”之后开始写作的《通论》，形成了一个较为完整的理论体系，成为其政策主张的理论依据。

克莱因第一个系统地把凯恩斯的理论数理化，并运用经济计量技术构建宏观经济模型，用以分析经济波动和经济政策效应，这些方面的开拓性工作使他获得 1980 年诺贝尔经济学奖。

4. 罗伯特·M. 索洛：凯恩斯理论动态化——新古典增长模型构建者。

索洛于 1924 年出生于纽约，分别于 1947 年、1949 年和 1951 年获得哈佛大学学士、硕士和博士学位。索洛与萨缪尔森和托宾不仅是好朋友，而且推崇他们研究经济学的方法，认为萨缪尔森和托宾引领了战后经济学研究的新风格，使得经济学从一种文化学科转变为一门构建模型的学科。1987 年，由于“在经济增长理论上所做出的贡献”而获得诺贝尔经济学奖。

索洛在经济增长、失业与通货膨胀、财政和货币政策、资本理论等方面都对凯恩斯经济理论的发展做出重要贡献，其新古典增长模型是把凯恩斯理论动态化的结果。影响较大的研究成果包括：著作《线性规划与经济分析》（*Linear Programming and Economic Analysis*，1958 年）、《资本理论与回报率》（*Capital Theory and the Rate of Return*，与多夫曼、萨缪尔森合著，1963 年）、《通货膨胀、失业和货币政策》（*Inflation*，*unemployment and Monetary Policy*，1998 年）、《增长理论：一种表述》（第二版）（*Growth Theory*：*An Exposition*，与约翰·泰勒合著，2000 年），论文《对经济增长理论的一个贡献》（An Contribution to the Theory of Economic Growth，1956 年）、《技术变革和总生产方程》（Technical Change and the Aggregate Production Function，1957 年）、《反通货膨胀政策分析》（Analytical Aspects of Anti – Inflation Policy，1960 年）、《财政政策重要吗?》（Does Fiscal Policy Matter? 与萨缪尔森合作，1973 年）《关于失业的理论》（On Theories of Unemployment，与阿兰·布林德合作，1980 年）等。

对经济增长理论的研究，源于 20 世纪 50 年代西方经济学家对经济发展问题的研究热潮以及对哈罗德—多玛增长模型的疑惑。索洛认为，“我对他们的模型存有疑惑，……我发现，如果世界按照他们的模型预示的方式运行，那么资本主义世界的历史要比实际情况更加古怪。如果哈罗德—多玛模型是一个好的长期宏观模型，那么在我看来就很难解释经济波动是如何受到平抑，你又是如何画出一条趋势线并且观察到波动围绕着趋势线发生，并且那些波动又是如何保持在趋势线上下 3% ~4% 的范围内的——除了少数几次严重萧条之外。”[①] 于是在 1956 年和 1957 年的两篇论文《对经济增长理论的一个贡献》和《技术变革和总生产方程》中，索洛构建了新古典增长模型，揭示了一个改变人们之前长期持有观念的结论，即技术进步对经济增长的贡献大于之前的认识，技术进步对生产率提高的贡献大于资本积累。

5. 莫迪利安尼：传播并强调凯恩斯经济理论特点的凯恩斯主义者。

莫迪利安尼（Franco Modigliani）出生于意大利，1939 年毕业于罗马大学，获法学博士学位。1963 年起任麻省理工学院经济学教授。在货币、储蓄、公司财政等理论领域都对凯恩斯经济学的发展做出重要贡献。因“在储蓄的生命周期假说和金融市场领域所进行的开创性分析”，莫迪利安尼获得了 1985 年诺贝尔经济学奖。1939 年，莫迪利安尼由意大利移民到美国，在罗马大学读本科时学习的是法律专业，在参加一些经济学学术活动过程中坚定了转攻经济学的决心。到美国后他很快就学习了凯恩斯的理论，并被震动，“当我意识到他的思想是如此博大精深，认识到许多貌似细枝末节的问题也是极其重要的时候，我记得我被震动了。”[②] 他强调凯恩斯理论的关键理论前提是工资刚性，“凯恩斯主义经济学的

① ［英］布赖恩·斯诺登，霍华德·文. 现代宏观经济学：起源、发展和现状［M］. 佘江涛，魏威，张风雷，译. 南京：江苏人民出版社，2009：582.

② ［英］布赖恩·斯诺登，霍华德·文. 与经济学大师的对话：阐释现代宏观经济学［M］. 王曙光，来有为，译. 北京：北京大学出版社，2000：282.

精髓是工资刚性，……如果没有工资刚性，我们就会得到古典模型。”①

莫迪利安尼在宏观经济理论与政策、消费函数和财政理论等领域的研究都极具影响力。他认为，“在宏观经济学领域，我的研究成果的重要性表现在它们试图阐明凯恩斯的重要和特别之处。”② 他的消费函数把凯恩斯的绝对收入假说发展到生命周期假说。对凯恩斯主义财政政策的深化主要在于赤字财政，论证并不断检验赤字财政适宜的经济情形。

6. 其他学者。

奥肯（Arthur M. Okun）和海勒（Walter W. Heller）都曾任肯尼迪和约翰逊总统经济顾问委员会顾问和主席的职位，对凯恩斯理论的传播和政策主张被政府采纳发挥了重要作用。

在英国，希克斯（John Richard Hicks）在《通论》出版的第二年，就发表了《凯恩斯先生与古典学派》一文，试图把凯恩斯的利率理论与古典经济学的利率理论综合起来，发展凯恩斯的利率理论。希克斯由于在“一般均衡理论和福利经济理论方面做出了首创性贡献”而获得1972年诺贝尔经济学奖。詹姆斯·米德（James E. Meade）1930年毕业于牛津大学，任剑桥大学教授，由于在国际贸易理论与国际资本运动方面的开创性贡献，1977年，米德获得诺贝尔经济学奖。米德曾发表《凯恩斯体系的简化模型》《经济分析与政策导论》阐述和发展凯恩斯的经济思想。在其《国际经济政策理论》第一卷《国际收支》一书中，把凯恩斯的经济理论与古典经济学理论结合在一起。

以这些经济学家为代表，传播和发展凯恩斯经济学，形成了新古典综合派——20世纪40年代在美国产生的凯恩斯主义，把新古典微观经济学与凯恩斯宏观经济学纳入一个理论体系中，奠定了凯恩斯主义经济学在经济学理论界的主流甚至是统治地位，也开启了西方国家政府系统地干预市场经济的模式。

第三节　从凯恩斯模型到AS—AD模型：新古典综合派对收入决定模型的发展

凯恩斯在《通论》中构建了一个简单的收入决定模型，新古典综合派在其基础上进行理论扩展，形成了IS—LM模型和AS—AD模型。

① ［英］布赖恩·斯诺登，霍华德·文．与经济学大师的对话：阐释现代宏观经济学［M］．王曙光，来有为，译．北京：北京大学出版社，2000：283.

② ［英］布赖恩·斯诺登，霍华德·文．与经济学大师的对话：阐释现代宏观经济学［M］．王曙光，来有为，译．北京：北京大学出版社，2000：297.

一、简单的凯恩斯模型

在《通论》中，凯恩斯从总需求的角度研究就业和总产出的决定，构建了一个简单的总收入—总支出模型[①]。

1. 假设条件。

（1）利率不变。在凯恩斯模型中，利率为外生变量，即不考虑货币市场对商品市场的影响，单纯分析商品市场均衡时均衡总产出的决定。

投资函数为：$I=f(Y)=I_0$。投资与总产出之间的关系表现为一条水平线（如图 3－1）。

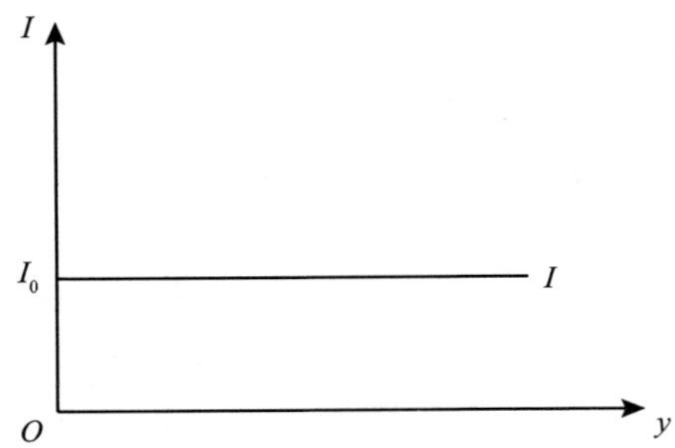

图 3－1　凯恩斯模型中的投资曲线

（2）价格水平不变。凯恩斯理论产生于经济大萧条的背景下，所以，总需求增加只能带动产出的增长，而不会导致价格水平的上升。厂商对产量的调整主要根据供求关系决定。

2. 均衡总产出的决定。

不考虑对外部门，宏观经济中的总支出包括消费、投资和政府购买，即国民收入均衡时，

$$Y=C+I+G=C_0+\beta Y+I+G \tag{3-1}$$

其中，消费函数：

$$C=C_0+\beta Y \tag{3-2}$$

C_0 表示自发消费，β 为边际消费倾向，βY 为引致消费，即消费包括自发消费和引致消费，消费曲线即为一条纵轴上的截距为自发消费、斜率为边际消费倾

① 因为供给和需求作为经济学范畴，是相对于价格而言的，而在总收入—总支出模型中，不考虑价格变动，所以该模型叫作总收入—总支出模型。

向的曲线。

投资和政府购买都是常数，投资曲线和政府购买曲线皆为水平线。因此，总支出曲线为消费曲线、投资曲线和政府购买曲线的垂直加总，亦即把消费曲线向上平移（$I+G$），即得到图 3－2 中的 $C+I+G$ 曲线。

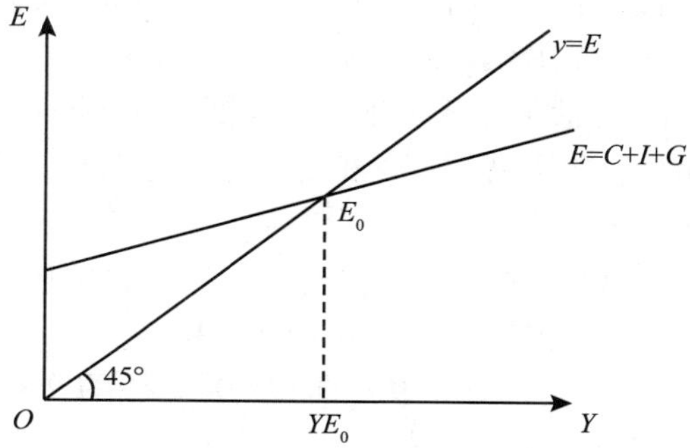

图 3－2 凯恩斯模型中均衡总产出的决定

在图 3－2 中，$C+I+G$ 曲线表示在对应总产出水平下的意愿总支出，与 45°线的交点即为均衡点，均衡点对应的总产出即为均衡总产出水平。此时，实际总支出等于意愿总支出，厂商的总产量没有调整的趋势，达到均衡状态。

在均衡点的左方，实际总产出小于均衡总产出水平，意愿总支出大于实际总支出，即非意愿存货投资小于零，此时，厂商会增加产出；在均衡点的右方，实际总产出大于均衡总产出水平，意愿总支出小于实际总支出，即非意愿存货投资大于零，此时，厂商会减少产量。

3. 投资乘数。

在凯恩斯模型中，投资作为总需求的组成部分，投资增加会带动均衡总产出水平的增加，而且，凯恩斯还提出了投资乘数理论，认为，投资增加对均衡总产出水平具有乘数作用。投资乘数是指总产出增量与投资增量之间的比率，用公式表示为：

$$K_I=\frac{\Delta Y}{\Delta I} \tag{3-3}$$

投资增加能够产生乘数效应，是因为，投资增加首先表现为增加对生产要素的购买，分别以工资、利息、利润和地租的形式流向生产要素所有者，即居民收入增加。居民按照既定的边际消费倾向增加消费，购买消费品的支出又以要素报酬的形式流入居民手中，居民又按照边际消费倾向增加消费支出，这个过程不断地继续，最终将导致总产出增量为：

$$\Delta Y = \Delta I(1 + MPC + MPC^2 + \cdots + MPC^{n-1}) = \left[\frac{1}{1 - MPC}\right]\Delta I \quad (3-4)$$

根据无穷几何级数公式，当 $0<\beta<1$ 时，$1+\beta+\beta^2+\beta^3+\cdots+\beta^{n-1}=\frac{1}{(1-\beta)}$

投资乘数的大小取决于边际消费倾向，边际消费倾向越大，投资乘数越大，投资增加对总产出的带动作用就越大。

4. 新古典综合派对凯恩斯模型的补充：从封闭经济扩展为开放经济。

凯恩斯模型是针对包含居民、厂商和政府在内的三部门经济，新古典综合派把其扩展到开放经济。

在开放经济中，宏观经济还包含对外部门，总支出中包含净出口，即：

$$Y = C + I + G + (X - M) \quad (3-5)$$

在图 3－3 中，$C+I+G+(X-M)$ 曲线与 45°线的交点是开放经济的均衡点，Y_3 为均衡总产出水平。

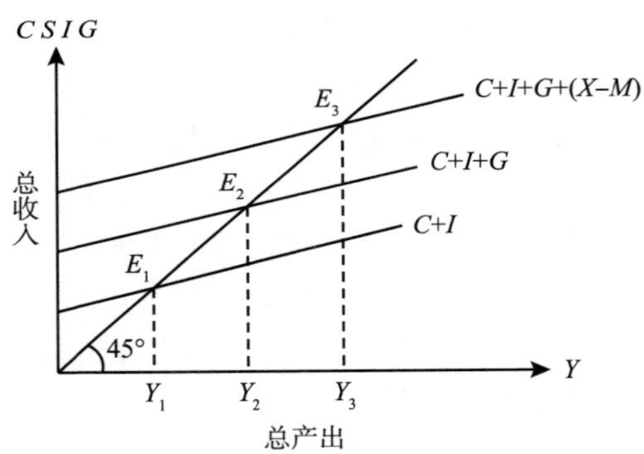

图 3－3　开放经济中的总收入—总支出模型

二、IS—LM 模型：希克斯和汉森等对凯恩斯模型的发展

约翰·R. 希克斯（John. R. Hicks）在新古典范畴内对凯恩斯模型进行了重新解释。他把凯恩斯经济学与马歇尔经济学综合到一起，把利率作为内生变量，构建了 IS—LL 模型。解释了商品市场和货币市场同时均衡的实现及其相应的均衡利率和均衡总产出的决定。1953 年，汉森在他的新书中详细发展了 IS—LM 模型，之后，萨缪尔森把 IS—LM 模型写入其《经济学》教科书中。

（一）希克斯的 IS—LL 模型

在凯恩斯模型中，$I=S$ 时，商品市场均衡，决定了均衡总产出水平。1937

年，英国经济学家希克斯发表了《凯恩斯先生和“古典经济学”：启发性的解释》一文，扩展了凯恩斯模型，构建了一个商品市场和货币市场联系框架下均衡利率和均衡总产出水平决定的模型——封闭经济条件下的IS—LM模型。希克斯的出发点是把凯恩斯的利率理论和古典经济学的利率理论综合起来，用IS—LL分析来修正凯恩斯的利率理论。在古典理论中，货币需求包括交易需求和预防需求，取决于总产出水平，即总产出水平通过影响货币需求影响利率。希克斯试图把总产出水平也作为影响利率的因素纳入收入决定模型，利率成为内生变量。所以，均衡总产出水平不能单独决定，而必须与均衡利率同时决定。

在凯恩斯的货币需求函数中，自变量只有利率：$L=L(r)$，希克斯把收入水平的影响纳入之后，货币需求函数为：$L=L(y,\ r)$。希克斯主要考虑货币需求，图象表示为*LL*曲线。*LL*曲线表示当货币供给量一定时，国民收入与利率之间的关系，如图3-4所示。

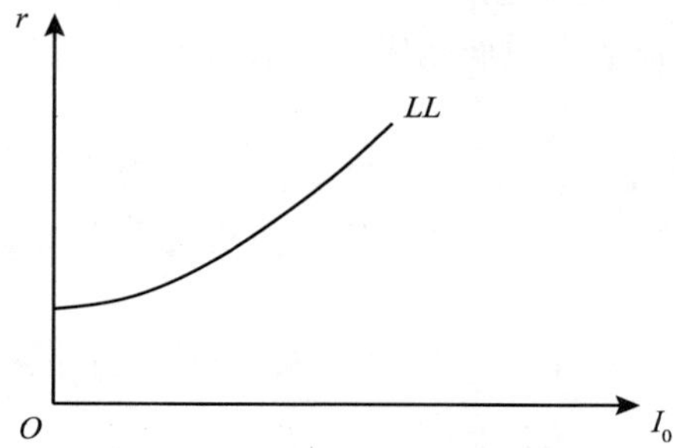

图3-4　*LL*曲线

在图3-4中，纵轴r表示利率，横轴y表示国民收入水平，国民收入增长会引起货币需求增加，从而导致利率上升，所以，*LL*曲线是一条正效率的曲线。

如图3-5所示，*IS*曲线和*LL*曲线的交点即为商品市场和货币市场的同时均衡点，对应的r_E和y_E分别是均衡利率和均衡总产出。

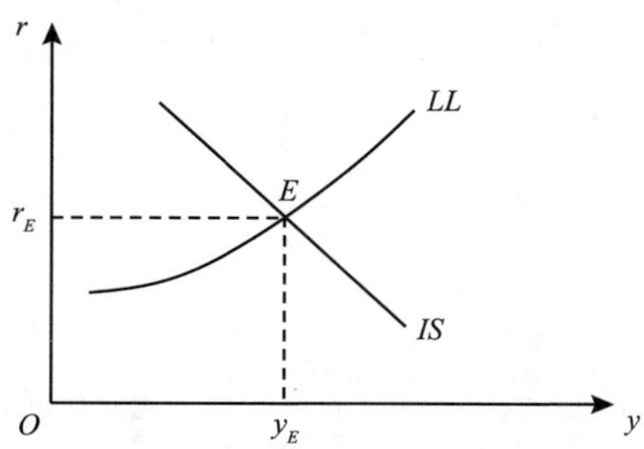

图3-5　希克斯的IS—LL模型

IS—LL 模型是希克斯于 1936 年 9 月，在牛津举行的计量经济学年会上提出的。这时《通论》出版仅几个月，所以希克斯也认为其 IS—LL 分析会有不缜密之处。并且他还指出，*IS* 曲线的斜率不一定是负的，*LM* 曲线不一定是正斜率，而可能呈异常形状①。

之后，美国的莫迪里安尼（Modigliani，1944 年）、帕廷金（1956 年）、托宾（1958 年）和汉森等人对其进行了详细的阐述和修正。

（二）IS—LM 模型：商品市场与货币市场的同时均衡

汉森②在其《货币理论与财政政策》（1949 年）和《凯恩斯入门》中，详细阐述并完善了希克斯构建的模型，并强调货币供给的作用，把 *LL* 曲线拓展为 *LM* 曲线，并且认为一般情况下 *IS* 曲线为负斜率，*LM* 曲线为正斜率，从而使得 *LM* 曲线成为较完整的利率决定模型。汉森做了大量的工作使其在美国得以发展、普及和推广。因此，IS—LM 模型也被称为希克斯—汉森模型。IS—LM 模型成为宏观经济学的核心内容，也成为政府制定经济政策的主要理论依据。

1. 假设条件。

（1）利率为内生变量。利率在凯恩斯模型中为外生变量，到 IS—LM 模型中，利率转化为内生变量，利率成为影响投资等的重要变量，投资函数为：

$$I = I_0 - dr \tag{3-6}$$

（2）价格水平不变。在 IS—LM 模型中，价格水平依然为外生变量，价格指数 =1。

在这一假设条件下，根据商品市场与货币市场之间的相互联系，商品市场均衡的总产出水平与货币市场的利率存在对应关系，货币市场均衡的利率水平与商品市场的总产出水平存在对应关系，分别通过 *IS* 曲线和 *LM* 曲线描述，即 IS—LM 模型。

2. *IS* 曲线：商品市场的均衡总产出水平与利率的关系。

商品市场均衡总产出的决定受到货币市场利率的影响，因为利率影响商品市场的投资等支出。*IS* 曲线描述了均衡总产出与利率的对应关系。

（1）*IS* 曲线的推导如下所示。

投资函数：

---

① 希克斯后来还指出 IS—LM 模型的不足之处：*IS* 曲线表示的是流量，*LM* 曲线表示的是存量，所以，两条曲线的交点不能表示商品市场和货币市场的同时均衡。

② 汉森（Alwen. H. Hansen）一直到 1936 年，仍然坚持传统经济学的观点，怀疑政府调节经济的作用。《通论》出版后，汉森很快转变了看法，50 岁时皈依了凯恩斯经济学，从此成为凯恩斯经济学在美国的重要代表人物之一。

$$I = f(r) = I_0 - dr \tag{3-7}$$

其中，I_0 为自发投资，d 为投资对利率变化的敏感度或利率对投资的弹性。

IS 曲线的方程为：

$$Y = C_0 + \beta Y + I_0 - dr + G \tag{3-8}$$

整理可得：

$$Y = \frac{C_0 + I_0 - dr + G}{1 - \beta} \tag{3-9}$$

用图像推导 *IS* 曲线如图 3－6 所示。

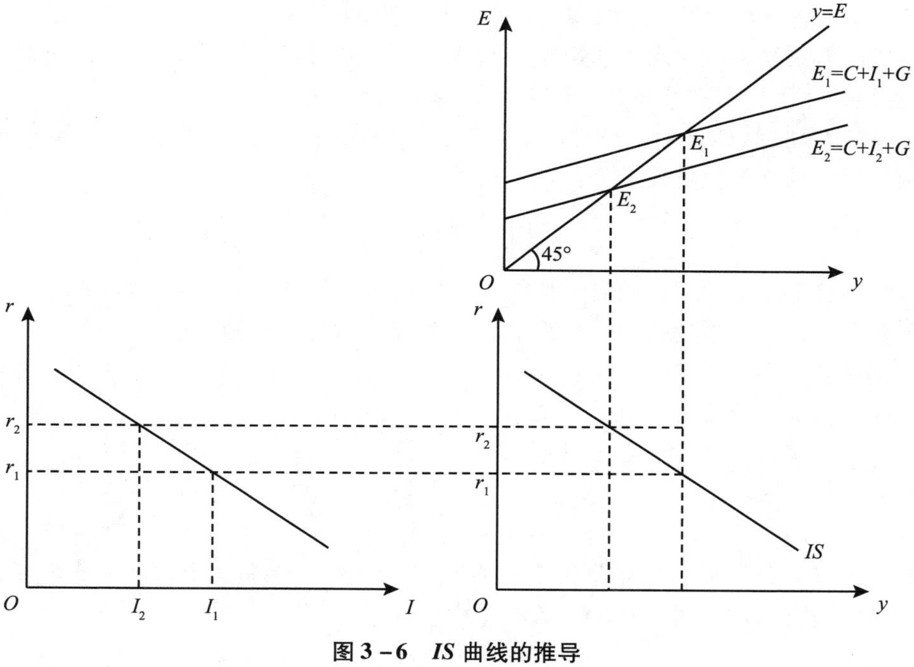

图 3－6　*IS* 曲线的推导

（2）*IS* 曲线的移动。当其他因素导致均衡总产出或利率变动时，*IS* 曲线会发生位移。比如，财政政策会导致利率一定时均衡总产出的变化。

在图 3－7 中，初始的 *IS* 曲线为 IS_0，当利率为 r_0 时，均衡总产出为 y_0。若政府采取扩张性财政政策，使得总需求增加，在利率为 r_0 时，均衡总产出增至 y_1，*IS* 曲线右移至 IS_1，若政府采取紧缩性财政政策，使得总需求减少，在利率为 r_0 时，均衡总产出降至 y_2，*IS* 曲线左移至 IS_2。

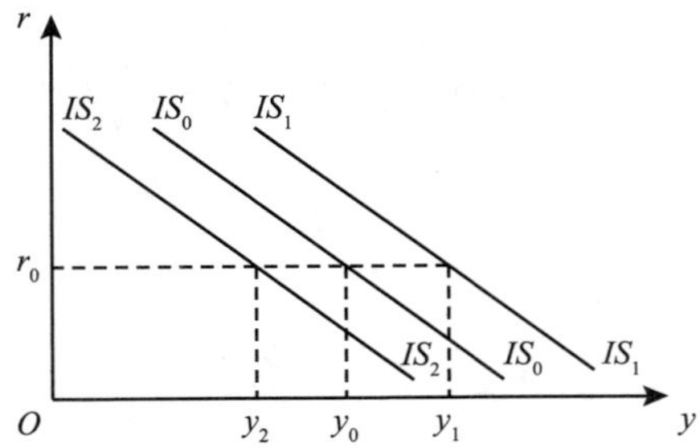

图 3－7　财政政策影响 *IS* 曲线位移

3. *LM* 曲线：货币市场的均衡利率与总产出的关系。

货币需求受到收入水平的影响，收入水平影响货币的交易需求和预防需求，*LM* 曲线描述了均衡利率与总产出之间的对应关系。

（1）*LM* 曲线的推导。在货币市场中，货币供给由中央银行决定，不受利率影响，货币供给函数可表示为：

$$\left(\frac{M}{P}\right)_S = f(r) = M_0$$

影响货币需求的因素主要包括收入水平和利率，收入水平影响货币交易需求和预防需求，利率影响货币投机需求。货币需求函数表示为：

交易需求 $L_1 = f(y)$；

预防需求 $L_1 = f(y)$；

投机需求 $L_2 = f(r)$；

总货币需求：

$$L = L_1(y) + L_2(r) = ky - hr \tag{3-10}$$

在式（3－8）中，k 为货币需求对收入的弹性，h 为货币需求对利率的弹性。

当货币市场均衡时：$M = L$，*LM* 曲线方程为：

$$\left(\frac{M}{P}\right)_S = ky - hr \tag{3-11}$$

用图像推导 *LM* 曲线如图 3－8 所示。

在图 3－8 中，货币供给量为$\left(\frac{M}{P}\right)_0$，收入水平变化引起货币需求曲线移动：当收入水平为 y_1 时，货币需求曲线为 $L(r,\ y_1)$，均衡利率为 r_1。若收入水平增至 y_2，货币需求曲线移动至 $L(r,\ y_2)$，均衡利率为 r_2。均衡利率与收入水平的对应关系即为 *LM* 曲线。

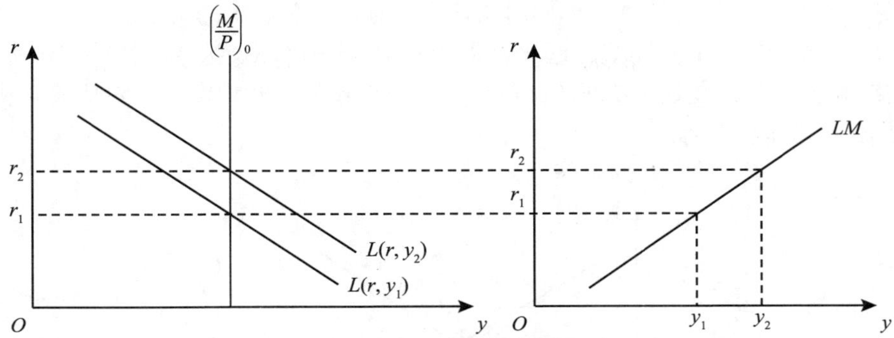

图 3-8　*LM* 曲线的推导

从式（3-10）可以得出，*LM* 曲线的斜率为$\frac{k}{h}$，因为 k 不易变化，所以，决定 *LM* 曲线斜率的主要是 h，h 越大，*LM* 曲线越平缓，当 $h\to\infty$ 时，*LM* 曲线成为水平线。因为凯恩斯强调货币的投机需求，认为 h 较大，并且此时货币政策无效，所以这种特殊情形也被叫作“流动性陷阱”或“凯恩斯陷阱”。

（2）*LM* 曲线的移动。其他因素导致既定利率下的收入水平变化或既定收入水平下利率的变化，则会有 *LM* 曲线的位移。货币政策是影响 *LM* 曲线移动的重要因素。若政府采取扩张性货币政策，即增加货币供给量，会导致 *LM* 曲线右移。若政府采取紧缩性货币政策，即减少货币供给量，会导致 *LM* 曲线左移。

在图 3-9（a）中，当收入水平为 y_0 时，若货币供给量为$\left(\frac{M}{P}\right)_1$，均衡利率为 r_1，*LM* 曲线为 LM_1。若政府采取紧缩性货币政策，货币供给量降至$\left(\frac{M}{P}\right)_2$，均衡利率升至 r_2，*LM* 曲线移至 LM_2。

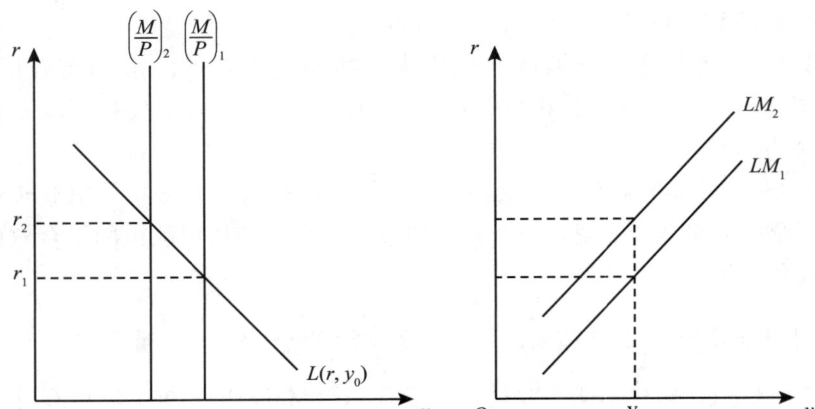

图 3-9　货币政策影响 *LM* 曲线的位移

4. IS—LM 模型：两个市场同时均衡利率和均衡总产出的决定。

把 *IS* 曲线和 *LM* 曲线结合起来，即可得到 IS—LM 模型。如图 3－10 所示，*IS* 曲线和 *LM* 曲线的交点 *E* 即商品市场和货币市场的同时均衡点，对应着均衡总产出 y_E 和均衡利率 r_E。

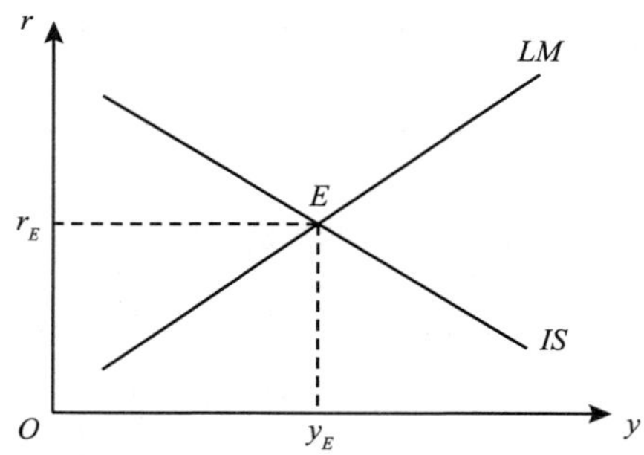

图 3－10　IS—LM 模型：商品市场和货币市场同时均衡时的均衡总产出和均衡利率

财政政策和货币政策分别会影响 *IS* 曲线和 *LM* 曲线位置的移动，因此，可根据 IS—LM 模型分析政策效应。扩张性财政政策会引起 *IS* 曲线右移，导致均衡总产出和均衡利率上升。扩张性货币政策会引起 *LM* 曲线右移，导致均衡总产出增加和均衡利率下降。同理，紧缩性财政政策和货币政策会带来相反的结果。

5. IS—LM 模型与凯恩斯模型之间的关系。

IS—LM 模型对凯恩斯模型的发展体现在：

（1）IS—LM 模型的理论层次高于总收支模型。在凯恩斯模型中，利率为外生变量，单纯研究商品市场的均衡。到 IS—LM 模型中，利率转化为内生变量，研究商品和货币市场相互联系条件下的同时均衡。

（2）IS—LM 是把凯恩斯的有效需求分析与新古典的一般均衡分析综合。IS—LM 模型采用一般均衡分析方法构建了商品市场和货币市场相互联系情况下同时均衡的模型。

（3）IS—LM 能够对财政政策和货币政策效应进行综合分析。根据宏观经济状况分析财政政策效应和货币政策效应以及财政政策和货币政策的组合效应，以选择最优化政策。

（三）IS—LM 模型的拓展：开放经济中的 IS—LM—BP 模型

在 20 世纪 60 年代早期，罗伯特·蒙代尔（Mundell，1963 年）和马库斯·弗莱明（Fleming，1962 年）把 IS—LM 模型扩展到开放经济，把资本的流动性和汇率等因素纳入模型，构建了商品市场、货币市场、国际收支同时均衡的模型。

1. 开放经济中的 *IS* 曲线和 *LM* 曲线。

在开放经济中，总需求由消费、投资和净出口构成，即在封闭经济基础上增加了净出口。净出口等于本国出口和进口的差额，用公式表示为：

$$NX = X - M \tag{3-12}$$

其中，*NX* 表示净出口，*X* 表示出口，*M* 表示进口。

假设国内价格水平、汇率等因素不变，仅考虑本国国民收入水平的影响，那么，进口函数可表示为：

$$M = M_0 + mY \tag{3-13}$$

M_0 为自发进口额，即不受本国收入水平影响的进口额，m 为边际进口倾向，即国民收入增加一单位所引起的进口的增加量，Y 表示本国收入水平。

净出口为本国收入水平的函数：

$$NX = X - M = NX(Y) \tag{3-14}$$

因为本国收入水平与进口正相关，所以，净出口是收入水平的减函数，即净出口随着收入水平的提高而下降。

如果不考虑本国居民对外国人的转移支付，开放经济中国民收入均衡的条件为：

$$I + G + X = S + T + M \tag{3-15}$$

在式（3-15）中，I 为投资，G 为政府购买，（$X - M$）为净出口，S 为储蓄，T 为税收。在国内价格水平、汇率、政府税收和支出一定的条件下，式中各变量的函数形式为：

$$I(r) + G + X = S + T + M(y) \tag{3-16}$$

满足式（3-16）的利率与国民收入之间的组合即为开放经济中的 *IS* 曲线，表示在开放经济中商品市场均衡时利率与国民收入之间的对应关系。用图象推导如图 3-11 所示。

在图 3-11 中，因为出口额 X 不受利率影响，所以（$I + G + X$）曲线与（$I + G$）斜率相同。边际进口倾向小于 1，所以，（$S + T + M$）曲线比（$S + T$）曲线陡峭，斜率差是边际消费倾向。图 3-11 中的 *IS* 曲线即为开放经济中商品市场均衡时利率和国民收入水平的组合。因为边际进口倾向大于 0，开放经济中的 *IS* 曲线斜率大于封闭经济。

出口增加会导致 *IS* 曲线向右移动，进口增加会使 *IS* 曲线向左移动，净出口增加会使 *IS* 曲线向右移动。

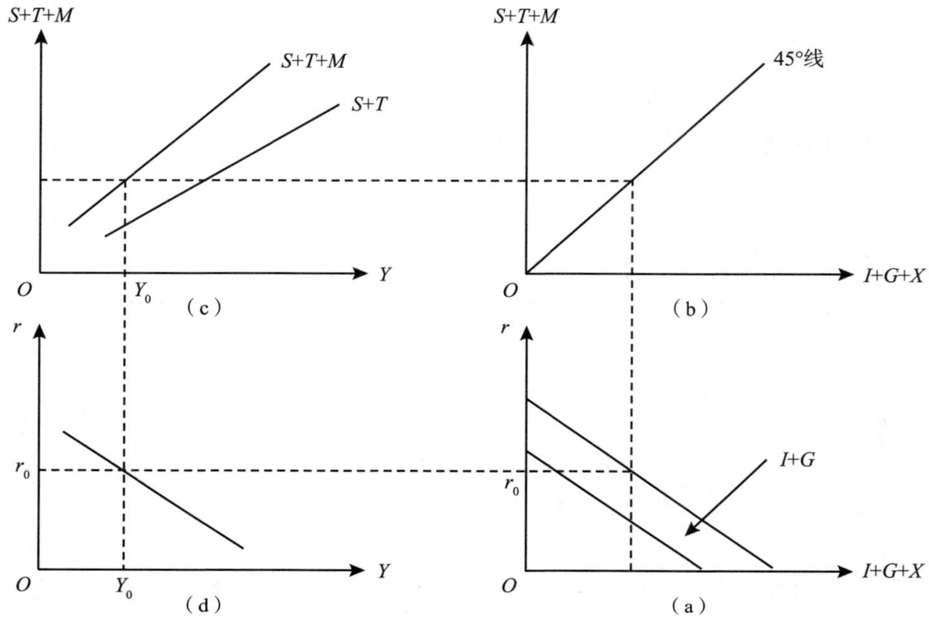

图 3－11　开放经济中 *IS* 曲线的推导

在开放经济中，货币需求函数不变，所以，*LM* 曲线与封闭经济相同，不用修正。

2. 资本净流出与利率负相关。

国际收支中的资本项目涉及资产的买卖和资本的流动，用资本净流出表示本国流向外国的资本和外国流入本国的资本的差额。如果不考虑其他因素，仅考虑利率对资本流动的影响，那么，资本净流出函数表示为：

$$F = F(r) \tag{3-17}$$

资本净流出与国内利率负相关。即国内利率越高，流出的资本量越小，流入的资本量越大。反之相反。净资本流出与利率的反向变化的关系如图 3－12 所示。

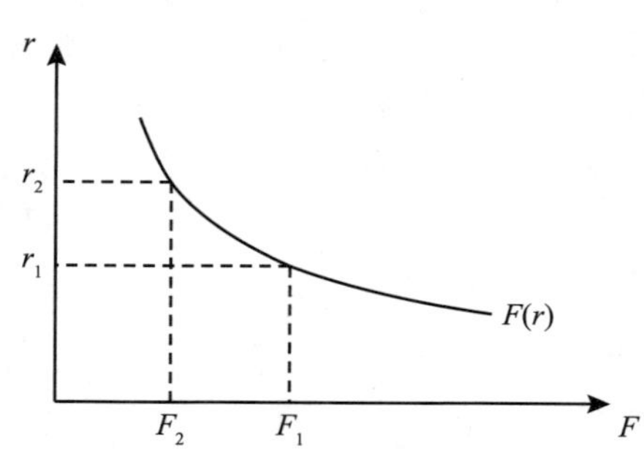

图 3－12　资本净流出函数

3. BP 曲线：国际收支平衡。

净出口与资本净流出的差额为国际收支差额，即：

$$国际收支差额 = 净出口 - 资本净流出$$

用 BP 表示国际收支差额，则：

$$BP = nx(Y) - F(r) \tag{3-18}$$

当 $BP > 0$ 时，国际收支顺差；当 $BP < 0$ 时，国际收支逆差；当 $BP = 0$ 时，国际收支平衡。

当国际收支平衡时，$BP = 0$，或国际收支平衡条件为：

$$nx(Y) = F(r) \tag{3-19}$$

满足式（3－19）的利率与国民收入的组合即为 BP 曲线。图象推导如图 3－13 所示。

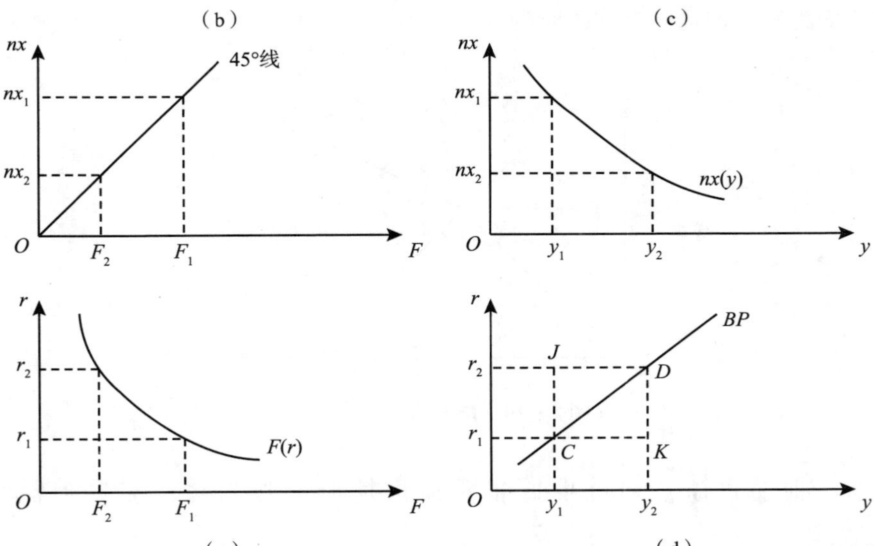

图 3－13　BP 曲线的推导

BP 曲线上的每一点都表示一个使国际收支平衡的利率和国民收入的组合。BP 曲线左上方的点表示国际收支顺差，即 $BP > 0$，或 $nx(Y) > F(r)$。BP 曲线右下方的点表示国际收支逆差，即 $BP < 0$，或 $nx(Y) < F(r)$。

BP 曲线斜率为正，因为当国内收入水平增加时，进口增加，净出口会下降，要实现国际收支平衡，必须有资本净流出减少，即国内利率上升。反之相反。斜率大小决定于边际进口倾向和国际资本流动的利率弹性。在其他因素不变的条件下，边际进口倾向越大，资本流动的利率弹性越小，*BP* 曲线越平坦；反之，边际进口倾向越小，资本流动的利率弹性越大，*BP* 曲线越陡峭。

汇率等因素变动会导致 *BP* 曲线的移动。在推导 *BP* 曲线时，已假设汇率、外国收入水平和利率、国内价格水平都不变，因此，这些因素的变化，就会导致 *BP* 曲线位置的移动。以汇率为例，汇率下降或本币贬值会引起出口增加，净出口增加，*BP* 曲线向右下方移动。或者说，在既定的国内收入水平下，经常账户的改善（净出口增加）需要国内利率的降低，通过资本账户效应（资本净流出增加）实现国际收支总额平衡。

4. 商品市场、货币市场、国际收支的同时均衡。

IS 曲线上的点满足商品市场均衡的条件，*LM* 曲线上的点满足货币市场均衡的条件，*BP* 曲线上的点满足国际收支均衡的条件，所以，当商品市场、货币市场、国际收支同时均衡时，图象中的 *IS* 曲线、*LM* 曲线、*BP* 曲线相交于一点，此交点即为三个市场同时均衡时的利率与国民收入的组合（如图 3－14 所示）。

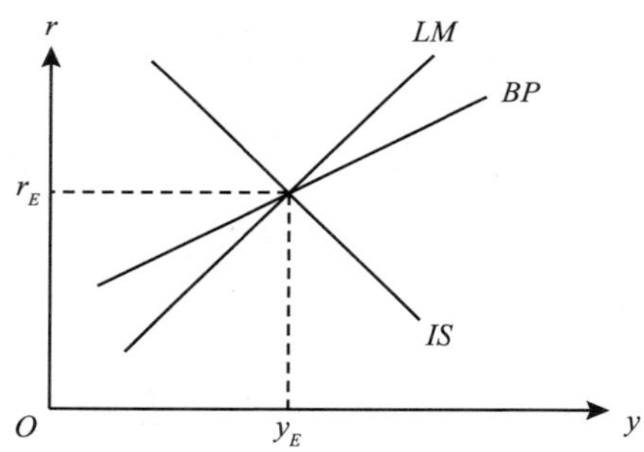

图 3－14 IS—LM—BP 模型

三、商品市场、货币市场和劳动市场的一般均衡：完整的凯恩斯主义模型

完整的凯恩斯主义模型是考察商品市场、货币市场和劳动市场相互联系并同时达到均衡的理论模型，揭示了“经济均衡与非自愿失业同时存在”的凯恩斯在《通论》中得出的革命性结论。如图 3－15 所示。

在图 3－15 中，（a）象限是 IS—LM 模型，表示商品市场与货币市场同时均衡时的均衡的利率和均衡的总产出水平的组合。（b）象限是宏观生产函数，表示就业量与总产出的对应关系。（c）象限是劳动市场的供求及其均衡，劳动供给和劳动需求都是实际工资的函数。在 IS—LM 模型中，最初 *IS* 曲线位于 IS_0，*LM*

曲线位于 LM_0，商品市场和货币市场的同时均衡点为 E_0，对应的均衡总产出为 Y_0，根据（b）中的生产函数，就业量为 N_0，实际工资率为 $\left(\frac{W}{P}\right)_0$，存在非自愿失业（$N_f - N_0$），在劳动市场，当实际工资率为 $\left(\frac{W}{P}\right)_f$ 时，就业量为 N_f，才达到充分就业的均衡。即当商品市场和货币市场均衡时，劳动市场不一定是充分就业状态，劳动市场会存在非自愿失业。对于经济能否实现充分就业的均衡，凯恩斯和庇古都分析了价格水平变动通过财富效应（wealth effect）引起总需求的变动，因为财富效应包含了财富积累与支出之间的正相关。但二者持有不同的分析过程和结论。

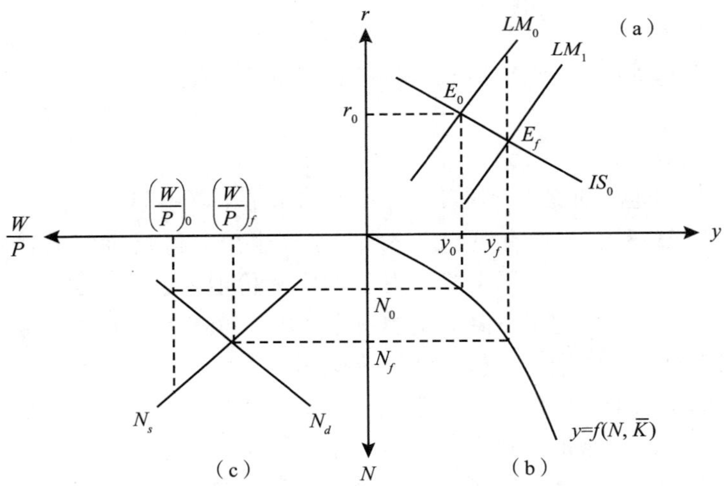

图 3－15　完整的凯恩斯主义模型

1. 凯恩斯效应。

凯恩斯效应（Keynes effect）是指价格水平变动通过影响实际货币数量影响利率，从而影响投资和产出的传导过程及其结果。当价格水平下降时，实际货币数量增加，利率下降，投资和产出增加。凯恩斯效应建立在证券市场的财富效应之上，其经济机理在于：居民和厂商在其财富的拥有量和支出量即持有的货币余额和购买商品的支出之间存在一个心理上合意的对应关系，人们以货币和证券两种形式持有金融资产，并且也以某种比例持有。当价格水平下降时，货币余额的实际价值增加，原有的资产结构变化，人们会用货币购买证券，证券市场需求增加，价格上升，导致利率下降，从而投资增加。

在图 3 – 15 中，价格水平下降，实际货币数量增加，LM 曲线右移至 LM_1，商品市场和货币市场的同时均衡点移动至 E_f，利率下降，总需求增加，对应的均衡总产出为 Y_f，此时，实际工资率为 $\left(\frac{W}{P}\right)_f$，就业量为 N_f，劳动市场也达到充分就业的均衡。

新古典综合派认为，投资对利率变动的敏感度或投资的利率弹性（投资函数 $I=I_0-dr$ 中的 d）和货币需求对利率变动的敏感度或货币需求的利率弹性（货币需求函数 $L=ky-hr$ 中的 h）的大小影响凯恩斯效应。

投资的利率弹性越小，IS 曲线的斜率越大，当投资的利率弹性等于 0 时，IS 曲线成为垂线。当价格下降时，即使利率下降，投资也不会增加，凯恩斯效应不存在。

货币需求对利率的弹性越大，LM 曲线斜率越小，当 $h\to\infty$ 时，LM 曲线成为水平线，在既定利率下，人们愿意持有任意数量的货币，利率不会下降，凯恩斯效应不存在。

2. 庇古效应。

庇古认为，凯恩斯及其追随者只关注价格水平下降引起的总需求的增加，即图象中 LM 曲线位移，却没有注意价格水平下降也会引起 IS 曲线的移动。庇古效应（Pigou effect）即价格水平下降，财富的实际价值增加，而引起的消费增加。因此，庇古分析了价格水平下降产生的财富效应：价格水平下降使财富的实际价值增加，引起总需求的增加，IS 曲线发生位移。

其经济机理在于：价格水平变动反方向影响财富的实际价值；储蓄的动机是增加财富，所以，财富的实际价值影响居民可支配收入在消费和储蓄之间的分配。当价格水平下降财富实际价值增加时，居民的储蓄减少，消费增加；反之，如果价格水平上升，财富的实际价值减少，则居民会增加储蓄，减少消费。

因此，价格水平下降引起财富的实际价值增加，居民消费增加，IS 曲线向右移动，从而增加就业和产出，实现充分就业。根据庇古效应，即使价格水平或利率的变动没有影响投资，只要货币工资和价格水平降低，就能够实现充分就业。当然，货币工资下降幅度要大于价格水平下降幅度，劳动市场供给减少、需求增加。在 IS—LM 模型中，IS 曲线和 LM 曲线都向右移动，直至充分就业均衡的实现，如图 3 – 16 所示。

在图 3 – 16 中，初始的均衡状态为：IS_0 和 LM_0 的交点对应的总产出为 y_0，劳动市场的实际工资率为 $\left(\frac{W}{P}\right)_0$，劳动供给大于劳动需求，存在非自愿失业 (N_f-N_0)。当价格水平下降时，财富的实际价值增加，消费增加，IS 曲线右移

至 IS_1，实际货币量增加，LM 曲线右移至 LM_1，新的均衡点对应的总产出为 y_f，此时，劳动市场的实际工资率为 $\left(\frac{W}{P}\right)_f$，就业量为 N_f，劳动市场也达到充分就业的均衡。

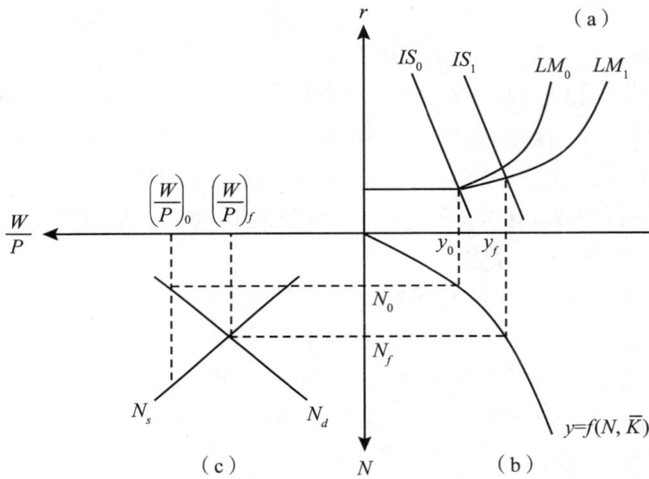

图 3－16　庇古效应

庇古效应和凯恩斯效应都分析了价格水平变动引起的财富效应变动，从而影响总需求，最终实现充分就业的逻辑。二者的区别在于：凯恩斯效应以证券市场的财富效应为基础，主要在证券市场发生作用，即图象中 LM 曲线位移。而庇古效应以商品市场的财富效应为基础，主要在商品市场起作用，即图象中 IS 曲线位移。凯恩斯效应重视总需求中的投资，庇古效应则关注消费。在凯恩斯效应中，财富实际价值变动主要影响货币需求，在庇古效应中，财富实际价值变动主要影响消费。

3. 实际余额效应。

庇古效应受到许多经济学家的质疑，凯恩斯主义者认为庇古效应的力度较弱，不足以推动 IS 曲线位移。在争论中，产生了“实际余额效应”理论。帕廷金在其《货币、利息和价格》（1965）一书中，分析了价格水平变动引起实际余额$\frac{M}{P}$变动，从而影响总需求。实际余额效应（real balance effect）是指：当价格水平下降，名义货币量 M 一定时，实际货币余额$\frac{M}{P}$增加，一方面，人们会增加购买商品和劳务的消费支出；另一方面，也会增加对债券的需求，使利率降低投资增加。即实际余额效应包含了由价格水平下降引起的投资和消费都增加的双重作用，综合了凯恩斯效应和庇古效应。

四、AS—AD 模型：收入决定模型的进一步综合

自 20 世纪 40 年代以来，西方国家政府实施凯恩斯主义的政策主张，以增加总需求为主要政策目标，实现了增加就业和提高经济增长率的目标，但是总需求的累积增加诱发了 20 世纪 60 年代中后期的通货膨胀。加上石油危机的冲击，西方国家经济陷入高失业与高通货膨胀并存的“滞胀”泥潭，凯恩斯主义经济学的统治地位也明显下降，在这一背景下，新古典综合派通过吸收反凯恩斯主义学派的理论和方法，进行“成熟的综合”，进一步发展其理论，形成了总供求（AS—AD）模型，并替代 IS—LM 模型。

在萨缪尔森和诺德豪斯合著的《经济学》第 12 版序言中，作者指出：“我们引入了总供给和总需求（AS—AD），作为理解价格和国民产值的总体变动的核心方法。宏观经济学中的所有重大问题现在都用这些新的工具加以分析。”① 萨缪尔森认为：“科学是一种不断发展的、活生生的有机体。……重新综合现代主流经济学是一种激动人心的体验。这种综合审慎地考虑到经济学中竞相争鸣的所有流派……”②于是，萨缪尔森开始用“现代主流经济学的新综合”来命名其理论体系。

1. 在 IS—LM 模型基础上，把价格水平转化为内生变量，引入总供给，理论层次进一步提高。

在总供求模型中，总需求 AD 和总供给 AS 共同决定均衡的总产出水平和价格水平。

（1）总需求（aggregate demand，AD）曲线。总需求曲线描述了价格水平（P）与总需求（收入水平 Y）之间的关系。可从 IS—LM 模型中推导 AD 曲线，如图 3－17 所示。

通过价格水平→实际货币数量→利率→消费和投资即总需求→收入水平的传导过程，得到价格水平与总需求之间的对应关系。在图 3－17 中，假设名义货币数量为 M，当价格水平为 P_0 时，实际货币数量为$\frac{M}{P_0}$，LM 曲线位于 LM_0 处，均衡总产出为 y_0。当价格水平为 P_1 时，实际货币数量为$\frac{M}{P_1}$，LM 曲线位于 LM_1 处，均衡总产出为 y_1。P 与 y 之间的对应关系即为 AD 曲线。

①② ［美］保罗·萨缪尔森，威廉·诺德豪斯．经济学（第 12 版）［M］．高鸿业，译．北京：中国发展出版社，1992：2.

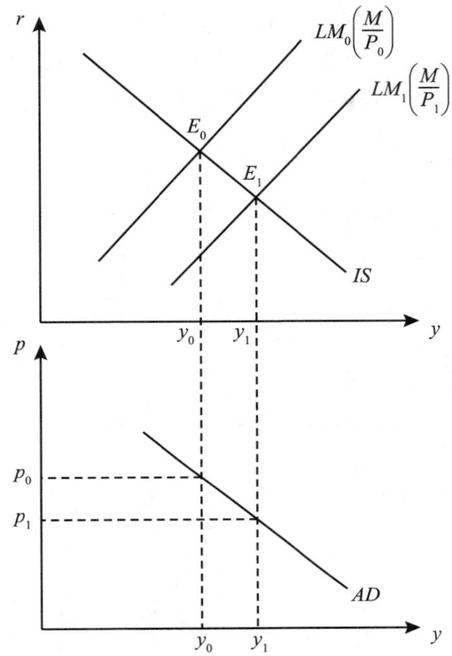

图 3－17　*AD* 曲线的推导

（2）总供给（aggregate supply，AS）曲线。总供给曲线描述了价格水平与总供给（收入水平）之间的对应关系。凯恩斯的 *AS* 曲线为一条水平线，如图 3－18 所示。表明供给价格弹性无穷大。因为凯恩斯理论的背景是“大萧条”时期，有大量失业的存在且资源未得到充分利用。所以，当增加产量进而增加对生产要素的需求时，要素价格不会上升从而商品价格保持不变（比如价格水平一直为 P_0）。

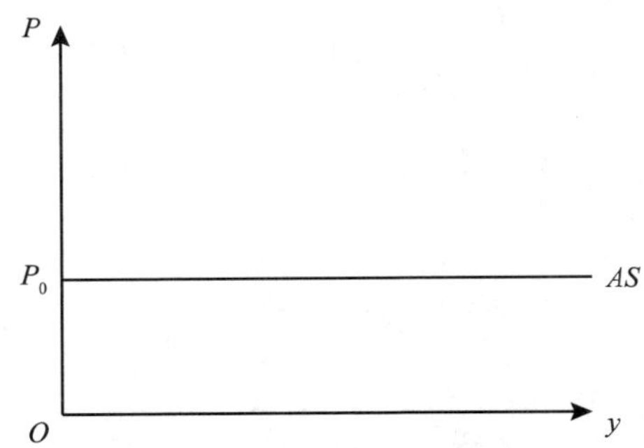

图 3－18　凯恩斯的 *AS* 曲线

新古典综合派把总供给纳入收入决定模型时，假设货币工资不变。新古典综合派的 *AS* 曲线描述了货币工资水平一定时价格水平与国民收入之间的关系。若货币工资一定，价格水平上升→实际工资下降→就业量上升→收入水平上升。*AS* 曲线为正斜率（如图 3－19 所示）。

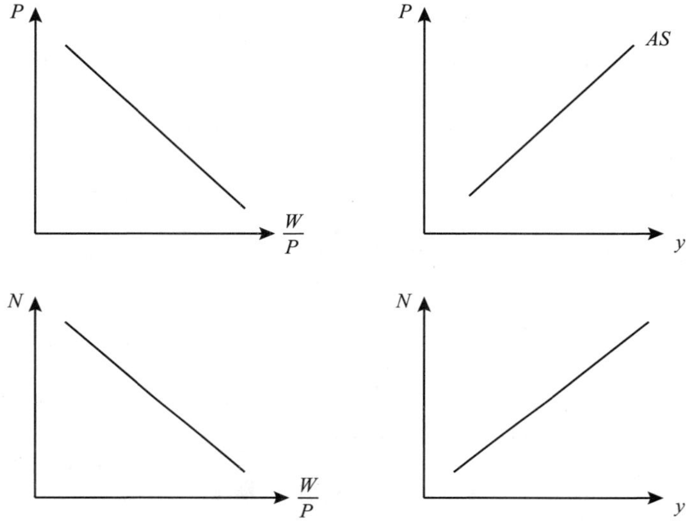

图 3－19　新古典综合派的 *AS* 曲线推导

2. AS—AD 模型。

在 AS—AD 模型中，总供给和总需求共同决定均衡的价格和国民收入水平。把新古典综合派的 *AS* 曲线和 *AD* 曲线结合起来，可得其 AS—AD 模型，如图 3－20 所示。

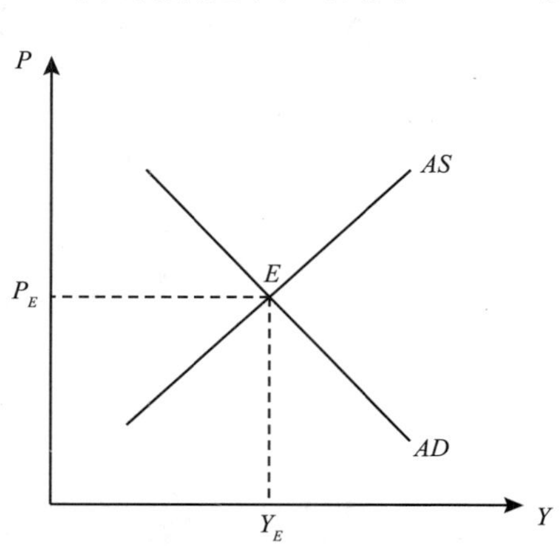

图 3－20　AS—AD 模型

AS 曲线和 *AD* 曲线变动（曲线移动）会影响价格水平和总产出水平。比如，总需求增加或 *AD* 曲线右移会导致价格水平上升和总产出增加。总供给减少或 *AS* 曲线左移会导致价格水平上升和总产出减少。

AS—AD 模型是新古典综合派进一步理论综合的结果，其所体现的新古典综合派对凯恩斯收入决定模型的发展主要在于：一是利率和价格水平转化为内生变量，二是总供给也成为影响均衡价格水平和收入水平的基本要素。

第四节　新古典增长模型和乘数—加速数模型：新古典综合派对凯恩斯的比较静态分析动态化

短期和比较静态分析是凯恩斯宏观经济学的主要特点之一。在凯恩斯理论中，分析了由总需求水平决定的均衡就业和总产出，没有考虑时间因素，把人口数量、技术条件等都视为不变的。萨缪尔森认为："宏观经济学考察的是经济增长和衰退的原因，……把握决定商业循环和经济增长的因素，是理解宏观经济学的关键。"① 新古典综合派发展凯恩斯经济学的路径之一就是把凯恩斯的理论长期和动态化，在这一过程中，形成了新古典综合派的经济增长理论，由索洛等人构建的新古典增长模型及其经济周期理论——乘数—加速数模型。

一、新古典增长模型

西方经济学界对经济增长理论的研究热潮主要有三次：第一次浪潮掀起于20 世纪40 年代末，标志是英国的哈罗德和美国的多马分别构建了经济增长模型，形式极为相似，因而被叫作哈罗德—多马增长模型。第二次浪潮发生在 20 世纪50 年代中期，主要标志是索洛等人构建了新古典增长模型。第三次浪潮是在 20 世纪 80 年代中后期，主要标志是罗默等人构建的内生增长理论。

这三种经济增长模型分别产生于不同的时代背景下，模型的内容有所不同。从理论演进来看，主要表现为模型中的自变量——影响经济增长的因素的变化。在哈罗德—多马增长模型中，储蓄率或资本积累是影响经济增长的唯一因素；在新古典增长模型中，把技术进步纳入增长模型，资本积累、劳动力和技术进步都

① ［美］保罗·萨缪尔森，威廉·诺德豪斯．经济学（第 16 版）［M］．萧琛，等译．北京：华夏出版社，1999：298.

是影响经济增长的主要因素，但技术进步是外生的；到新增长理论中，把技术进步内生化，解释技术进步的原因。

其中，新古典增长模型是新古典综合派的经济增长模型。

1. 哈罗德—多马增长模型的主要缺陷：没有纳入技术进步因素及增长的不稳定特征。

1939 年，英国经济学家哈罗德（Roy Harrod）发表了《论动态理论》，首次提出了动态经济增长问题，1948 年，出版了《动态经济学导论》，纳入时间因素，构建了他的经济增长模型。美国的多马（Evsey Domar）在其《资本扩张、增长率和就业》（1946 年）一文中也构建了与哈罗多模型大体相似的增长模型，因而被合称为哈罗德—多马模型（Harrod - Domar model）。哈罗德和多马的研究是现代经济增长理论的开端，哈罗德—多马增长模型是第一个现代经济增长模型。

在哈罗德模型中，假设不存在技术进步；经济中只生产一种产品；投入两种生产要素：资本 K 和劳动 L，生产函数为规模报酬固定，储蓄是收入水平的函数。

储蓄函数：$S=f(Y)$；

投资为资本增量：$I=\Delta K$。

在技术水平不变时，资本—产出比率：$v=\dfrac{K}{Y}=\dfrac{\Delta K}{\Delta Y}$，

$$\Delta K=v\Delta Y$$

经济均衡的条件：$S=I$，经变换可得：$S=\Delta K=v\Delta Y$，推导得经济增长率：

$$G=\frac{\Delta Y}{Y}=\frac{s}{v} \tag{3-20}$$

在式（3-20）中，资本/产出比率 v 为常数，所以，影响经济增长率的唯一因素是储蓄率 s。

哈罗德认为，厂商的预期及是否合意会影响到均衡增长条件的存在性及稳定性。当实际资本/产出比率等于厂商合意的资本/产出比率时，实际增长率等于厂商合意的增长率，经济就能够实现均衡增长。在哈罗德模型中，如果实际资本/产出比率与厂商预期的或合意的资本/产出比率不同，厂商就会调整投资，从而导致总产出的波动。若实际资本/产出比率小于（大于）厂商合意的资本/产出比率，实际增长率大于（小于）厂商合意的增长率，表明厂商实际的资本量小于（大于）合意的资本量，厂商就会增加（减少）投资，从而使实际经济增长率提高（下降），进一步扩大了实际增长率与合意增长率之间的差距。因此，根据哈罗德模型，如果实际增长率与厂商合意的增长率之间出现偏差，不仅不能自我纠

正还会进一步偏离。

只考虑储蓄率对经济增长的影响以及经济增长的“不稳定性”也被认为是哈罗德模型的主要缺陷。

2. 新古典增长模型：技术进步成为影响经济增长的重要因素。

20 世纪 50 年代，索洛等人构建经济增长模型，解释西方国家的经济增长，也克服了哈罗德模型的主要缺陷。新古典增长模型论证了经济增长的稳定性，在增长率的分解中包含了技术进步。

（1）假设条件。新古典模型中的假设条件包括：资本/劳动比率可变；价格机制充分作用——工资率和利率的变动使劳动和资本达到充分就业。

（2）稳定增长的条件：人均资本增量等于零。先不考虑技术进步。根据总量生产函数 $Y=F(L, K)$，可推导出新古典增长模型的基本方程为：

$$sf(k)=nk+\Delta k \tag{3-21}$$

在式（3-21）中，$k=\frac{K}{L}$，即人均资本，$k=\frac{dk}{dt}$，即单位时间的人均资本增量，$f(k)=y=\frac{Y}{L}$，即人均产量，s 为储蓄率，n 为人口增长率。

式（3-21）显示，人均储蓄用于两部分：一是人均资本的增加 k，即资本深化；二是给新增加的劳动力按原有人均资本量配备资本，即资本广化。

在图 3-21 中，（a）图横轴表示人均资本 k，纵轴表示人均产出 y，$f(k)$ 为人均产出曲线，$sf(k)$ 为人均储蓄曲线，nk 表示给新增劳动力按原有人均资本量配备资本。在（b）图中，纵轴表示人均资本增量，当 $sf(k)>nk$ 时，人均资本增量 $\dot{k}>0$，人均资本将增加，资本/劳动比率将增加；当 $sf(k)<nk$ 时，人均资本增量 $\dot{k}<0$，人均资本将减少，资本/劳动比率将减少；只有当 $sf(k)=nk$ 时，即在 $sf(k)$ 曲线与 nk 曲线的交点处，$\dot{k}=0$，人均资本不变。各变量都处于均衡状态。总产出按照人口增长率 n 增长。

因此，可通过新古典增长模型得出结论：因为资本和劳动可以相互替代，人均资本总是趋向于均衡值，人均产出也趋向于均衡值。即经济中存在一个均衡增长的路径，从长期来看，总产出增长率等于劳动力增长率。

（3）增长率的分解：计算“余值”测度技术进步的贡献。在新古典增长模型中，经济增长源于资本投入增加、劳动投入增加和技术进步，并且用计算“余值”的方法测度技术进步对经济增长的贡献。

（a）

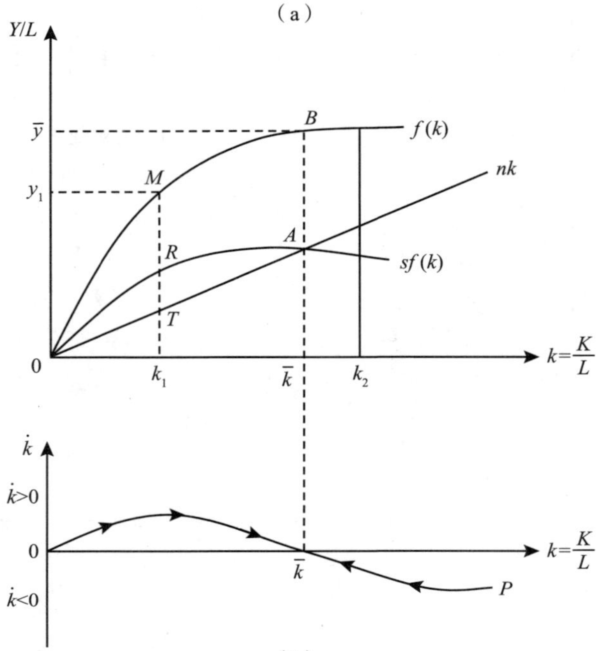

（b）

图 3－21　经济增长的稳定性分析

根据宏观生产函数：

$$Q_t = A_t f(L_t, K_t) \tag{3-22}$$

可推导出增长率分解为：

$$G_Q = G_A + \alpha G_L + \beta G_K \tag{3-23}$$

在式（3－20）中，α 和 β 分别表示劳动和资本的产出弹性，可采用适当方法估计出参数值。G_Q、G_L、G_K 都可从统计数据中得到。因此，技术进步对经济增长的贡献 G_A 即可采用计算“余值”的方法得到：

$$G_A = G_Q - \alpha G_L - \beta G_K \tag{3-24}$$

二、乘数—加速数模型：新古典综合派的经济周期模型

经济周期（business cycle）是指实际总产出围绕潜在总产出周期性波动，依次经过衰退→萧条→复苏→繁荣几个阶段，如图 3－22 所示。

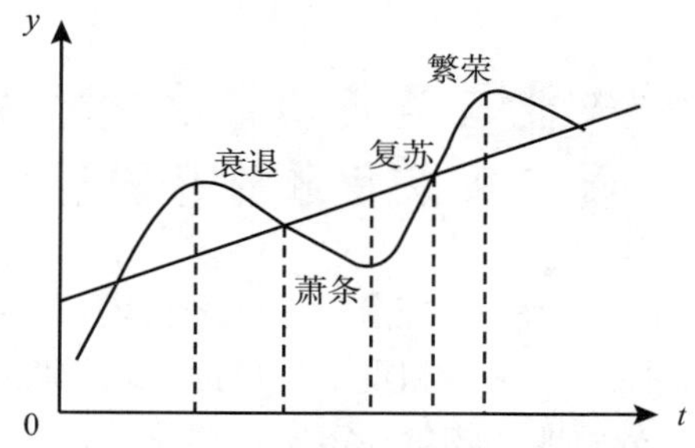

图 3－22　经济周期性波动的阶段性规律

关于实际总产出与潜在总产出之间的关系，是不同学派的主要分歧之一。（新）古典经济学的观点是：通过市场调节，实际总产出必然等于潜在总产出，若发生差异，则会迅速恢复。凯恩斯揭示了有效需求不足导致实际总产出小于潜在总产出是一种常态。新古典综合派分析了经济周期全过程，即实际总产出围绕潜在总产出周期性波动的规律。

从 19 世纪中期开始，经济学家就研究经济周期问题，产生了多种理论。新古典综合派构建了乘数—加速数模型解释经济周期产生的原因。

凯恩斯的投资乘数理论描述了投资增长对总产出的影响，加速原理描述了本期总产出对下期投资的影响。萨缪尔森等人把乘数理论和加速原理结合起来，分析经济周期波动的特征和原因。

引入时间因素后，收入决定模型为：

$$Yt = C_t + It + Gt \tag{3-25}$$

其中，

$$C_t = \alpha Y_{t-1} \tag{3-26}$$

$$\begin{aligned} I_t &= \beta(C_t - C_{t-1}) \\ &= \beta(\alpha C_{t-1} - \alpha C_{t-2}) \\ &= \beta\alpha(C_{t-1} - C_{t-2}) \end{aligned} \tag{3-27}$$

G_t 为常数：

$$G_t = G_0 \tag{3-28}$$

把式（3－26）、式（3－27）、式（3－28）代入式（3－25）得：

$$Yt = \alpha Y_{t-1} + \beta\alpha(C_{t-1} - C_{t-2}) + G_0 \tag{3-29}$$

式（3－29）即为乘数—加速数模型的基本公式，表明 t 期的总产出决定于边际消费倾向、加速数及前期总产出。并且边际消费倾向和加速系数大小的不同，会导致总产出水平处于不同的波动态势。

根据乘数—加速数模型，经济周期是乘数和加速数共同作用的结果。

第五节　失业与通货膨胀之间的关系：新古典综合派的菲利普斯曲线

在宏观经济政策的四大目标——充分就业、经济增长、物价稳定和国际收支平衡中，充分就业和物价稳定是最基本和重要的目标。因为稳定的经济增长是宏观经济运行的理想状态，与充分就业和物价稳定密切相关。并且，一般情况下，经济增长与就业正相关，国际收支平衡与物价稳定正相关。因此，判断宏观经济运行状况、制定宏观经济政策，特别需要重视失业与通货膨胀问题及二者之间的关系。

在 20 世纪 60 年代后期，新古典综合派理论发展的主要内容是把菲利普斯曲线纳入理论体系。用以预测不同的失业率目标将导致怎样的通货膨胀率（20 世纪 60 年代初期，IS—LM 模型主要用于解释总产量和就业的决定）。失业和通货膨胀是市场经济运行中需要面对的两大问题，二者之间的关系是宏观经济理论的重要内容，也是不同学派之间争论的焦点问题之一。

一、原始的菲利普斯曲线：货币工资增长率与失业率负相关

“二战”以后西方国家的经验事实表明，在经济体系中存在大量过剩生产能力（失业）的同时，也出现了通货膨胀。并且，与失业相比，通货膨胀问题更为显著。对此，凯恩斯关于失业和通货膨胀不能并存的理论解释力下降。因此，自 20 世纪 50 年代开始，经济学领域产生了一系列通货膨胀理论，菲利普斯曲线就是实证分析的一个理论成果①，如图 3－23 所示。

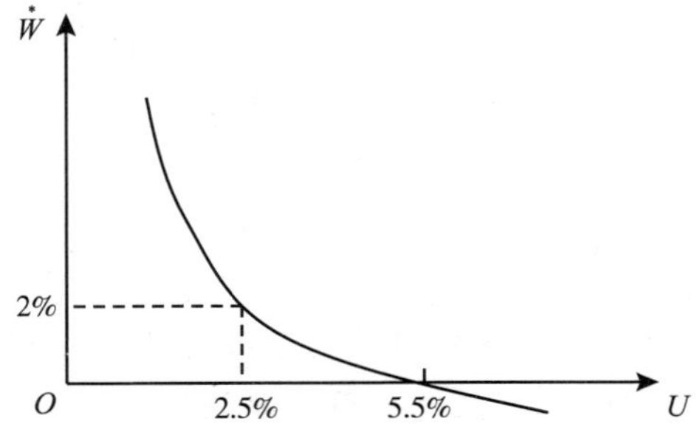

图 3－23　菲利普斯曲线的一般形状

① 在经济学发展史上，最初对失业与通货膨胀之间的经验关系进行统计性研究的是欧文·费雪在 1926 年做出的相关研究，但是他没有用曲线表达这种关系。

作为一个经济学范畴，菲利普斯曲线源于1958年A. W. 菲利普斯（A W. Phillips）发表的对1861～1957年间失业率与货币工资变化率之间关系的统计性研究，即发表于《经济学丛刊》第25卷的论文《1861～1957年联合王国货币工资变化率与失业之间的关系》一文，其结论表明，货币工资增长率与失业之间呈现非线性的负相关。可用函数表示为：

$$\dot{W}=f(U) \tag{3-30}$$

具体方程式为：

$$\dot{W}=-0.9+9.638(U)^{-1.394} \tag{3-31}$$

菲利普斯将货币工资增长率与失业率之间的负相关关系解释为：低失业率意味着较高的劳动力需求，当需求水平较高时，货币工资增长迅速，当需求水平较低时，货币工资增长缓慢。在大约5.5%的失业率水平上，货币工资增长率为0，在大约2.5%的失业率水平上，货币工资增长率为2%。

典型的菲利普斯曲线具有三个基本特征：（1）斜率为负，即失业与通货膨胀之间存在替代关系。（2）曲线非线性，凸向左下方，即不断降低的失业率要以不断增长的通货膨胀率为代价。（3）曲线与横轴相交，该交点的失业率为自然失业率。即通货膨胀率为0时，失业率大于0。或者说，当失业率大于0时，工资还可能上升。

菲利普斯的研究结论与古典经济学理论不同。在古典理论中，劳动供给和需求都是实际工资率的函数，如果货币工资与价格水平同方向变化，则货币工资变化不影响就业，即货币工资增长率与就业或失业之间不存在负相关关系。但菲利普斯的研究结论证明了货币工资增长率与失业率之间呈负相关关系。

菲利普斯曲线为政府提供了政策选择的菜单。即政府根据菲利普斯曲线所描述的失业与通货膨胀之间的替代关系及二者的相对状况制定政策。

二、新古典综合派对菲利普斯曲线的拓展

在菲利普斯的开创性研究之后，经济学领域对菲利普斯曲线沿着两个路径进行拓展：一是理论拓展，把工资增长率与失业率之间的关系转换为通货膨胀率与失业率之间的关系。二是经验验证。在20世纪60年代，经济学家对许多国家的失业与通货膨胀进行了菲利普斯检验，并发展了各种具有独创性的理论模型。萨缪尔森、汉森、索洛等新古典学派的经济学家分别进行了理论分析和实证检验，使菲利普斯曲线成为新古典综合派的重要理论。

1. 利普西（Lipsey）关于货币工资增长率与失业率关系的理论解释。

1960年，利普西在《经济学丛刊》第27卷发表《1862～1957年英国货币工

资变化率与失业之间的关系：进一步分析》一文，再一次论证和肯定了菲利普斯的结论。利普西模型中的基本命题包括：

（1）货币工资增长率与劳动力过度需求（需求量大于供给量的差额）之间呈线性正相关，用方程表示为：

$$\dot{W} = a(X_L) = a\left[\frac{D_L - S_L}{S_L}\right] \tag{3-32}$$

（2）劳动力过度需求与失业之间呈非线性负相关，用方程表示为：

$$X_L = \beta(U) \tag{3-33}$$

在式（3－32）、式（3－33）中，D_L 表示劳动力需求，S_L 表示劳动力供给，a 表示正的工资弹性系数，β 表示可变的负参数。当 $X_L \to 0$ 时，$U = U^*$，且 $U^* > 0$。

通过劳动力过度需求这一中间变量，可推导出货币工资增长率与失业率之间的负相关。即：劳动力过度需求越大，货币工资增长率越高；失业率越高，劳动力过度需求越低。

2. 新古典综合派的菲利普斯曲线。

1960 年，萨缪尔森和索洛在《美国经济评论》第 50 卷发表的论文《反通货膨胀政策的几点分析》中，论证了通货膨胀率是货币工资率的函数，从而也是失业率的函数，把菲利普斯曲线带到了美国。他们认同菲利普斯曲线已经成为经济学中的重要概念，为政策制定者提供了一张运用财政政策和货币政策的多种可选方案的“菜单”。从此，菲利普斯曲线成为美国和部分西方国家稳定经济政策的主要理论依据。

因为通货膨胀率等于货币工资增长率减去劳动生产率增长率，若假设劳动生产率增长率为 π，菲利普斯曲线方程式为：

$$P = W(\ddot{U}) - \pi \tag{3-34}$$

菲利普斯曲线就用来表示失业与通货膨胀之间的关系，通货膨胀率与失业率之间也存在负相关关系。并且萨缪尔森和索洛用美国“大萧条”之后 25 年的统计数据验证了这一关系的存在。

3. 菲利普斯曲线与 IS—LM 模型之间的关系。

菲利普斯曲线能够被接受并进一步拓展后纳入新古典综合派的理论体系，主要原因之一是菲利普斯曲线可以弥补 IS—LM 模型缺少通货膨胀分析的不足。在 IS—LM 模型中，货币工资和价格水平都是外生变量，菲利普斯曲线使得就业和产出的决定与工资和价格的变动联系起来。

在图 3－24 中，（a）图是 IS—LM 模型，（b）图是菲利普斯曲线，其包含的假设和逻辑关系有两点：（1）产出与就业水平正相关，就业与失业负相关；（2）货币工资增长率减去生产率增长率等于价格水平的增长率。（a）图 IS—LM

模型中初始的充分就业的均衡状态对应着（b）图中的价格水平稳定状态，即价格水平与总产出关系曲线与产出轴的交点，即 $p=0$。当扩张性政策实施导致 IS 曲线右移至 IS_1 时，总产出水平大于充分就业的水平，会导致价格水平上升至 p_1，价格水平上升又引起实际货币量减少，LM 曲线左移至 LM_1，总产出恢复到充分就业水平。

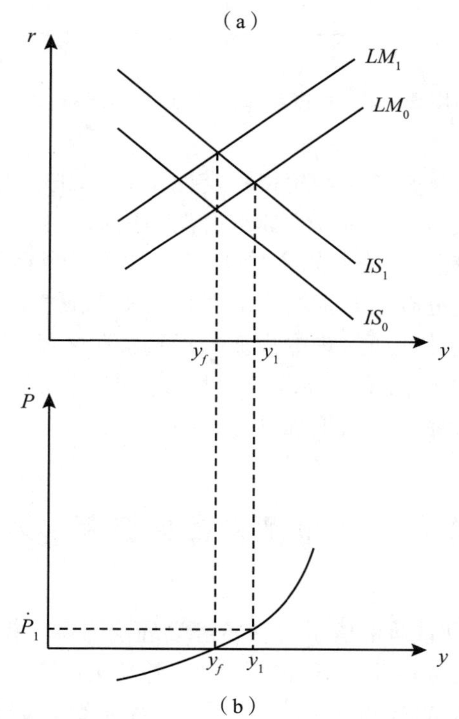

图 3－24　IS—LM 模型与菲利普斯曲线

在初始均衡点，IS_0 和 LM_0 的交点对应着充分就业的国民收入水平 y_f，此时，价格水平稳定，$\dot{P}=0$。如果政府采取扩张性政策增加总需求，IS 曲线向右移动至 IS_1，国民收入水平大于充分就业的水平，价格水平会上升至 P_1。价格水平上升会导致实际货币供给减少，LM 曲线左移至 LM_1，经济又恢复至最初的充分就业状态。

用横轴表示失业率，则菲利普斯曲线为一条负斜率的曲线，如图 3－25 所示。

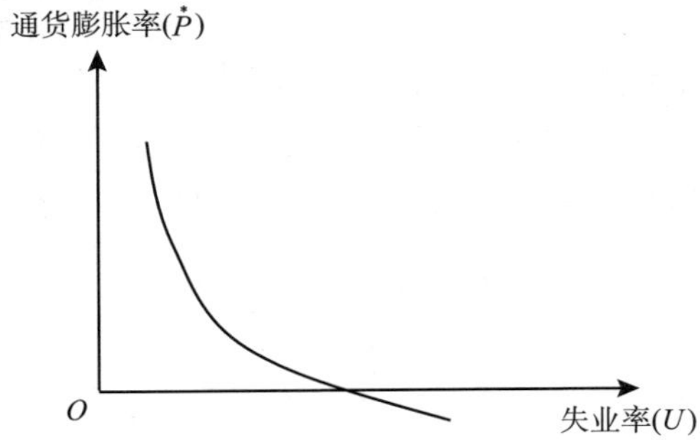

图 3-25 新古典综合派的菲利普斯曲线

最初菲利普斯的目标是定位与价格稳定性相适应的失业水平，并不是把通货膨胀作为减少失业的代价。经过新古典综合派的进一步发展和传播，菲利普斯曲线成为关于失业与通货膨胀关系的主导理论，以及宏观经济学中重要的分析工具。失业与通货膨胀之间存在长期稳定的替代关系也成为政府指定宏观经济政策的依据。根据菲利普斯曲线所呈现的失业与通货膨胀之间的负相关关系，在稳定物价和充分就业之间进行权衡，即政府可以以增加失业率为代价降低通货膨胀率，或者以放任通货膨胀为代价增加就业。

第六节　相机抉择的政策主张

在《通论》中，凯恩斯构建了宏观经济学理论体系，揭示了非自愿失业的存在是一种常态，其主要原因是有效需求不足，并且为政府干预市场经济提供了理论支撑和解决经济危机的政策工具。之后，新古典综合派在凯恩斯理论的基础上，拓展了政府调节经济的政策内涵，主张相机抉择的政策规则。

一、以实现充分就业和经济增长为主要目标的凯恩斯的政策主张

凯恩斯在《通论》中分析了三大心理定律即边际消费倾向递减、资本边际效率递减和流动性偏好的存在导致有效需求不足从而导致经济萧条，非自愿失业的存在是市场经济的常态。要实现充分就业，就不能单纯依赖市场机制，而必须发挥政府干预经济的职能。在市场经济中，政府不仅是“守夜人”，而且具有调节经济的职能，这也是凯恩斯对古典经济学进行革命的一个重要方面。

《通论》产生于经济严重萧条的背景下，因而其政策目标主要是解决萧条问

题，在宏观经济政策的四大目标——充分就业、经济增长、物价稳定和国际收支平衡中，凯恩斯的经济政策以充分就业和经济增长为主要目标。

凯恩斯政策主张的主要内涵和特点包括以下几个方面。

1. 通过扩张性政策增加总需求。

以有效需求原理为依据，政府干预经济的途径主要是调节总需求。通过增加总需求，促进就业和经济增长。因此主张以扩张性政策为基础，包括扩张性财政政策和货币政策。扩张性财政政策包括增加政府支出和减税，增加政府支出会直接增加总需求，减税通过增加居民和厂商的可支配收入从而增加消费和投资需求。并且主张以赤字财政刺激有效需求，实现充分就业。

在凯恩斯之前，关于政府收支是否应该追求预算平衡的问题，以斯密为代表的古典经济学家认为，政府应该量入为出，因为政府行为与私人家庭行为准则是一样的。英国的“财政部观点”也认为：政府增加公共工程支出会产生等量的挤出效应（挤出私人投资），因而对减少失业没有作用。而凯恩斯认为，平衡预算本身不是政府行为的目标，政府收支应取决于充分就业和经济增长的目标。政府可以通过借债增加政府支出特别是在公共工程（public works）领域的支出，甚至“‘浪费式’的举债支出在得失相抵之后还是可以增加社会财富的”①。

鉴于凯恩斯主义的影响，美国政府开始发挥稳定宏观经济的功能。1946 年国会制定的《就业法》中，就明确了政府在增加就业和产出、维持价格稳定方面的作用：“国会在此声明，联邦政府持续的政策和责任，是使用与其需要和义务相一致的一切可行的方法……来实现就业、生产和购买力的最大化。”②

2. 强调财政政策效应。

作为政府干预经济的两种最基本的政策，财政政策和货币政策都能够调节总需求，影响就业和经济增长。但对于二者的相对有效性，凯恩斯更加重视财政政策的作用。

扩张性货币政策通过增加货币供给量，使利率下降，从而刺激消费和投资，但凯恩斯认为，货币政策效应往往受到抑制，主要原因在于：发达国家已经拥有较大的资本存量，资本边际效率递减会降低投资诱惑；并且当人们对未来的经济状况有悲观的预期时，即使利率降低也难以刺激投资；当流动性陷阱出现时，货币供给量增加，利率也不再降低，货币政策失效。所以凯恩斯强调财政政策的重要性，认为货币政策只起辅助作用。

---

① ［英］约翰·梅纳德·凯恩斯. 就业、利息和货币通论［M］. 宋韵声，译. 北京：华夏出版社，2012：133.

② ［美］保罗·萨缪尔森，威廉·诺德豪斯. 经济学（第 16 版）［M］. 萧琛，等译. 北京：华夏出版社，1999：299.

3. 缩小收入差距，扩大消费需求。

消费是总需求最主要的组成部分，从收入分配的角度而言，增加消费需求需要缩小收入差距，因为边际消费倾向递减规律的存在，低收入者的消费倾向大于高收入者，所以通过税收等措施进行收入再分配，把高收入者的一部分收入转移给低收入者，能够提高整个经济的消费倾向，扩大消费需求，带动就业和经济增长。

二、政策规则：相机抉择

凯恩斯主义都重视政府调节经济的职能，主张通过政府干预，实现充分就业和经济的稳定增长。新古典综合派以凯恩斯的需求政策为基础，根据其理论发展，结合经济实践中面临的问题，提出了相应的政策主张。

1. 以稳定经济为目标的相机抉择的政策。

凯恩斯的政策目标主要是解决失业问题，主张通过扩张性政策刺激总需求增长，从而促进就业和经济增长。“大萧条”之后，经过20多年的发展，失业率明显下降，同时又面临通货膨胀的压力，所以，20世纪50年代，新古典综合派的政策依然以调节总需求为核心，但汉森、托宾等提出扩张性政策与紧缩性政策的相机抉择及财政政策与货币政策的综合。所以，新古典综合的含义还有一层就是政策综合。

主张扩张性政策与紧缩性政策的相机抉择，即根据经济状况酌情进行政策选择，或“逆经济风向行事”，具体政策思路是：在经济萧条时期，采取扩张性财政和货币政策，增加财政支出、减少税收、增加货币供给量，以刺激总需求；而在通货膨胀时期，则采取紧缩性财政和货币政策，减少财政支出、增加税收、减少货币供给，以抑制总需求①。这种政策方向是反经济周期的，因而也被叫作“补偿性政策”或“反周期政策”等。

2. 货币政策与财政政策并重。

凯恩斯偏重财政政策而否定货币政策的有效性，而新古典综合派同时强调财政政策和货币政策效应，并主张财政政策和货币政策搭配使用。

根据IS—LM模型，在一般情况下，即非“凯恩斯区域”和非“古典区域”，财政政策和货币政策同时使用的效果要好于单一使用一种政策。比如，在经济萧条时期，如果使用扩张性财政政策，当总需求增加时，收入水平提高，货币需求增加，从而利率上升，利率上升抑制了消费和投资，即产生挤出效应，这时，如

① 相机抉择的财政政策最早是由汉森提出的，相机抉择的货币政策是由萨缪尔森提出的。

果同时采用扩张性货币政策，就会消除挤出效应，收入水平有更大的增长。

3. 以实现潜在产出为目标的增长性政策。

相机抉择的政策确实降低了美国经济周期波动的幅度，但是，却面临着美国经济增长率较低的问题，在 1953～1960 年间，美国的实际国民生产总值（GNP）增长率只有 2.5%，明显低于其他国家，特别是与“二战”以后经济突飞猛进的德国和日本相比，出现了所谓的“艾森豪威尔停滞”，为此，奥肯、海勒、托宾等提出了“增长性财政货币政策”，以提高经济增长率。① 这一政策主张强调根据实际总产出与潜在总产出之间的关系决定政策方向。不论经济处于萧条时期还是通货膨胀时期，或者说，即使是在通货膨胀时期，只要实际总产出小于潜在总产出，就应采取扩张性政策刺激总需求，使实际总产出等于潜在总产出，实现充分就业，提高经济增长率。

时任总统经济顾问委员会主席的海勒强调，美国拥有较大的生产能力，但却不能充分利用，即美国的实际总产出与潜在总产出之间有较大的差额，其原因就是消费和投资需求不足，所以要通过政策增加总需求，实现充分就业的经济增长。财政政策目标应是实现和保持充分就业，政府财政预算应按照“充分就业预算”或“充分就业赤字”运行，即保障经济在充分就业状态下运行。20 世纪 60 年代的肯尼迪和约翰逊政府实施了这一政策，1962 年的《总统经济报告》就明确指出，政策目标是保持总需求与经济的基本生产潜力同步变动。政策结果是实现了就业和总产出较高的增长率。

4. 面对“滞胀”的多样化政策。

20 世纪 70 年代，西方国家出现了高失业与高通胀并存的“滞胀”，导致新古典综合派的以解决某一类问题为主要目标的政策效力下降。在这一背景下，新古典综合派也开始研究“滞胀”的原因和对策。从社会福利保障、劳动市场结构、石油危机等方面解释“滞胀”产生的原因，提出了多样化的政策主张，包括：（1）财政政策和货币政策的松紧搭配，比如同时采用扩张性财政政策和紧缩性货币政策，达到刺激总需求增加就业和降低通货膨胀的双重目的。（2）宏观经济政策的微观化，即对不同的产业或市场采用不同的政策。（3）人力政策，因为劳动力市场的结构性非均衡，即有些市场存在失业，而有些市场则存在空位或劳动力短缺，人力政策就是要协调这一矛盾，以增加就业。（4）收入政策，使生产要素的报酬增长与其生产率的增长相适应，从而控制通货膨胀。

---

① 方福前. 当代西方经济学主要流派［M］. 北京：中国人民大学出版社，2014：76.

三、政策主张及其实施后果

新古典综合派的政策主张在美国、英国等国政府都得到普遍的采用。在英国，劳工党和保守党都赞同凯恩斯主义，1944 年 5 月，英国政府发表了《就业政策白皮书》，体现了凯恩斯的思想，表明这种思想已成为英国政府的指导思想。美国政府于 1945 年提出并于 1946 年通过了《就业法》，在 1945 年 4 月和 5 月，加拿大和澳大利亚政府也宣布，他们将以达到充分就业作为战后施政的重要目标。这是资本主义国家经济政策史上一个重要的转折点，它标志着《通论》出版将近 10 年之后，凯恩斯的理论终于成为资本主义国家政府经济政策的指导思想。

在美国，在凯恩斯主义影响下，美国的《就业法》于 1946 年生效。20 世纪 50 年代任美国总统的先后是杜鲁门和艾森豪威尔，在这一其间，尽管凯恩斯的理论已经在美国与欧洲各国广泛流传，但这两位总统依然信奉传统的平衡预算原则，在艾森豪威尔任期内，1953 ~ 1954 年发生了一次经济危机，接着 1957 年又发生经济危机，因此，在 1957 年 12 月危机的严重关头，艾森豪威尔宣布放弃平衡预算的财政政策，实行赤字财政政策，美国联邦预算出现 125 亿美元的空前赤字。① 扩大政府开支，以刺激生产和消费，作为反衰退措施。结果是失业率下降，物价略有上升。

1961 年肯尼迪开始担任美国总统，开始启用新古典综合派的经济学家担任总统经济顾问委员会成员，包括海勒、戈登、托宾等人，其中，海勒为经济顾问委员会主席，并且还聘请萨缪尔森为总统的非正式顾问。1960 ~ 1961 年美国经济又陷入经济危机，失业率高达 7%，肯尼迪接受海勒的意见，向国会提出减税建议。1964 年这项减税建议作为法案由国会通过，这被看成是新古典综合派的财政政策主张的胜利。据《总统经济报告》估计，1965 年由于减税法案按时实施使得 GNP 增长了 300 亿美元，失业率降到 4.7%。减税的成功使新古典综合派达到它的鼎盛时期。在 20 世纪 60 年代，肯尼迪政府和约翰逊政府均实施充分就业的财政政策，在 1961 ~ 1968 年间，美国实现了连续 8 年的高经济增长，但也创下了联邦政府连续 8 年的财政赤字纪录②。

1969 年尼克松总统上台，不久美国经济就出现了一次衰退，尼克松公开声明他现在是一个凯恩斯主义者了，经过政策调节，美国经济于 1972 年进入周期性繁荣阶段。在此之前，失业和通货膨胀呈现此消彼长的关系。

---

①② 罗志如，范家骧，厉以宁，胡代光．当代西方经济学说（上）［M］．北京：北京大学出版社，1989：185 - 186.

到1974年，福特总统上台，经济增长率大幅度下降，通货膨胀率高达两位数，即出现失业和通货膨胀并存的“滞胀”局面。福特上台后，首先采取紧缩性政策试图解决通货膨胀问题，但结果是不仅没有解决通货膨胀，反而加剧了失业。紧接着又实施扩张性政策，减少失业。1977年卡特总统上台，依然采取新古典综合派的政策主张。

从“二战”结束到20世纪70年代初，西方发达国家度过了一个经济增长的黄金时代，其原因被认为在很大程度上是凯恩斯主义经济政策的直接结果。美国杰出的凯恩斯主义者詹姆斯·托宾（1987）指出：“凯恩斯主义政策的成功可以从一个事实中得到坚强的支持。在‘二战’以后，实际上所有发达的、民主的资本主义国家都不同程度地采取了凯恩斯主义的需求管理政策。直到1973年的这一时期在繁荣、增长、世界贸易的扩张和稳定方面是其他时期所无法比拟的。失业率较低，而经济周期也被驯服了。”① 经济史学家安格斯·麦迪森也把政府积极促进国内需求增长列为这一时期经济繁荣的主要贡献之一。

第七节　现代主流经济学的新综合

面对“滞胀”出现后凯恩斯主义地位的下降，新古典综合派对其理论进行进一步综合，形成现代主流经济学的新综合。

一、“滞胀”的冲击：凯恩斯主义失灵

20世纪70年代初，西方国家经济陷入高失业与高通胀并存的“滞胀”局面，萨缪尔森、托宾、海勒、杜森贝利等分别解释了滞胀的原因，寻求解决滞胀的对策。

（1）海勒认为，个别生产部门供给的异常变化是形成滞胀的主要原因。20世纪70年代世界性石油危机及农产品短缺和价格上升推动了通货膨胀，并且由此引发的通货膨胀并不能解决失业问题，相反，它导致成本上升，生产缩减，加剧了失业。

（2）萨缪尔森认为，政府福利支出增加导致了滞胀。因为福利支出使失业者不急于找工作，也使得衰退时物价不下跌（因为失业者依然有支付能力）。

（3）托宾和杜森贝利认为，劳动市场的结构性失衡导致滞胀。从结构来看，

---

① ［英］布赖恩·斯诺登，霍华德·文，彼得·温纳齐克．现代宏观经济学指南：各思想流派比较研究引论［M］．苏剑，等译．北京：商务印书馆，1998：14.

劳动市场可以分为不同工种、不同熟练程度、不同地区等。因为经济结构的调整是必然趋势，所以，各种劳动市场同时达到供求均衡的可能性极小，即有的市场有失业存在，有的市场有空位存在。由于工会的作用，不管有无空位，货币工资率都不会下降。当有空位时，根据市场机制的作用，货币工资率会上升，而当有失业时，由于工会的存在，货币工资率也不会下降。所以，失业和空位并存使得货币工资率总是上升的。而货币工资率上升必然导致通货膨胀。

但是凯恩斯主义经济学的理论解释力和政策效力下降，新古典综合派因此受到来自各方的抨击，货币主义学派、供给学派、理性预期学派等分别从不同的角度提出反凯恩斯主义的理论。新自由主义成为经济学舞台上的重要角色，在经济学领域甚至出现凯恩斯主义经济学失灵的观点。

二、进一步的理论综合

1. 经济学演进中的理论综合。

对相关或不同理论的综合是经济学理论发展的一个重要途径，在西方经济学的演变过程中，主要有三次通过综合而形成的新理论体系。

第一次是穆勒所做的综合，把当时存在的各种经济学理论融合在一起，建立了一种折中的经济学体系，于 1848 年首次出版《政治经济学原理》，该书多次出版，并成为 19 世纪后半叶英语世界必读的经济学教科书。

第二次是阿尔弗雷德·马歇尔所做的综合，他把由生产过程客观决定的价值论和由需求主观决定的价值论融合起来，建立以均衡价格论为核心的新古典经济学，并于 1890 年首版《经济学原理》，到 1920 年出版了该书的第 8 版，该书在 19 世纪末到 20 世纪初被奉为西方经济学的“圣经”。

第三次就是萨缪尔森所做的新古典综合，把马歇尔的新古典经济学与凯恩斯经济学进行综合，形成了西方经济学基本的分析范式和理论框架，他的《经济学》教科书自 1948 年问世以来，历经半个多世纪，共出版了 19 版，成为在全世界广泛使用的经济学教科书。

2. 现代主流经济学的新综合。

面对“滞胀”及其带来的理论冲击，萨缪尔森等人对其理论又进行了更加广泛的综合。在 1970 年出版的《经济学》第 8 版中，萨缪尔森用“后凯恩斯主流经济学”取代了“新古典综合”，表明其理论体系的扩展。1985 年萨缪尔森和诺德豪斯合作出版了《经济学》第 12 版，把本书的理论体系改称为“现代主流经济学的新综合”。把各种不同的思想流派——凯恩斯主义、古典学派、货币主义、供给学派、理性预期以及现代主流宏观经济学综合到一起。比如，在 IS—LM 模型中，凯恩斯的追随者把收入决定论与货币论结合起来，到总供求模型中，既有凯恩斯主义的，也有供给学派的，也有理性预期学派的观点。所以，萨缪尔森把新古典综合派的理论体系改为现代主流经济学。

“滞胀”出现以后尽管一枝独秀的地位不再，但新古典综合派在现代经济学理论体系的完善、基本分析范式的确立、政策制定等方面都产生了巨大影响。政府干预市场经济的职能不再被否定，后来的布什政府、克林顿政府、奥巴马政府及特朗普政府的经济政策都有凯恩斯经济思想和政策主张的特征。特别是当宏观经济出现突出问题时，凯恩斯主义的理论和政策就会被重新重视。面对 1998 年和 2008 年的金融危机，政府行为都体现了“凯恩斯经济学的复活”。

2008 年经济学诺贝尔奖得主保罗·克鲁格曼认为，20 世纪 90 年代末又见证了“萧条经济学的回归”，他依然强调经济运行中的需求约束，在 1999 年指出：“流行的研究都集中在技术进步和长期增长上，它们是极为重要的问题，而且在长期这些问题是至关重要的……同时在短期，世界在危机中不稳定地前行，这些危机都不可避免地涉及创造充分需求的问题……如何去维持充分的需求以充分利用经济的产能再次变得至关重要，萧条经济学出现了。”①

新古典综合派发展了凯恩斯经济学，确立了凯恩斯经济学的统治地位以及经济学理论的基本分析范式。“滞胀”之后，以新古典综合派为基础，凯恩斯主义与其他学派的理论不断交锋与融合，经济学领域形成百家争鸣、学派林立的发展状态。

① ［英］布赖恩·斯诺登，霍华德·文．现代宏观经济学：起源、发展和现状［M］．佘江涛，魏威，张风雷，译．南京：江苏人民出版社，2009：126.

第四章

重视社会哲学的凯恩斯主义：新剑桥学派

“凯恩斯革命”以后，对凯恩斯经济学的补充和发展成为西方经济学领域的热潮，在美国产生了新古典综合派。而剑桥大学的琼·罗宾逊等人认为新古典综合派是冒牌的凯恩斯主义，并以正宗的凯恩斯主义自居，在与新古典综合派论战的过程中，他们重新为凯恩斯经济学补充微观基础和发展凯恩斯宏观经济学，并且认为凯恩斯在《通论》中关于社会哲学的论述是凯恩斯经济学的核心之一，从而以收入分配为核心，形成了新剑桥学派（Neo – Cambridge School）。

第一节　两个剑桥之争：新剑桥学派对新古典综合派的批判

《通论》在美国经济学界的传播和发展，形成了以哈佛大学和麻省理工学院为大本营的新古典综合派，新剑桥学派否定和批评新古典综合派，认为其理论曲解了凯恩斯经济思想，把新古典综合派叫作“冒牌的凯恩斯主义”（Bastard Keynesianism），并向新古典综合派发起论战，出现了西方经济学界著名的“两个剑桥之争”。两个剑桥即是以英国剑桥大学为基地的新剑桥学派以及以位于美国波士顿剑桥的麻省理工学院和哈佛大学为基地的新古典综合派。新剑桥学派就是在与新古典综合派的论战中形成和发展的。

一、新剑桥学派的主要代表人物

新剑桥学派也被叫作后凯恩斯经济学派（Post – Keynesian Economics）或英国的凯恩斯主义，主要代表人物在英国有琼·罗宾逊（Joan Robinson）、皮埃罗·斯拉法（Piero Sraffa）、尼古拉斯·卡尔多（Nicholas Kaldor）、卢吉·帕西内蒂（Luigi Pasinetti）、米哈尔·卡莱茨基（Michal Kalecki）等，在美国有保罗·戴维森（Paul Davidson）、西德尼·温特劳布（Sidney Weintraub）、阿尔弗雷德·艾克纳（Alfred S. Eichner）等。他们大部分都在剑桥大学任教，且其理论与“剑桥学派”（即马歇尔创建的新古典经济学）不同，因而被叫作“新剑桥学派”。琼·罗宾逊等人都曾是凯恩斯在剑桥大学任教时的同事，了解并熟悉凯恩斯写作《通论》的整个过程和要表达的经济思想，所以以凯恩斯理论的正统自居。

琼·罗宾逊（Joan Robinson，1903～1983）是新剑桥学派最著名的代表人物和实际领袖。1925年毕业于剑桥大学经济系，1958年被选为英国皇家科学院院士，1965年开始任剑桥大学经济系教授。她在经济学很多领域都很有建树，特别是作为不完全竞争理论的构建者和新剑桥学派的领袖人物，对微观和宏观经济学发展都做出巨大贡献。主要学术著作有：《不完全竞争经济学》（1933年）、《资本积累论》（1956年）、《论马克思主义经济学》（1942年）、《经济增长论文集》（1962年）、《经济哲学》（1963年）、《经济学的异端》（1971年）、《现代经济学导论》等。在《智慧资本》[①]一书中，作者指出，琼·罗宾逊是经济学专业领域的杰出人物，她本应凭借许多杰出成就获得诺贝尔经济学奖，其中包括在垄断理论、凯恩斯理论和经济增长理论上做出的贡献。她对微观经济学理论发展的主要贡献体现在其著作《不完全竞争经济学》（*The Economics of Imperfect Competition. London*：*Macmillan*，1933年）中，构建了不完全竞争包括垄断竞争和寡头垄断市场结构下厂商和行业产量和价格决定的理论模型。她在垄断理论研究上的开创性成果几乎被列入每一本经济学教科书中[②]。

皮埃罗·斯拉法（Piero Sraffa，1898～1983）出生于意大利都灵，原籍意大利[③]。1920年毕业于都灵大学法学院，1921年在伦敦经济学院学习期间会见了凯恩斯，并有密切交往。1926年在《经济学杂志》发表《在竞争条件下的收益规律》，产生较大的学术影响，也使斯拉法引起学术界的关注。1927年，因凯恩斯举荐，斯拉法到剑桥大学任教，从此留居英国。从1930年开始，斯拉法花费大约20年的时间，为英国皇家经济学会编辑了10卷本的《李嘉图著作和通信集》。1960年出版的《用商品生产商品》是经济学经典著作，斯拉法在该书中批判了边际主义理论，恢复了斯密、李嘉图等古典经济学家乃至马克思的分析方法，从生产过程说明商品价值的决定等，成为新剑桥学派确立理论基础之作。

尼古拉斯·卡尔多（Nicholas Kaldor，1908～1986），原籍匈牙利，1930年毕业于伦敦经济学院并留校任教，1949年到剑桥大学任教。曾在联合国欧洲经济

---

① ［美］托马斯·卡里尔．智慧资本［M］．钟晓华，译．北京：中信出版集团，2016.
② 最终没有获得诺贝尔经济学奖，有人猜测是因为她太政治化，或是因为担心她会拒绝这个奖项。
③ 因为斯拉法、帕西内蒂等人原是意大利人，因此，新剑桥学派也被叫作“英国—意大利学派”。

委员会任职，还在英国皇家利润和所得税课税委员会兼职，兼任印度、墨西哥、委内瑞拉等发展中国家政府财政顾问等。研究领域主要涉及不完全竞争、收入分配、福利经济学、经济周期等。“二战”以后，主要致力于收入分配与经济增长理论研究。卡尔多从收入分配角度构建的经济增长模型是新剑桥学派经济增长模型的重要内容。卡尔多的主要学术成果有：《支出税》（1955 年）、《价值与分配》（1960 年）、《经济稳定与增长论文集》（1960 年）、《经济政策论文集》（1964 年）、《货币主义的灾难》（1982 年）等。

卢吉·帕西内蒂（Luigi Pasinetti，1930 ~ 1983），1930 年出生于意大利，1954 年毕业于意大利米兰的圣心天主教大学，1961 年到剑桥大学任教和从事研究工作，1962 年获得剑桥大学博士学位。学术研究的重点在于经济增长与利润率及收入分配等，主要著作有：《多部门经济增长模型》（1963 年）、《增长与收入分配》（1974 年）、《生产理论》（1977 年）、《联合生产理论论文集》（1980 年）、《结构变化和经济增长》（1981 年）等。

米哈尔·卡莱茨基（Michal Kalecki）①、约翰·伊特维尔（John Eatwell）等也对新剑桥学派的形成和发展做出重要贡献。在美国，保罗·戴维森（Paul Davidson）②、西德尼·温特劳布（Sidney Weintraub）、阿尔弗雷德·艾克纳（Alfred S. Eichner）等经济学家也是新剑桥学派的代表人物。

新剑桥学派是一个相对较小却多样化的经济学家团体，尽管其中的每个人的理论各有其特点，但对经济问题和政策的基本信条是相同的。

二、两个剑桥之争的核心：新古典经济学能否与凯恩斯经济学融合

两个剑桥之争始于 1953 年琼·罗宾逊发表的《生产函数和资本理论》一文，在该文中，琼·罗宾逊主要否定了新古典的生产和分配理论。新古典生产函数表示产量和生产要素投入量之间的技术关系，代数表达式为：$Q=f(L, K)$。在新古典生产函数中，假定规模报酬不变；生产要素之间具有完全弹性，且要素的边际报酬呈递减规律；要素投入最佳组合条件是各种要素的边际产品价值（边际产量×单位产品价格）等于要素的价格。

琼·罗宾逊认为，新古典生产函数是关于在既定技术条件下，生产要素的相对价格决定各种要素的投入比例，忽略了对影响要素供给和技术进步的原因和结果的分析。之后，在两个剑桥的论战中，新剑桥学派对新古典综合派进行了全面

① 卡莱茨基的《商业循环理论论文集》等都是新剑桥学派的主要理论著作。

② 保罗·戴维森认为，只有那些采用了凯恩斯的有效需求原理和承认流动性偏好重要性的分析模型，才有资格使用后凯恩斯主义的称号。

的抨击。琼·罗宾逊认为，新古典综合派对凯恩斯理论的歪曲导致了经济学理论的“第二次危机”，指出，“在北美以及由北美向世界传播的占统治地位的经济理论，我称之为冒牌凯恩斯主义”。[①]

凯恩斯在《通论》中构建了一个宏观经济分析的基本框架，作为一个经济学理论体系，缺少微观基础是凯恩斯经济学的明显不足，因此，后来的凯恩斯主义者都为凯恩斯经济学补充微观基础。新古典综合派直接使用新古典经济学作为凯恩斯经济学微观基础，把新古典经济学与凯恩斯经济学融为一个理论体系。新剑桥学派批评新古典综合派的做法，认为新古典经济学不能成为凯恩斯经济学的微观基础。主要原因在于以下几方面。

1. 新古典综合派复活了被凯恩斯彻底否定的充分就业的假定。

新古典经济学的主题是通过价格机制调节，优化资源配置，其隐含的前提条件是宏观经济总是能够达到充分就业。也就是说，在新古典经济学中，充分就业具有必然性，是一种常态。

凯恩斯的《通论》产生于经济严重萧条的背景下，主要分析宏观经济中的失业问题。在《通论》的结束语中，凯恩斯指出，新古典经济学没有逻辑错误，达到充分就业后，依然有效。据此，新古典综合派认为新古典经济学可以与凯恩斯理论融合。实现充分就业之后，资源配置问题依然可以用新古典经济学理论解释，新古典经济学可以作为凯恩斯经济学的微观基础。

新剑桥学派认为，《通论》是凯恩斯努力摆脱新古典经济学枷锁的产物，而新古典综合派歪曲了凯恩斯的经济思想。凯恩斯在《通论》的绪论中指出，写作《通论》的主要目的就是要摆脱新古典经济学理论。据此，新剑桥学派认为，新古典经济学不能与凯恩斯经济学融合成一个理论体系。并且，在新剑桥学派看来，凯恩斯理论强调市场需求不足及其所导致的失业，达到充分就业只是一种偶然，即新古典经济学的理论前提一般情况下是不存在的。

2. 新古典综合派重新肯定了萨伊定律。

在凯恩斯经济学产生之前，在西方经济学界占据统治地位的古典和新古典经济学信奉萨伊定律，认为通过市场机制的调节，经济必然能够实现充分就业的均衡。凯恩斯在《通论》中，论证了有效需求不足导致市场经济的常态是小于充分就业的均衡。

新剑桥学派认为，新古典综合派重新肯定了萨伊定律，琼·罗宾逊曾指出：“凯恩斯革命所反对的老的正统理论，是建立在萨伊定律基础上的，在那里并不

---

① 琼·罗宾逊．经济理论的第二次危机．//外国经济学说研究会．现代国外经济学论文选（第一辑）［M］．北京：商务印书馆，1979：7.

存在需求不足……凯恩斯指出了投资是由企业界的公司和公共机构而不是由家庭要储蓄的节俭欲望所决定的这一明显事实……根据杂种的凯恩斯教条，可以计算出作为一个整体的家庭所希望实现的储蓄率；于是，政府便可以通过财政和货币政策来组织这一储蓄量。这样，萨伊定律便被人为地恢复了；古老的教条又卷土重来。由于假定储蓄过多的瑕疵可以消除（通过萨缪尔森的所谓熟练地运用财政和货币政策），杂种的凯恩斯主义理论便把争论重新变成了对自由放任的辩护。"①

两个剑桥之争伴随着新剑桥学派形成和发展的各个阶段，并在 20 世纪 60 年代达到高潮。在两个剑桥之争开始后的第四年——1956 年，琼·罗宾逊出版了《资本积累论》一书，同年，卡尔多发表了《可选择的收入分配理论》一文，都从收入分配的角度论述了经济增长等问题，形成了以收入分配为核心的经济学理论体系。这两项研究成果标志着新剑桥学派的形成。同时，两个剑桥之争的内容也渗透到新剑桥学派理论几乎所有的领域。

第二节　方法论：重视社会哲学和研究真实世界

经济学方法论也是经济学各流派之间的主要分歧所在②，重视社会哲学和研究真实世界是新剑桥学派方法论的主要特点，主要表现在：一是树立历史的时间观念抛弃均衡概念；二是强调社会制度和阶级分层对经济的影响。

一、重视历史和时间因素，从均衡观转向历史观

经济理论研究是否应寻求问题的唯一确定解和均衡解，是新剑桥学派与新古典综合派方法论的分歧所在。在新古典经济学中，经济主体都是理性人，追求自身利益最大化，通过市场机制的充分作用，实现资源的最优配置和充分利用，经济达到静态均衡。均衡分析是新古典经济学的重要方法。新剑桥学派认为，凯恩斯革命的突破之一就是从均衡观转向历史观。

1. 新剑桥学派对均衡分析的解释和批判。

新古典综合派重视给出问题的唯一确定解，沃伦·J. 塞缪尔斯（Warren

---

① ［美］斯蒂芬·罗西斯. 后凯恩斯主义货币经济学［M］. 余永定，吴国宝，宋湘燕，译. 北京：中国社会科学出版社，1991：32.

② 戴维森认为，主流和非主流经济学的根本区别在于：主流经济学坚持理性—个人主义—均衡的世界观，而非主流经济学是以制度—历史—社会结构的观念作为其分析框架。

J. Samuels）认为①，探索确定解的原因包括：

第一，因为在许多问题上人们往往存在多种观点，因此，人们对结论的确定性、一致性以及定论性存在心理上的需求。

第二，有一种信念认为智力训练的最高境界要求对所分析的问题达到一种独一无二的确定性结论。

第三，政策建议的有效性建立在确定性理论结论的基础上。

但是，在这种研究中，对方法和假设条件要进行严格约束，才能得出问题的唯一确定解。“在这类著作中所描绘的世界是有前提或虚构的、带有推测性的、人造而非自然的——甚至带有幻想色彩，虽然常常是处于消遣动机——实际上是一种彻头彻尾的经济科学幻想小说。这种描述虽然是有益的，但依然不是经济现实。”② 在既定的前提条件下，采用抽象的数学模型，推出均衡状态，“就会掩盖或削弱在实际经济生活中起作用的因素、力量和调整过程的重要性。”③

琼·罗宾逊从心理学角度解释人们对“均衡”概念的认同：“在流传至今的均衡理论中，也存在一个心理学因素。均衡概念有一种无法抗拒的吸引力，即它有一个完美的静态运行机制，一个抵消各种压力的静态均衡，以及从偶然的扰动自动平稳恢复的机制。……我们不得不寻找一种心理学的解释，来说明在知识上不能令人满意的思想之强大影响力。”“当然，均衡概念是一个不可或缺的分析工具。……但如果使用均衡概念，人们就必须给定均衡一个适当的位置，而且，这个适当的位置严格限制在分析的初始阶段，而不是放在构建需要用事实进行检验的假说中，而我们非常确切地知道，我们不可能发现均衡状态的事实。……我们必须将均衡的存在归于超越了理性的某种心理诉求。”④

凯恩斯强调，资本主义经济充满了不确定性。人们生活在一个不确定的世界，所有的事件都发生在不可逆的历史时间中，这是新剑桥学派的基本假设。新剑桥学派认为，新古典综合派把被凯恩斯革命破除了的均衡概念又移植到凯恩斯理论中，是一种理论上的倒退。因此，与新古典综合派不同，在新剑桥学派中，历史条件和历史时间取代了在逻辑时间中运行的机械均衡。

2. 新剑桥学派强调经济分析中的历史时间和非均衡过程。

琼·罗宾逊一直重视探讨方法论问题，重视历史与均衡之间的区别，强调历史时间和非均衡过程，这也成为她批评新古典综合派的主题之一。在新古典经济学理论中，“均衡”是任何特定的经济过程倾向的“结果”，并且经济的调整是

---

① ［美］保罗·威尔斯．后凯恩斯经济理论［M］．瞿卫东，译．上海：上海财经大学出版社，2001：2－3.

②③ ［美］保罗·威尔斯．后凯恩斯经济理论［M］．瞿卫东，译．上海：上海财经大学出版社，2001：3.

④ ［英］琼·罗宾逊．经济哲学［M］．安佳，译．北京：商务印书馆，2011：91－92.

瞬时完成的，即非过程分析。

新剑桥学派批判新古典综合派以“科学”的名义忽略历史时间的作用，运用哲学家保尔·费尔阿本德在其《反方法论》中的表述：“科学教育……通过使它的参与者简单化而使科学简单化。研究的领域不仅被界定，而且被从历史的其他部分中割裂开来……并被赋予了他自己的逻辑。”新剑桥学派认为，按照这种方法，历史过程被凝固在一个无所不在的确定性世界中，时间则成为在均衡分析框架中流动的逻辑时间，好像时间既可前进，也可倒转。不确定性被新古典综合派在理论模型中排除掉了。比如，“任何国家、任何时候的货币工资水平或多或少都是一种历史的偶然，可以追溯到遥远的过去，并受到最近劳动力市场雇主和工会之间角力事件的影响。”①

“第二次世界大战以后，人们都没有重新考虑旧的正统学说，就接受了凯恩斯理论作为一种新的正统学说。现代教科书仍认为钟摆向着均衡点摆动。……如果一个世界始终处于均衡状态，将来与过去也就没有区别，不存在历史，也不需要凯恩斯。”② 琼·罗宾逊认为，“凯恩斯在经济学理论中恢复了时间这一概念。他唤醒了这个遭‘均衡’和‘完全预测’诅咒而被长期遗忘的沉睡公主，把她带进了当下这个世界。……，时间概念引入经济学理论后，经济学理论开始与历史发生联系”。③ 而在之前的一个较长时期，理论与历史往往是脱节的，主要表现在，“从历史上看，我们了解到发展的主要动因是技术发明，而从理论上看，我们了解到，大多数技术的运用都依据‘既定的知识状况’。……从历史上看，国家具有不同的形状和大小，地理特征和社会传统也各有不同，但从理论上看，国家只有 A 国和 B 国，除了各方面的相对数量之外，两国都有相同的要素禀赋，双方用相同的商品进行交易。……在历史上，每一个事件都有其后果，从理论上讲，无论结局从何处开始，一种体系只能达成一种均衡状态。《通论》冲破了这一非自然壁垒，使历史和理论重新站到了一起。”④

“一旦我们承认经济是有时间性的，而历史是单向地从过去向未知的未来前进的，那么被喻为像钟摆来回摆动的均衡观就站不住脚了。我们需要对整个传统经济学进行重新考虑。”⑤ 因此，新剑桥学派在经济分析中引入时间因素，强调时间是一个历史过程，过去的行为会影响今天的决策，严格的理性行为是难以存在的。强调历史，并不是简单地指过去对现在和未来的影响，而是突出经济过程具有路径依赖和时间不可逆等特征。时间不可逆具体表现为：经济系统如果发生

---

① ［英］琼·罗宾逊．凯恩斯以后［M］．林敬贤，译．北京：商务印书馆，2015：6.
② ［英］琼·罗宾逊．凯恩斯以后［M］．林敬贤，译．北京：商务印书馆，2015：8－9.
③ ［英］琼·罗宾逊．经济哲学［M］．安佳，译．北京：商务印书馆，2011：86－87.
④ ［英］琼·罗宾逊．经济哲学［M］．安佳，译．北京：商务印书馆，2011：87－88.
⑤ ［英］琼·罗宾逊．凯恩斯以后［M］．林敬贤，译．北京：商务印书馆，2015：8.

了变化，即使导致这种变化的因素已经消失，系统也不会回到初始状态。时间的存在意味着经济变迁是一种演进的过程，这个过程不仅包含着未来的不确定性，而且也包含着过去沉积的历史对未来发展的制约。在任一时点上，个体及其所处的环境都是之前历史发展的产物。

二、重视不确定性

新剑桥学派重视研究真实世界，强调真实世界的特征是时间的不可逆性和未来的不确定性。批判新古典综合派在均衡分析中，表示所有市场同时出清以及所有经济主体的行为都预先协调一致，按照这样的逻辑形成的理论不能解释和解决现实世界的经济问题。“因为未来实质上是不确定的，所以严格的理性行为是不可能的。经济生活很大部分都是根据公认惯例来处理的。”①

1. 凯恩斯关于不确定性的论述。

关于不确定性，凯恩斯指出：“我是在这样一种意义上使用不确定性这个词的，即欧洲战争的前景是不确定的，二十年后的钢价和利息率，或某种新发明将在什么时候过时是不确定的，……关于这些问题，没有任何科学基础可借以形成任何可计算的概率。”② 凯恩斯还批评新古典经济学关于预期可以被赋予一个确定的可计算的形式的假设，认为这种从不确定性到“风险”的转换把不确定性降低到确定性本身所具有的那种可计算的地位。“我认为古典经济学家犯有如下罪过，即它本身只是一种漂亮的彬彬有礼的技术，它企图通过抽象掉我们对未来所知甚少这一事实来处理现实问题。”③

凯恩斯强调人类行为决策中动物精神的作用，他在《通论》中指出：“依据油然而生的乐观情绪而不是根据数学期望来做决定是人类的特性，这种特性从根本上说是人类创造精神的产物，……而不是通过定量的收益乘以定量的概率所求出的加权平均数的产物。……在一个不确定的世界中，狂想、激情或机会左右着我们的行动。”④

2. 新剑桥学派视不确定性为各种经济决策的基本环境。

新剑桥学派认为，强调不确定性是凯恩斯革命的特点之一：“从理论方面来

---

① 现代国外经济学论文集（第一辑）［M］. 北京：商务印书馆，1979：21.

② ［美］斯蒂芬·罗西斯. 后凯恩斯主义货币经济学［M］. 余永定，吴国泽，宋湘燕，译. 北京：中国社会科学出版社，1991：20.

③ ［美］斯蒂芬·罗西斯. 后凯恩斯主义货币经济学［M］. 余永定，吴国泽，宋湘燕，译. 北京：中国社会科学出版社，1991：21.

④ ［美］斯蒂芬·罗西斯. 后凯恩斯主义货币经济学［M］. 余永定，吴国泽，宋湘燕，译. 北京：中国社会科学出版社，1991：19－20.

说，其革命性在于从均衡观转向历史观，在于从理性选择原理转向推测或传统基础上的决策问题。……既然未来在根本上是不确定的，因此严格意义上的理性行为是不可能的；大多数经济活动都建立在被接受的惯例的基础上。”① 琼·罗宾逊认为，在凯恩斯理论中，作为影响总需求、就业和产出的主要因素，投资规模具有易波动的特征，就是因为投资受对未来的预期和不确定性的影响。

在一个不确定的世界和历史时间中，理性都是有限理性，任何经济行为都受制度、规则、惯例和传统的制约。决策是事先作出的，结果是事后得到的。有关产量和投资以及就业水平等决策，都是在这个时间和不确定的世界做出的。新剑桥学派坚持凯恩斯的这一思想，因此，新剑桥学派“已经回到了未经篡改的、原始的凯恩斯思想，以期建立以不确定性为基础的新—后凯恩斯主义综合体系”。②

新剑桥学派是从凯恩斯革命性的方法演化而来的。强调不确定性，认为经济体系总是处于不断的变化之中，因此，关于生产、投资和消费等的决策一般都是在不确定的环境中做出的。

三、重视意识形态等社会制度因素在经济分析中的作用

凯恩斯重视经济理论对现实的解释和解决实际问题的功能，并且曾经就职于英国财政部等实际工作部门，拥有丰富的实践经验，对实际经济活动和政府部门比较熟悉，因此，“他对于那些沉醉于体系的内在的逻辑一致性而一味杜撰一些纯而又纯但却违背事实的抽象理论的经济学家很不耐烦”。③

新古典综合派理论隐含的前提条件包括制度等环境既定，即在分析经济活动时，不考虑社会制度的影响，单纯分析人与人之间及人与物之间的技术关系。新剑桥学派对此持批判态度，琼·罗宾逊认为：“要包括在任何一种分析中的最根本因素是表明它要进行分析的社会制度的性质。”④ 新剑桥学派在分析收入分配问题时，尤其强调社会制度的影响。因为真实世界的经济问题来源于经济权力的分配，而经济权力的分配受历史、政治、制度等影响。比如，资本家和代表工人利益的工会之间的相对权力影响国民收入在利润和工资之间的分配，利润和工资之间存在对立关系。因此，新剑桥学派也被叫作凯恩斯左派。

---

① ［英］琼·罗宾逊．凯恩斯以后［M］．林敬贤，译．北京：商务印书馆，2015：6-7.

② ［美］斯蒂芬·罗西斯．后凯恩斯主义货币经济学［M］．余永定，吴国宝，宋湘燕，译．北京：中国社会科学出版社，1991：25.

③ ［美］斯蒂芬·罗西斯．后凯恩斯主义货币经济学［M］．余永定，吴国宝，宋湘燕，译．北京：中国社会科学出版社，1991：37.

④ ［英］琼·罗宾逊．约翰·伊特韦尔．现代经济学导论［M］．陈彪如，译．北京：商务印书馆，1982：72.

新剑桥学派重视意识形态等社会问题，试图从权力结构等方面寻求解决资本主义经济的弊端和症结。“资本主义不稳定性的根源不仅仅在于不确定性和同货币—信用经济有关的那些问题；它还可以在以劳动与资本为剩余的分配而进行的斗争中找到。因此，要解决资本主义社会的经济问题，就必须对资本主义的政治与经济权力进行根本的改组。”① 凯恩斯革命的主要目的是弥补资本主义制度的缺陷，解决其需求不足等问题，以保证资本主义制度永存。新剑桥学派依然坚守这一信念和目标，并试图使其理论和政策适应资本主义经济社会的新问题。

琼·罗宾逊强调意识形态在经济学理论和现实经济生活中的重要性②，她曾指出：“自从弗洛伊德向我们揭示了我们的理性化倾向，马克思向我们指出了我们的思想源自于意识形态之后，我们便开始问：我为什么要相信我所相信的事物？……真理不再真实，恶魔也不再邪恶。一切都取决于你的看法。”③ 在她看来，经济学理论的两大驱动因素是意识形态和科学方法。“在形成意识形态的全部观念和看法中，那些涉及经济生活的观念和看法所起的作用很大，而一直以来，经济学本身部分是各个时期主流意识形态的载体，部分是科学研究的方法。”④ 她认为，我们应该尽全力清除答案中的意识形态，但关键在于，没有了意识形态，我们将无法思考问题。“经济学的一只脚是无法检验的假说，另一只脚是无法检验的口号，经济学只能一瘸一拐地前行。我们的任务就是尽最大可能将意识形态和科学区分开来。……主宰我们当今社会之意识形态的主要特征，就是意识形态极度混乱。只有揭示出其中的矛盾才能理解这一点。”⑤

琼·罗宾逊对那些无法用数学公式和统计图表来解决的经济事务和经济制度的性质进行了智性思考和论述⑥。她认为：任何一种经济体系都要有一组规则，一种能对经济体系进行评价的形而上学，一个存在于个人心中并迫使他遵循的道德心。一个社会的稳定，需要有相应的意识形态来调和，即社会成员对为人处世形成的共同的看法。“任何一种经济体系都需要有一套准则和意识形态以便证明经济体系的正确性，还要个人有努力贯彻落实这套准则的良心。”⑦ 从生物学的

---

① ［美］斯蒂芬·罗西斯．后凯恩斯主义货币经济学［M］．余永定，吴国宝，宋湘燕，译．北京：中国社会科学出版社，1991：131.

② 琼·罗宾逊一直认为，经济学缺少爱，道德伦理及相应的人文关怀应是经济学的基础之一。经济学不是中性科学，经济学理论和概念受意识形态的驱动。美国的经济学属于实用主义，逐渐把经济学向数理科学发展，使经济学逐渐远离了思辩传统。数学推理比思辩推理更清晰和简单。她传承马歇尔对数学在经济学中应用的态度：数学可以检验我们的直觉，并用来为分析结果进行速记。在《经济哲学》一书中对那些无法用数学公式和统计图表来解决的经济事务和经济制度的性质进行了智性思考和论述。

③ ［英］琼·罗宾逊．经济哲学［M］．安佳，译．北京：商务印书馆，2011：1.

④ ［英］琼·罗宾逊．经济哲学［M］．安佳，译．北京：商务印书馆，2011：2.

⑤ ［英］琼·罗宾逊．经济哲学［M］．安佳，译．北京：商务印书馆，2011：28－29.

⑥ 她还指出，经济学自始至终都在努力摆脱情感，并努力为自己赢得科学的地位。

⑦ ［英］琼·罗宾逊．经济哲学［M］．安佳，译．北京：商务印书馆，2011：14.

角度而言，任何动物都有一定的自私自利性，但是，一个绝对自私的社会将会分崩离析；从社会学的角度而言，个人的逐利行为会因为对他人的尊重和同情而减轻，完全利他的个体不久也会饿死。因此，这两种相悖的趋势都有存在的必要，应该建立一套准则或机制来制约人们在利己与利他之间的权衡。其中包括道德观念和个人良心。“对利润的追求毁坏了商人的声誉。如果财富能买到各种尊敬，财富就不会白送给人了。……经济学家的工作不用告诉我们应该做什么，而是要让我们知道，为什么我们正在做的事情符合正确的原则。”①

由琼·罗宾逊挑起的两个剑桥之争的焦点问题之一即关于经济学方法论问题，新剑桥学派主张要研究真实世界，即重视历史、制度等因素对经济的影响。在这一过程中，罗宾逊在经济学领域的身份逐渐地由主流经济学家转向非主流经济学家。

第三节　收入分配：新剑桥学派发展凯恩斯经济学的出发点和理论核心

新剑桥学派根据凯恩斯在《通论》中关于社会哲学的论述，把收入分配作为发展凯恩斯经济学的出发点和理论核心。凯恩斯指出，资本主义社会财富和收入分配不均，并推论资本主义必然走向没有食利者阶层的文明社会。收入分配问题和失业是资本主义经济的两大弊病，凯恩斯在《通论》中研究了失业产生的原因和解决失业问题的政策，而对收入分配问题没有进行系统的研究。因此，收入分配成为新剑桥学派补充和发展凯恩斯经济学的出发点和理论核心。

一、凯恩斯关于收入或财富分配问题的论述

在英国，对收入分配公平问题的关注由来已久。在 18 世纪、19 世纪自由主义思潮形成和发展过程中，学者和政府官员就开始讨论收入分配不公平的现象和问题。因为在英国，自 1760 年农业革命和工业革命以后，工人和农民的经济地位降低。在农村，谷物法的实施等原因导致的农民失去土地，成为无地工人，工资非常低下。在城镇，“1760 年以来机器工业的兴起破坏了原有的家庭制度，使城镇工人沦为雇主手下的一名职工，雇主由于英国在拿破仑战争后两个世代内享

① ［英］琼·罗宾逊．经济哲学［M］．安佳，译．北京：商务印书馆，2011：24.

有生产垄断权而大发其财。"① 在工人的工作条件恶劣、收入水平低下，导致生活状况恶化，连维持基本生存都很困难时，何谈自由。因此，关于自由和平等的关系，自由放任主义根据事实总结出："自由而无平等，名义上好听，结果却悲惨可怜。"②

（一）早期的观点：重视财富和收入不平等对储蓄、投资及经济增长的促进作用

在20世纪30年代的"大萧条"之前，凯恩斯对财富和收入差距问题的观点与古典经济学一致。

凯恩斯出生于19世纪末，成长于工业革命蓬勃发展的时代，在其于1920年出版的《和平的经济后果》一书中，他写道："到1914年8月为止的时代是人类经济进步史上的一个多么辉煌的阶段！是的，占人口大多数的人们依然处于劳动艰苦、生活艰辛的状况中。但是，从所有的迹象来看，他们都基本上满足于这一命运。……尽管大多数人的日常生活条件在继续得到改善，但社会的构成却使增加了的收入落到了那些最不可能去消费它们的阶级的手中。"③ 表明当时经济增长的好处主要由资本家阶级获得，工人阶级收入水平低且增长微弱，整个社会的收入差距趋于扩大。

支撑当时收入或财富不平等分配的理论依据和社会观念是：投资而不是消费是经济增长的主要驱动力。在工业革命以前，高收入者（贵族）把财富主要用于建设豪华住宅、购买奢侈品等，这些对经济增长基本没有促进作用。在工业革命以后，资本家为了积累实际资本而抑制自己的消费，因而形成了关于收入不平等与经济增长之间的关系的观点：收入或财富的平等不利于资本积累和促进经济增长。直到第一次世界大战前的几十年间，资本家的节制消费、增加资本积累，成为促进经济增长的主要推动力。资本家节制消费、增加储蓄是资本积累的源泉，经济增长和社会福利的增加主要归功于资本家而不是工人。

凯恩斯还把这一特征归结为资本主义的根本特征，凯恩斯认为："正是财富分配的不平等使固定财富的大量积累和资本的改善成为可能，而这种积累和改善则是资本主义区别于其他所有时代的根本特征。事实上，资本主义制度合理性的主要依据也正在于此。"在这里，"储蓄的责任成了最主要的美德，蛋糕的增长成

① ［英］霍布豪斯．自由主义［M］．朱曾汶，译．北京：商务印书馆，2007：40.

② ［英］霍布豪斯．自由主义［M］．朱曾汶，译．北京：商务印书馆，2007：42.

③ ［美］斯蒂芬·罗西斯．后凯恩斯主义货币经济学［M］．余永定，吴国宝，宋湘燕，译．北京：中国社会科学出版社，1991：5.

了真正的宗教目标[①]”凯恩斯认为，私有制导致的财富和收入分配的巨大的不平等是第一次世界大战前社会秩序和进步的重要内容，但它依赖于工人对现状的消极的和驯服的接受，如果工人对这种状况不满并试图取得经济增长的更多的好处，就会导致资本家的利润减少；同时，工人为此可能进行的罢工等革命性行为和社会动荡，也会使资本家对未来丧失信心。从而导致储蓄和资本积累停止、资本家与工人之间的矛盾冲突加剧，资本主义经济必将停滞。

（二）《通论》中的观点：强调财富和收入差距与消费的负相关关系，主张缩小收入差距以增加消费，促进就业和经济增长

从20世纪20年代开始，面对西方国家的经济发展中日益严峻的失业等问题，凯恩斯开始构建一种新的理论，分析大规模失业产生的原因及解决的对策。因而特别重视短期分析，在短期，资本存量给定，收入差距对资本形成的作用使得收入分配问题被降至次要地位。《通论》在最后一章分析了收入分配问题，指出：“我们所生活其中的经济社会，有两个显著的缺点：第一是不能提供充分就业；第二是财富和收入的分配不尽公平合理。”[②] 资本主义经济的两大弊病除了导致失业以外，还会导致财富和收入分配不平等，凯恩斯在《通论》中表明，收入和财富分配巨大的不均等不利于就业和经济增长，并会导致资本主义秩序紊乱。

因为就业和国民收入水平主要不是决定于储蓄和资本积累，消费需求成为主要因素，消费倾向偏低会制约资本积累、就业和经济增长。因为低收入者的边际消费倾向大于高收入者，因此，“我们的论证导致了这样的结论，即在当代条件下财富的增长远不像通常所假设的那样依赖富人的节欲；相反，可能性更大的情况是：节欲妨碍了财富的增长。这样，为财富的巨大不平等辩护的一个主要社会理由就被否定掉了”。[③] 收入差距成为影响消费的重要因素，并与消费负相关，即收入差距扩大不利于增加消费，收入差距缩小能够促进消费，而消费作为总需求的最重要的组成部分，又会同方向地影响就业和总产出。这样，收入差距也成为政策变量。

新剑桥学派从收入分配角度为凯恩斯经济学补充微观基础并发展凯恩斯宏观经济学，建立系统的收入分配理论，包括以收入分配为核心建立微观经济理论以及建立宏观层面的收入分配理论。

---

① ［美］斯蒂芬·罗西斯．后凯恩斯主义货币经济学［M］．余永定，吴国宝，宋湘燕，译．北京：中国社会科学出版社，1991：6.

② ［英］约翰·梅纳德·凯恩斯．就业、利息和货币通论［M］．宋韵声，译．北京：华夏出版社，2012：286.

③ 转引自［美］斯蒂芬·罗西斯．后凯恩斯主义货币经济学［M］．余永定，吴国宝，宋湘燕，译．北京：中国社会科学出版社，1991：9.

二、收入分配理论的基础：斯拉法的收入分配模型

在英国，从亚当·斯密、李嘉图开始，在经济学理论中就有强调客观价值、经济伦理和社会改良的传统。

在1960年出版的《用商品生产商品：经济理论批判序言》[①] 一书中，斯拉法把生产看作同样的商品既作为生产要素投入品又是最终产品的一种“循环的过程”，这种方法被认为是复兴了古典政治经济学的思想路线。斯拉法恢复了李嘉图的价值理论和分配理论，这成为新剑桥学派的理论基础。李嘉图的理论就是以收入分配为核心，新剑桥学派因此也被叫作新李嘉图学派。

斯拉法反对收入分配理论中边际分析的方法，主张价格决定和分配问题都回到李嘉图理论，用成本价格和平均利润的方法计算商品的价格。斯拉法也因此被称为“新李嘉图主义者”。他抨击边际生产力理论，试图复兴和发展李嘉图理论。关于收入分配，他强调工资和利润主要受政治和社会因素的影响，即不同阶级之间的收入分配不是决定于经济因素，而是由阶级斗争和相对谈判力量等决定的，收入分配是应优先考虑的问题。新剑桥学派以斯拉法的理论为基础进行所谓的“第二次凯恩斯革命”。

1. 斯拉法对边际生产力分配理论的批判。

在收入分配理论的演变过程中，古典经济学重视生产过程的客观因素决定了商品价值，新古典经济学使用边际效用的主观分析方法代替古典经济学的客观分析方法，分配理论就是各种生产要素的价格决定问题，成为价格理论的组成部分，不再关注商品价值中的“剩余”部分。根据新古典经济学理论，生产要素价格由要素的供给和需求两方面决定，而厂商对要素的需求取决于要素的边际生产力。新古典综合派接受并运用边际生产力理论分析要素价格决定和收入分配问题。

斯拉法批判新古典经济学的边际生产力理论，主张回到古典经济学的传统。强调商品的价值是由生产过程中的物质技术条件决定的，是客观的，而不是由供求关系决定的。价值的分配决定于社会制度，劳资双方谈判决定工资和利润的相对份额。按照此逻辑，斯拉法构建了他的价值理论和收入分配理论。

---

① 该书的篇幅很小，不到100页，是作者经过大约30年的研究和修改完成的。出版后在西方经济学界引起较大反响，被认为是一个划时代的著作，是从基础理论上进行的一场经济学革命。其副标题的旨意就是要批判边际效用理论。斯拉法提出的把古典理论体系作为经济学所有领域——从厂商理论到分配理论，从增长理论到技术变革理论——的基础，引起西方经济学界的广泛关注和讨论。

2. 斯拉法的收入分配模型。

(1) 简单再生产模型。斯拉法首先构建了一个“为维持生存的生产的经济模型”，即简单再生产模型。重置或更新生产过程中消耗的资本存量，是维持再生产的最基本的条件，在简单再生产模型中，商品的价值由生产过程中消耗的各种商品的价值决定，可用以下方程组表示：

$$A_aP_a + B_aP_b + \cdots + K_aP_k = AP_a$$
$$A_bP_a + B_bP_b + \cdots + K_bP_k = BP_b$$
$$\cdots\cdots$$
$$A_kP_a + B_kP_b + \cdots + K_kP_k = KP_k$$

其中，P_a，P_b，…，P_k 表示 k 种商品的价格，a，b，…，k 表示 k 种商品的价格，A，B，…，K 表示 k 种商品的数量，A_a，B_a，…，K_a 表示生产 a 商品过程中投入的 k 种商品的数量。

(2) 存在剩余但劳动者不享受剩余的模型。在简单再生产模型的基础上，再考虑有剩余的情形。假定剩余按平均利润率 r 在各部门平均分配，但劳动者不享受任何剩余。生产方程的表达式为：

$$(A_aP_a + B_aP_b + \cdots + K_aP_k)(1 + r) = AP_a$$
$$(A_bP_a + B_bP_b + \cdots + K_bP_k)(1 + r) = BP_b$$
$$\cdots\cdots$$
$$(A_kP_a + B_kP_b + \cdots + K_kP_k)(1 + r) = KP_k$$

(3) 劳动者享受一部分剩余的模型。假设劳动者以工资的形式占有一部分剩余，则生产方程为：

$$(A_aP_a + B_aP_b + \cdots + K_aP_k)(1 + r) + L_aW = AP_a$$
$$(A_bP_a + B_bP_b + \cdots + K_bP_k)(1 + r) + L_bW = BP_b$$
$$\cdots\cdots$$
$$(A_kP_a + B_kP_b + \cdots + K_kP_k)(1 + r) + L_kW = KP_k$$

La，L_b，…，L_k 为各部门投入的劳动量，W 为工资率。

从总产品中扣除各部门消耗的生产资料后，余额为国民收入，并使之等于1，这样又有方程：

$$[A - (A_a + A_b + \cdots A_k)]P_a + [B - (B_a + B_b + \cdots + B_k)]P_k + \cdots$$
$$+ [K - (K_a + K_b + \cdots + K_k)]P_k = 1$$

利润与工资之间的关系为：

$$r = R(1 - w)$$

r 和 w 取决于工会与资本家的谈判，受到社会制度、历史条件等因素的影响。斯拉法强调，价格是财富分配的函数，而不是相反。财富的分配反映了社会的权力结构。斯拉法模型为新剑桥学派的形成和发展提供了理论基础。

三、收入分配理论的特点

新剑桥学派否定新古典综合派以边际生产力为基础的分配理论，以补充和发展凯恩斯的收入分配理论为主要目标，其收入分配理论有四个主要特点。

1. 采用阶级分析的方法。

新剑桥学派采用阶级分析的方法，把全体社会成员分为利润收入者和工资收入者两大类，全部国民收入分为利润和工资两部分。即：

$$国民收入 = 利润 + 工资，或 Y = P + W$$

强调利润和工资的对立关系，因而新剑桥学派也被叫作凯恩斯左派。

2. 重视国民收入中各相对份额的决定。

在新剑桥学派的收入分配理论中，特别重视国民收入的各个组成部分及其相对份额。资本收入的份额（P/Y）和劳动收入的份额（W/Y）不仅用来衡量收入分配状况，而且是分析宏观经济的重要视角。

3. 强调投资也是影响收入分配的重要因素。

新剑桥学派的收入分配也以总需求分析为出发点，认为投资不仅影响产量和就业，也是影响国民收入在利润和工资之间分配的重要因素。

4. 把收入分配理论和经济增长理论相结合。

新剑桥学派从收入分配的角度构建经济增长模型，在哈罗德经济增长模型的基础上，根据利润和工资在国民收入中的份额及其储蓄率解释整个社会储蓄率的决定，并和资本/产出比率共同决定经济增长率。

5. 从收入分配角度解释劳动市场和通货膨胀。

（1）收入分配与工资和就业。新剑桥学派从劳动力市场特殊性的角度，解释了制度、技术、结构和需求等对就业的影响。认为劳动力市场的供给和需求主要都不依赖于价格机制，所以不能通过实际工资率调节劳动力市场供求和解决失业问题。从劳动供给方面看，工人主要不是根据实现个人在商品消费和闲暇之间的均衡和效用最大化来决定劳动供给量的。面对任何工作机遇，工人都只能在接受与不接受之间做选择，而无法改变工作时间。就业压力、劳资谈判等促使工人参与正式的工会或其他非正式劳工组织。因此否定新古典经济学的劳动供给曲线。从劳动需求方面看，由于存在不完全信息，厂商也难以按照边际生产力决定最优雇佣量。从而否定了新古典经济学的劳动需求曲线，而从劳动市场的客观条件解释就业和工资的决定。

（2）收入分配与通货膨胀。新剑桥学派以收入分配分析为基础建立通货膨胀理论。强调从收入分配而不是货币供求的角度解释通货膨胀，其主要逻辑思路是：制度→收入分配→货币工资→通货膨胀。根据其成本加成价格决定理论，通货膨胀率取决于货币工资增长率与劳动生产率增长率的差额，即货币工资增长率是通货膨胀的最基本的解释变量。

斯拉法的价值理论和分配理论从逻辑上推翻了边际生产力分配理论。实际工资率也受到国内劳资双方谈判力量对比等其他因素的影响，货币工资受劳动力市场的历史条件等其他因素的影响较大，即收入分配取决于制度因素，阶级、工会和劳资谈判等制度因素被纳入经济分析中，打破了传统的边际分析方法，形成了分析收入分配进而分析通货膨胀问题的新思路。

第四节　收入分配与经济增长：卡尔多模型

琼·罗宾逊认为，凯恩斯之前的静态分析使经济学成为枯燥无味的形式主义，凯恩斯尽管打破了静态论，使得经济理论得以讨论现实问题——失业的原因等，但其理论只着眼于短期。在短期内，资本数量和技术水平都是既定的，一个经济体系长期的变化需要进行动态分析，因此，新剑桥学派把凯恩斯的短期分析扩展到长期的动态分析。

在新剑桥学派之前，哈罗德于 1948 年在其《动态经济学导论》中，已经探讨了经济动态发展的长期问题。在哈罗德经济增长模型中，经济增长率决定于储蓄率和资本/产出比率。新剑桥学派在哈罗德模型的基础上，从收入分配的角度构建了新剑桥经济增长模型。琼·罗宾逊[①]和 N. 卡尔多等人都从收入分配的角度构建经济增长模型，强调经济增长与收入分配之间的关系，揭示了经济增长的前提与结果都是收入分配不平等的加剧。卡尔多在其《资本积累与经济增长》一文中，构建了经济增长模型，论证了收入分配对经济增长的影响，并总结了经济增长过程中的典型历史事实[②]。

---

① 琼·罗宾逊在其《资本积累论》一书中，还设想了一个经济稳定增长的“黄金时代”：技术进步是中性的，利润率是固定的，积累率也保持稳定。为保持利润率固定，应当使工资率的增长速度与雇佣劳动量的平均净产出的增长速度相等。为保持积累率的稳定，应当使资本存量价值的增长速度与净产出流量的增长速度相同。她也指出，这种黄金时代是神话般的情况，很难实现。

② 卡尔多事实：人均产出随时间而增长，增长率不存在下降的趋势；劳动力平均使用的物质资本随时间而增长；资本回报率基本上保持不变；物质资本对产出的比率基本上保持不变；劳动和物质资本在国民收入中的分配份额基本上保持不变；各国间单位劳动力产出的增长率存在很大的差距。

一、假设条件

新剑桥学派的经济增长模型中包含如下假设条件。

（1）全体社会成员分为资本家阶级和工人阶级，国民收入在这两大阶级之间进行分配，即 $Y=P+W$，各自所得份额是相互对立的。

$$\because \frac{P}{Y}+\frac{W}{Y}=1 \tag{4-1}$$

$$\therefore \frac{P}{Y}\uparrow \frac{W}{Y}\downarrow$$

（2）两大阶级的储蓄率不同。利润收入者的储蓄率大于工资收入者的储蓄率：$S_P>S_W$。

二、投资率与收入分配之间的关系

总储蓄由资本家的储蓄和工人的储蓄构成，社会的储蓄总额为：

$$S=S_P\cdot P+S_W\cdot W$$

$$W+P=Y$$

因此，$W=Y-P$

经济均衡增长的条件：$S=I$，即：

$$S_P\cdot P+S_W(Y-P)=I$$

$$S_P\cdot P=I-S_W\cdot Y+S_W\cdot P$$

两边同除以 S_P 得：

$$P=\frac{I}{S_P}-\frac{S_W}{S_P}\cdot Y+\frac{S_W}{S_P}\cdot P=\frac{I}{S_P}-\frac{S_W}{S_P}(Y-P)$$

两边同除以 Y 得：

$$\frac{P}{Y}=\frac{I}{Y}\cdot\frac{1}{S_P}-\frac{S_W}{S_P}\left(1-\frac{P}{Y}\right)=\frac{I}{Y}\cdot\frac{1}{S_P}-\frac{S_W}{S_P}+\frac{S_W}{S_P}\cdot\frac{P}{Y}$$

$$\left(1-\frac{S_W}{S_P}\right)\cdot\frac{P}{Y}=\frac{I}{Y}\cdot\frac{1}{S_P}-\frac{S_W}{S_P}$$

$$\frac{P}{Y}=\frac{I}{Y}\cdot\frac{1}{S_P}\cdot\frac{S_P}{S_P-S_W}-\frac{S_W}{S_P}\cdot\frac{S_P}{S_P-S_W}=\frac{1}{S_P-S_W}\cdot\frac{I}{Y}-\frac{S_W}{S_P-S_W} \tag{4-2}$$

S_P、S_W 既定，所以，$\frac{I}{Y}$（投资率或积累率）是影响利润在国民收入中份额的重要因素，$\frac{I}{Y}$上升时，$\frac{P}{Y}$也上升，反过来$\frac{P}{Y}$也会影响$\frac{I}{Y}$，因为利润 P 是投资 I

的主要资金来源。

三、经济均衡增长的条件：卡尔多效应

卡尔多的增长模型是在哈罗德模型的基础上建立的，但是，关于经济稳定增长的条件，两个模型却不同，哈罗德模型认为，经济的稳定增长是刃锋式的；而卡尔多认为，通过收入分配的调节，就能实现经济的稳定增长。

卡尔多效应解释了经济均衡增长条件的存在性：当原有均衡状态被打破后，通过收入分配状况的变化，必然能够达到新的均衡。当 $I \neq S$ 时，收入分配都会变化，会使经济实现新的均衡即 $S = I$。

当 $I\uparrow$ 时，$I > S$，$AD\uparrow$，$P\uparrow$，且 $P\uparrow > W\uparrow$，$\frac{P}{Y}\uparrow \frac{W}{Y}\downarrow \rightarrow S\uparrow \Rightarrow S = I$

当 $I\downarrow$ 时，$AD\downarrow$，且 $P\downarrow > W\downarrow$，$\frac{P}{Y}\downarrow \frac{W}{Y}\downarrow \rightarrow S\downarrow \Rightarrow S = I$

即经济均衡增长是存在稳定的。

四、经济增长率的决定：国民收入分配的相对份额决定经济增长率

新剑桥经济增长模型的核心是收入分配的变动对储蓄率的影响。因为全部国民收入在利润收入者和工资收入者两类社会成员之间分配，所以，整个社会的储蓄率就是两个阶级储蓄率的加权平均数。代入哈罗德经济增长模型后，可得新剑桥经济增长模型为：

$$G = \frac{S}{V} = \frac{S_P \cdot \frac{P}{Y} + S_W \cdot \frac{W}{Y}}{V} \tag{4-3}$$

式（4-3）显示，影响经济增长率的因素包括以下几个。

1. 收入分配。

因为利润收入者的储蓄率大于工资收入者的储蓄率，即 $S_P > S_W$，所以，收入分配状况—利润在国民收入中所占份额和工资在国民收入中所占份额决定了整个社会的储蓄率，利润份额越大，或工资份额越小，储蓄率越大。即：

当$\frac{P}{Y}\uparrow$或$\frac{W}{Y}\downarrow$时，$S\uparrow$，$G\uparrow$

经济增长率的提高是以收入分配恶化为代价的。

2. 投资率。

根据
$$\frac{P}{Y} = \frac{1}{S_P - S_W} \cdot \frac{I}{Y} - \frac{S_W}{S_P - S_W} \tag{4-4}$$

可知利润份额$\frac{P}{Y}$决定于投资率$\left(\frac{I}{Y}\right)$，而$\frac{P}{Y}$是决定经济增长率的重要因素。$\frac{I}{Y}\rightarrow\frac{P}{Y}$是因为$I$上升时，资本生产领域的就业和产量上升，从而利润增加。

新剑桥经济增长模型表明，经济增长率的提高以扩大收入差距为前提，并且，在经济增长中，投资率的提高又会进一步扩大收入差距。即经济增长的前提和结果都是收入差距的扩大。

在式（4－2）中，$\frac{1}{S_P - S_W}$为收入分配对投资率的敏感度，即投资率变化对利润在国民收入中所占份额的影响程度，其值与（$s_p - s_w$）负相关，当投资率一定时，（$s_p - s_w$）决定收入分配。利润收入者的储蓄越少或消费越多，国民收入分配中利润的份额就越大。这也正是卡莱茨基（Michael Kalecki，1899－1970）①所说的：工人花费他们所得到的，资本家得到他们所花费的。卡莱茨基采用马克思的社会生计的概念，认为工人的工资全部用于消费——购买生活必需品。因此，资本家的收入份额与资本家的消费倾向正相关。

新剑桥学派重视资本主义经济增长中的收入分配状况恶化等矛盾，琼·罗宾逊就一再强调经济增长到底是为了什么的问题。对总需求中的消费特别重视，认为消费不足的原因是收入差距大。因此，经济增长并没有消除贫困，并且经济增长还面临三大问题：一是个人之间购买力分配不均，而私人企业的积累会加剧这种不均；二是有些人选择的消费品会给其他人带来负效用，比如汽车作为交通工具的使用会增加社会不安宁程度；三是即使有商品供给和需求的创新，但消费增长不一定能保证欲望满足程度的增长。因此主张缩小收入差距，实现财富均等化，从而促进经济的可持续增长。

第五节　以调节收入分配为核心的政策主张

新剑桥学派主要是从收入分配的角度补充和发展凯恩斯理论，理论核心是收入分配，因而其政策主张的核心就是调节收入分配。新剑桥学派认为，《通论》中关于社会哲学的论述是凯恩斯经济学的核心之一，在此，凯恩斯指出，收入或财富分配不均等是资本主义的两大弊病之一，并推导出资本主义社会必然走向没

① 卡莱茨基于1935年从波兰来到剑桥。他关于收入分配的观点与李嘉图和马克思的观点非常一致。

有食利者阶层的文明生活新阶段①。作为对凯恩斯理论的继承和发展，新剑桥学派依然具有重视政府干预市场经济的特征。根据凯恩斯的政策目标和主张，结合对资本主义经济弊病的分析，新剑桥学派提出了相应的政策主张，以实现经济的稳定增长。

一、收入分配均等化政策

根据新剑桥学派的经济增长理论，伴随着经济增长，利润在国民收入中的份额上升，工资的份额下降，即经济增长加剧了资本主义经济中收入分配不均的矛盾，这是资本主义的症结所在。

对于凯恩斯的需求不足理论及其解决经济萧条的政策主张，新古典综合派主张通过调节总需求，增加就业和促进经济增长。而琼·罗宾逊强调在总需求的组成部分中，消费需求更为重要，或者说，消费需求不足是导致总需求不足的主要原因，而消费不足的根本原因是收入分配不均，所以，增加消费需求的政策内涵是调节收入分配，缩小收入差距。卡尔多认为："财政政策与货币政策只是用来保证实现资源的充分利用的，它们不能用来处理因工资上涨而引起的物价上涨，……实现充分就业要求有一项永久性的收入政策，……一项限制个人收入的政策，……并对工资与利润之间的收入分配问题取得某种一致。"②

为了缩小收入差距，实现收入分配均等化，为经济增长提供稳定的经济社会环境，新剑桥学派提出包括短期政策和长期政策在内的收入分配政策。

短期政策包括：

（1）用所得税、财产税等进行收入再分配。

（2）给予低收入家庭补助。

（3）政府协助提高失业者的技术水平，帮助失业者提高获取就业机会的能力。

（4）根据经济增长率制定实际工资增长率政策，以改变经济增长带来的劳动者收入份额下降的趋势。

长期政策以消灭食利者阶层作为资本主义发展的长期目标，凯恩斯认为："资本主义制度中存在食利者阶级是一种过渡现象，当其完成自身使命后便会退

---

① 在《凯恩斯以后》一书中，作者琼·罗宾逊写道："当我拿他获得勋爵爵位一事跟他开玩笑时，他说，过了花甲之年，一个人也应该变得值得令人尊敬。但是他的基本人生观是美学的，而不是政治的。他厌恶失业是因为失业显得愚蠢；而他厌恶贫困是因为贫困显得丑陋。……在他幻想的世界中，经济学不再重要，我们的后代得以开始过上文明的生活。"

② ［美］斯蒂芬·罗西斯．后凯恩斯主义货币经济学［M］．余永定，吴国宝，宋湘燕，译．北京：中国社会科学出版社，1991：128.

出历史舞台，资本主义将因这个阶级的消灭而大为改观。……资本的所有者能够获得利息是因为资本稀缺，而资本稀缺，如果从长期的观点来看，则是毫无真正理由的。”[①] 新剑桥学派的长期政策包括：

（1）实行没收性的遗产税，控制私有财产的集中。

（2）用政府预算盈余购买公司股份，把部分公司股份从个人转移到国家手中，从而抑制食利者阶层的收入。

二、主张对投资等实施管制，反对恢复自由放任

主张自由放任的终结，强调政府干预市场经济的职能是凯恩斯对新古典经济学革命的重要体现。凯恩斯在《通论》的最后一章中指出，必须对投资实现全面的社会管制，以便克服资本主义经济的不稳定性。

新剑桥学派继承凯恩斯重视政府干预经济的主张，琼·罗宾逊特别强调政府对国家经济利益的保护，认为“经济学的本质就植根于民族主义之中。……这一主题的本质就是以国家的口吻说事。……（古典经济学）之所以赞成自由贸易政策，不是因为自由贸易政策对全世界有利，而是因为自由贸易政策对大英帝国有利。……新古典经济学的意识形态自称以人人受益为基础，但他们也自然而然地养成了根据国民收入和人民福祉来讨论问题的习惯”。[②] 并且认识到政府在保护国家经济利益方面的作用。“国际竞争和国家政策是促进经济发展的巨大动力。隐藏于自由放任之后的真相，是所有资本主义国家的政府都在通过推动贸易和生产来征服领土并移植制度，以帮助自己国家的公民获得优势。正如马歇尔敏锐地观察到的那样，自由贸易学说本身，实际上就是一份英国国家利益的规划书。”[③]

新剑桥学派反对复活纯粹的自由放任。主张对在资源利用、环境保护、科技发展、城市建设乃至消费者主权等方面的投资实行全面的长期的管制，约束企业为增加利润而牺牲社会利益的行为。对进出口的管制，主张采取鼓励出口品生产的政策，增加国内就业和劳动者收入。

新剑桥学派主张减少财政赤字，特别反对把大部分政府收入花在军备支出方面。琼·罗宾逊于1971年作为来宾出席美国经济学会第八届年会，在会上讽刺新古典综合派的赤字财政政策，她认为，对于一个政府来说，最方便的花钱办法就是增加军备。她指出：“在美国，那些自诩为凯恩斯主义者的人吹嘘自己战胜

---

① ［英］约翰·梅纳德·凯恩斯．就业、利息和货币通论［M］．宋韵声，译．北京：华夏出版社，2012：289.

② ［英］琼·罗宾逊．经济哲学［M］．安佳，译．北京：商务印书馆，2011：124－125.

③ ［英］琼·罗宾逊．经济哲学［M］．安佳，译．北京：商务印书馆，2011：138.

了平衡预算，结果是造成了军备赤字支出，延长了‘冷战’，助长了世界各地的热战。现在，伪凯恩斯主义者的时代似乎即将结束，他们的幻想也即将破灭。和大萧条中经济的均衡学说破产相比，经济学家也说不出更多的东西了。在经济理论的教学和经济政策的制定中，仍要进行凯恩斯革命。”①

新剑桥学派以剑桥大学为大本营，是由琼·罗宾逊、卡尔多等人补充和发展凯恩斯经济学形成的一个经济学派，以正宗凯恩斯主义自居，其形成过程伴随着与新古典综合派的论战，批判新古典综合派为“冒牌的凯恩斯主义”。该学派发展凯恩斯经济学的出发点和核心是从微观和宏观层次构建收入分配理论，因而理论和政策主张的核心都是收入分配。研究方法的特点之一是关注历史、制度、权力结构等非经济因素对经济的影响。其理论领袖琼·罗宾逊在构建不完全竞争理论和领导新剑桥学派发展凯恩斯经济学等领域对经济学的发展都做出了突出贡献。

① ［英］琼·罗宾逊. 凯恩斯以后［M］. 林敬贤，译. 北京：商务印书馆，2015：14.

第五章

以拯救凯恩斯主义为己任的新凯恩斯主义

面对凯恩斯主义在“滞胀”后的衰落，以美国的一些中青年经济学家为主，通过从微观经济主体行为的分析角度，以不完全竞争为市场条件，继承凯恩斯主义的基本假说和分析方法，为凯恩斯的宏观经济学构建微观基础，以振兴凯恩斯主义，使凯恩斯主义重新主导经济学理论。形成了新凯恩斯主义（new-keynesianism，NK）或新凯恩斯主义经济学（new-keynesian economics，NKE），并在20世纪80年代中期以后成为占据主流地位的西方经济学流派。

第一节　新凯恩斯主义对原凯恩斯主义的继承和批判

新凯恩斯主义思想在20世纪70年代开始孕育，形成和发展于80年代。1982年，帕金和巴德编写的现代宏观经济学教科书中，第一次使用“新凯恩斯主义”术语。在原凯恩斯主义衰落的背景下，新凯恩斯主义者揭示了原凯恩斯主义的缺陷，继承凯恩斯主义的基本假说和信念，发展新凯恩斯主义经济学。

一、原凯恩斯主义（original keynesian）的衰落

原凯恩斯主义是指在凯恩斯的《通论》的基础上形成的凯恩斯主义学派，包括新古典综合派和新剑桥学派。但以美国为主要阵地的新凯恩斯主义在发展凯恩斯主义时，主要是针对新古典综合派，因此，在分析新凯恩斯主义产生的背景时，所谓的原凯恩斯主义，主要是指新古典综合派。在20世纪70年代，原凯恩斯主义在经济学领域的统治力明显下降，主要原因在于以下几方面。

1. 原凯恩斯主义对“滞胀”的理论解释无力。

在原凯恩斯主义理论中，失业与通货膨胀之间存在替代关系，而在“滞胀”

中，却出现高失业与高通货膨胀并存的事实。因此，原凯恩斯主义对失业率和通货膨胀率同时上升难以做出有效的理论解释和解决对策。

2. 原凯恩斯主义没有系统解释美国“滞胀”中劳动生产率低的问题。

原凯恩斯主义强调需求方面，从总需求的角度解释经济问题。而在“滞胀”中，劳动生产率低是一个突出问题，而劳动生产率主要是受供给方面的因素影响。

3. 原凯恩斯主义的政策主张被认为是导致“滞胀”的原因。

根据需求决定论，原凯恩斯主义的政策主张倾向于鼓励消费、抑制储蓄，使资本形成缓慢，对劳动生产率的提高产生不利影响。

4. 原凯恩斯主义理论模型在统计检验上的失败。

原凯恩斯主义理论中的菲利普斯曲线为负斜率，而 20 世纪 70 年代的统计检验结果则是：通货膨胀率与失业率之间存在正相关，经济现实是高通货膨胀与高失业并存。

尽管原凯恩斯主义不断进行自我发展和完善，萨缪尔森、托宾、海勒等分别从不同的角度解释“滞胀”产生的原因，但依然没能避免凯恩斯主义经济学地位的下降。20 世纪 70 年代逐步占据主流经济学地位的新古典宏观经济学，其主要代表人物卢卡斯等对凯恩斯主义进行批判，认为凯恩斯主义的问题很严重，不是靠修修补补就能解决的。甚至发表文章《凯恩斯经济学的死亡：问题和观点》宣告凯恩斯主义的失灵。在该篇文章中，卢卡斯写道：人们在被称作凯恩斯主义者时，甚至会有恼怒的反应。布林德（Blinder，1988）也曾表达过这样的情境：到 1980 年，很难再找到 40 岁以下的美国学者声称自己是凯恩斯主义者了。这是在不到 10 年的时间里经济学界发生的令人吃惊的变化。

二、反凯恩斯主义的兴盛

面对“滞胀”，原凯恩斯主义没有系统的理论解释，也没有有效的政策主张。这就给了反凯恩斯主义登上经济学舞台中心的可乘之机。在反凯恩斯主义浪潮中，20 世纪 50 年代就已经形成的货币主义被广泛接受，供给学派成为美国政府的政策依据，新古典宏观经济学逐步占据经济学理论主导地位。

货币主义第一个扛起反凯恩斯主义的大旗。从理论上反对凯恩斯主义的需求分析，而重视货币数量在宏观经济中的作用，以现代货币数量论为基础，构建货币主义理论体系。货币主义作为第一个反凯恩斯主义的经济学流派，自认为是标准的凯恩斯主义模型的替代品，对凯恩斯主义形成较为持久的挑战。在政策上，货币主义反对凯恩斯主义的相机抉择和重视财政政策的主张，主张单一规则的货币政策。

供给学派侧重于经济中的供给方面，不仅反对凯恩斯主义的理论，还把凯恩斯主义的政策视为导致“滞胀”的重要原因。强调供给方面对价格水平和总产出的决定作用，在政策上也放弃了凯恩斯主义的政策主张，实施以永久性减税为核心的政策。其理论和政策主张成为当时的美国政府制定政策的主要依据和纲领。

新古典宏观经济学在理论上引入理性预期，在理性预期和市场机制充分作用的前提下，构建价格水平和国民收入决定模型与经济周期等理论。在政策上提出政策无效性定理，完全否定政府政策的有效性。新古典宏观经济学对凯恩斯主义的挑战更深刻、更有力度，成为最极端的一种反凯恩斯主义的理论，从根本上动摇了凯恩斯主义经济学的统治地位。

因此，在西方经济学领域，在凯恩斯主义衰落的同时，反凯恩斯主义的新自由主义逐步进入经济学舞台中央。在实践中，美国和英国分别实施供给学派和货币主义的政策主张。即反凯恩斯主义在学术和政策层面都开始占据主导地位。

面对反凯恩斯主义理论的兴起，特别是新古典宏观经济学对凯恩斯理论的否定并占据经济学主导地位，新凯恩斯主义者为了拯救凯恩斯主义，通过弥补凯恩斯主义理论的不足之处，通过建立工资和价格黏性理论等发展和完善凯恩斯主义经济学。

三、新凯恩斯主义对原凯恩斯主义和新古典宏观经济学的批评

理论演进和创新来自继承和批判。20 世纪 70 年代之前占统治地位的经济学是原凯恩斯主义或新古典综合派，20 世纪 70 年代以后占主流地位的经济学是新古典宏观经济学。因此，新凯恩斯主义是在对二者进行批判和继承的基础上产生的。

1. 原凯恩斯主义的缺陷。

新凯恩斯主义揭示的原凯恩斯主义的缺陷包括：

（1）原凯恩斯主义用工资、价格刚性解释失业产生的原因，但没有系统的刚性理论。新古典综合理论认为经验主义的论据比理论的纯度更重要，不重视解释价格刚性的原因。到 20 世纪 80 年代，新凯恩斯主义的发展带有明显的非经验特征，重视理论而非经验。

（2）凯恩斯的宏观经济学缺少微观基础，原凯恩斯主义在为凯恩斯经济学补充微观基础时，只是机械地把新古典微观经济学与凯恩斯宏观经济学进行综合。

（3）原凯恩斯主义未从微观经济主体行为的角度研究宏观经济中存在失业的原因。因此，新凯恩斯主义者构建微观经济理论模型，为宏观经济的分析提供微

观基础，完善凯恩斯主义经济学。

2. 新古典宏观经济学的缺陷。

新凯恩斯主义认为，新古典宏观经济学的主要缺陷在于：

（1）理论与实际脱节。新古典宏观经济学过于追求理论结构和分析方法的完美性，其影响主要在学术方面，而无实际意义。

（2）政策无效性的宏观结论缺乏说服力。

新凯恩斯主义与新古典宏观经济学的分歧主要在于：工资和价格是弹性还是黏性的？充分就业的均衡是不是经济运行的常态？货币是否中性？政府对经济的干预是否必要和有效？

四、对原凯恩斯主义的继承和综合：新凯恩斯主义的形成

（一）新凯恩斯主义继承的原凯恩斯主义的基本命题

1. 非市场出清假说。

非市场出清是所有凯恩斯主义共同的理论命题。凯恩斯强调市场失灵，认为市场调节难以使市场达到充分就业的均衡，非自愿失业的存在是一种常态。新凯恩斯主义坚持非市场出清假说，并且认为当出现需求或供给冲击后，价格不能迅速调整到市场出清的状态。新凯恩斯主义同样重视非自愿失业产生的原因和对策的分析，认为需要通过政府干预实现充分就业。

2. 总需求的波动是导致宏观经济不稳定的主要因素。

有效需求理论是凯恩斯《通论》的核心，需求不足是导致经济萧条的主要原因，通过扩张性政策增加总需求是增加就业和促进经济增长的对策。在新古典综合学派的理论中，需求作为影响就业和国民收入水平的因素以及调节总需求作为实现充分就业的稳定增长的途径依然是核心内容。在新凯恩斯主义理论中，总需求的波动依然是影响就业、总产出以及经济周期的主要因素。

3. 货币非中性（non-neutrality of money）假说。

关于货币是否中性的问题一直是凯恩斯主义和反凯恩斯主义的主要分歧之一。新古典经济学和其他反凯恩斯主义都坚持货币中性（monetary neutrality）的观点，认为货币数量仅影响价格水平，而不影响实际产量。凯恩斯主义认为货币非中性，货币数量变化会影响实际产量。新凯恩斯主义也接受和继承了货币非中性假说。

4. 重视短期分析。

新凯恩斯主义的核心理论是通过构建工资和价格黏性理论解释失业产生和经

济波动的原因，而工资和价格黏性是一个短期的概念和命题。

5. 重视政府干预经济的必要性和有效性。

在凯恩斯经济学产生之前，占统治地位的古典和新古典经济学都强调市场机制有效率且完美，因而认为市场经济能够自行调节，不需要政府干预。经济学理论的发展，产生了市场失灵理论，即垄断、公共物品、外部效应和不完全信息的存在导致市场机制失效或降低了市场配置资源的效率，因此提出政府干预经济的必要性，且弥补市场失灵是政府干预经济的目标。凯恩斯在《通论》中提出的有效需求理论，揭示了市场经济中由于三大心理定律等原因，总需求一般情况下都小于充分就业的总需求，非自愿失业的存在是一种常态。所以实现充分就业需要政府干预，政府通过宏观经济政策调节总需求，实现经济的稳定增长。

新凯恩斯主义对政府干预经济的必要性和有效性的解释源于三个方面：一是和原凯恩斯主义相同的，重视非自愿失业的存在。二是重视工资黏性和价格黏性对失业的影响。三是重视知识、技术进步等对经济增长的影响，而知识、技术进步具有外部效应，外部效应会影响最优增长率的实现。因此，主张通过政府干预，降低工资和价格黏性来减少失业；协调知识和技术进步的外部效应以实现最优增长率。

（二）新凯恩斯主义借鉴其他学派的方法

新凯恩斯主义也具有理论“综合”的特征，因为“综合各家思想的趋向，并不需要经济学家观察经济机器的方式发生根本性改变”。[①] 新凯恩斯主义既继承凯恩斯主义的基本传统，也吸收货币主义、新古典宏观经济学等反凯恩斯主义的理论和方法等，以弥补凯恩斯主义的缺陷，发展完善凯恩斯主义经济学。比如，继承新古典宏观经济学的方法论，增加通货膨胀预期的影响和供给冲击的作用，为宏观经济学构建与之匹配的微观基础，从微观层面解释工资黏性和价格黏性形成的原因，为凯恩斯的宏观经济学提供微观分析，使失业和非均衡理论建立在有机的微观基础上。

（三）新凯恩斯主义的形成——凯恩斯主义经济学重新占据主导地位

凯恩斯主义者丹尼斯·罗伯逊（Robertson，1956）曾说：“智慧的观点像被猎捕的野兔，你如果站在原地不动或者接近原地，它肯定就会围着你转。”[②] 所

① ［英］布赖恩·斯诺登，霍华德·文．现代宏观经济学：起源、发展和现状［M］．佘江涛，魏威，张风雷，译．南京：江苏人民出版社，2009：309.

② ［英］布赖恩·斯诺登，霍华德·文．现代宏观经济学：起源、发展和现状［M］．佘江涛，魏威，张风雷，译．南京：江苏人民出版社，2009：308.

以总会有古典主义和凯恩斯主义的复兴。新凯恩斯主义认为，宏观经济理论的根本任务是解释市场机制对经济的调节效果及其相应的政府干预问题。只要做适当的修正，凯恩斯主义经济学就能重新主导宏观经济学。

曼昆和罗默组编的两卷本：《新凯恩斯主义经济学（卷 1）：不完全竞争和黏性价格》（*New Keynesian Economics*, *Vol.* 1, *Imperfect Competition and Sticky Prices*, MIT, 1991）和《新凯恩斯主义经济学（卷 2）：协调失败和实际刚性》（*New Keynesian Economics*, *Vol.* 2, *Coordination Failures and Real Ridities*, MIT, 1991）中，汇集了新凯恩斯主义的主要理论成果，根据其内容，对两个问题的回答，可以界定什么是新凯恩斯主义。这两个问题是：

（1）是否否定古典二分法？即货币供给量的变动是否影响实际就业或产量？

（2）不完全市场对经济波动的影响重要吗？即不完全竞争、不完全信息及相对价格刚性分析是理论的核心命题吗？

只有新凯恩斯主义对此问题都做出肯定回答。

随着新凯恩斯主义的形成，到 20 世纪 80 年代中期，巴罗、霍维特、布林德等经济学家开始关注并热烈讨论凯恩斯主义的复兴和衰荣等，曼昆宣称凯恩斯经济学已经“投胎再生”。凯恩斯主义再次占据西方经济学主导地位。

五、新凯恩斯主义的主要代表人物

新凯恩斯主义的主要代表人物有：约瑟夫·斯蒂格利茨（Joseph Stiglize）①、格里高利·曼昆（N. Gregory Mankiw）②、迈克尔·帕金（Michael Pakin）、戴维·罗默（David Romer）（伯克利大学）③、埃德蒙·费尔普斯（Edmund Phelps）④、劳伦斯·萨默斯、奥利弗·布兰查德（麻省理工学院）、斯坦利·费希尔（Stanley Fischer）（曾任职麻省理工学院）、劳伦斯·鲍尔（Lawrence Ball）（约翰斯·霍普金斯大学）、乔治·阿克洛夫（George A. Akerlof）、珍尼特·耶伦

① 耶鲁大学经济学教授，1993 年任克林顿总统经济顾问团成员和主席，1997 年起任世界银行副行长、首席经济学家，2001 年获诺贝尔经济学奖。

② 1958 年出生于新泽西州，1980 年毕业于普林斯顿大学，1984 年获麻省理工学院经济学博士学位。自 1985 年起，一直担任哈佛大学经济学教授。

③ 罗默是 2018 年诺贝尔经济学奖获得者。罗默在芝加哥大学学习数学和物理专业，大学四年级时才学习了第一门经济学课程。特别主张经济学发展的数学化，否定文字表达的经济学理论的价值。罗默（1998）在接受采访时表示，经济学中的大量进步仍是从工具的创新中取得的，这些新的工具可以帮助我们理解非常复杂的体系。作为一门规范的或数理的科学，经济学仍非常年轻。你甚至可以说它仍处于青春期。要记住，在爱因斯坦得出物理学中的一般相对论的同时，经济学家们仍在用模棱两可的语言和简陋的图表进行彼此之间的交流。罗默认为，经济学经历了令人难以置信的剧烈转变，它已经从一种纯粹的文字性科学变为一种纯粹的数理科学，现如今，经济学家们运用数学已经像物理学家们那样熟练与规范了。

④ 2006 年诺贝尔经济学奖获得者。

（Janet Louise Yellen）、罗伯特·霍尔（Robert E. Hall）、约翰·泰勒（John Taylor）（斯坦福大学）、普林斯顿大学的保罗·克鲁格曼（Paul Krugman）① 等。

新凯恩斯主义者任职的大学基本上都位于东西海岸，因而被称为“盐水派”经济学家。相对应的新古典经济学家主要任职于芝加哥大学、罗彻斯特大学、明尼苏达大学、卡内基—梅隆大学等，基本上都位于五大湖附近，被称为“淡水派”经济学家。

第二节　工资和价格黏性及不完全竞争市场

新凯恩斯主义在工资和价格的变动、市场结构、经济主体行为目标、预期方法等方面都有其特定的假设条件，其中，工资和价格黏性与强调不完全竞争市场是新凯恩斯主义的突出特征。

一、工资黏性（sticky wage）和价格黏性（sticky price）假说

新凯恩斯主义认为，导致凯恩斯主义衰落的主要原因是其理论未能从经济主体行为最优化的角度解释黏性的形成，因此，建立系统的黏性理论成为新凯恩斯主义的主要目标。

在市场经济中，工资和价格变动可以分为三种情况：工资和价格弹性、刚性以及黏性。区别主要在于价格是否变动与变动方向和幅度、影响价格变动的因素有无供求关系以外的因素以及结果是不是充分就业的均衡。弹性（elasticity）是指工资和价格可以上下调整，使供求相等，工资和价格的变化完全取决于市场供求。刚性（rigidity）是指工资和价格只能上升不能下降，工资和价格的变化受到供求以外的因素影响，刚性的存在导致市场非出清。

黏性（sticky）的基本特征包括：（1）工资和价格不能随市场供求灵活、迅速地变动；（2）工资和价格变化受到供求以外的因素影响；（3）黏性的存在使非均衡成为常态②。

古典经济学以工资和价格弹性为理论前提，原凯恩斯主义以工资和价格刚性为理论前提。新凯恩斯主义认为，在现实经济中，厂商往往都具有决定价格的能力，当市场受到冲击时，价格调整过程较缓慢，价格和工资都具有黏性，并导致

① 2006 年诺贝尔经济学奖获得者。

② 从定义来看，黏性与刚性的内涵有所不同，但在面对具体问题时，黏性和刚性都是指工资和价格是常数。

市场非出清或非自愿失业存在。新凯恩斯主义以工资和价格黏性替代原凯恩斯主义的工资和价格刚性的概念，以工资和价格黏性及非市场出清替代新古典宏观经济学的工资和价格弹性及市场出清的概念。从工资和价格黏性的角度解释了失业和萧条产生的原因。

曼昆和罗默把新凯恩斯主义的主要特征概括为对两个问题——二分法或货币是非中性的和不完全竞争市场是解释经济波动的关键的肯定回答，这两个问题都与黏性相关：市场的不完全性导致了工资和价格黏性，而工资和价格黏性又导致货币非中性。

二、不完全竞争市场

新凯恩斯主义发展凯恩斯主义的主要途径之一是把不完全竞争市场纳入宏观非均衡分析系统。新凯恩斯主义认为现实经济中的市场一般都是不完全竞争市场——垄断竞争或寡头垄断，在这种市场条件下，厂商有一定的定价权，厂商的需求曲线为负斜率。厂商既可以调整产量，也可以调整价格，新凯恩斯主义认为，不完全竞争是导致价格黏性的市场原因，即当市场条件变化时，厂商往往只调整产量，而不调整价格。

不完全竞争不仅是新凯恩斯主义的理论前提，甚至是新凯恩斯主义的重要特征和理论基石。琼·罗宾逊在 20 世纪 30 年代就建立了垄断竞争理论，但在新凯恩斯主义之前的凯恩斯主义并没有重视把不完全竞争市场与非市场出清纳入一个模型中进行分析①。

新凯恩斯主义认为，在新古典经济学中，市场条件被假定为具有充分信息、完全竞争、零交易成本等特征的完美市场，但是经济现实中市场却是不完美的，比如信息不对称、经济异质性等问题的存在。“新凯恩斯经济学家栖息在一个新的理论世界，其特征是：不完全竞争、不完全市场、差异的劳动力构成、不对称的信息和各方行为人经常关心公平问题。结果‘实际的’宏观世界，在新凯恩斯主义者眼里，便以存在协调失败和宏观经济外部效应的可能性为特征。”② 约瑟夫·斯蒂格利茨（Joseph Stiglitz，2000；2002）曾指出，“新凯恩斯主义方法的精髓在于承认现实世界之形形色色不完美在经济学中的重要地位。”③ “在 20 世

① 布莱恩·霍华德等把这一现象称为经济思想史上的一个谜团。凯恩斯的《通论》和琼·罗宾逊的不完全竞争理论都产生于 20 世纪 30 年代，并且都置身于剑桥大学的学术环境中。

② ［英］布赖恩·斯诺登，霍华德·文．现代宏观经济学：起源、发展和现状［M］．佘江涛，魏威，张风雷，译．南京：江苏人民出版社，2009：316.

③ ［英］布赖恩·斯诺登，霍华德·文．现代宏观经济学：起源、发展和现状［M］．佘江涛，魏威，张风雷，译．南京：江苏人民出版社，2009：311.

纪 80 年代中期出现的‘新凯恩斯主义’这个术语是用来概括那些试图为名义价格刚性现象提供更为坚实的微观基础的新理论的。从这个角度看，新凯恩斯模型背后的基本的新思想是关于不完全竞争的。正是这一根本创新把新凯恩斯主义与凯恩斯、正统凯恩斯主义者、货币主义者以及新古典主义者区别开来。”①

古典经济学以及于 20 世纪 80 年代与新凯恩斯主义并驾齐驱的新古典宏观经济学均以完全市场为前提，论证了充分就业均衡的必然性。而新凯恩斯主义则是以不完全竞争市场为前提，论证了经济主体即使有理性预期，在追求自身利益最大化，但也难以实现充分就业的均衡，非自愿失业的长期存在是市场经济的常态。

新凯恩斯主义通过分析不完全竞争市场的经济主体追求最大化的行为，为黏性理论提供了微观经济学基础，价格不是由瓦尔拉斯设想的拍卖者制定的，而是在不完全竞争市场的厂商和劳动者追求自身利益最大化过程中决定的。在不完全竞争的产品市场，厂商的价格大于边际成本，在不完全竞争的劳动市场，工会的作用等使得实际工资大于市场均衡工资，因此，不完全竞争导致出现小于充分就业的均衡。②

三、最大化目标假设和近似理性预期

新凯恩斯主义对微观经济主体行为的分析以目标最大化为前提，并借鉴理性预期的方法。

（一）最大化目标假设

微观经济主体行为目标的最大化是古典经济学的传统，新凯恩斯主义从微观经济主体行为的角度解释宏观经济非均衡的原因，他们继承古典经济学这一传统，把模型建立在消费者效用最大化、生产者利润最大化目标的基础上，即行为目标最大化是研究微观经济主体行为的出发点。

（二）理性约束预期或近似理性预期

20 世纪 70 年代新古典宏观经济学对整个经济学发展的影响主要是理性预期

---

① ［英］布赖恩·斯诺登，霍华德·文．现代宏观经济学：起源、发展和现状［M］．佘江涛，魏威，张风雷，译．南京：江苏人民出版社，2009：320.

② 20 世纪 70 年代，经济学领域出现了诸多“新”理论，主要包括新产业组织理论、新经济地理学、新贸易理论、新经济增长理论等。这些“新”理论标志着对之前的相关理论的继承与创新。总体来看，包括新凯恩斯主义在内的这些新经济学理论的共同本质特征之一就是以不完全竞争为市场条件。构建不完全竞争模型替代瓦尔拉斯模型。

方法的运用，因此，在新凯恩斯主义中，也部分地使用理性预期或近似理性预期进行分析。新凯恩斯主义者吸收了新古典宏观经济学的理性预期假设，将之纳入新凯恩斯主义的宏观经济模型中。但是对理性预期的程度，新凯恩斯主义与新古典宏观经济学不完全一致。新凯恩斯主义认为，短期形成的预期往往难以达到理性预期，即使在长期，由于信息不完全等原因，经济主体的理性预期也会受到约束或限制，因此形成理性约束预期（rational constraint expectation）或近似理性预期（near-rationality）。

与新古典宏观经济学相同的是，在新凯恩斯主义理论中，个人追求效用最大化，厂商追求利润最大化。并且也借鉴了新古典宏观经济学的理性预期。但是，根据新古典宏观经济学的分析，在理性预期条件下，宏观经济政策比如中央银行增加货币供给量能够被人们预期到，因此工资和价格会迅速地调整，从而恢复充分就业状态，就业和产量不变，即政策无效。但是，新凯恩斯主义者费希尔、费尔普斯、泰勒（1977）等人认为，即使有理性预期，只要放弃市场出清假设，经济政策依然会影响就业和产量。强调理性预期并不意味着凯恩斯经济学的终结。

新凯恩斯主义者要为凯恩斯的宏观经济学重新建立微观基础。就是要构建在不完全竞争市场条件下，厂商和消费者追求自身利益最大化，受近似理性预期的约束等，导致工资黏性和价格黏性，为宏观经济中的非自愿失业和经济波动提供微观理论基础。

第三节　名义工资黏性和名义价格黏性模型

黏性理论是新凯恩斯主义的核心。在原凯恩斯主义理论中，工资黏性是一个既定的存在，没有解释导致工资黏性的原因，新凯恩斯主义致力于构建工资黏性和价格黏性的系统的理论。新凯恩斯主义者分别从不同的角度建立各种理论模型研究工资和价格黏性，解释非自愿失业的存在，产生了大量的研究成果①。黏性可分为名义黏性和实际黏性两类。

名义黏性是指当总需求变化时，名义工资和价格的变化速度缓慢。因此，追求利润最大化的厂商只能调整产量，从而导致失业和经济衰退。名义黏性理论依据名义工资和价格黏性解释宏观经济的非均衡，把名义黏性与一般均衡理论相结合。名义黏性理论的主要代表人物是格里高利·曼昆（N. Gregory Mankiw）、戴

① 这些成果是学者们分别独立完成的，彼此之间的关联度较低，即未能形成一个系统的新凯恩斯主义模型。当然这些具有一定独立性的理论并不互相排斥，而是互补的。

维·罗默（David Romer）等，主要理论有菜单成本论、折弯的需求曲线模型、长期合同论、价格交错调整论等。

凯恩斯主义都认为，当经济受到冲击后，价格水平不能迅速地调整，对此，新古典综合派在模型中把名义工资和价格视为常量，在这一前提下，分析当经济受到需求冲击后偏离充分就业状态的过程。而新凯恩斯主义试图为工资和价格的缓慢调整过程的分析提供微观经济学基础。

一、长期（交错）工资合同下的名义工资黏性

重建凯恩斯经济学的理论结构，为凯恩斯经济学提供微观基础，新凯恩斯主义者早期的工作主要致力于名义工资黏性理论，解释工资黏性存在的原因及其所导致的劳动市场非均衡。

以合同的方式确定工资是西方国家的普遍制度，尽管合同期限和重新签订合同的时间安排有差别，其中，交叠制度较为普遍，即不同步续谈合同，而是续签期限交叠，先后到期，这一制度使得经济环境变化难以对名义工资产生影响，即产生工资黏性。

长期工资合同制度对厂商和工人都有益处：（1）工资谈判各方都需花费成本，搜寻相关信息、预测经济变量的未来走势。因此，合同期限长可以降低交易成本。特别是如果谈判破裂，工人通过罢工行为提升谈判地位，对于厂商和工人而言都是付出了较大的代价。（2）当总需求下降，单个企业降低工资时，如果其他企业不同时降低工资的话，可能会引起劳动力流失，增加该厂商成本。因此，以长期合同方式确定工资的制度一直存在。

费希尔（Stanley Fischer，1977）、泰勒（Taylor，1978）等在其理论中提出了名义工资黏性的概念，并运用交错模型（wage-staggering mode）解释其形成原因。他们认为，工资不是由即期市场决定的，而是以合同的形式确定一段时期的工资水平。即在合同规定的期限内，工资水平是固定的，并且不同厂商设定或调整工资的时间是交错的。哥伦比亚大学计算机中心关于重新设定工资的平均间隔时间的估计结果是 11 个月或 11.5 个月。他们的长期合同理论并没有严密的微观经济理论支撑①，而是根据工资和价格调整中会遇到的困难和成本来说明人们对长期工资合同的偏爱。

---

① 这一主张最初的基本原理被概括为三点：交付周期（lead time），即工人获取厂商的工资水平信息需要的时间，如果工资在一段时间内不变，则厂商就可以以较小的成本获得既定的申请就业的人数；决策成本，即在设定或调整工资时需要承担决策成本，保持一定的时间间隔可以节省管理者的工资决策成本；可靠性，即工资的有效期影响到工人能够信任和依赖该工资的时间长度。

费希尔的理论分析了在长期工资合同下，即使人们能够理性预期到中央银行货币数量的增加，货币政策依然有效。在费希尔模型中，有一个符合经验事实的假设，即在签订工资合同时，如果合同期限长于货币当局对变化的经济环境做出反应所需的时间（中央银行调整货币供给量的时间间隔），那么，用名义工资计价。因为货币当局调整货币供给量（引起通货膨胀）的频率高于期限交叠的劳动合同的重新谈判的频率，所以货币政策在短期内能够影响实际产量。可用图 5－1 分析说明。

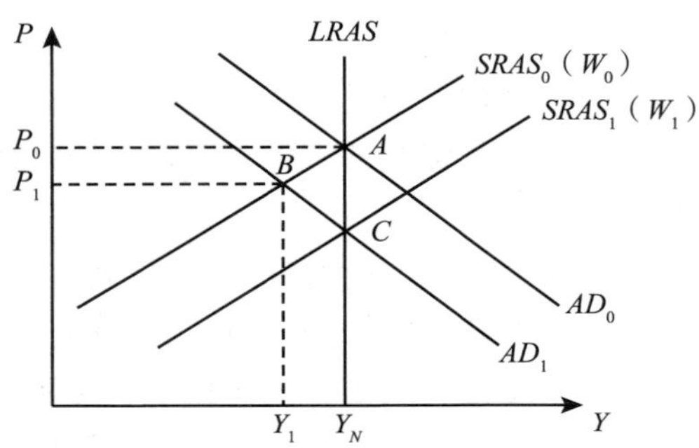

图 5－1　长期工资合同、理性预期与货币政策效应

在图 5－1 中，初始的名义工资率为 W_0，短期供给曲线位于 $SRAS_0(W_0)$，总需求曲线位于 AD_0，均衡点为 A。当发生需求冲击时，总需求曲线由 AD_0 移动到 AD_1，如果工资和价格都是弹性的，那么，短期供给曲线会由 $SRAS_0(W_0)$ 移动至 $SRAS_1(W_1)$，新的均衡点为 C。如果价格是弹性的，而名义工资是黏性的，货币工资因为按照之前签订的工资合同维持在 W_0，那么新的均衡点会移动到 B，而不能到 C。这时，中央银行如果增加货币供给量，且政策被预期到，那么总需求曲线会右移至 AD_0，经济又恢复到 A 点的均衡状态。因此，在长期合同下，货币工资在合同中签订，货币政策即使能够被理性预期到，货币供给量的变动也不会影响实际工资从而影响就业和产出，即货币非中性。

二、菜单成本与名义价格黏性

谢欣斯基和威斯（Sheshinski and Weiss，1977）在其关于调整价格的成本对通货膨胀的影响问题的论文——《通货膨胀与调整价格的成本》（Inflation and Cost of Adjustment）中，提出了菜单成本（menu cost）的概念。菜单成本是指厂商调整（名义）价格所花费的成本，包括研究与确定新价格、编印价目表、通知销售人员、与供货商及客户重新签订合同的成本、更换价格标签等所花费的各种准备成本（set-up costs）。这些成本类似于餐馆调整价格更换新菜单的成本，被称作“菜单成本”。

在完全竞争市场中，厂商是价格的接受者，按照既定的市场价格，厂商可以销售任意数量的商品，厂商的需求是完全弹性的。而在不完全竞争条件下，厂商有定价权，价格成为影响厂商利润的因素。帕金（Parkin，1986）、阿克洛夫和耶伦（Akerlof and Yellen，1985）、曼昆（Makin，1985）等新凯恩斯主义者都观察到：即使价格调整的成本很小，也能产生相当大的名义价格刚性，这被称为“PAYM 洞察”。

“PAYM 洞察”表明，名义价格黏性给单个厂商带来的个别成本远远小于给宏观经济带来的后果。其中特别强调调整价格发生时的菜单成本，包括重新制定价格要花费的新价格表和目录的印刷费用等。他们的研究成果都提出了一个共同的命题：一个小菜单成本可以产生一个工资或价格的无反应区域，该无反应区域足以允许产生一个相当明显的宏观经济萧条或高涨。

在菜单成本论中，假设市场结构为垄断竞争，厂商有一定的控制价格的能力。当需求变化时，厂商往往调整产量而不调整价格，价格呈黏性。

（一）菜单成本与价格黏性 I：价格调整的外部性→总需求的外部性

厂商调整价格会产生外部效应，即一个厂商的产品价格下降有利于其他厂商需求的增加，从而总需求增加，产生总需求的外部性（aggregate-demand externality）。

在不完全竞争市场中，单个厂商的市场份额较大，从而对价格的影响力也较大，当厂商降价时，平均价格会下降，从而导致实际货币余额增加，实际总收入增加，对商品的总需求增加。即单个厂商价格调整导致对所有厂商商品需求的增加，企业降价对宏观经济的收益大于对单个企业的收益，且降价还要承担菜单成本，这会导致厂商保持价格黏性。

（二）菜单成本与价格黏性 II：根据厂商均衡解释价格黏性

在垄断竞争市场中，厂商根据其收益函数和成本函数决定其产量和价格，如果不考虑菜单成本，那么，当市场条件变动时，厂商的均衡产量和价格都会被调整。如果调整价格的菜单成本存在，会使得厂商在面对市场环境变化时，只调整产量，而保持价格不变，即形成价格黏性。

在图 5－2 中，在初始状态，厂商的需求曲线为 D_0，边际收益曲线为 MR_0，为简化分析，假设厂商的边际成本在一定范围内不变，即边际成本曲线为水平线

MC_0，厂商利润最大化时的产量和价格分别为 P_0 和 Q_0，厂商的利润为 SP_0YE_0。如果需求减少，厂商的需求曲线移动到 D_1，边际收益曲线移动到 MR_1，如果没有菜单成本，那么厂商将会把价格和产量分别调整到 P_1 和 Q_1，利润为 $SP_1D_1WE_1$。如果厂商调整价格要发生菜单成本 Z，那么厂商可能就不调整价格。当调整价格所带来的利润增量不能弥补菜单成本时，厂商就会维持原来的价格。可用简化后的图 5－3 分析说明。

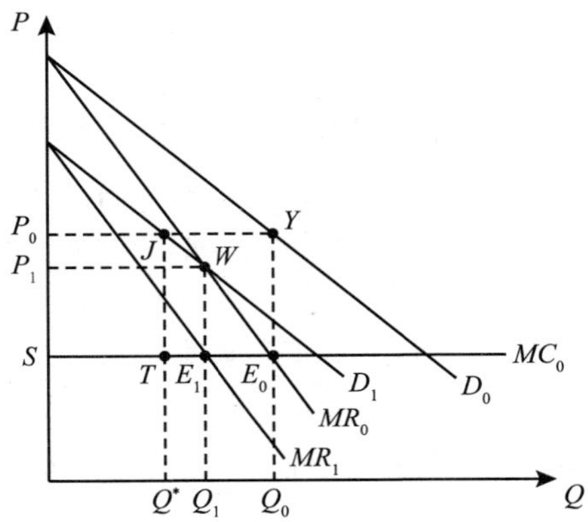

图 5－2　菜单成本对垄断竞争厂商的价格调整的影响

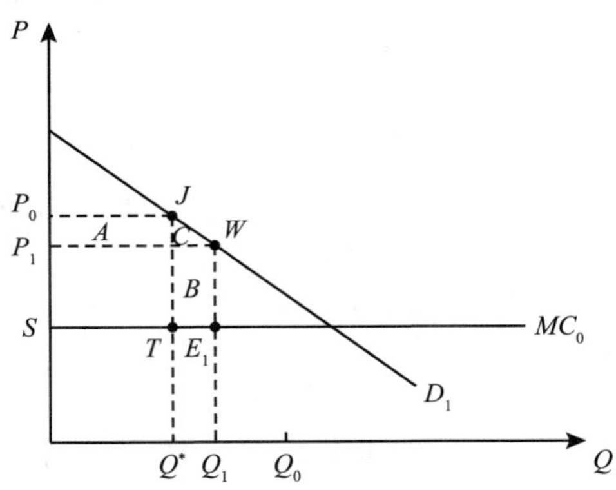

图 5－3　菜单成本与价格黏性

在图 5－3 中，当需求减少后，如果价格不变，则产量为 Q^*，利润为 SP_0JT，如果价格降到 P_1，产量为 Q_1，利润为 SP_1WE_1，利润增量为（$B-A$），当菜单成本 $Z>(B-A)$ 时，即调整价格所带来的利润增量不能弥补菜单成本，此时厂商会保持原来的价格 P_0。在新的均衡点，厂商的价格为 P_0，产量为 Q^*。

这时，价格黏性导致产量减少（Q_0-Q^*），总消费者剩余损失为（$B+C$），即使（$B+C$）$>Z$，厂商也不会降价，存在价格黏性。

三、近似理性、菜单成本与名义价格黏性

在不完全竞争市场上，因为厂商是价格的决定者，所以其利润是价格的函数。随着价格的上升，利润先递增后递减，利润曲线为倒 U 型。利润曲线的顶部较平缓，即价格变动带来的利润增量较小。因此，当需求变动引起利润曲线位移时，菜单成本存在，厂商不调整价格，即存在价格黏性。

在图 5－4 中，横轴 P 表示价格，纵轴 π 表示利润，随着价格的上升，利润呈先递增后递减的规律。在价格为 P_0 时，利润曲线达到最高点 Y，最大利润为 π_0。因为利润曲线的顶部较平缓，利润函数的一阶导数几乎为零，表明价格变动带来的利润增量较小。当需求下降引致利润曲线位移至 D_1 时，那么最大利润的价格是 P_1，如果把价格由 P_0 降到 P_1，利润增量很小，所以厂商会按照近似理性原则维持原来的价格 P_0。如果再考虑到菜单成本的存在，就更使得厂商保持价格不变，从而导致价格黏性。

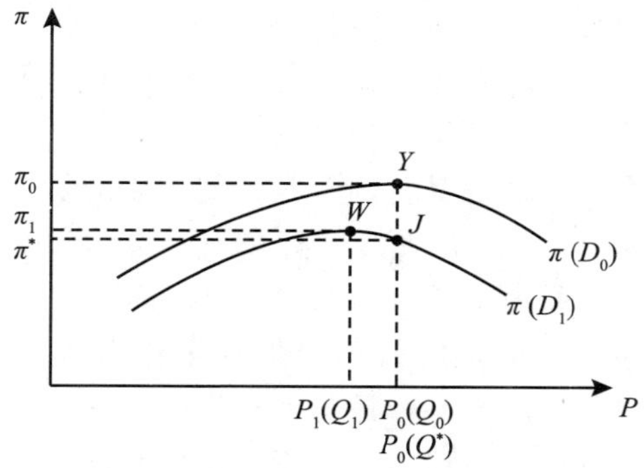

图 5－4 近似理性与价格黏性

第四节 实际工资黏性和实际价格黏性模型

新凯恩斯主义之所以区分名义黏性和实际黏性，是因为在其理论中，实际黏性不是导致货币非中性的原因，实际工资黏性可以导致失业，但不会导致货币非中性。

实际黏性是指当总需求变化时，实际工资的变化速度缓慢。实际黏性理论认为，即使不存在名义黏性，不完全市场中的实际黏性也会导致失业和经济波动，因而需要政府干预经济。实际黏性理论的主要代表人物包括约瑟夫·斯蒂格利茨（Joseph Stiglize）、安德鲁·威斯（Andrew Weiss）等。主要理论模型有效率工资理论、局内人—局外人理论、隐性合同论和折弯需求曲线模型等。

一、实际工资黏性模型

新凯恩斯主义对实际工资黏性的解释主要形成三种理论：隐性合同理论、效率工资理论和局内人—局外人理论等。

（一）隐性合同理论：隐性合同与实际工资黏性

贝利（M. N. Bailey，1974）、戈登（David Gordon，1974）和阿扎瑞艾迪斯（C. Azariadis，1975）提出了隐性合同理论（implicit contract theory）。早期的模型研究了建立在风险中性上的厂商与厌恶风险的工人之间的最佳劳动合同及其结果。20 世纪 80 年代阿克洛夫和霍尔等人的研究也支持并发展了隐性合同理论。

在实际经济中，工人与厂商之间的雇佣关系较稳定，在美国，普通工人从事一项工作的时间平均约长达 10 年，说明在劳动市场上存在一种隐形的力量或制度安排，影响就业和工资决定，使工资往往偏离边际生产率，而不是由所谓的瓦尔拉斯拍卖师支配劳动力市场。隐性合同理论揭示了其中的原因，即促使工人与厂商之间形成长期关系的“经济黏合剂”是如何产生的。

隐性合同理论认为，工人与厂商之间存在一种隐性合同——符合工人与厂商双方利益的一种默契。厂商为了获取工人的忠诚，需要给工人提供一种保证。工人为了在经济环境发生变化时能够有稳定的收入和消费，也需要得到厂商的保证，因而厂商和工人之间会形成一种默契，产生“看不见的握手”，保证各种情况下稳定的工作关系。按照这种默契，厂商会支付工人较高的工资，工资不仅包含由工人的边际生产率决定的劳动报酬，还包含为应对经济冲击带来的收入波动而增加的一份保险，即厂商支付的工资大于工人的边际收益产品。并且，相对于工人，厂商具有承受经济波动风险的能力以及在资本市场和保险市场运作的能力。隐性合同模型可用图 5 - 5 表示。

在图 5 - 5 中，工人向厂商的生产部门提供劳动，并获取相当于劳动的边际收益产品（MRPL）的报酬。厂商的保险部门向工人支付保险金，会计部门支付工人工资，即：

$$工资 = 劳动的边际收益产品 + 保险金$$

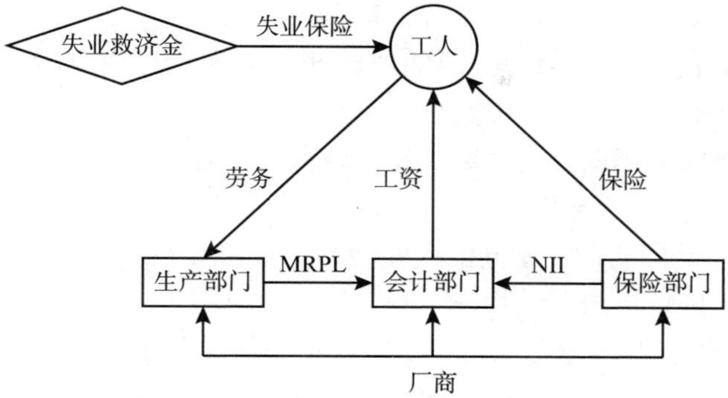

图 5－5 隐性合同模型中工资的决定

根据隐性合同理论的工资形成机制及内涵，工资还包括保险金，因而高于劳动的边际收益产品。在存在失业的情况下，厂商也不会迅速降低工资，形成实际工资黏性，并导致持续失业。

（二）效率工资模型：效率工资[①]与实际工资黏性

效率工资是能够提高劳动者努力程度的工资率，往往大于市场均衡工资率。

1. 索洛的基本结构及新凯恩斯主义者的解释。

索洛于 1979 年构建了一个关于工资率、生产率、厂商利润之间关系的理论模型，解释了工资黏性符合厂商追求成本最小化或利润最大化的目标。因为降低工资会降低劳动生产率从而导致成本上升，所以追求成本最小化的厂商会偏爱实际工资黏性。

到 20 世纪 80 年代中期以后，许多新凯恩斯主义者包括耶伦（Yellen，1984）、卡茨（Katz，1986；1988）、韦斯（Weiss，1991）、阿克洛夫（Akerlof，1979；2002）、斯蒂格利茨（Stiglitz，2002）等在索洛的研究基础上对效率工资理论进行了较系统的研究[②]。

2. 假设条件及厂商的利润函数。

（1）假设经济中有大量相同的竞争性厂商，目标是追求利润最大化。

代表性厂商利润函数为：

---

① 关于工资与劳动生产率之间正相关关系的观点，在古典和新古典经济学中就已经被提出了。在《国富论》中，亚当·斯密就论述过关于工人工资与劳动生产率之间的关系，他指出：劳动工资，是对勤勉的鼓励；丰富的生活资料，使劳动者体力增进；生活改善和晚景优裕的愉快希望，使他们更加努力；所以，高工资地方的劳动者，总是比低工资地方的劳动者活泼、勤勉和敏捷。在《经济学原理》中，马歇尔也指出，高薪劳动者的工作效率也高，工人的生产率与实际工资在一定范围内正相关。后来，在发展经济学中，效率工资通过增强劳动力的营养和健康从而提高劳动生产率。

② 这一现象被戈登称为“80 年代的狂热”。

$$\pi = Y - WL \tag{5-1}$$

该式中，π 表示利润；Y 表示厂商的产出；W 表示厂商支付给工人的实际工资；L 表示厂商雇佣的劳动力数量。

厂商的产出由雇用的劳动力数量和劳动者的努力程度（e）决定，即：

$$Y = F(eL),\ F'(eL) > 0,\ F''(eL) < 0 \tag{5-2}$$

（2）劳动不是同质的，不同的人在能力上存在着差别；即便是同一个人也会因为努力程度不同，导致劳动效率不同。

工人的劳动生产率或努力程度取决于实际工资水平，是工资率的增函数①。即：

$$e = e(w),\ e'(w) > 0 \tag{5-3}$$

3. 厂商利润最大化的工资——效率工资的决定：工人努力程度的工资弹性等于1。

厂商的目标函数为：

$$\max\pi = F[e(w)L] - wL \tag{5-4}$$

想要实现目标函数的一阶条件，则：

$$F'[e(w)L]e(w) - w = 0 \tag{5-5}$$

$$F'[e(w)L]Le'(w) - L = 0 \tag{5-6}$$

假定二阶条件满足，式（5－5）可变形为：

$$F'[e(w)L] = \frac{w}{e(w)} \tag{5-7}$$

把式（5－7）代入式（5－6）得：

$$\frac{we'(w)}{e(w)} = 1 \quad 或 \frac{\Delta e/e(w)}{\Delta w/w} = 1 \tag{5-8}$$

即当工人工作的努力程度对工资的弹性等于1时，厂商实现了利润最大化，这时的工资即为效率工资。

4. 效率工资决定的图象分析。

在图5－6（a）中，横轴表示工资率，纵轴表示工人的努力程度。正斜率的 E 曲线表示实际工资与努力程度之间的关系——工人的努力程度与工资率正相

---

① 实施效率工资的典型案例：20世纪初，亨利·福特在汽车生产中采用大规模的流水线生产技术，开启了大规模生产组织模式，这种生产技术需要大量的并非熟练技术的工人（相对于之前能够一辆一辆组装汽车的熟练工人而言）。结果却出现了严重的旷工和工人流动。第一条组装线于1913年开始运行，每天旷工人员比例高达10%，福特公司员工的年换手率达到370%。于是，福特调整了工资率，规定22岁以上的男性员工可以获得5美元日工资。1914年，福特汽车公司支付工人 \$5/天的工资，而当时的平均工资是 \$2.34/天。即福特公司支付高于市场均衡工资2倍多的效率工资，其结果是：旷工减少了75%，工人换手率下降了87%，即工人努力程度增加，生产率提高，劳动成本及福特汽车的生产成本降低，公司利润增加。

关，随着工资率的上升，工人努力程度增加。在工资率小于 W^* 时，努力程度的增加幅度大于工资率的上升幅度，或者说，努力程度以递增的速度增加，E 曲线凸向右下方。在工资率大于 W^* 时，努力程度的增加幅度小于工资率的上升幅度，或者说，努力程度以递减的速度增加，E 曲线凸向左上方。在 M 点，OM 线与该点的切线重合，即 $\left(\frac{\Delta e}{e}\right)=\left(\frac{\Delta w}{w}\right)$，其经济内涵是工资的边际努力程度等于平均努力程度，e/w 在 M 点最大化——单位工资的努力程度最高，这时的工资率为 W^*。

在图 5－6（b）中，横轴表示工资率，纵轴表示单位努力程度的工资成本，亦即单位产品的平均工资成本。与图（a）相对应，在工资率小于 W^* 时，$\left(\frac{\Delta e}{e}\right)>\left(\frac{\Delta w}{w}\right)$，努力程度的工资弹性大于 1，提高工资率会带来单位成本的下降；在工资率大于 W^* 时，$\left(\frac{\Delta e}{e}\right)<\left(\frac{\Delta w}{w}\right)$，努力程度的工资弹性小于 1，降低工资率会带来单位成本的下降。即只有当工资率等于 W^* 时，努力程度的工资弹性等于 1，此时单位成本最低或厂商利润最大，即为效率工资。

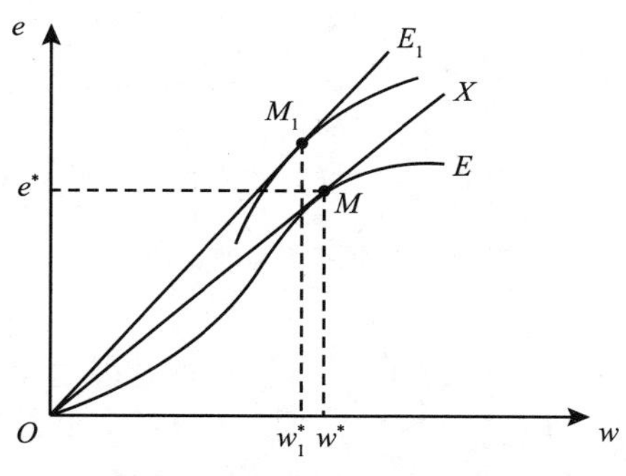

（a）工人努力程度随工资的增长而增加的规律

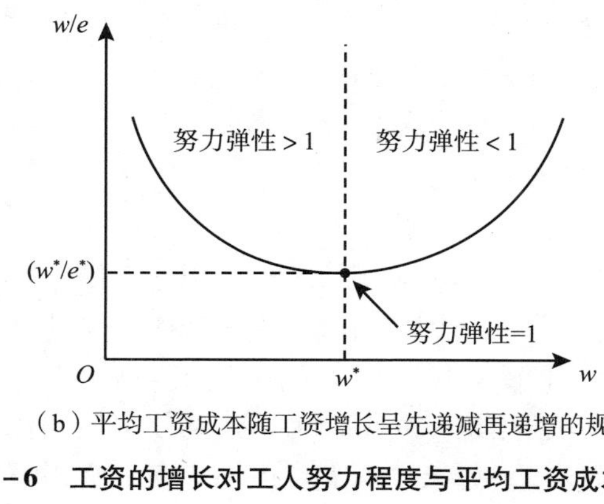

（b）平均工资成本随工资增长呈先递减再递增的规律

图 5－6　工资的增长对工人努力程度与平均工资成本的影响

如果宏观经济环境恶化，失业增加，那么，在既定工资率下，工人的努力程度会增加，因为找工作的难度增大，图（a）中 E 曲线会向左上方移动。图中的 E_1 曲线比 E_0 对应着较高的失业率，在 E_1 曲线上，$\frac{e}{w}$在 M_1 点最大化，相应的效率工资为 W_1^*。

当工人的努力程度一定时，有一条劳动的边际产出曲线，即厂商的劳动需求曲线。比如，当努力程度为 e^* 时，则劳动的边际产出从而需求曲线为 D_{L1}，效率工资为 W^*，若劳动供给曲线为 S_L，那么非自愿失业为 $U = L_S - L_1$。若需求冲击使得劳动需求曲线移动到 D_{L2}，厂商依然支付效率工资 W^*，结果就是非自愿失业进一步增加到 $L_S - L_2$，如图 5 -7 所示。

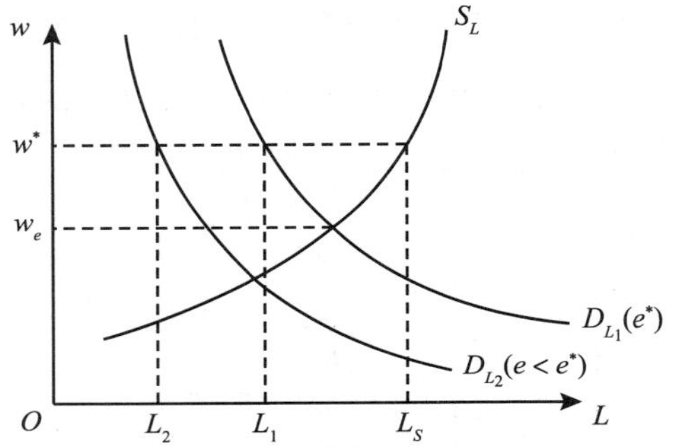

图 5 -7　效率工资与非自愿失业

如果因为失业率上升引起既定工资率下的努力程度增加，效率工资会下降，如图 5 -6（a）中 M_1 点对应的工资率为 W_1^*。也会有相对应的劳动边际产出曲线和需求曲线。

可见，在效率工资模型中，工资作为厂商利润函数中的自变量，能够使工人努力程度最高从而使利润最大的工资率为效率工资。在一定条件下，厂商都支付大于市场均衡工资率的效率工资，从而导致非自愿失业。当需求减少时，厂商依然支付效率工资，加剧失业。

5. 效率工资的形成机理。

新凯恩斯主义者寻求效率工资形成的经济机理，产生了若干理论。

（1）怠工模型（shirking model）。怠工模型于 1984 年由夏皮罗和斯蒂格利茨建立，这一模型是基于厂商不可能全面监督其工人，即工人可以努力工作，也可以偷懒这一现象建立的。根据这一模型，为了达到效用最大化，工人根据厂商支付的工资水平决定是否偷懒。如果厂商支付市场均衡工资，那么，在工人偷懒被抓到并解雇的情况下，被解雇的工人能够以相同的工资在其他企业就业。这样，解雇的威胁并不构成工人的成本，也就没有对高效率工作的激励。因此，为了激励工人努力工作，厂商会支付高于均衡工资的工资——效率工资。这样，如果偷懒的工人被解雇，到其他地方只能得到市场均衡工资，即偷懒会导致工资降低，或偷懒的成本较大。此时效率工资就成为激励工人努力工作不偷懒的工资。对于所有厂商而言，都面临偷懒问题，所以所有厂商都会支付高于市场均衡工资的效率工资。因而会导致劳动需求量小于劳动市场均衡状态的数量，即产生失业。因此，尽管所有厂商都支付较高的工资，但失业成为偷懒的成本，或者说工人因担心失业而不偷懒。

如图 5－8 所示，D_L 为劳动需求曲线，S_L 为劳动供给曲线，市场均衡工资率为 w，L_F 为充分就业的劳动量。为了防止怠工，厂商不支付 w 而支付高于 w 的工资率 w^*。即不怠工的工资率与均衡的充分就业状态下的工资率不相等。图中，NSC（no-shirking constraint）为不怠工约束线，表示在一定失业水平下，厂商愿意支付的并能避免偷懒的最低工资，低于这个工资就会发生怠工。*NSC* 在 S_L 的左上方。失业越高，效率工资与均衡工资之间的差距就越小。因为失业作为怠工的成本，失业水平高时，不需要更高的工资就可以使工人不怠工。无怠工约束曲线与劳动供给曲线没有交点，表示失业的存在。如果企业减少监督强度或政府提高失业补偿，*NSC* 会向左移动，这时，效率工资会上升，失业也会增加。

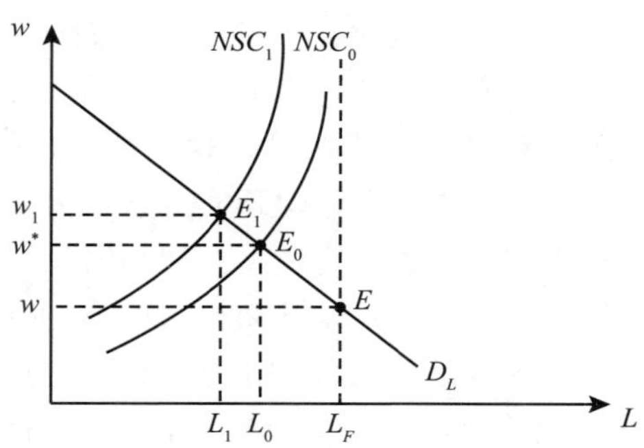

图 5－8　怠工模型中的效率工资和失业

工资越高，怠工被发现后被解雇的机会成本越大，工人越不敢怠工。厂商为了防止工人怠工，采用高于市场均衡工资的效率工资。

（2）逆向选择模型（adverse selection model）。按照一般或正向的市场选择逻辑，厂商为了降低工资成本会雇佣低工资的劳动力。但是，根据逆向选择模型，厂商反而愿意支付较高的工资，雇佣要求高工资的劳动力。

因为劳动力市场存在不对称信息，厂商与工人之间存在就业信息的不对称。因此，求职者会向厂商提供标志其能力或水平的各种信息，比如学历、工作经验、奉献精神等，还有提出较高的工资要求，对最低工资的要求被认为与求职者的能力正相关，厂商根据求职者提出的工资高低衡量其能力，愿意接受低工资的劳动力被视为能力低下的表现。

从厂商方面来看，为了减少工人的流动性，降低雇佣和解雇工人的成本，途径之一就是向劳动力市场发出支付高薪的信号，把较高的工资作为吸引高水平的劳动力的信号。如果企业提供低工资，生产率高的劳动者将不会选择到这个企业工作，企业招到的可能是低生产率的劳动者；若企业提供高工资，则会吸引高生产率的劳动者。

因此，工人的能力被认为与其期望工资正相关，较高的工资能够吸引能力强的工人。厂商放弃正向选择（放弃要求低工资的求职者）而选择要求高工资的劳动力。所有厂商都做逆向选择的结果就是，在职工人的工资高于市场出清的水平。即使劳动市场存在失业，厂商因担心高能力劳动力辞职而不会降低工资，继续保持高于市场均衡工资的效率工资。

（3）社会模型或桃李相报（gift exchange model）。这一模型是从社会学角度解释效率工资的形成。强调公平因素对工资的决定作用，重视相对工资、社会地位、权益、忠诚、信任以及平等对工资率决定的影响。

乔治·阿克洛夫、珍尼特·耶伦等学者特别强调，在劳动力市场，感受公平和平等的需要是形成效率工资的原因之一。并且，他们认为，凯恩斯在《通论》中很重视心理学和社会学的因素对人的行为的影响，而这一特征被新古典综合派忽视了。因而主张把心理学和社会学等相关因素如社会地位、认知偏见、互惠、公平等融入经济学理论，增强经济学理论对现实的解释力。

阿克洛夫把社会学因素纳入工资决定模型。他和席勒根据大量的实验证据说明，“公平因素的重要性不亚于理性的经济动机”。① 而在主流经济学教科书中，公平问题并未受到重视，因为“运用理性理论来分析问题可以得出简洁精致的表述”②。在社会学理论中，公平在交换中发挥核心作用。“社会学家关于交换的定义要比经济学家宽泛得多，……他们不仅想解释市场交易，还想解释企业之间、朋友之间、熟人之间以及家庭内部成员之间的非市场交换。社会学家认为，如果交换是不公平的，那么处于不利地位的人就会愤怒，由愤怒激发的冲动会迫使交

① ［美］乔治·阿克洛夫，罗伯特·席勒．动物精神：人类心理如何驱动经济、影响全球资本市场［M］．黄志强，等译．北京：中信出版社，2016：30.

② ［美］乔治·阿克洛夫，罗伯特·席勒．动物精神：人类心理如何驱动经济、影响全球资本市场［M］．黄志强，等译．北京：中信出版社，2016：28.

易趋于公平。"[①] 根据社会学的交换理论，对交换的任何一方来说，投入应该等于产出。并且，投入不仅包括投入的货币价值，还包括主观评价，例如，交易一方社会地位的高低。阿克洛夫认为，人们绝大多数时候都想得到公平，"公平将人们对自身行为和他人行为的是非观即行为规范等社会学概念引入经济学"。[②]

在纳入社会学等因素后，新凯恩斯主义者强调劳动力市场的这些特点：a. 与机器和原材料等要素相比，劳动力有情感，因而需要激励；b. 工人会因为工资、压力、健康等原因而影响工作效率甚至罢工；c. 工人之间会相互比较，因而效用函数是相互依赖、而不是彼此独立的。这些特点导致工人的努力程度从而生产效率具有不确定性，会因工作环境、工资水平、公平感等不同而变化，特别是公平被认为是劳动力市场的非常重要的因素。

根据乔治·阿克洛夫（1982）等人的分析，被公平对待是每个人与生俱来的心理需求，如果不被公平对待，就会降低努力工作的情绪或士气。工人的努力需要获得相应的工资，这样工人才能有公平感。努力完成工作后得到的工资是决定情绪或士气的主要因素。如果工人得到较高的工资，就能够提升工人士气，增强努力程度以及与团队的合作，用更高的生产率回报厂商支付的高工资。桃李相报或按酬付劳（a fair day's work for a fair day's pay）是公平模型的核心，即工人对企业的情感导致工人的实际工作量大于规定量，超额部分也希望得到报酬，厂商为鼓舞工人士气，也愿意支付这部分报酬。

阿克洛夫认为，绝大多数工人和厂商之间存在着较复杂的关系，工人希望厂商支付较高的工资，也希望得到认可，同时也有对工作的责任感，且责任感随着工人感受到的公平程度而调整，责任感与受到公平待遇的感受程度正相关。工资率是决定工人公平感的重要因素。"工资不仅仅是一种激励，它还是雇主和雇员之间双赢的一个标志。……因此，雇主不得不支付公平的工资。公平的工资通常很高，以致造成失业。"[③]

在阿克洛夫和耶伦的进一步研究中，把工人之间的相对关系纳入了分析框架，人们会通过与团队成员之间的相对待遇的比较感受公平程度。影响单个工人的效用的因素包括工人的相对工资、努力程度以及失业率，用公式表示为：

$$U=f(w/\overline{w},\ e,\ u) \tag{5-9}$$

式中，$(w/\overline{w})$ 表示实际工资与公平工资的比较或比率，e 表示努力程度，u

① ［美］乔治·阿克洛夫，罗伯特·席勒．动物精神：人类心理如何驱动经济、影响全球资本市场［M］．黄志强，等译．北京：中信出版社，2016：30.

② ［美］乔治·阿克洛夫，罗伯特·席勒．动物精神：人类心理如何驱动经济、影响全球资本市场［M］．黄志强，等译．北京：中信出版社，2016：31.

③ ［美］乔治·阿克洛夫，罗伯特·席勒．动物精神：人类心理如何驱动经济、影响全球资本市场［M］．黄志强，等译．北京：中信出版社，2016：158.

表示失业率。如果工人没有得到公平，即 $w < \overline{w}$，便会降低努力程度。这是阿克洛夫和耶伦的“公平的工资—努力假说”的基础。所以，厂商为了提高工人的士气和对企业的忠诚度，一般都会支付让工人感到公平的效率工资，即公平工资一般都高于市场均衡工资。

（4）劳动力换手模型（the laborturnover model）。埃德蒙德·菲尔普斯（Edmund S. Phelps，1968）强调劳动力工作转换会给企业带来损失，构建了劳动力转换模型。这一模型是解释厂商为了减少劳动力流动而支付高于市场均衡工资的效率工资。工人辞职率高，厂商就要花费成本雇佣和培训新工人，因为工人得到的实际工资会影响其辞职的动机和成本，实际工资越高，工人辞职的动机就越弱、成本越大，因而辞职比率与实际工资负相关。为了阻止工人辞职，降低厂商的劳动力换手成本，厂商愿意支付效率工资。

6. 效率工资与失业。

效率工资的存在为失业提供了一种微观解释。如图 5-9 所示，若厂商支付市场均衡工资 W_E，则就业量为 L_E。厂商为了追求利润最大化实际支付工人的工资为效率工资 W^*，此时就业量为 L^*，假设 L_E 为充分就业的就业量，那么支付效率工资的结果就是导致失业（$L_E - L^*$）。

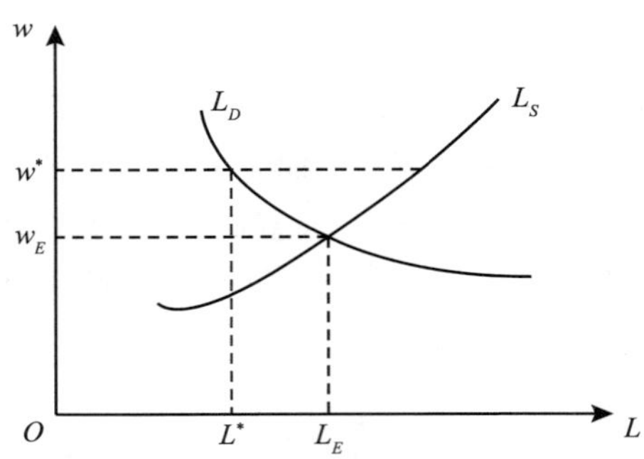

图 5-9　效率工资与非自愿失业

（三）局内人—局外人理论

局内人—局外人理论（insider-outsider theory）是由林德贝克（A. Lindbeck）和斯诺沃（D. J. Snower）在 20 世纪 80 年代的一系列研究成果形成并不断发展得出的。该理论通过对两类劳动力在工资决定中的不同地位的比较分析，提出内部人权力导致劳动力流转成本，解释了实际工资黏性存在的原因。

1. 劳动力的分类：局内人和局外人。

在局内人—局外人理论中，劳动力被分为两类：局内人（insider）和局外人

(outsider)。“局内人”是指拥有一定市场势力的被雇佣的工人；“局外人”是指不能够或不愿意降低现存的工资率以获得就业机会的失业者。

2. 局内人权力和流转成本的存在导致工资黏性。

与效率工资模型中工资主要由厂商决定不同，在局内人—局外人理论中，“局内人权力”在工资决定和雇佣决策中起重要作用，流转成本的存在导致出现局内人权力，从而导致实际工资黏性。

劳动力流转即解雇在岗工人和增雇新工人，会发生流转成本（turnover costs)。包括与生产相关的转换成本和与“租金”相关的转换成本，主要包括：

（1）雇佣和解雇的成本。包括搜寻劳动力市场、登广告、议定就业条件、强制性的解雇费和诉讼的成本等。

（2）培训新雇员的成本。新雇员进入企业需要熟悉工作环境、企业文化、工作技能等。

（3）局内人在长期工作中形成的默契配合所产生的较高的生产效率。局内人如果感受到局外人对他们形成威胁，就会排斥新员工，不愿意与新员工合作。这种工作中的负面因素也会促使局外人提高工资要求，从而导致厂商不雇佣局外人。

（4）流转率高的企业会降低工人的长期工作的稳定心态，减少晋升机会，缺少建立在企业内部的积累自己声誉的动机，就会降低劳动生产率，这是流转成本的一种表现。

流转成本导致局内人权力，因而工人在工资谈判中获得较强的议价能力。在工资谈判中，内部人追求的是自身利益的最大化，并不考虑局外人的利益，形成局内人的“经济租金”。同时，工会通过组织罢工、不合作等措施增强局内人权力——局内人控制局外人进入该企业的力量。

基于以上假设，局内人—局外人理论认为由于转换成本及其形成的“局内人权力”以及局内人的自私心态，厂商会把实际工资维持在一个较高水平，从而导致实际工资黏性，在与厂商进行谈判时，即使劳动市场有非自愿失业的存在，工资也不会降低，这也为解释非自愿失业提供了一个理论解释。而且，这一理论还暗示了失业人口的构成特点——变换工作较频繁的人占比较高。

二、实际价格黏性模型：折弯的需求曲线模型

折弯的需求曲线模型（kinked demand curve model）是由斯威齐（Paul M. Sweezy）构建的，也被叫作斯威齐模型，新凯恩斯主义者用以解释价格黏性。

1. 假设条件。

（1）市场结构为寡头垄断。

（2）商品的总供给大于总需求，对于厂商而言，如何增加销售成为影响利润的重要因素。

2. 厂商面临折弯的需求曲线。

在寡头市场上，当单个厂商调整价格时，行业中的其他厂商是否会跟着同时调整价格，使得厂商面临斜率不同的需求曲线。如果行业中的其他厂商不跟着调整价格，那么需求价格弹性较大，调价厂商的需求曲线较平缓；相反，如果其他厂商跟着同时调价，则厂商的需求价格弹性较小，需求曲线较陡峭。为了增加销售，其他厂商往往对提价和降价有不同的反应，即跟跌不跟涨，导致厂商面临着折弯的需求曲线，如图 5－10 所示。厂商面临着一条在当前市场价格 P_0 处折弯的需求曲线，在 P_0 以上，需求价格弹性较大，需求曲线较平缓，在 P_0 以下，需求价格弹性较小，需求曲线较陡峭。厂商的需求曲线在 K 点处折弯。

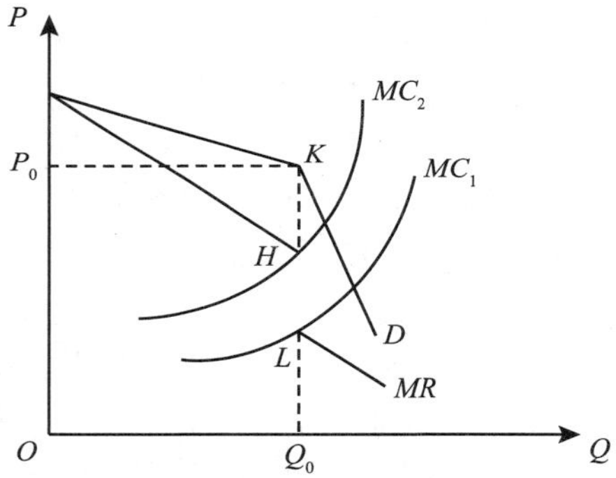

图 5－10　折弯的需求曲线与价格黏性

3. 折弯的需求曲线对应非连续的边际收益曲线并导致价格黏性。

在折弯的需求曲线模型中，折弯的需求曲线导致非连续的边际收益曲线，与折弯的需求曲线对应的边际收益曲线在该点不连续，H 点和 L 点分别为边际收益曲线的两个端点。结果是：当厂商的成本在一定幅度内变动时，图 5－10 中 MC 曲线在 H 和 L 之间移动，在同样的产量水平下与边际收益相等，价格都保持在 P_0 不变。

折弯的需求曲线模型解释了寡头垄断厂商的价格形成及其结果——价格黏性。价格黏性是寡头垄断市场的一个特征，即在需求或成本变化的情况下，厂商也不改变价格。折弯需求曲线模型的不足之处主要在于它未能解释折弯点的价格是如何决定的。

第五节　黏性与经济周期

作为继承和发展凯恩斯主义的一个学派，新凯恩斯主义对于经济周期波动根源的分析，不仅重视需求方面而且还强调供给方面的冲击，其理论重点论证了当经济受到需求或供给冲击后，因为黏性等原因，扩大了总产出和就业波动的幅度。

一、新凯恩斯主义经济周期理论的假设条件

新凯恩斯主义用名义黏性解释经济的周期性波动，假设条件包括：

（1）名义工资黏性。

（2）价格黏性，短期总供给曲线为水平线。

（3）厂商面临两条劳动需求曲线：一是意念的（notional）劳动需求曲线，表示劳动需求与工资之间的关系。二是有效的劳动需求曲线，表示劳动需求与产量水平的关系。

二、总需求冲击对就业和总产出的影响

可用图 5 - 11 分析新凯恩斯主义经济周期理论的传导过程及结果。在图 5 - 11 中，在初始状态，总需求曲线为（a）图中的 AD_0，均衡点为 E_0，价格水平和国民收入水平分别为 P_0 和 Y_0，相应地，图（c）中宏观生产函数曲线上的对应点为 E_0，就业量为 L_0，劳动市场的均衡点为图（d）中的 E_0。

工资率 W_0 和价格水平 P_0 固定，实际工资（W_0/P_0）固定。当市场环境变化，总需求下降时，（a）中的总需求曲线由 AD_0 移动至 AD_1，因为价格黏性，价格水平维持在 P_0，所以均衡点由 E_0 移动至 E_1，国民收入水平下降至 Y_1。如果价格非黏性，总供给曲线为负斜率，那么当总需求下降至 AD_1 时，国民收入水平不会降至 Y_1，而会大于 Y_1。（d）图显示，生产 Y_1 的总产出需要的劳动力为 L_1。

在（d）图中，因为工资黏性，工资维持在 W_0，劳动需求曲线为 NKL_1，而不是 D_L。这里，D_L 被叫作“意念的（notional）劳动需求曲线”，NKL_1 被叫作有效劳动需求曲线。尽管在 W_0 工资下，厂商愿意雇佣的劳动数量为 L_0，但是因为市场需求不足，若投入 L_0 的劳动力，则会产生产品积压，没有市场销路，这就导致厂商只会雇佣 L_1 的劳动力，从而导致非自愿失业增加了（$L_0 - L_1$）。因此，

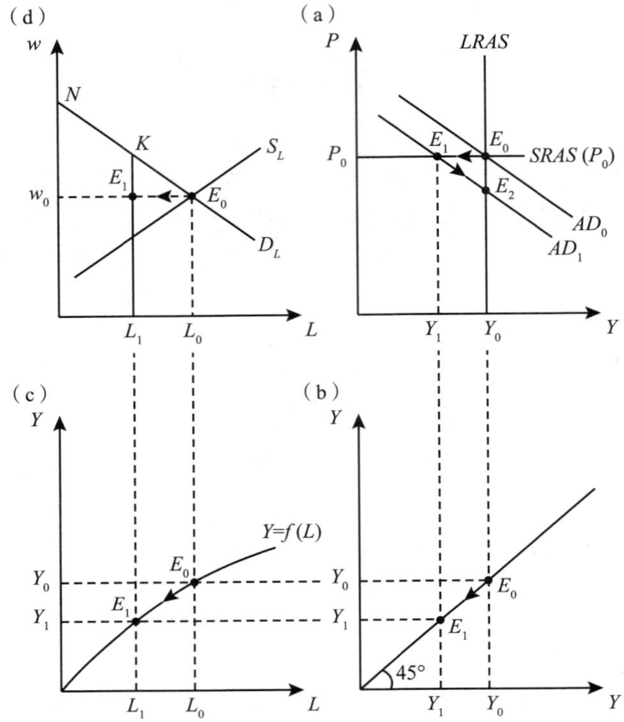

图 5－11　黏性加大了经济波动的幅度

在存在价格和工资黏性时，短期总供给曲线 *SRAS* 曲线为水平线，总需求下降时总产出和就业会有较大幅度的下降。

新凯恩斯主义强调，因为黏性加剧了经济的萧条，所以，当经济受到冲击时，需要政府采取经济政策刺激总需求，这也是新凯恩斯主义主张通过政府干预以稳定经济的理论依据。

从长期来看，价格和工资黏性消失，长期总供给曲线为垂线，即（a）图中的 *LRAS*，长期均衡点为 E_2，国民收入水平和就业量恢复至 Y_0 和 L_0。但是这是一个非常缓慢的过程，也超出了新凯恩斯主义的基本分析框架。

新凯恩斯主义者构建了多种经济周期的理论，还有一种理论强调市场经济中存在的协调失灵及其影响，并以此解释经济周期。这方面的分析以斯蒂格里茨为代表，他认为市场经济中决策权的分散，往往导致经济主体不能有效地协调它们之间的活动。比如在经济萧条时，需求下降，尽管降低价格对所有厂商都有好处，但因为存在协调失灵，单个厂商都没有动力降低价格和增加产量，结果加剧了经济萧条。

第六节 技术进步内生化：内生经济增长理论的核心

在宏观经济学的发展演变过程中，经济增长理论经历了三次研究热潮。前两次分别以产生于20世纪40年代末的哈罗德—多马增长模型和20世纪50年代中期的新古典增长模型为标志。经过大约30年的沉寂之后，到20世纪80年代中期，新凯恩斯主义以技术进步内生化为核心，构建内生经济增长（endogenous economic growth）理论，掀起了西方经济学领域经济增长研究的第三次热潮。内生增长理论强调经济增长不是依赖外部力量（外生技术进步、外资等），而是主要由经济的内在力量（内生技术进步、资本积累等）驱动的长期经济增长。

一、超越新古典增长模型

模型中包含的影响因素是经济增长理论演变的路径之一，在新古典增长模型中，技术进步对经济增长的贡献是采用“余值”的方法测度，即技术进步是一个外生变量，技术进步的来源没有在模型中给以解释。这为内生增长理论提供了理论发展的空间和思路。在实践中，20世纪60年代西方国家已经面临着严重的环境污染和自然资源短缺问题，需要寻求新的经济增长的驱动力。因此，收益递增、人力资本、研究与开发、技术扩散、外部效应等都成为内生增长理论的重要论题。以罗默[①]为代表的新凯恩斯主义者不仅把技术进步作为影响经济增长的重要因素，而且把技术进步内生化，解释技术进步的源泉。

二、重视技术进步和政府干预：内生增长理论的基本思想

基于实现经济持续增长的目标，内生增长理论重视技术进步对经济增长的作用。作为对凯恩斯主义理论的继承和发展，内生增长理论依然重视政府的作用。其基本思想可概括为：

（1）技术进步（包含知识的增长）是经济增长的主要动力。从20世纪60年代开始，西方国家就面临着日益严峻的自然环境破坏问题，即经济增长与自然

① 保罗·罗默在芝加哥大学获得物理学学士学位，后来在麻省理工学院和芝加哥大学攻读经济学，他一直思考：技术进步也许是人类历史上最重要的问题。带着这一问题，1989年，罗默辞去芝加哥大学终身教职，来到硅谷获得某机构研究基金，研究内生增长理论。20世纪90年代末进入加州大学伯克利分校工作。罗默的主要贡献就是把技术进步内生化。

环境保护的冲突显现。以破坏环境为代价获得经济增长的理论开始被质疑甚至否定。新凯恩斯主义重视技术进步的作用，试图实现在不破坏环境的条件下获取经济持续增长的目标。

（2）技术进步内生化。在内生增长模型中，技术进步内生于厂商追求利润的投资过程，投资增加会促进技术进步及规模收益递增。

（3）知识、人力资本具有外部效应，如果没有政府干预，经济增长率通常低于社会最优增长率。因此，实现最优增长需要政府干预。

三、技术进步成为解释变量：内生增长理论的主要特点

内生增长理论要克服新古典增长模型中技术进步是外生变量的缺陷，因此，以技术进步内生化为核心，新凯恩斯主义者构建了若干内生增长模型，包括 AK 模型、常数替代弹性（CES）模型等。下面以罗默模型为例，分析其理论特点。

罗默模型的基本表达式为：

$$Y = AK^{\alpha}L^{1-\alpha}K^{\beta}\beta > 0 \tag{5-10}$$

式（5-10）表明，投资对经济增长的贡献在 K^{α} 的基础上，还增加了 K^{β}，体现了投资会产生技术进步。因为投资中包含技术进步（知识也是资本，且边际收益递增）、新投资品具有更高的技术含量、在干中学或在投资中学能够提高生产率、作为资本存量的知识属于公共物品，具有正外部效应。因此，内生增长理论的政策含义是：政府应采取通过增加知识和投资从而促进技术进步的政策。

第七节　政策主张：粗调以避免宏观经济剧烈波动

作为凯恩斯主义理论，新凯恩斯主义同样重视政府对经济的干预，而且还为政府干预经济重新提供了理论依据和政策主张。

一、新凯恩斯主义对市场失灵及政府干预经济的必要性的解释

新凯恩斯主义强调由于信息不对称、不完全竞争以及外部效应等导致市场失灵。信息不对称导致工资率与劳动生产率之间的不确定关系，不完全竞争影响市场供求关系变化时工资和价格的调整，外部效应导致协调失灵。因此，经济主体的最优化行为依然导致工资和价格黏性从而出现非自愿失业。

1. 黏性的存在导致经济恢复的过程缓慢，特别是在经济严重衰退时期。

作为应对反凯恩斯主义的新古典宏观经济学的产物，新凯恩斯主义认为，新古典宏观经济学的政策无效性定理的前提主要不是理性预期，而是市场出清的假设。在理性预期下，也会产生政策效应。新凯恩斯主义强调，工资和价格黏性导致非均衡的存在，因此，当市场受到冲击后，经济再次恢复到均衡是一个缓慢的过程，因而需要政府经济政策的作用。

2. 外部效应影响最优经济增长率的实现。

外部效应是市场失灵的一个领域，即当经济活动的社会收益与私人收益不一致，或社会成本与私人成本不一致时，会降低资源配置效率或降低资源利用的程度，且市场机制难以对此进行有效调节。在新凯恩斯主义理论中，影响经济增长的主要因素包括知识、技术进步等，都存在外部效应，因此，如果没有政府干预，经济增长率难以实现最优增长率。并且，新凯恩斯主义强调影响经济主体行为的动物精神。“一个充满了动物精神的世界为政府干预提供了机会。政府的角色应该是设定条件，使我们的动物精神可以创造性地发挥更大的作用。换言之，政府必须制定游戏规则。”① 即通过政府营造适宜的外部环境等，促进知识和技术进步，从而实现经济最优增长。

二、反对政策规则，主张粗调

新凯恩斯主义认为，经济变量变动的不确定性导致政策没有规则。因为造成经济波动的冲击是随机的，经济波动是不规则和不可预期的，因此，政府政策也不应坚守某种规则。

（1）反对相机抉择和单一规则的政策主张。因为新凯恩斯主义认为经济波动不规则且难以预测，因而反对新古典综合派主张的“微调”（fine-tuning）政策规则和货币主义主张的“单一规则”的货币政策规则。

（2）主张“粗调”（rough-tuning），即政策是用于消除或避免严重的宏观经济问题。新凯恩斯主义把经济政策的主要目标聚焦于避免重大的宏观经济问题，因而主张“粗犷调整”，即当某一经济问题比较严重时，政府应采取相应政策。比如，新凯恩斯主义者泰勒（Taylor，2000）主张，在一般情况下，财政政策应用于实现经济长期增长等目标，但当面临名义利率降为零等特殊情况时，就必须采用财政扩张的政策刺激经济。

① ［美］乔治·阿克洛夫，罗伯特·席勒．动物精神：人类心理如何驱动经济、影响全球资本市场［M］．黄志强，等译．北京：中信出版社，2016：261.

（3）减少持续性失业的政策——降低工资黏性。这就需要改革就业等社会保障制度，比如，通过工作保障法规的软化，减少劳动力流转的成本；增强对失业人员的培训，提升其劳动技能；调整失业补助水平，促使失业者积极寻找工作。

第八节　新凯恩斯主义评价

新凯恩斯主义成为与新古典宏观经济学并驾齐驱的主流经济学理论，同时也受到批评和质疑。

一、批评和质疑及新凯恩斯主义的回应

新凯恩斯主义受到的质疑和批评主要包括以下三点。

（1）新凯恩斯主义理论缺少经验检验。新凯恩斯主义致力于解释工资和价格黏性，构建了多个理论模型，对此，批评者认为，新凯恩斯主义严重地倾向于理论模型构建，而缺少经验研究，即没有对模型进行统计检验。

对此，新凯恩斯主义者认为：曼昆、罗默等学者用跨国数据检验过菜单成本模型；布林德（Blinder，1994）采用访谈收集数据验证价格黏性理论，对 12 种解释价格黏性的理论按照受访者认同程度的排列，经验证据的结果如表 5－1 所示。

表 5－1　　各种价格黏性原因的经验证据

价格黏性理论	接受理论的企业百分比（%）
协调失灵——每个企业都等待其他企业调价	60.6
基于成本的定价，有滞后现象	55.5
喜欢改变产品的特征而不是价格	54.8
隐性合同——对顾客的公平需要稳定的价格	50.4
显性的名义合同	35.7
有代价的价格调整——菜单成本	30.0
正周期的弹性——需求曲线越左移越少弹性	29.7
定价特征的心理意义	24.0

续表

价格黏性理论	接受理论的企业百分比（%）
喜欢改变存货而不是价格	20.9
不变的边际成本和不变的加价幅度	19.7
官僚主义的拖延	13.6
以价判质——担心顾客认为一分价钱一等货	10.0

资料来源：［英］布赖恩·斯诺登，霍华德·文．现代宏观经济学：起源、发展和现状［M］．佘江涛，魏威，张风雷，译．南京：江苏人民出版社，2009：372.

（2）新凯恩斯主义没有形成一个理论体系或统一的模型框架。“新凯恩斯主义发展的问题之一是，其研究纲领有点博杂（article-laden），因此，不存在一个统一的新凯恩斯主义模型。”① 新凯恩斯主义的许多理论，比如，效率工资模型、偷懒模型、局内人—局外人模型等都是彼此独立、不存在关联性的模型，虽然都致力于构建凯恩斯经济学的微观基础，但要把这些理论融合起来形成一个可以检验的新凯恩斯主义模型非常困难。并且，在众多的黏性理论中，哪一种对黏性的理论解释更重要，也没有一个统一的认识。

（3）质疑菜单成本理论，即小小的菜单成本是否真正成为导致经济衰退的原因：对于企业来说，菜单成本是重要的，但在总量层次上其影响却不存在或不显著。

二、学术影响：保住了凯恩斯主义的主流地位

为了拯救被反对者认为陷入失灵状态的凯恩斯主义，新凯恩斯主义者以不完全竞争为市场特征，吸纳理性预期等方法，从微观经济主体行为的角度，为凯恩斯经济学构建微观基础，发展和完善凯恩斯经济学理论。

新凯恩斯主义者认为，他们已经有力地反驳和批判了当时占据主导地位的新古典宏观经济学。斯蒂格利茨、曼昆等学者认为，新凯恩斯主义理论在为凯恩斯的宏观经济理论补充微观基础方面确实起到了重要作用。阿克洛夫强调不对称信息、不完全竞争以及心理学和社会学在经济分析中的作用，设想的宏观经济学发展趋势是建立具有凯恩斯精神的理论体系。新凯恩斯主义的产生避免了凯恩斯主义的衰落，使凯恩斯主义一直占据西方经济学的主流地位。

① ［英］布赖恩·斯诺登，霍华德·文，彼得·温纳齐克．现代宏观经济学指南：各思想流派比较研究引论［M］．苏剑，等译．北京：商务印书馆，1998：351.

作为20世纪80年代在美国产生的以拯救凯恩斯主义经济学为己任的一个经济学流派，新凯恩斯主义继承了凯恩斯主义的基本假说和方法，弥补了新古典综合派的不足，从微观经济主体行为角度构建凯恩斯主义宏观经济学的微观基础，并吸收了新古典宏观经济学、货币主义、新古典综合派的假设、方法等，发展和完善了凯恩斯主义经济学，从而保持了凯恩斯主义的活力和影响力。

第六章

反凯恩斯主义的先行者：货币主义

在经济学产生以来的200多年间，货币理论一直都是经济学家关于总量分析的工具，货币数量被视为最重要的宏观经济变量。从20世纪30年代到70年代，凯恩斯主义的宏观经济理论和经济政策支配了西方经济学及政府政策。但是到20世纪70年代，西方国家经济陷入“滞胀”，特别是通货膨胀压力巨大，货币数量论及相应的货币政策重新受到重视。

“滞胀”结束了凯恩斯主义统治西方经济学的历史。面对滞胀，凯恩斯主义理论的困境和政策的乏力使其在经济学领域的统治地位被动摇，其政策所导致的巨额债务和财政赤字等副作用也使人们对其丧失信心。在这一背景下，反凯恩斯主义逐步进入经济学舞台的中心。货币主义第一个扛起反凯恩斯主义大旗，掀起货币主义反革命浪潮，成为西方经济学领域第一个反凯恩斯主义的主流学派。

第一节　货币主义形成和发展的学术背景

货币主义主要是基于对芝加哥大学重视研究货币理论的传统的继承和发展，以及解决实践中的“滞胀”特别是严峻的通货膨胀问题的需要而形成和被传播的。以下对货币主义产生的学术背景作详细介绍。

一、货币主义与凯恩斯主义的理论分歧

（一）关于货币重要性的争论

不同理论之间的分歧之一就是研究经济问题的出发点以及重视的宏观经济变量不同，货币数量重要性的问题，就是货币主义与凯恩斯主义的理论纷争的焦点

所在。

凯恩斯在《通论》中通过对货币供给量变动的影响的分析得出结论认为，人们的财富在货币和债券之间进行选择，货币需求的利率弹性较大，所以，货币数量变动对总产出的影响较小。当利率很低时，货币需求的利率弹性无穷大，即出现流动性陷阱，货币数量变化不会影响总产出。所以，在货币主义者看来，在凯恩斯理论中，货币不重要（money does not matters）。

新古典综合派不仅重视财政收入和支出变动对就业和产出的作用，也重视货币数量变动的影响，认为货币重要（money matters）。

货币主义认为，宏观经济中最重要的变量就是货币数量，名义国民收入水平、价格水平等都主要取决于货币数量。强调“唯有货币最重要”（money alone matters）。

（二）关于政策效应和政策规则的分歧

因为对投资的利率弹性和货币需求的利率弹性大小的认知不同，货币主义与凯恩斯主义对财政政策和货币政策的相对效应问题产生分歧，凯恩斯主义认为投资的利率弹性较小，货币需求的利率弹性较大，所以财政政策具有强效应，而货币主义认为投资的利率弹性较大，货币需求的利率弹性较小，所以财政政策效应较小，货币政策具有强效应。因而货币主义认为，财政政策的职能应该主要用于国防、外交等，调节经济应主要依赖货币政策。

货币主义经过实证分析认为，政策效应存在时滞，所以否定相机抉择的政策规则，认为相机抉择的政策不能起到稳定经济的作用，主张单一规则的货币政策。

二、实践背景：“滞胀”特别是通货膨胀成为最严峻的经济问题

（一）通货膨胀成首要问题

“二战”以后，西方国家面临的主要问题是失业，价格水平相对稳定，因此，政府政策的主要目标是增加就业和促进经济增长。学术界中以分析货币数量和通货膨胀问题为核心的货币主义也没有成为主流。自 20 世纪 60 年代中后期开始，由于原油价格冲击等，西方各国的价格水平大幅度上升，如表 6－1 所示。

表 6 – 1 工业化国家的通货膨胀（1964 ~ 1975 年）

年份	美国	加拿大	日本	法国	德国	意大利	英国
1964	1.3	1.8	3.8	3.1	2.3	5.9	3.2
1965	1.7	2.5	6.6	2.7	3.2	4.4	4.8
1966	3.0	3.7	5.1	2.6	3.6	3.2	3.9
1967	2.8	3.6	4.0	2.8	1.6	0.5	2.4
1968	4.2	4.1	5.4	4.6	1.6	1.5	4.7
1969	5.4	4.5	5.2	6.1	1.9	2.4	5.5
1970	5.9	3.4	7.7	5.9	3.4	5.0	6.4
1971	4.3	2.8	6.4	5.5	5.2	4.9	9.4
1972	3.3	4.8	4.9	6.2	5.5	5.8	7.1
1973	6.2	7.6	11.7	7.3	7.0	10.8	9.2
1974	11.0	10.9	23.1	13.7	7.0	19.1	15.9
1975	9.1	10.8	11.8	11.8	5.9	16.9	24.2

资料来源：方福前．当代西方经济学流派［M］．北京：中国人民大学出版社，2014：90.

通货膨胀加剧，成为超过失业的头号经济问题，反通货膨胀成为首要目标，在这种背景下，货币主义受到广泛关注和传播。

（二）菲利普斯曲线的崩溃

菲利普斯曲线被新古典综合派运用和发展后，成为占据主流地位的凯恩斯主义范式的组成部分，也成为许多西方国家分析宏观经济和制定经济政策的重要工具和理论基石。在美国，20 世纪 60 年代失业率与通货膨胀率之间的关系符合负斜率的菲利普斯曲线描述的状况。20 世纪 60 年代美国的失业率与通货膨胀率存在交替关系。到 60 年代末，美国的失业率与通货膨胀率之间的关系变得极不稳定，并且出现了高通货膨胀率与高失业率并存的状况即“滞胀”，菲利普斯曲线崩溃。如图 6 – 1 所示。对此，凯恩斯主义的理论和政策效力下降，货币主义逐步进入经济学舞台的中央。

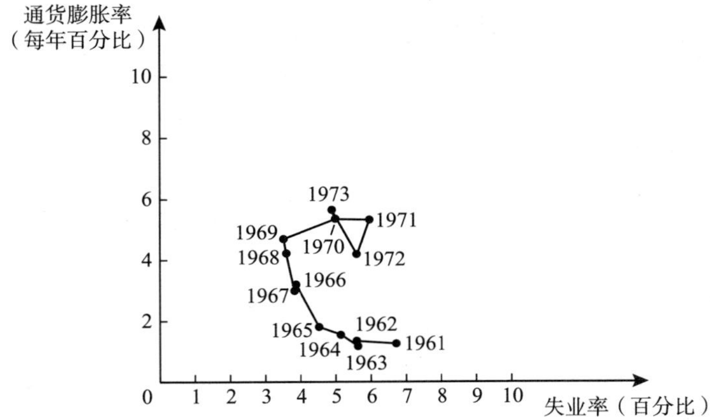

图 6－1　20 世纪 60～70 年代初美国的失业率与通货膨胀率

资料来源：Economic Report of the President，1997.

三、货币主义的主要代表人物

货币主义发源地和大本营是美国芝加哥大学。货币主义的主要代表人物有：米尔顿·弗里德曼（Milton Friedman，1912～2006）、克拉克·沃伯顿（Clark Warburton，1896～1979）、菲利普·卡甘（Philip Cagan，1927～2012）、卡尔·布朗纳（Karl Brunner，1916～1989）、阿伦·梅尔泽（Allan Meltzer，1928～）、安娜·施瓦茨（Anna Schwartz，1915～2012）、艾伦·格林斯潘（Alan Greenspan，1926～）等。

其中，克拉克·沃伯顿是货币主义的先驱，他从 20 世纪 40 年代就开始批判凯恩斯的理论，特别是关于货币和利率的理论，主张复活货币数量论，并且做了大量的实证研究，论证了货币数量对宏观经济的影响及货币政策稳定的主张。其研究方法、理论观点及政策主张等都开启了货币主义的分析范式。

米尔顿·弗里德曼在货币主义形成和发展过程中起了主导和核心作用，被公认为是货币主义的领袖人物。弗里德曼是美国芝加哥大学经济学教授①。米尔顿·弗里德曼于 1912 年出生于纽约布鲁克林。1951 年，弗里德曼获得由美国经济学会颁发的克拉克奖，该奖项每两年颁发一次，授予对象为对经济思想与知识做出极重大贡献的 40 岁以下的美国经济学家。1967 年当选美国经济学联合会会长。1976 年，为表彰“他在消费分析、货币史以及稳定政策复杂性证明上的成

① “二战”结束后，弗里德曼到芝加哥大学执教，主要从事价格理论和货币经济学的教学和研究，并与乔治·斯蒂格勒等人一起创建了芝加哥学派。

就”，弗里德曼获得诺贝尔经济学奖。1988 年获得了总统自由勋章和美国国家科学奖章。曾担任尼克松总统和里根总统的顾问。《消费函数理论》和《美国货币史》是弗里德曼否定凯恩斯经济思想的两部力作。在前一部作品中，弗里德曼论证了“大萧条”不是因为储蓄过多或边际消费倾向递减所致；后一部作品论证了“大萧条”是因为中央银行货币供给控制不当所致。在《当代十二位经济学家》一书中，作者洛克斯利写道：“身材矮小的弗里德曼是 20 世纪经济学的智慧巨匠之一。”①

四、货币主义产生的标志

弗里德曼认为，他在芝加哥大学的经济学老师对他的影响较大，其中加克伯·维纳（Jacob Viner）、弗兰克·奈特（Frank Knight）等都认为“大萧条”是美联储错误地减少货币供给而酿成的灾难性后果。并指出美联储和政府应采取扩张性政策。因此，弗里德曼认为，“凯恩斯并不是黑暗中突然出现的亮光，指引你去处理好像别人都无能为力的状况。”②

1996 年，弗里德曼在接受采访时说到对凯恩斯的看法：“我相信他是一位伟大的经济学家，我们这个时代最杰出的经济学家之一，《通论》是一项充满非凡的智慧的成就……太复杂、太难懂的理论都不是成功的理论，因为绝大多数现象

---

① 弗里德曼在大学期间同时主修经济学和数学。1932 年毕业时得到两项研究生奖学金：布朗大学的数学专业和芝加哥大学的经济学专业。1932 年，美国还处于严峻的经济萧条时期，于是弗里德曼选择了经济学。

弗里德曼是与凯恩斯齐名的经济学家，他们二位还有一个共同特征即在学术圈以外非常有名。弗里德曼和凯恩斯对宏观经济学理论和政策制订的影响远远超过了 20 世纪任何一位经济学家。主要原因在于：一是因为都有许多高质量的学术成果；二是都有阐述学术问题时较好的语言表达能力和传播其理论的艺术性。

弗里德曼不仅是一位卓越的经济学家，而且他的存在超越了经济学领域，其经济思想和其他政策主张影响了经济社会发展。他作为彻底的自由主义者，主张的自由主义涉及很多方面，比如，主张废除美国的强制征兵制度，反对社会养老制度而主张以个人退休金制度代替，提倡废除义务教育。

南美国家是美国宣传自由市场的重要场所。墨西哥、智利等国都受到这种影响。1973 年，智利爆发了军事政变，社会主义政权由此倒台，仅政变第二天就有 2700 多人被杀。弗里德曼支持反社会主义的新政权，智利在之后的 10 年成为货币主义甚至是“自由市场学说”的实验基地。弗里德曼两次亲临智利，并且还让母校——芝加哥大学的学生们——“芝加哥男孩”负责智利的财经部门级中央银行的运营工作。但是，到 20 世纪 70 年代后期，智利出现严重的经济衰退、通货膨胀、贫困率上升等，“芝加哥男孩”被叫作“芝加哥盗贼”（在美国，货币主义政策导致经济萧条，反对货币主义的人把货币主义叫作芝加哥盗贼）遭到驱逐。

2008 年，德国政府研讨向国民每人发放 200 欧元，希望以此增加居民消费，促进经济增长，最终却没能实施，因为部分学者（接受弗里德曼的持久收入假说）认为国民会将这种收入存入银行而不消费。

2006 年 11 月 16 日，货币主义的领袖人物米尔顿·弗里德曼去世，享年 94 岁，2008 年，芝加哥大学建立了“米尔顿·弗里德曼经济研究所”。

② ［英］布赖恩·斯诺登，霍华德·文．与经济学大师的对话：阐释现代宏观经济学［M］．王曙光，来有为，译．北京：北京大学出版社，2000：149.

只是由很少的核心力量驱动的。因此，凯恩斯《通论》的理论模式是正确的。科学进步一般都要靠不成功的实验来奠定基础。我认为《通论》就是这样一次不成功的实验。它的理论模式是对的，它有具体内容，因为你能据此做出预测，可是当你真的去做那些预测时，它们却得不到证实，所以我说它是一次不成功的实验。"①

1929 年的"大萧条"之后，大多数经济学家不再关注货币数量论，而弗里德曼等坚持传授和发展货币数量论。1956 年，弗里德曼发表了《货币数量论：重新表述》（The Quantity Theory of Money：A Restatement）一文，对传统货币数量论进行了创新，奠定了货币主义方法论和理论的基础，也标志着货币主义的形成。之后，又相继发表了一系列研究成果，主要包括：《货币需求：一些理论和经验结果》（The Demand for Money：Some Theoretical and Empirical Results）（1959 年）、《最优货币数量论》（The Optimum Quantity of Money）（1969 年）、《货币分析的理论结构》（A Theoretical Framework for Monetary Analysis）（1970 年），逐步形成并不断完善现代货币数量论的内容。1968 年，卡尔·布朗纳把以弗里德曼为代表的经济理论和政策主张称为"货币主义"。

作为第一个公开反凯恩斯主义的经济学流派，其领袖人物弗里德曼自称其理论是"货币理论中的反革命"（the counter revolution in monetary theory）。

第二节　货币主义的基本思想和方法论

作为新自由主义理论，货币主义崇尚市场机制，研究视角重视宏观经济中的货币数量，研究方法主要采用实证分析方法，强调用经验事实说话等，是货币主义理论的主要特点。

一、货币主义的基本思想

弗里德曼把货币主义定义为：描述货币规模和其他经济变量之间关系的一系列客观命题。用他的那句名言来表达，即"唯有货币最重要"。

1. 货币数量是决定货币收入（产量、就业、价格水平波动）的最重要的因素。

货币主义的基本命题是：货币供给是决定名义 GDP 短期变动的主要因素，同时也是决定价格长期变动的主要因素，并且货币供给的变化也是总需求变化的

① ［英］布赖恩·斯诺登，霍华德·文．与经济学大师的对话：阐释现代宏观经济学［M］．王曙光，来有为，译．北京：北京大学出版社，2000：151.

根本原因，货币供给变化是总需求变化的充分必要条件。

对于1929～1933年的“大萧条”，弗里德曼否定凯恩斯主义者把有效需求不足作为主要原因，而是从货币数量的角度分析其原因及货币政策的失效，认为“大萧条”以惨痛的事实证明了货币因素的重要性。在弗里德曼和施瓦茨合作的《美国货币史（1867－1960）》[①] 中，得出的一个结论是：货币政策应该对20世纪30年代的“大萧条”负主要责任。“美国的货币当局采取了高度紧缩的政策。美国的货币数量在萧条的过程中下降了1/3。并且它之所以下降并不是因为愿意借钱给人的人——并不是马不愿意喝水。它之所以下降是因为联邦储备体系强制或允许货币基础的急剧下降，是因为它没能够执行《联邦储备法案》赋予它的为银行体系提供流动性的职责。‘大萧条’是货币政策力量的悲剧性证明——而不像凯恩斯和许多与他同一时代的经济学家所认识到的那样，是货币政策无力的证据。”[②] 1929～1933年，美国的货币存量、国民生产净值和货币流通速度分别下降了33%、53%和29%[③]。“如果货币当局采取其他的可行措施，就可以阻止货币存量的下降，……就可以减轻‘大萧条’的危害程度，同时几乎毫无疑问可以缩短萧条的持续时间，更不要说采取货币扩张措施了。”[④]

2. 通货膨胀本质上是货币现象。

弗里德曼特别重视市场经济运行的稳定环境，物价稳定是其最重视的宏观经济目标。“对于一个社会来说，通货膨胀是一种疾病，一种危险的有时是致命的疾病，一种如果处理不及时就有可能毁灭整个社会的疾病。”[⑤] 在他看来，第一次世界大战后，是德国的恶性通货膨胀为纳粹主义的发展奠定了基础，1954年，巴西100%的通货膨胀率导致了军人政府的产生。

弗里德曼认为，通货膨胀是而且只能是由于货币数量的增长速度快于产出的增长速度造成的。正是在这个意义上，通货膨胀在任何地方都永远只是一种货币现象。货币供给量无规则地变化必将导致价格水平波动，货币存量的较大变动是一般价格水平较大变动的充分必要条件。

“历史上还没有哪次大规模的通货膨胀不伴随着相应的货币供给量的高速增

---

① 托马斯·卡里尔（Thomas Karier）在其《智慧资本》一书中指出：该书是一本无价之宝，它通过论述一个世纪以来货币的变化情况来帮助人们理解货币的本质。弗里德曼对无节制印钞的警告得到了真实历史事件的印证。所以今天，没有人会怀疑不加控制地发行货币会导致毁灭性的经济后果。

② ［美］斯坦利·L. 布鲁. 经济思想史［M］. 焦国华，韩红，译. 北京：机械工业出版社，2003：365.

③ ［美］弗里德曼，施瓦茨. 美国货币史（1867－1960）［M］. 巴曙松，王劲松，等译. 北京：北京大学出版社，2009：250.

④ ［美］弗里德曼，施瓦茨. 美国货币史（1867－1960）［M］. 巴曙松，王劲松，等译. 北京：北京大学出版社，2009：210.

⑤ ［美］米尔顿·弗里德曼，罗斯·弗里德曼. 自由选择［M］. 张崎，译. 北京：机械工业出版社，2008：259.

长，也不曾有过在货币供给量急速增长的情况下，不发生通货膨胀的先例。”① 在许多国家，通货膨胀率与货币数量增长率之间都存在高度正相关。在 20 世纪六七十年代，美国单位产品的货币价值与价格指数几乎相等。如图 6 – 2 所示。

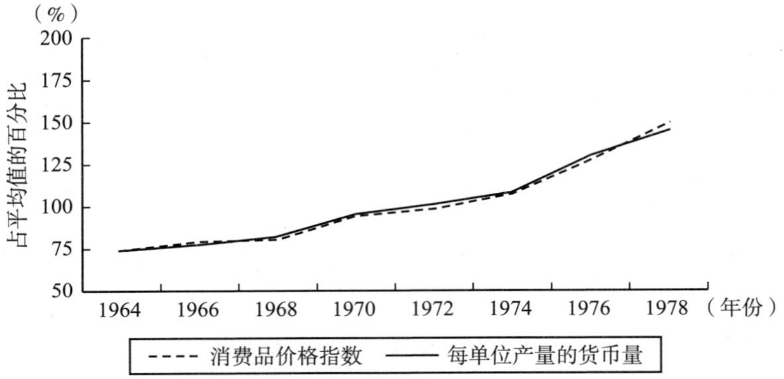

图 6 – 2　美国的货币与物价（1964 ~ 1978 年）

资料来源：根据弗里德曼《自由选择》图 9 – 1 绘制。

在图 6 – 2 中，实线表示每年每单位产品的货币数量，虚线表示消费品价格指数。两条线都用占整个时期平均值的百分比来表示。可以看出，美国的这两条线几乎是重合的，表明货币数量增长是通货膨胀的主要原因。根据统计资料分析，自货币数量增长起大约 6 个月后，价格水平就会上升。因此，要保持价格水平的长期稳定，中央银行就应控制货币供给量的增长，使货币供给量增长与实际产出增长相适应。

3. 主张经济自由主义。

货币主义强调市场经济具有内在稳定性，除非受到不稳定的货币政策的干扰。并且，当经济受到某种干扰时，也会迅速地恢复到自然失业率下的长期均衡状态。凯恩斯主义的“逆风向而行事”的政策反而会导致经济波动。因此强调市场机制的作用，主张政府少干预经济。

弗里德曼自称是哲学上的自由意志论者，并把自由市场融入自由意志哲学之中。因此，从经济思想的哲学基础而言②，弗里德曼强调“自由”，认为在“大

① ［美］米尔顿·弗里德曼，罗斯·弗里德曼．自由选择［M］．张崎，译．北京：机械工业出版社，2008：260.

② 弗里德曼的经济哲学基于自由主义哲学家约翰·洛克和杰里米·边沁，其主要思想强调人类虽然自私自利，但本质上是善良的。而且政府是因为互利建立起来的，不能牺牲天赋自由。同时，弗里德曼也推崇亚当·斯密的经济思想。

萧条”之前（18 世纪、19 世纪），自由主义的最终目标就是自由；而“大萧条”之后，受凯恩斯主义的影响，自由主义的最终目标是福利和平等，福利和平等比自由主义更重要。

弗里德曼认为：“美国的历史，可谓是一部经济奇迹和政治奇迹的历史；之所以能发生这样的奇迹，是因为美国把两套思想观念付诸实践。”① 这两套观念即 1776 年产生的亚当·斯密的《国富论》和托马斯·杰斐逊起草的《独立宣言》，前者论述了经济自由主义思想，后者主张按照“人人有权追求其自身价值”的理念建设国家。

弗里德曼继承和发展了亚当·斯密的“看不见的手”原理，把人们关心和追求私利作为经济活动的最基本的出发点，每个人追求自身利益而同其他人合作，自然而然地形成了错综复杂的社会结构。弗里德曼指出“亚当·斯密最关键的洞见是：只要协作是完全自愿的，那么交易双方就都能获益；除非交易双方都能获益，否则交易就不会发生。所有人都能通过协作获益，而这种协作并不需要来自外部的强力、强制，也不必侵犯个人自由。”②

弗里德曼认为，市场是最好的组织经济活动的机制，价格机制可以发挥三种功能：传递信息、提供激励和分配收入，并且这三种功能密切联系。市场经济制度本质上是一种自由的经济制度，唯有自由市场经济制度才能实现繁荣和自由。但是，弗里德曼曾指出：“一种我过去常称为 19 世纪的，然而又是从变革思想潮流的观点来看的自由主义，我现在开始称之为‘新自由主义’。”③ 即弗里德曼反对凯恩斯主义的政府干预经济的主张，但也不是完全接受完全自由的市场经济。他承认不存在任何完全纯粹的制度，每一种制度都是某种类似混合制度的东西。所以在现实中存在市场失灵，需要通过政府干预来弥补，但主张把政府干预的比例最小化，政府的职能主要是维护市场经济运行的环境④。

弗里德曼在《自由选择》一书中强调自由作为目的的重要性，如果一个人追求自由和幸福，任何人不得以任何名义和方式禁止他这样做，自由就是其人生目的。弗里德曼在《自由选择》中，论述了战后英国的萎靡不振、欧洲的债务危机、日本的持续萧条，都是政府职能扩大、民间创造力衰退的恶果。也印证了斯密的见解：个人追求自己的利益，能够比刻意为社会着想更有效地促进社会的利益产生。弗里德曼的自由主义扎根于个人主义以及对政府的不信任。他甚至坚决

---

①② ［美］米尔顿·弗里德曼，罗斯·弗里德曼．自由选择［M］．张崎，译．北京：机械工业出版社，2008：2.

③ ［美］米尔顿·弗里德曼．货币稳定方案［M］．宋宁，高光，译．上海：上海人民出版社，1991：5.

④ 约翰·伯顿（John Burton）1981 年把弗里德曼称为 20 世纪的亚当·斯密，对此，弗里德曼在接受采访时回答说：“我觉得把我比成 20 世纪的亚当·斯密是对我最高的评价。但我相信这是因为我四处奔波，大力提倡自由市场经济，而不是因为我的科学著作。”

赞成吸毒的无罪化，理由是这属于个人问题而不是政府的责任。

在弗里德曼看来，“大萧条”改变了人们的思想观念，把资本主义经济看作是一种不稳定的经济，在资本主义经济运行中，出现经济危机是必然的，因此，需要通过政府干预，实现经济的稳定增长。但是，实际上，“‘大萧条’并非私人企业的失败所导致的，而是因为政府并未成功地履行它被赋予的责任。这些责任用《合众国宪法》第一条第 8 款的话来说，便是‘铸造货币，调节其价值，并厘定外币价值’。”① 联邦储备体系错误的货币政策使一次普通的衰退变成了灾难性萧条。

罗斯福于 1933 年 3 月 4 日就任美国总统，其智囊团的成员主要是学院派，特别是哥伦比亚大学。弗里德曼认为，他们的思想表明，学院派知识分子的信仰早已发生了变化，即从信仰个人责任制、自由放任、分权的和有限的政府，转而信仰社会责任制、集权的和强有力的政府。截至 1966 年，在 32 个政府监管部门中，有一半是 1932 年之后建立起来的。之后，政府对经济的管制进一步加剧，在随后的 10 年当中，新成立的监管机构至少有 21 个之多，管制领域涉及经济社会活动的各个方面：环境问题、能源的生产与分配、产品安全、职业安全等。从此，政府规模不断扩大、政府支出迅猛增长，福利和平等成为政府干预的主要目标②。

弗里德曼认为，“平等”“自由”是美国的价值观的核心，“平等和自由是同一价值理念的两个方面，这一基本价值理念便是，人本身就是自己的终极目的。”③ 平等主要指“机会平等”，即任何人都有权运用自己的各种资源追求自己的目标而不受任意的干涉，“经济安排中的自由本身在广泛的意义上可以被理解是自由的一个组成部分，所以经济自由本身是一个目的。”④ “近几十年来，平等这一概念在美国出现了另一种含义，即结果平等。这种观念认为，人人都应当享有相同的生活水平或拥有相同的收入，同时应结束彼此间的竞争。显然，结果平等与自由是相互冲突的。人们为促进结果平等做出了种种努力，这正是导致政府日益膨胀并对我们的自由强加越来越多的限制的主要原因。”⑤如果机会平等，那么，一个人所拥有的机会多少，不应该取决于出身、国籍、肤色、性别、宗教信仰等毫不相干的特征，只应该取决于他自己的能力。结果平等与机会平等有根本

① ［美］米尔顿·弗里德曼，罗斯·弗里德曼．自由选择［M］．张崎，译．北京：机械工业出版社，2008：72.

② 1932 年的大选，是美国政治上的分水岭。在 1860～1932 年的 72 年中，共和党执政 56 年，民主党 16 年。在 1932～1980 年的 48 年中，民主党执政 32 年，共和党 16 年。

③⑤ ［美］米尔顿·弗里德曼，罗斯·弗里德曼．自由选择［M］．张崎，译．北京：机械工业出版社，2008：128.

④ ［美］米尔顿·弗里德曼．资本主义与自由［M］．张瑞玉，译．北京：商务印书馆，2009：11.

的不同，“促进个人平等或机会平等的政策措施，同时也是增进自由的；但那些促进‘公平分配’的政策，却会损害我们的自由。”①“一个社会若是把结果平等置于自由之上，那么最终的结果是既没有平等也没有自由。运用强制力量来追求平等，只能摧毁自由；而且，强制力量，即便最初是为了实现良好的意图才使用的，最终也会为一小撮人所攫取，他们以之来牟取私利。相反，一个社会若是把自由置于平等之上，那么最终不仅会增进自由，也会增进平等，后者可谓无心插柳之作。”②

鉴于对自由主义的信仰，弗里德曼认为政府构成了对自由的威胁，因而主张市场经济中政府的作用越小越好。

二、货币主义的方法论：重视实证分析方法，用经验事实说话

约翰·内维尔·凯恩斯在其《政治经济学的范围和方法》一文中，区分了经济学研究中的两种方法：实证研究方法和规范研究方法，认为实证科学是关于“是什么”的系统性知识体系，而规范科学是讨论“应该是什么”的标准的系统性知识体系。弗里德曼认同其中“把政治经济学认定为一门独立的实证科学的必要性”的主张，因而特别重视实证经济学的研究方法。

1. 重视实证经济学研究方法。

弗里德曼强调，作为一门科学，经济学只有摆脱价值判断才能做到客观。经济理论的评判标准应当是简单性与作为预测工具的有用程度。弗里德曼指出：“实证经济学原则上独立于任何特定的伦理立场或价值判断。……它的任务是要提供一套一般化理论体系。这一体系可以被用来对环境的任何变化所导致的结果做出准确预测，并可以通过衡量它所做出的推测的精确度、范围和一致性来对其表现做评估。简而言之，实证经济学是，或者说，能够成为一门自然科学意义上的客观科学。”③

并且，规范经济学也不能独立于实证经济学，实证研究是制定政策和预期政策效果的依据，因为“任何政策结论都必然基于对做某事而不做另一事所导致的结果的推测，而推测则必然或隐或显地基于实证经济学。”通过实证经济学的发

① ［美］米尔顿·弗里德曼，罗斯·弗里德曼．自由选择［M］．张崎，译．北京：机械工业出版社，2008：134－135.

② ［美］米尔顿·弗里德曼，罗斯·弗里德曼．自由选择［M］．张崎，译．北京：机械工业出版社，2008：147.

③［美］丹尼尔·豪斯曼．经济学的哲学［M］．丁建峰，译．上海：世纪出版集团上海人民出版社，2007：149.

展，还可以消除人们对公共政策的分歧，促使人们在经济政策方面达成一致①。

弗里德曼认为，通过实证经济学构建的理论体系“是由两种因素组成的复杂的混合体”②，其一，它是一种“语言”，旨在促进系统而有组织的推理方法。“理论的作用在于它可以作为一套文件归档系统（filling system），用以组织经验材料，并加强我们对经验材料的理解；检验文件归档系统的标准用于检验理论体系也是合适的。”③ 其二，它是一系列实质性假说的整体，旨在从复杂的现实中抽象出事物的本质特征。“理论应当通过对其意在加以解释的那类现象的推测力来加以判断。只有事实证据可以表明它是‘正确的’还是‘错误的’，是可以被暂时‘接受’的，还是应被‘拒绝’的。”④

2. 货币主义方法论的主要特征。

（1）货币主义是一种经验性学说。用经验事实验证结论，是货币主义研究方法的特征之一。其推崇的是经验结果，而不是逻辑精确性，即理论的建立必须以完全熟悉的数据为基础。“对某一假说的有效性的惟一合意的检验，就是把它的推测与经验相对照。如果其推测与经验相矛盾，那么这个假说就被拒绝了；如果不发生矛盾，那它就被接受了；如果经过多次检验都没有发现矛盾，那么假说就拥有了更大的可信度。”⑤ 弗里德曼认为，经济学家之间的基本分歧不是理论上的，而是实际经验方面的⑥。货币主义的许多结论都是通过经验研究得出的，用经验事实证明其理论。比如，弗里德曼和施瓦茨合作的《美国货币史》系统地分析了大约 100 年间货币对美国经济各方面的影响。“他们集中注意实验性工作，……在发展这一研究方法时，他们构筑了一间统计证据的大厦以支持他们的论点。”⑦ 在货币主义理论中，逻辑的完整性和一致性只起辅助作用，对经验事实的分析是核心。

经验研究的基本特征主要表现在：

---

① ［美］丹尼尔·豪斯曼．经济学的哲学［M］．丁建峰，译．上海：世纪出版集团上海人民出版社，2007：149.

② 弗里德曼在其《实证经济学方法论》一文中指出，实证经济学的进步，不但要求检验和完善假说，而且还要求创立新的假说。假说的创立是一种创造性活动，其间包含灵感、直觉和创新；它的精髓在于从为人熟知的材料中发掘新意。这一过程必须归在心理学当中来讨论，而不应归入逻辑学的范畴进行研究；这一过程必须通过阅读自传与传记来体悟，而不应从关于科学方法的论著中寻找答案；这一过程必须经由箴言与事例所推动，而不应由推理或定律来得出。

③ ［美］丹尼尔·豪斯曼．经济学的哲学［M］．丁建峰，译．上海：世纪出版集团上海人民出版社，2007：151.

④⑤ ［美］丹尼尔·豪斯曼．经济学的哲学［M］．丁建峰，译．上海：世纪出版集团上海人民出版社，2007：152.

⑥ 1993 年弗里德曼在接受采访时被问道：您认为过去 25 年里哪些论文或书籍对您的宏观经济思想的发展产生了重要影响？他回答：我的宏观经济学思想所受到的影响，主要来自数据的积累和对许多不同国家货币量与其他变量之间关系的研究，而不是来自哪一篇论文或书籍。

⑦ ［英］布莱恩·摩根．货币学派与凯恩斯学派——它们对货币理论的贡献［M］．薛蕃康，译．北京：商务印书馆，1995：8.

第一，特别重视数据，包括数据的来源和度量；

第二，重视历史事件分析；

第三，不是通过单个事件分析得出结论，而是把大量事件进行综合分析得出令人信服的结论；

第四，重视经济变量之间的相关关系。

弗里德曼（1977）认为："发生在经济理论当中戏剧性的变化不是意识形态战争的结果。它并非来自不同的政治信仰或目标。它几乎完全反映了事实的力量：残酷的经验远比最强烈的政治或者意识形态的偏好有力。"①

（2）货币主义理论属于非系统化模型的经济理论。弗里德曼的研究偏好小而简单的模型，对复杂的理论模型持怀疑态度，因此并不相信现代计量经济手段，而喜欢依赖更简单的方法。弗里德曼的一个基本观点是：经济学理论假说是否能够成立，是否能够被接受，不是取决于理论假说赖以建立的理论前提，而主要取决于理论假说能否被经验事实所证明、能否解释经济现实以及合理预期经济活动的未来趋势。比如，预期的形成等重要内容都没有经过系统的分析。对弗里德曼而言，"货币数量论只是一个框架，而不是从严格模型中得出的一组形式命题。他推崇的正是经验结果，而不是逻辑精确性。"② 尽管其内容易于用模型表述，但主要表现在偏好小而简单的模型上，系统性分析不足。

构造假说和检验假说的有效性是经济学研究的主要内容，也是经济理论研究的两个阶段，即首先提出假说，然后再进行经验检验。在其《实证经济学方法论》（The Methodology of Positive Economics，1953 年）一文中，弗里德曼指出："实证经济学的进步，不但要求检验和完善假说，而且还要求创立新的假说。……假说的创立是一种创造性活动，其间包含灵感、知觉和创新；它的精髓在于从为人熟知的材料中发掘新意。这一过程必须归在心理学当中来讨论，而不应归入逻辑学的范畴进行研究；这一过程必须通过阅读自传与传记来体悟，而不应从关于科学方法的论著中寻找答案；这一过程必须经由箴言与事例所推动，而不应由推理或定律来得出。"③ 弗里德曼强调，一个假说是否可以成立，关键在于它是否能够被经验事实所证明。

---

① ［英］布赖恩·斯诺登，霍华德·文．现代宏观经济学：起源、发展和现状［M］．佘江涛，魏威，张风雷，译．南京：江苏人民出版社，2009：141.

② ［英］布赖恩·斯诺登，霍华德·文．现代宏观经济学发展的反思［M］．黄险峰，译．北京：商务印书馆，2000：51.

③ ［美］丹尼尔·豪斯曼．经济学的哲学［M］．丁建峰，译．上海：世纪出版集团上海人民出版社，2007：176.

第三节　货币主义的理论基础：现代货币数量论

芝加哥大学经济学的一个传统即重视宏观经济分析中的货币数量论。弗里德曼要维护和重建芝加哥大学的传统，即宏观经济分析的货币数量论方法。费雪的货币数量论是关于价格水平的，弗里德曼对货币数量论的重新表述是把货币数量论表述为货币需求理论。通过货币的交易需求和作为资产的需求，使得货币需求从而消费需求具有稳定性。货币主义把预期纳入工资形成机制，即通货膨胀预期影响工资决定，且通货膨胀预期值是按过去通货膨胀的历史，以适宜的方式形成的。在短期内，如果通货膨胀的预期值低于实际值，则会产生增加就业的政策效应，短期菲利普斯曲线为负斜率。通货膨胀预期值越高，短期菲利普斯曲线越向右上方位移。在长期内，通货膨胀预期值等于实际值，实际工资不变，通货膨胀率上升不会带来失业率下降，政策无效，货币在长期呈中性。

1956 年，弗里德曼在其《货币数量论：重新表述》① 一文中提出新货币数量论。该文为货币主义奠定了方法论和理论基础。之后，又相继发表了《货币需求：一些理论和经验结果》（The Demand for Money：Some Theoretical and Empirical Resaults）（1959 年）、《最优货币数量论》（The Optimum Quantity of Money）（1969 年）、《货币分析的理论结构》（1970 年），这些内容共同构成了货币主义的现代货币数量论。

一、货币主义的理论渊源：古典货币数量论

经济学理论的基本目标是解释和预测经济情况的变化并提出相应的经济政策，但从结果来看，经济学理论对现实的解释和预测的力度的不足及时间的滞后，导致了经济学理论会随经济情况的变化而相应变化。在经济学理论的变化中，货币理论的变化是特别显著的一个领域。

货币数量论是货币主义的核心纲领。货币理论在经济学理论中有着悠久的历史，货币数量论甚至被马克·布劳格称为“幸存的最古老的经济学理论”（Blaug et al.，1995）。货币数量论可以追溯到 300 多年前的约翰·洛克（John Locke）于 1692 年出版的《对降低利率和提高货币价值的思考》。大卫·休谟

① M. Friedman. The Quantity Theory of Money：A Restatement in Studies in the Quantity theory [M]. Chicago University Press，1956.

（D. Hume）在其于1752年发表的经典论文《论货币》中，对货币数量论进行了较为全面的论述。大部分反映货币主义的基本命题都可以追溯到该文。

到19世纪和20世纪初，许多经济学家包括大卫·李嘉图、阿尔弗雷德·马歇尔、欧文·费雪等都进一步研究和发展了货币理论。在经济学领域，以货币为主题的经济理论演变令人瞩目。

（一）费雪的货币交易方程

古典经济学的货币数量论主要论证货币供给量与价格水平之间的关系，强调货币数量的变化只会影响价格水平，不影响实际产量，也成为“二分法”（dichotomy）的基础。“二分法”是指把货币分析与经济分析割裂开来的传统方法，认为经济活动的实质是物物交换，货币只是便利实物交换的媒介，不会对真实经济活动产生实质性影响，即货币中性。市场机制作用能够实现充分就业的均衡，如果出现非均衡，必然是经济中的制度因素阻碍了市场机制的作用，比如工资刚性的存在，因此，通过消除制约市场机制作用的因素，充分就业均衡必然能够实现，使得总产出等于潜在总产出。

在货币数量论的传播和发展过程中，产生了表述形式的公式化，其中最具代表性的成果就是欧文·费雪（I. Fisher）的交易方程式和庇古的剑桥方程式。

欧文·费雪（1867～1947）在1911年出版的《货币的购买力》一书中建立了一个“交易方程式”（transactions approach）[①]，如下所示：

$$MV = PQ \tag{6-1}$$

在式（6－1）中，M表示流通中的货币数量。V表示货币流通速度，即一定时期内货币的流通次数，取决于支付习惯、支付手段、交通和通信的便捷程度等制度因素，而这些因素一般在短期内是不变的，因而被视为常数。P表示价格水平或价格指数。Q表示商品交易量。因为古典理论认为通过市场机制的调节，充分就业是必然的，即Q为充分就业的总产出，在一定时期取决于资源、技术条件等，因而为常数。

如果考虑到银行存款及其流通速度，那么，货币交易方程式为：

$$MV + M'V' = PQ \tag{6-2}$$

在式（6－2）中，M'表示银行活期存款数量，V'表示银行活期存款流通速度。因为活期存款数量与货币量之间具有稳定的关系，即存款一般是货币的一个固定的比例，因此，存款的存在和增加不会改变货币数量与价格水平之间的关

① 费雪也是数学家，主张用精确的公式表达货币数量论。在数学、统计学等方面都有卓越贡献，是计量经济学的开拓者之一。

系。在这一理论中，强调货币作为交易媒介或流通手段的职能，货币的其他职能被忽略，因而被叫作交易方程式。

价格水平与流通中的货币数量同方向变化。其传导机制为：人们的货币需求与货币支出的比例固定，当流通中的货币数量增加时，人们就会增加其货币支出，支出的增加会导致价格水平与经济中货币量同比例增加。关于价格波动与经济波动之间的关系，费雪认为是价格波动导致经济波动，而不是相反的。因而主张通过控制货币数量稳定价格就可以稳定经济，消除经济周期性波动。

（二）庇古的剑桥方程式

以马歇尔（1842～1924）为代表的剑桥学派从货币需求的角度解释货币流通速度，其嫡传弟子庇古在马歇尔的基础上，于 1917 年发表的《货币的价值》一文中，从货币需求余额的角度建立了一个方程式，被叫作剑桥方程式或现金余额数量方程式（cash-balances approach）：

$$M = KY = kPQ \tag{6-3}$$

在式（6－3）中，M 表示货币存量；k 表示人们愿意以现金余额形式持有的货币占名义国民生产总值的比例，等于货币流通速度的倒数，其大小同样取决于制度因素，因而可视为常数；Y 表示总交易额；P 表示价格水平；Q 表示充分就业的总产出，也是常数。

与费雪方程式相比，剑桥方程式强调货币的储藏功能，把货币作为财产的储藏方式，考虑到货币需求的影响，依然坚守价格水平取决于货币数量，货币数量变化会导致价格水平同方向变化的结论。

剑桥方程式中的 k 等于交易方程式中的 V 的倒数，两个方程式表达了相同的基本观点——价格水平与货币数量成比例变化。不同的是，交易方程式强调货币作为支付手段或交易媒介的职能，剑桥方程式强调货币需求作为储藏手段的职能。

古典货币数量论体现了古典经济学的“二分法”，没有把货币与生产融为一体，“货币是一层面纱，它轻轻地漂浮于真实的经济之上而与它毫无关联。”① 货币数量变化只影响价格水平，不会影响实际产出，货币是中性的。

二、货币需求函数：持久收入是影响货币需求的主要因素

在传统货币数量论中，决定货币需求的因素只有收入水平，凯恩斯把利率纳

① ［美］詹姆斯·K. 加尔布雷斯，小威廉·戴瑞提．宏观经济学［M］．孙鸿敞，刘建洲，译．北京：经济科学出版社，1997：222.

入货币需求函数。凯恩斯加入货币投机需求后，考虑到利率对货币需求的影响，构建了其货币需求函数：$M = L(Y, r) = L_1(Y) + L_2(r)$。弗里德曼认为，凯恩斯的货币需求函数没有考虑总财富对货币需求的影响，因而在吸纳流动偏好理论的基础上构建了货币主义的货币需求函数。

弗里德曼最初把货币数量论再次表述为货币需求理论，强调货币数量论首先是货币需求理论，而不是一般价格水平或货币收入的理论。并且认为，货币需求理论实际上是一种资产需求理论。认为总财富、货币与其他财富的价格和收益以及财富所有者的兴趣和偏好等因素都会影响货币需求。

（一）货币需求函数的一般表达式

与传统货币数量论不同，弗里德曼把货币作为一种资产，用投资组合分析（portfolio analysis）解释货币需求。1970 年，弗里德曼在《货币分析的理论结构》一文中，构建的货币需求函数为：

$$\frac{M}{P} = f\left(Y_p, w, r_m, r_b, r_e, \frac{1}{p} \cdot \frac{dp}{dt}; u\right) \tag{6-4}$$

其中，Y 表示总财富，用持久收入水平衡量；W 表示非人力财富与人力财富之间的比率；r_m 表示货币的预期名义收益率；r_b 表示债券收益率；r_e 表示股票收益率；$\frac{1}{p} \cdot \frac{dp}{dt}$ 表示价格变化率或通货膨胀率；u 表示偏好等其他因素。

这一货币需求函数的特点在于：（1）把持久收入放在自变量中的第一个，强调持久收入水平对货币需求的影响。（2）自变量中包含了 r_m，即货币的预期名义收益率，表明弗里德曼吸纳了凯恩斯的观点，把货币看作能够产生收益的一种资产。

1. 总财富或持久收入。

在构建消费函数理论时，弗里德曼提出了持久收入假说（permanent-income hypothesis）[①]，认为消费支出主要受持久收入的影响。该理论也被认为是弗里德曼对经济学的重大贡献之一。在其《消费函数理论》（*A Theory of Consumption Function*）（1957 年）（被弗里德曼自认为是其最有学术价值的著作）一书中，用经验事实证明了这一假说。

---

① 1935～1937 年间，弗里德曼曾就职于罗斯福新政时期建立的国家资源委员会（NRC），负责整理全国的消费数据，计算生活成本指数。1937～1940 年间，在西蒙·库兹涅茨的带领下，在国家经济研究局（NBER）参与编订美国历史上第一部完整的国民经济账户。具体工作是负责统计医生、律师、会计等独立专业人士的收入。在这项研究中，弗里德曼区分了持久收入和暂时收入，他认为，决定人们消费数量的不是现期收入，而是对中长期可用收入的预期。以这些数据为基础，1957 年形成了他的《消费函数理论》，提出了他的“持久收入假说”。1943 年，到统计研究集团（SRG）工作，任职期间，对统计学产生兴趣，帮助发展了新的统计抽样工具——序列分析。

根据持久收入假说，现期收入分为两部分：持久收入 Y_P，和暂时收入 Y_t（transitory income），$Y = Y_P + Y_t$。持久收入是指预期能持续到未来的收入，即平均收入；暂时收入是指预期不能持续的收入，即对平均收入的随机偏差。

只有持久收入才会影响人们的消费，或者说，消费是持久收入的稳定函数，暂时收入与持久收入、暂时收入与暂时消费、暂时收入与持久收入的相关系数皆为零。

根据过去的持久收入和现期的收入水平可以估算持久收入，用公式表示为：

$$\begin{aligned} Y_{pt} &= Y_{t-1} + \theta(Y_t - Y_{t-1}) \qquad 0<\theta<1 \\ &= \theta Y_t + (1-\theta)Y_{t-1} \end{aligned} \tag{6-5}$$

在式（6-5）中，Y_{pt}为现期持久收入，Y_t 为现期收入，Y_{t-1}为前期收入，θ 是权数。表明现期持久收入等于前期收入加现期与前期收入变动的一定比例之和，或者等于现期收入与前期收入的加权平均数。如果使用之前更多时期的收入和现期收入，估算出来的持久收入会更准确。估算方法为：

$$Y_{pt} = \theta Y_t + \theta(1-\theta)Y_{t-1} + \theta(1-\theta)^2 Y_{t-2} + \cdots + \theta(1-\theta)^n Y_{t-n} \tag{6-6}$$

其中，$\theta + \theta(1-\theta) + \theta(1-\theta)^2 + \cdots + \theta(1-\theta)^n = 1$。

弗里德曼认为，总财富是影响货币需求的最重要的因素。而对总财富的衡量，他认为财富是收入的资本化价值，因而反对用当期收入水平，因为当期收入水平容易发生波动。主张使用一种较长期的收入概念即持久收入，因而用持久收入表示总财富。

2. 人力财产占总财产的比重 w（较稳定，可忽略）。

各种财富变现的难易程度不同，特别是人力的财富和非人力的财富变现难易程度存在差异，人力财富较难以变现，比如，在经济萧条时期，对劳动力的需求不足，人力财富很难转变为收入。所以，人力财富在总财富中的比重越大，货币需求就越大，以便于满足人力财富难以转化为收入时的货币需求。

3. 货币与其他资产的预期收益率（取决于利率）。

在非人力财富中，各种资产的收益率影响货币需求，包括市场利率、股票收益率、债券收益率。

4. 预期价格水平变动率 pe（只有在价格水平变动幅度大或时间长时才会影响货币需求，可忽略）。

5. 其他因素 u（可视为常量或忽略）。

这样，影响货币需求的因素主要包括持久收入水平和利率，货币主义的货币需求函数可简化为：

$$\frac{M}{P} = f(Y_p, r) \tag{6-7}$$

在式（6－7）中，Y_p 表示持久收入，r 表示利率。根据弗里德曼和施瓦茨的估算，货币需求的利率弹性为－0.15，即利率变动1%，人们对货币的需求量会反方向变动0.15%；货币需求的收入弹性为1.8，即人们的收入变动1%，货币需求会同方向变动1.8%。这些经验数据表明，货币需求主要受持久收入的影响，利率对货币需求的影响较小①。

（二）货币需求函数的政策含义

弗里德曼的大量实证研究结论表明：货币需求函数是相对稳定的，而且对利率的变动不敏感。影响货币需求的主要因素是持久收入，持久收入具有高度稳定性，货币需求也就是高度稳定的，如果政府操纵的货币供给不稳定，必将影响经济的稳定，保持货币供给量的稳定增长，是政府的主要经济职能。

三、货币供给函数：作为外生变量的货币供给由中央银行决定

弗里德曼强调货币与信用的区别，以及银行体系与其他金融机构的区别，因而把货币供给量界定为 M_2，包括通货和商业银行的存款总额，却不包括其他流动性资产。这样，货币供给主要由中央银行决定，并受高能货币、存款准备金率、存款—通货比率等的影响，其中，高能货币由中央银行直接决定，存款准备金率和存款—通货比率可由中央银行调节。因此，货币供给不是由实体经济决定的，而是取决于中央银行的货币制度和政策。

在《1867～1960年美国货币史》一书中，弗里德曼和施瓦茨描述了货币供给函数。若 C 表示公众持有的通货，D 表示公众在商业银行的存款，H 表示高能货币（high-powered money）或基础货币（monetary base），R 表示存款准备金总额（法定准备金和超额准备金），M 表示货币数量，则：

货币存量等于通货加商业银行存款：

$$M = C + D \tag{6-8}$$

若用 c 表示通货—存款比率：$c = \frac{C}{D}$，则：

$$M = D(1 + c) \tag{6-9}$$

高能货币包括通货和准备金：$H = C + R$

若用 r 表示存款准备率，即 $r = \frac{R}{D}$，则：

① 弗里德曼早期的有关货币需求的研究结果表明，利率对货币需求的影响较小，但是后来的研究却发现，利率是货币需求函数中重要的自变量。

$$R = rD$$

$$\frac{M}{H} = \frac{C + D}{C + R} = \frac{1 + c}{c + r} \tag{6-10}$$

即，货币供给函数为：

$$M = \frac{1 + c}{c + r}H \tag{6-11}$$

其中，$\frac{1 + c}{c + r}$为货币乘数。

货币供给函数表明，货币供给量取决于高能货币、准备金率、公众持有通货和存款的比率。其中公众持有通货和存款的比率由公众的习惯决定，较稳定，高能货币和准备金率由中央银行决定，因此，在货币主义理论中，货币供给是一个由中央银行决定的外生变量。

可见，货币需求和货币供给分别是独立的函数，影响货币需求的主要因素是持久收入水平等，货币需求具有稳定性，而货币供给由中央银行决定。名义货币需求会随货币供给而调整，货币供给决定名义国民收入水平。因此，要实现宏观经济的稳定增长，就应保障货币供给量的稳定增长。政府可以通过调节货币供给量实现对经济的有效调节。

在美国，制定货币政策的机构是联邦储备系统①，即美国的中央银行。在 19 世纪末 20 世纪初美国出现的货币危机和金融恐慌，使人们认识到当时严格实行的金本位制缺少灵活性，于是 1913 年的国会法案产生了联邦储备系统，目的是为了提供一种“有弹性的通货”，并作为银行系统最后的贷款人。

四、货币主义的货币数量论与古典和凯恩斯主义货币数量论的比较

古典货币数量论、凯恩斯的货币理论和货币主义的现代货币数量论是不同的关于货币的理论，三者关于货币数量的影响、货币流通速度、货币职能等都有不同的界定和观点。

1. 货币主义的货币数量论与古典货币数量论的比较。

（1）货币数量变动对产出和价格水平的影响。在古典货币数量论中，货币流

① 1907 年 10 月 21 日，纽约市第三大信托公司——尼克波克信托公司遭遇金融可困难，导致一系列的挤兑和银行业的恐慌，促成了 1913 年通过《联邦储备法案》，罗斯福执政时期成立了国家货币委员会，后来成为主要的国家货币管理机构——联邦储备体系。联邦储备体系于 1914 年开始运作。美国联邦储备体系建立之时，英国是世界金融中心，美国建立联邦储备体系首先是为了防止银行恐慌并为商业发展提供便利条件；其次才是担当政府的银行这一职责。但“二战”战争结束时，美国取代英国，成为世界金融中心，美元成为世界货币，美国联邦储备体系不再是被动地对外部事件反应的机构，已经成为一支独立的力量，足以塑造世界货币体系。

通速度 V 为常数，因为古典理论认为，影响货币流通速度的主要因素包括人们的支付习惯、货币制度等都不容易变化。实际产出 y 也为常数，因为市场机制的调节，必然使得实际总产出等于潜在总产出，而潜在总产出在一定时期是一个固定的量。所以货币数量 M 变动只会影响价格水平 p。即古典货币数量论是关于价格水平与货币数量之间关系的理论。

这种"二分法"到20世纪50年代已经不能解释事实，因此，弗里德曼的重新表述则是要分析货币数量对名义国民收入的影响，即货币数量既影响价格水平，也影响实际产出。在现代货币数量论中，货币流通速度是一个稳定的函数，V 很稳定，所以，货币数量 M 的变动会影响名义国民收入水平。即货币主义的货币数量论是关于名义国民收入与货币数量之间的关系的理论。

进一步地，货币主义区分了货币数量对产出和价格水平影响的短期和长期效应。在短期内，货币数量变化既可能影响价格，也可能影响实际产出。而在长期内，实际产出取决于资源供给、技术水平、产业结构、经济环境等，是一个常数，因而货币数量的变化在长期不会影响实际产出，只影响价格水平。

（2）货币职能。在古典货币数量论中，货币只是一种交易媒介，而在货币主义的货币数量论中，货币是持有财富的一种形式，也是一种资产，可以为持有者带来收益。

（3）货币流通速度。在古典货币数量论中，货币流通速度是一个常数，而在货币主义的货币数量论中，货币流通速度是若干变量的一个稳定函数。

2. 货币主义的货币数量论与凯恩斯主义货币数量论的比较。

（1）影响货币需求的因素。在凯恩斯的货币理论中，货币需求函数中的收入是现期收入，即 $M_{dt}=f(Y_t)$，而在货币主义的现代货币数量论中，货币需求函数中的收入是持久收入，即 $M_d=f(Y_p)$。

（2）货币需求的利率弹性。在凯恩斯的货币需求理论中，货币需求对利率的变动高度敏感，而在货币主义的现代货币数量论中，利率变动对货币需求影响很小。

（3）货币流通速度。在凯恩斯主义货币理论中，货币流通速度在大多数时候是高度不稳定的。而在货币主义的现代货币数量论中，货币流通速度是一个高度稳定的函数，货币流通速度在长期是下降的。

在古典货币数量论中，货币只有交换媒介的职能，凯恩斯理论中增加了货币作为一种资产的职能，到货币主义理论中，依然把货币作为一种资产，货币主义的论点之一是，即使考虑到货币的资产功能，货币数量的变化短期会影响产出，但长期内货币依然中性。

第四节　货币主义的名义国民收入模型

弗里德曼试图把他的货币理论发展成为一般理论——国民收入决定理论。弗里德曼在他的现代货币数量论的基础上，对货币理论进行了进一步发展，建立了“名义收入货币理论”，即用货币数量论推出名义国民收入理论，得出名义国民收入与货币存量之间存在直接联系的结论。

消费函数：
$$\frac{C}{P}=f\left(\frac{Y}{p},\ r\right) \tag{6-12}$$

投资函数：
$$\frac{I}{P}=g(r) \tag{6-13}$$

商品市场均衡的条件：$\frac{Y}{p}=\frac{c}{p}+\frac{I}{p}$，决定了商品市场均衡时的国民收入。

货币需求函数：
$$M_d=P\cdot L\left(\frac{Y}{p},\ r\right)$$

或：
$$\frac{M_d}{p}=L\left(\frac{Y}{p},\ r\right) \tag{6-14}$$

货币供给函数：
$$M_s=h(r) \tag{6-15}$$

货币市场均衡条件：
$$M_d=M_s \tag{6-16}$$

决定了货币市场均衡时的国民收入。

这一模型中方程有 6 个，未知数有 7 个（C，I，Y，r，p，M_d，M_s），所以，必须设定一个外生变量，即由模型以外的其他因素决定的变量。在这一点上，弗里德曼与凯恩斯不同，在凯恩斯理论中，假设价格水平不变，即 $p=p_0$，所以货币供给 M_s 增加，必然导致国民收入水平 Y 增长。在弗里德曼模型中，设定预期实际利率（p^*）和预期实际收入增长率（实际产量增长率 g^*），两者之差固定不变：$p^*-g^*=k$。

在这一假设条件下，弗里德曼的名义收入模型可表述为：

（1）假定 M_d 的实际收入$\left(\frac{Y}{p}\right)$线性为 1，
$$M_d=p\cdot L\left(\frac{Y}{p},\ r\right)=p\cdot\frac{Y}{p}\cdot L(r)=Y\cdot L(r) \tag{6-17}$$

实际数据表明，M_d 的实际收入弹性非常接近于 1。

（2）名义市场利率（r）等于预期实际利率（p^*）加预期价格变动率，

$$r = p^* + \frac{1}{p} \cdot \frac{dp}{dt} \qquad (6-18)$$

（3）弗里德曼的假设条件：$p^* - g^* = k$。现期市场利率 r = 实际利率（p）+ 价格变动率$\left(\frac{1}{p} \cdot \frac{dp}{dt}\right)$，即：

$$r = p + \frac{1}{p} \cdot \frac{dp}{dt}$$

根据凯恩斯的分析，现期利率 r = 预期长期利率 r^*，即 $r = r^*$

当考虑到预期实际利率 p^* 和预期价格变动率$\left(\frac{1}{p} \cdot \frac{dp}{dt}\right)^*$时，则：

$$r = r^* = p^* + \left(\frac{1}{p} \cdot \frac{dp}{dt}\right)^* \qquad (6-19)$$

又

$$\because \left(\frac{1}{p} \cdot \frac{dp}{dt}\right)^* = \left(\frac{1}{Y} \cdot \frac{dY}{dt}\right)^* - \left(\frac{1}{y} \cdot \frac{dy}{dt}\right)^*$$

$$\frac{dy}{dt} = g^*$$

$$\therefore r = p^* - g^* + \left(\frac{1}{Y} \cdot \frac{dY}{dt}\right)^* = k_0 + \left(\frac{1}{Y} \cdot \frac{dY}{dt}\right)^* \qquad (6-20)$$

式（6-20）表明，现期利率取决于常数 k_0 和预期名义收入增长率。并且弗里德曼认为，预期名义收入增长率是预先由模型外的因素决定的。

（4）货币市场均衡条件 $M_d = M_s$。

综上，弗里德曼的名义收入模型可由下列方程组表示：

$$M^d = Y \cdot L(r)$$

$$M^s = h(r)$$

$$M^s = M^d$$

$$r = k_0 + \left(\frac{1}{Y} \cdot \frac{dY}{dt}\right)$$

此模型包含 4 个方程，4 个变量：M^d、M^s、Y、r。

若 $M_s = \overline{M}$，且加入时间因素，则货币均衡时：

$$L(r) = M(t)$$

$$Y(t) = \frac{M(t)}{L(r)}$$

$$L(r) = \frac{M(t)}{Y(t)}$$

$$\because V = \frac{Y}{M}$$

$$\therefore \frac{1}{L(r)} = V$$

$$Y(t) = V(r) \cdot M(t) \tag{6-21}$$

$$r = k_0 + \left(\frac{1}{Y} \cdot \frac{dY}{dt}\right)^*$$

式（6－21）显示，$M(t)$ 变化会导致 $Y(t)$ 变化。即货币供给量是决定名义国民收入水平的重要因素。货币流通速度 $V(r)$ 具有长期稳定性。要控制通货膨胀，应使$\frac{\Delta M}{M} = \frac{\Delta y}{y}$，即短期货币非中性①。

弗里德曼强调其名义收入模型着眼于经济的长期均衡。在长期内，所有的实际变量（实际产出、实际利率、就业等）都决定于非货币因素或实际因素（人的事业心、独创性、节俭和勤奋程度、产业结构和政府结构等）。后来，罗伯特·戈登（Robert J. Gordon）的实证研究对货币数量变动的影响进行了分解，结果表明：在短期内，名义 GDP 的变动中的 2/3 为产出的变动，1/3 为价格变动。货币主义的核心命题是货币数量短期影响名义国民收入，长期主要影响价格水平。

第五节　货币主义的 AS—AD 模型

在适应性预期假说下，货币主义也得出斜率不同的短期和长期总供给曲线，形成 AS—AD 模型。

一、总供给曲线：短期正斜率、长期为垂线

根据适应性预期假说，短期预期价格水平一定，所以，当价格水平上升时，不会被人们预期到，导致实际工资下降，就业量和总产出增加，即总供给曲线为正斜率，如图 6－3 中的 *SAS* 曲线。当预期价格水平上升时，货币工资增加，在既定的通货膨胀率下，实际工资率上升，就业和总产出减少，*SAS* 曲线左移。即在短期内，与不同的预期价格水平相对应，存在一组 *SAS* 曲线。

在长期内，人们可以准确地预期到价格水平的变化，不存在货币幻觉，名义工资率会随着价格水平的变化而同步调整，即实际工资率不会随价格水平的变化

① 在 1963 年出版的与施瓦茨合作的《1867～1960 年美国货币史》一书中，运用大量统计数据验证了美国的货币数量变动对国民收入和价格水平等的影响。

而变化，当价格水平上升时，货币工资同步增加，实际工资不变，就业和总产出不变，长期总供给曲线为垂线，如图 6－3 中的 *LAS* 曲线。

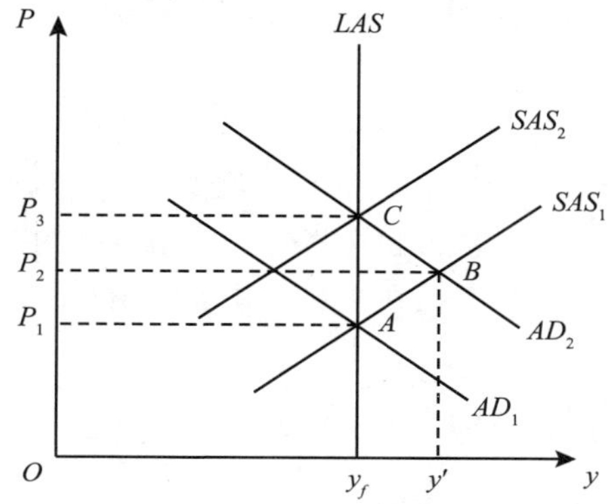

图 6－3　货币主义的总供求模型

二、AS—AD 模型的政策含义：政策短期有效、长期无效

在图 6－3 中，初始均衡点为 *A*，均衡国民收入水平和价格水平分别为 y_f 和 P_1。

在短期内，当政府实施增加总需求的政策时，*AD* 曲线由 AD_1 向右移动至 AD_2，因为预期价格水平一定，货币工资不变，*AS* 曲线不发生位移，新均衡点为 *B*。短期分析表明，扩大总需求的政策短期会影响国民收入水平，即政策有效。

在长期内，预期值等于实际值，不会存在货币幻觉，实际工资会调整，以消除因价格水平的上升引起的实际工资下降，货币工资上升，*AS* 曲线向左上方移动，直到位移至 SAS_2，长期均衡点为 *C*，与初始均衡点相比，价格水平上升，而国民收入水平不变。长期分析表明，增加总需求的政策从长期来看，只会引起价格水平上升，而不会带来国民收入水平的增加，即政策长期无效。弗里德曼等人的实证研究结果表明，在美国较长历史中，货币数量增长率与通货膨胀率密切相关，而与产出水平的关联度较低，长期货币中性。

弗里德曼认为，从长期来看，一国的总产出主要取决于可获得的资源数量、经济体系中的产业组织、知识与技术技能的增长、人口的增长、资本积累等，这些因素决定了一定时期内一国的潜在总产出或国民收入的自然率水平。因而认为凯恩斯主义的政策不仅无效，而且还会加剧通货膨胀。

第六节　失业与通货膨胀之间的关系：货币主义附加预期的菲利普斯曲线

作为货币主义的基础理论，货币数量论表达了货币存量的变化是影响货币收入的最重要的因素。货币主义理论的进一步发展，则是要分解货币数量变动对实际产量和价格水平的影响，其内容也可以通过货币主义的菲利普斯曲线说明。附加适应性预期的菲利普斯曲线是货币主义的主要理论贡献之一。

一、货币主义的理论假说

1. 自然率（the natural rate）假说。

（1）自然失业率（the natural rate of unemployment）。为了区分影响失业的货币和非货币因素，弗里德曼提出了自然失业率概念。自然失业率在西方经济学界是一个有争议的概念，一些经济学家对其有过各自的定义，还有一些经济学家认为这一概念并无重要作用。

关于自然失业率与凯恩斯的充分就业的关系，弗里德曼认为，"凯恩斯所定义的充分就业是一个简单的情形：没有不满意的雇员，任何一个愿意在现有工资条件下工作的人都有工作。我定义的自然失业率是劳动力供给与需求相等情况下的失业率，因此不存在超额供给或超额需求。我想这两个定义都与威克塞尔的自然利息率有关，我们之间并没有太大的区别。"①

弗里德曼把自然失业率定义为：在没有货币因素干扰的情况下，由经济体系中的实际因素，比如劳动市场的有效性、竞争或垄断程度、阻碍或促进到各种职业部门去工作的制度因素所决定的失业率。即自然失业率是这样一种水平，可以通过瓦尔拉斯一般均衡方程组计算出来，只要在这些方程中嵌入劳动市场和商品市场的实际结构性特征，包括市场的不完全性、需求和供给变动、获得工作空缺和劳动可能性的信息的成本、劳动力流动的成本，等等。

（2）国民收入的自然率水平。国民收入的自然率水平是指经济中只存在自然失业率时的国民收入水平，即充分就业下的国民收入水平。货币主义认为，如果没有政府干预，市场机制会使得经济达到自然率水平。

---

①［英］布赖恩·斯诺登，霍华德·文．与经济学大师的对话：阐释现代宏观经济学［M］．王曙光，来有为，译．北京：北京大学出版社，2000：154.

2. 适应性预期（adaptive expectation）假说。

预期是经济主体对与当前决策有关的经济变量的未来值所做的预测。适应性预期是货币主义分析基础的一个假说，是卡甘于1956年提出的。适应性预期是指经济当事人以过去的经验为基础并根据他们以前的预期误差程度来修正每一期的预期，其特点是以经济变量一系列过去的数值所包含的信息为基础。弗里德曼认为："适应性预期分析法只不过是尽力使理论原则从实证经验的角度看更加明显的一种方法，而它看起来也好像在很多时候都是有效的。"①

在进行适应性预期时，预期所需要的全部信息都包含在预期变量之前变动的历史数据中。主导思想包含这样的假设：经济行为人根据过去的通货膨胀率调整其通货膨胀预期，并不断根据预期通货膨胀率和实际通货膨胀率之间的差异进行预期调整。

在（$t-1$）期对t期价格水平的适应性预期可表示为：

$$P_t^e = P_{t-1}^e + \beta(P_{t-1} - P_{t-1}^e)(0 < \beta < 1) \tag{6-22}$$

在式（6-22）中，β为适应性系数，表示预期对过去的误差进行调整的速度。这样，按照适应性预期方法，t期价格的预期值就等于$t-1$期价格的预期值加上（$t-1$）期价格预期值与实际值的一定比例的误差。

同理，（$t-1$）期的价格预期值等于（$t-2$）期的价格预期值加（$t-2$）期的价格预期值与实际值的一定比例的误差。

因此，t期预期价格等于以前各期的实际价格的加权平均数，即：

$$P_t^e = \beta P_{t-1} + \beta(1-\beta)P_{t-2} + \beta(1-\beta)^2 P_{t-3} + \cdots$$

或

$$P_t^e = \beta \sum_{k=1}^{\infty} (1-\beta)^{k-1} P_{t-k} \tag{6-23}$$

预期通货膨胀率等于过去各期的通货膨胀率的几何加权平均数。权数分布在大量滞后的（过去的）数值中，t期之前各期价格的权数呈几何级数递减，表明距离t期越远的时期的价格，对t期预期价格的影响越小，即这是一种滞后分布。

二、纳入适应性预期：附加预期的（expectations-augmented）菲利普斯曲线

面对"滞胀"，稳定的负斜率的菲利普斯曲线解释力下降，其原因被认为是没有把对价格变动的预期纳入工资形成中。

① ［英］布赖恩·斯诺登，霍华德·文．与经济学大师的对话：阐释现代宏观经济学［M］．王曙光，来有为，译．北京：北京大学出版社，2000：155.

原始的菲利普斯曲线表达了货币工资增长率与失业率之间的关系。凯恩斯主义用菲利普斯曲线表示通货膨胀率与失业率之间存在稳定的替代关系。弗里德曼否定了凯恩斯主义的菲利普斯曲线。因为弗里德曼认为，劳动供给和劳动需求都是实际工资率的函数，而不是货币工资率的函数。而在凯恩斯主义的菲利普斯曲线中，假设价格是刚性的，即经济主体存在货币幻觉。当存在货币幻觉时，膨胀性货币政策会产生增加就业和产出的效果。弗里德曼认为，工资的谈判是在每个合同期进行的，工人会根据合同期预期发生的通货膨胀率把货币工资调整为实际工资率。因此，应当根据实际工资变化率调整菲利普斯曲线，把预期的通货膨胀率作为决定实际工资变化率的附加变量，形成附加预期的菲利普斯曲线。用公式表示为：

$$\dot{w} = \dot{U} + \dot{P} \tag{6-24}$$

在式（6－24）中，$\dot{w}$ 表示货币工资增长率，$\dot{U}$ 表示失业率，$\dot{P}$ 表示预期通货膨胀率。

加入预期通货膨胀率后，货币工资增长率与失业率之间不再是稳定的替代关系，即菲利普斯曲线不只有一条，而是有一组。每一条菲利普斯曲线都对应着一个预期通货膨胀率。

根据预期通货膨胀率是否变化，货币主义的菲利普斯曲线可分为短期和长期两种。短期菲利普斯曲线描述了在既定预期通货膨胀率下失业与通货膨胀之间的关系，长期菲利普斯曲线为一条位于自然失业率处的垂线。

1. 与不同的预期通货膨胀率相对应，在短期有一组负斜率的菲利普斯曲线。

把预期纳入菲利普斯曲线分析之中，就使得菲利普斯曲线从一种长期的稳定关系转变为只有在预期价格水平一定时才存在的短期关系。

在原始的菲利普斯曲线中，一定时期内货币工资增长率与通货膨胀率之间的对应关系表现为一条菲利普斯曲线。“试图利用菲利普斯曲线所表达的失业与通货膨胀之间的替代关系最终导致了这种交替关系发生变化。”① 因为当政府不断地以提高通货膨胀为代价降低失业时，较高的通货膨胀导致对通货膨胀的预期，预期改变了失业与通货膨胀之间的稳定的替代关系，即预期价格水平的变动会引起菲利普斯曲线位置的移动。即附加了预期通货膨胀率后，在每一个预期通货膨胀率下，都会有一个失业率与货币工资增长率之间的对应关系，即菲利普斯曲线不再是唯一的，而是有一组，如图 6－4 所示。

---

① ［澳］迈克尔·卡特，罗德尼·麦道克．理性预期：八十年代的宏观经济学［M］．杨鲁军，虞虹，译．上海：上海译文出版社，1988.

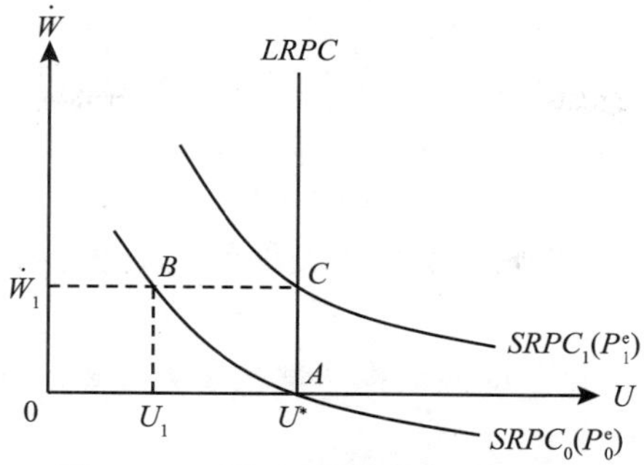

图 6－4　附加预期的菲利普斯曲线

假设生产率不变，那么，当货币工资不变时，价格水平则不变，预期通货膨胀率为零，即 $P^e=0$。

在图 6－4 中，横轴表示失业率，纵轴表示货币工资增长率，初始均衡点在短期菲利普斯曲线 $SRPC_1$ 的 A 点，失业率处于自然率水平 U^*，货币工资增长率为零。当政府增加货币供给，扩大了总需求，将会导致失业率从 U^* 降低至 U_1。商品市场和劳动市场需求的增加会导致价格和货币工资上升，同时，货币工资调整滞后于价格，工人会产生货币幻觉，即以为实际工资增长而增加劳动供给。图中，货币工资增长率由 0 上升为 $\dot{W}_1$，因为实际工资下降，所以厂商会增加劳动投入，导致失业率降低至 U_1，新的均衡点沿着 $SRPC_1$ 移动至 B 点。当工人意识到实际工资下降后，会调整预期通货膨胀率至 P_1^e，且 $P_1^e>P_0^e$，就会要求增加货币工资，直至达到原来的实际工资水平，这是因为实际工资上升，厂商会减少劳动投入，失业率上升，均衡点移动至 C，产生了另一条短期菲利普斯曲线 $SRPC_2$。

2. 在长期内，实际通货膨胀率被准确预期时，菲利普斯曲线成为垂线，失业与通货膨胀之间不再是交替关系。

货币主义的菲利普斯曲线与新古典综合派的不同点主要在于：一是货币主义把预期通货膨胀纳入工资决定模型中；二是对失业与通货膨胀关系的长期变动态势的分析。

长期被定义为通货膨胀率的预期值等于实际值。在短期内，当适应性预期得到的通货膨胀率不准确时，会出现非自然失业率下的均衡。在长期内，当实际通货膨胀率被准确地预期到后，货币工资增长率等于预期通货膨胀率，货币工资和价格水平同比例增长，实际工资不变，失业率又回复到自然失业率水平。图 6－4 显示，C 和 A 在一条垂线上，连接 A、C 这些点，可以得到长期的菲利普斯曲线 $LRPC$。垂直的菲利普斯曲线表明，从长期来看，没有货币幻觉，实际通货膨胀能够被准确地预期，实际工资不变，失业率维持在自然率水平。长期菲利普斯曲线为垂线，与失业轴相交于自然失业率 U^*。

3. 费尔普斯等人的进一步研究：不同形状的菲利普斯曲线。

费尔普斯（Edmund S. Phelps）对附加预期的菲利普斯曲线做了进一步研究，附加预期的菲利普斯曲线的一般表达式可扩展为：

$$\dot{W} = f(u) + \beta \dot{p}^{e} \tag{6-25}$$

在式（6－25）中，β 是一个系数，表示预期通货膨胀率的变化对货币工资变化的影响程度。

如果不考虑生产率变化，即假设生产增长率为零，那么，货币工资增长率等于通货膨胀率。即：

$$\dot{p} = f(U) + \beta \dot{p}^{e}$$

从失业率等于自然失业率和预期通货膨胀率等于实际通货膨胀率着手，上式可变形为：

$$\dot{P} = \frac{f(U)}{1-\beta} \tag{6-26}$$

β 值决定了菲利普斯曲线的状态。

若 $\beta = 0$，即预期通货膨胀率不影响货币工资增长率，此时，附加预期的菲利普斯曲线与凯恩斯主义的菲利普斯曲线相同，通货膨胀率与失业率之间存在着稳定的交替关系。

若 $\beta = 1$，预期通货膨胀率等于货币工资增长率或实际通货膨胀率。通货膨胀率不受失业率变化影响，通货膨胀率与失业率之间不存在替代关系。菲利普斯曲线为垂线。

若 $0 < \beta < 1$，则意味着预期通货膨胀率对货币工资增长率或实际通货膨胀率有影响，预期通货膨胀率小于实际通货膨胀率，实际工资率会变化，从而影响就业，菲利普斯曲线是一条负斜率的曲线，但斜率大于 $\beta = 0$ 时的情形。

不同情形的菲利普斯曲线如图 6－5 所示。

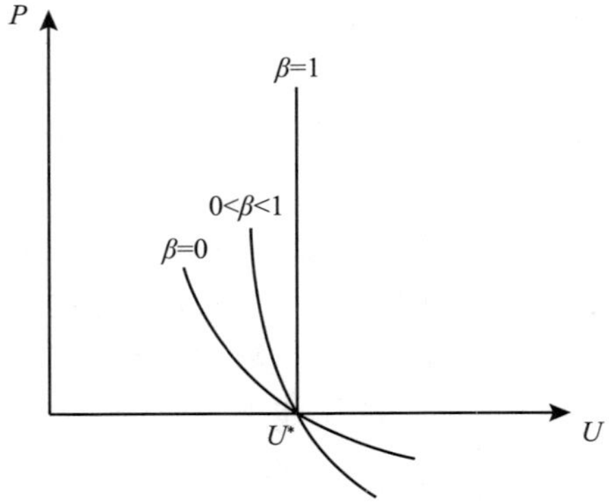

图 6－5　不同 β 值的菲利普斯曲线

三、菲利普斯曲线的政策含义

在20世纪60年代，负斜率的菲利普斯曲线是美国等国家政府制定政策的主要理论依据。1960年肯尼迪总统执政后，失业率不断下降，通货膨胀率以微小幅度上升。当时弗里德曼就提出警告：这样的失业率的下降将会付出较大的代价。

1. 短期菲利普斯曲线的向上移动：通货膨胀的恶化。

如果试图通过货币数量增长将失业率保持在自然失业率之下，价格水平的上升就要高于货币工资的上升，那么就会导致持续的通货膨胀，并形成一种预期和实际通货膨胀之间相互促进的循环。如果失业率小于自然失业率，意味着实际通货膨胀率大于预期通货膨胀率，这又会促使人们向上调整其预期通货膨胀率，图中短期菲利普斯曲线向上移动，实际通货膨胀率进一步上升。

2. 长期菲利普斯曲线为垂线：货币中性或货币政策无效。

在长期内，实际通货膨胀率能够被准确地预期，菲利普斯曲线成为一条垂线。即调节总需求的政策在长期是无效的。只有在短期内，当实际通货膨胀率不能被准确地预期，或者说工人存在货币幻觉时，货币数量的变动会影响实际产量和就业，即只有在短期内，因为适应性预期的存在，失业率可以暂时降到自然失业率之下，政策才可能是有效的。

自1969年以后，失业率与通货膨胀率之间的负相关关系破裂，凯恩斯主义的菲利普斯曲线崩溃。从20世纪70年代早期开始，通货膨胀预期成为工资决定模型中的重要变量。到70年代后期，附加预期的菲利普斯曲线在宏观经济分析中得到普遍应用，并且开始区分短期和长期总供给曲线。当时在西方经济学界被认为是货币主义的胜利。

第七节　单一规则的货币政策及其实践效果

货币主义崇尚市场机制，强调市场经济的内在稳定性，担心政府政策会成为扰乱市场环境的因素。关注政策时滞，所以否定政策稳定经济的效应，认为财政政策还具有显著的挤出效应，因而主张通过货币政策为经济提供稳定增长的环境。

迈耶总结了货币主义的六大政策命题：

（1）中央银行的首要任务是控制通货膨胀，而不是失业；

（2）中央银行需要使用明确而有效的目标框架和工具变量；
（3）合适的工具变量是准备金制度；
（4）中央银行能够充分精确地控制货币供给；
（5）货币供给为适宜的高层目标；
（6）货币应以稳定或不变的比率增长[①]。

一、货币主义政策主张的主要特点

（一）政策目标：控制通货膨胀是中央银行的首要目标

货币主义认为，通过市场机制调节，自然失业率和国民收入的自然率水平必然能够实现，因此，在宏观经济政策的四大目标中，凯恩斯主义侧重于充分就业和经济增长，而货币主义更重视物价稳定目标。

（二）政策手段：重视货币政策[②]、否定财政政策

货币主义否定财政政策效应，主要原因在于，货币主义认为投资的利率弹性较大，所以，当增加总需求的政策引起利率上升时，对投资的抑制作用较大，即财政政策有较强的挤出效应和较小的政策效应。

财政政策和货币政策都存在时滞，而且时滞期还不稳定，所以，否定政策稳定经济的效应，主张政策目标是为经济提供一个稳定的环境，而不要成为扰乱经济秩序的因素。

（三）政策传导过程

货币主义的货币政策传导机制的核心是各种资产组合的调整。货币政策传导过程为：货币数量变化通过影响资产结构的调整最终影响到就业和产出水平。在货币主义理论中，资产的范围较大、种类较多，货币、股票、债券、企业的耐用资产、消费者的耐用消费品等都属于资产。当货币供给量增加时，各种资产的需求都会增加，直接引致消费和投资需求的增加，带动产出水平的增加。这样，因为货币供给量增加而打破的货币市场均衡，即出现货币超额供给，被增加的资产需求吸收而重新达到均衡。

---

① 托马斯·迈耶. 货币主义反革命还剩下什么？.//布赖恩·斯诺登，霍华德·文. 现代宏观经济学发展的反思［M］. 北京：商务印书馆，2000.

② 弗里德曼于1968年就任美国经济学会会长时的就职演说“货币政策的作用”（The Role of Monetary Policy）被认为是战后影响较大论文之一。

（四）政策变量：货币供给量

在货币政策传导过程中，货币供给量的变化，也会影响利率，从而影响投资、消费，最终影响就业和产出水平。尽管利率作为中间变量对货币政策效应产生重要作用，但货币主义最重视的是货币供给量，认为货币供给量增长率是最适宜的政策变量。因为扩张性货币政策短期可能会使利率降低，但从长期来看，当货币供给量的增加引起总需求增加从而导致收入水平增加后，利率就会上升。进一步地，还会引起价格水平及通货膨胀预期上升，形成利率与价格水平上升的相互作用。

英国的实践支持了货币主义的观点：为了保持低利率，英国在 1945～1948 年间采取公开市场业务增加货币供给量的政策，但政府持续地在公开市场购买债券，导致价格水平及价格预期的上升。1948 年以后，利率开始上升，到 1954 年上升了一倍。货币主义认为，高利率是与货币数量的扩张密切相关的，并得出结论："利率是关于货币政策是宽松还是严紧的容易引起误解的指示器。为此，着眼于货币数量的变化率要好得多。"①

（五）货币政策效应：短期有效、长期无效

货币主义政策效应分析的特点是区分政策的短期效应和长期效应，认为货币政策短期有效而长期无效，强调即使货币具有资产的功能，货币数量变化会影响产出，但从长期来看，货币依然是中性的。并且弗里德曼用大量统计数据和历史资料证明了这一观点②。

货币主义的菲利普斯曲线和 AS—AD 模型都表明了货币政策的短期效应和长期效应的不同。货币主义的短期菲利普斯曲线为负斜率，显示失业率和通货膨胀率在短期存在替代关系，政府政策利用失业与通货膨胀之间的此消彼长的关系进行政策选择，达到降低失业或通货膨胀的目标。长期菲利普斯曲线为垂线，失业率会稳定在自然失业率水平，价格水平上升不会减少失业，即政策对就业和总产出没有影响，政策无效。

上一节的分析结果显示，在 AS—AD 模型中，短期 *AS* 曲线为正斜率，增加货币数量的政策会引起总产出的增加，即政策有效。长期 *AS* 曲线为垂线，增加货币数量，*AD* 曲线移动，只会引起价格水平上升，并不能带来产出的增长，即政策无效。

---

① 弗里德曼．货币政策的作用［J］．美国经济评论，1968.

② ［美］米尔顿·弗里德曼，安娜·J. 施瓦茨．美国货币史（1867－1960）［M］．巴曙松，王劲松，等译．北京：北京大学出版社，2009.

二、政策规则：单一规则的货币政策

1967 年，弗里德曼在美国经济学会会长就职演说中，概括了正确的货币政策的三个基本特征：一是货币政策能够防止货币本身成为经济混乱的主要根源；二是货币政策能够给经济运行和发展提供一个稳定的环境；三是货币政策能够有助于抵消经济体系中因其他原因引起的比较重要的干扰。

（一）主张单一规则政策的原因：政策时滞

弗里德曼反对凯恩斯主义的反周期政策主张，原因之一是政策时滞，还把时滞分为三种类型：认知时滞、行为时滞和效应时滞。弗里德曼通过时间序列数据分析比较货币增长率与美国经济活动水平的时间节点，结果表明，在自 1870 年以来 18 个没有战争的经济周期中，存在货币存量的变化与货币收入变化之间的时滞，其中，收入时滞和价格时滞分别都是 6～9 个月，即货币增长率的变化平均需要 6～9 个月后才能引起名义收入增长率的变化，名义收入和产出变化之后，再经过 6～9 个月价格才会受到影响。因此，货币供给量的变化和通货膨胀率的变化之间的时间间隔为 12～18 个月。这一结论成为货币主义重视货币政策的作用并反对相机抉择的政策的重要依据①。

货币主义强调，在短期内，货币数量与名义收入水平之间的关系难以预测，因而反对采取短期政策消除经济的短期波动。进而认为政策时滞往往会强化而不是减弱周期性波动，因为在经济周期的一个阶段采取的政策，往往到下一个阶段政策效应才能显现，效果与最初的目标相悖，比如衰退时期实施的扩张性政策到繁荣时期才会起作用，就会加剧通货膨胀。时滞使政府的稳定政策反而成为不稳定的因素，即相机抉择的政策甚至会破坏经济的稳定性。弗里德曼认为，稳定的货币增长将会创造出一个有利于进取心、独创性、创造力、勤奋和节俭这些基本力量有效运转的货币环境，而这些基本力量才是经济增长的真正动力所在。

（二）单一规则的货币政策内涵

货币主义反对通过相机抉择的政策消除经济的短期波动，主张单一规则的货币政策，即中央银行应保持货币数量的稳定增长，每年按照与实际总产出的长期增长速度大致相应的一个稳定的比率增加货币供给。至少能够阻止货币体系本身

① 卡伯森（Culberson，1960；1961）、卡雷肯和索洛（Kareken and Solow，1963）等人质疑弗里德曼的这一结论，认为时间上的先后顺序不一定能够证明货币数量与经济变量之间存在因果关系。

成为经济波动的原因。

弗里德曼认为，通货膨胀无论何时何地都是一种货币现象，只能是由货币数量的增长快于产出的增长所致。因此，解决通货膨胀问题的有效途径就是控制货币数量的增长。

弗里德曼主张通过立法形成一个法制政府来执行货币政策，即由立法机构制定规章，命令货币当局来使得货币数量按照具体的比例增长。“我的货币数量的定义包括商业银行以外的流通中的货币加上商业银行的全部存款。我认为，应该指令联邦储备系统，尽可能地使上述定义的货币数量的总额逐月甚至逐日地按照年率为3% ~5%的比例增长。只要始终遵循一个定义和一个增长率，选择哪一个定义或哪一个数值的增长率不过是次要的问题。”①

货币供给量保持一个固定的增长率，比如，通货加所有商业银行存款总和的年增长率约为3% ~5%，其中，劳动力年增长率为1% ~2%，劳动生产率增长率为2% ~3%，即总产量增长率为3% ~5%②。

三、其他政策主张

除了控制货币数量增长率以外，货币主义还提出了其他政策，主要包括收入指数化和浮动汇率政策等。

（一）收入指数化

收入指数化是指把工资、政府债券收益及其他收入等与消费价格指数等生活费用相关联，使货币收入能够随着价格水平变化而及时调整。这样可以降低政府等在通货膨胀过程中得到的收益。

（二）浮动汇率制

货币主义认为，浮动汇率制是一种自动调节机制，通过汇率调节，能够实现和维持国际贸易和国际收支均衡，降低国际收支失衡对国内经济的不利影响。1971年，与美元保持固定汇率的布雷顿森林体系崩溃。西方各国陆续实行了程度不同的浮动汇率制。

---

① ［美］米尔顿·弗里德曼．资本主义与自由［M］．张瑞玉，译．北京：商务印书馆，2009：60－61.

② 美联储曾有官员怀疑以货币主义作为制定政策的依据，因为在中央银行流行着一个“古德哈特定律”（Goodhart's Law），该格言以英格兰银行的经济学家古德哈特命名，认为如果把一项计量经济学的关系转变为一种政策工具，这种关系总是要变的。

四、货币主义的政策实践及其效果

在20世纪70年代后期，货币主义的影响逐步扩大，其政策在20世纪80年代被英国撒切尔政府（1979～1985年）和美国联邦政府（1979～1981年）接受并实施。面对两位数的高通货膨胀率，货币主义的货币政策被认为是有效的工具。1979年10月上任的美联储主席保罗·沃克（Paul Volcker）采纳了货币主义的政策主张，上任伊始，联邦公开市场委员会（FOMC）就宣布实施货币主义的货币政策，被称为货币主义者的实验。在这项试验中，美联储不再以利率为中心，而是货币供给遵循事前确定的增长率，把货币供给量控制在目标范围内。1979年10月6日，沃克宣布，即使是在短期内，货币政策的目标也不再是稳定利率，控制货币才是当务之急。

按照美联储的逻辑，通过控制货币供给量，一方面可以允许利率上升，抑制总需求，并通过菲利普斯曲线包含的机制减缓工资和价格的上升；另一方面，抑制通货膨胀预期，从而抑制工资上升和需求增长，最终降低通货膨胀率。结果，到1980年3月，货币供给量增长率下降了约一半，名义利率上升到约14%，通货膨胀率下降，达到货币主义的预期。但是同时经济进入衰退时期。因为1980年是大选年，卡特政府不能任凭经济衰退，于是又放松了对货币供给量的控制，经济增长率提高，同时通货膨胀率也上升。1981年，里根执政后，重新实施货币主义的货币政策，在制度上确立了联邦储备制度的独立地位，重视控制货币供给量，并特别强调货币政策的长期性和稳定性，把货币供给量的增长率控制在目标范围。

货币主义实验实施大约3年后，到1982年，实际GDP处于停滞，美国的通货膨胀率降低到4%，失业率由1979年的6%上升到1982年的10%，美国经济进入严重的衰退状态。联邦公开市场委员会宣布放弃对货币供给量的控制，标志着货币主义实验的结束。之后，美联储不仅关注货币供给量，而且利率、汇率、信用状况等都成为重要的政策变量。

货币主义的货币政策在1979～1982年间成为美国中央银行制定政策的主要依据，美联储实施货币主义的货币政策的实践结果是，1979～1982年，美国的通货膨胀率由11.2%降低到3.2%，而失业率由5.8%上升到9.6%。[①]

在英国，20世纪70年代中期之前，货币政策一直是作为财政政策的补充工

① ［英］布赖恩·斯诺登，霍华德·文．现代宏观经济学：起源、发展和现状［M］．佘江涛，等译．南京：江苏人民出版社，2009：17+19.

具，忽视货币供给的作用。货币目标控制始于1976年的工党政府，撒切尔政府执政后，开始实施系统的货币主义的政策主张。英国政府把M_3作为货币数量控制的目标，因为当时的M_3比较稳定，并且历史资料显示M_3与经济增长之间存在固定的相关关系。M_3被认为能够准确地反映经济变化状况，是最适宜的货币控制目标。1980年3月开始实施的“中期财金战略”（medium-term financial strategy），主要内容就是严格控制目标货币数量M_3的增长率。到1981年，英国的通货膨胀率开始下降，1981年、1982年、1983年的通货膨胀率分别降为11.5%、7.6%和5.1%。同时，还伴随着国民生产总值增长率的下降和失业率的上升。①

货币主义的政策以稳定价格水平为主要目标，要求货币数量的稳定增长，结果导致了较严重的失业。因此，20世纪80年代中期以后许多国家都放弃了货币主义的政策主张。

货币主义在美国和英国的实践经验，验证了货币主义作为控制通货膨胀的理论依据和政策主张的有效性，但同时产生的经济衰退表明，也许货币主义货币政策与其他政策的组合，能够获得更好的政策效果。

货币主义的一个重要的理论前提是货币流通速度很稳定，金融市场的变化导致了人们行为方式的变化，从而动摇了货币主义理论的现实基础。货币主义实验期间及其之后，货币流通速度变得不稳定，1982年，美国M_1的周转率比以往几十年间的变动都大。高利率激发了金融创新，使得进入1980年以后，货币周转率变得不稳定。美联储不再单纯地以控制货币供给量作为货币政策工具。

第八节 货币主义与凯恩斯主义的主要分歧及其评价

作为西方经济学主流学派，货币主义是高举反凯恩斯主义大旗走进经济学舞台的中心位置的，两个学派的产生背景、信念、经济模型中的核心变量、政策目标和政策主张等都存在分歧②。

---

① ［英］布赖恩·斯诺登，霍华德·文．现代宏观经济学：起源、发展和现状［M］．佘江涛，等译．南京：江苏人民出版社，2009：17+19.

② 托宾与弗里德曼的争论反映了凯恩斯主义与货币主义之间主要分歧。托宾是弗里德曼的批评者中最能言善变、最有效、最长久的一位。弗里德曼重视实证分析方法，其理论基本上都是通过分析统计数据得到的，而托宾强调，相关关系不能证明因果关系。托宾认为，弗里德曼的著作是“没有理论的计量。”托宾批评弗里德曼缺乏明确的理论基础来连接一种因果关系，却将货币主义的主张建立在这种关系上面。比如，弗里德曼通过计算货币数量变动与价格水平和产量变动的先后顺序，说明货币数量变动对后者的重要作用。通过研究1870年以后没有战争的18个经济周期发现，货币供给变化率高峰（波谷）领先于经济活动水平高峰（波谷）12~18个月，以此证明货币数量对经济的影响。托宾质疑弗里德曼：难道发生于其后必然是其结果？即时间上的先后顺序不足以证明存在经济学逻辑的因果关系。

一、"大萧条"和"滞胀"：凯恩斯主义和货币主义产生于不同的经济背景

劳伦斯·萨默斯曾指出："经济学家们的思想，与其说是受到高深的计量经济数据的影响，不如说是为戏剧性事件所左右，尽管他们可以声称不是这样。"①1929～1933 年的"大萧条"和 20 世纪 60 年代末 70 年代初的"滞胀"是 20 世纪对西方国家经济和经济学理论发展冲击最大的两次"大事件"，分别导致了凯恩斯主义宏观经济学的产生及反凯恩斯主义的兴起。

"大萧条"导致了凯恩斯革命，凯恩斯构建了宏观经济学理论体系，论证了"大萧条"中最严重的问题——失业，从总需求的角度，揭示了失业产生的原因是有效需求不足，主张政府通过采取增加总需求的政策，带动就业和经济增长。凯恩斯主义重视政府干预，强调单纯依赖市场机制，非自愿失业的存在是一种常态，因而重视政府干预经济具有必要性和重要性，主张根据经济周期波动状况进行"微调"。

当经济陷入"滞胀"的泥潭时，凯恩斯主义的地位下降，作为对凯恩斯主义进行反革命的货币主义，开始进入经济学舞台的中央。作为反凯恩斯主义学派，货币主义继承了古典经济学的主要信念——崇尚市场机制，货币主义相信市场经济的稳定性，即居民消费函数、货币流通速度、厂商投资函数等都呈稳态。相信私人经济的活力和秩序，并且怀疑政府对经济问题的判断和决策能力，因而重视市场调节，反对政府过度干预经济，主张政府政策的任务就是给市场经济提供一个稳定的环境。

二、"总需求"和"货币数量"：凯恩斯主义和货币主义理论中的核心变量

凯恩斯宏观经济理论的核心是强调有效需求对总产出和就业的决定作用，消费和投资需求不足是导致非自愿失业的原因，政府政策也是通过调节总需求影响总产出和就业水平。

货币主义理论渗透着弗里德曼②的名言"惟有货币最重要"的内涵，弗里德曼把货币主义定义为：描述货币规模和其他经济变量之间关系的一系列客观命

① ［英］布赖恩·斯诺登，霍华德·文．现代宏观经济学发展的反思［M］．黄险峰，译．北京：商务印书馆，2000：116.

② 此处相关论述在弗里德曼于 1958 年发表的《货币数量论》中均有体现。

题。货币主义强调国民收入水平、就业、通货膨胀等宏观经济重要变量都主要取决于货币数量，特别是通货膨胀与货币数量高度相关，认为通货膨胀是一种货币现象。

因此，凯恩斯主义理论主要解释消费和投资需求，而弗里德曼的理论主要解释货币需求。

三、政策主张及财政政策与货币政策效应

凯恩斯主义和货币主义各自以其理论为依据，提出相应的政策目标、揭示了政策传导过程，并有不同的政策工具偏好。

1. 政策目标和政策传导机制的不同。

宏观经济政策的四大目标包括充分就业、经济增长、物价稳定和国际收支平衡。其中，物价稳定与充分就业和经济增长往往难以同时实现。凯恩斯主义更加重视充分就业和经济增长目标，而货币主义更加重视物价稳定目标。

从传导机制来看，凯恩斯主义认为，货币供给量变化通过影响利率，进而影响消费和投资，即总需求，总需求变化带动就业和产出水平的变化。其中利率是最重要的政策变量。货币主义认为，货币供给量的变化，引起经济主体对货币及各种资产结构的调整，货币供给量增加，人们必然会增加货币、有价证券、不动产、商品等需求，带动产出的增长。其中，货币供给量是最重要的政策变量。

2. 财政政策和货币政策效应：凯恩斯主义和货币主义政策工具偏好的分歧。

作为两种最基本的宏观经济政策，财政政策和货币政策的相对效应在两个学派中也有不同的偏好。凯恩斯主义重视财政政策，货币主义重视货币政策。主要原因在于二者对于货币需求的利率弹性和投资的利率弹性大小的观点不同。

（1）货币主义的货币政策强效应和凯恩斯主义的货币政策弱效应。在货币需求函数中，收入水平和利率是两个主要的自变量。凯恩斯主义和货币主义对两个影响因素的相对重要性有不同的观点。凯恩斯主义强调货币作为其他金融资产的替代效应，货币主义重视货币需求的收入效应。因此，凯恩斯主义认为，货币需求的利率弹性较大，货币需求曲线斜率较小，因此，一定的货币供给量的增加会引起利率较小幅度下降，导致较小的收入增量，即货币政策效应较小。货币主义认为，货币需求的利率弹性较小，货币需求曲线斜率较大，因此，一定的货币供给量的增加会引起利率较大幅度下降，导致较大的收入增量，即货币政策效应较大。

在 IS—LM 模型中，货币需求的利率弹性 h 影响 LM 曲线的斜率，可以显示货币政策差异，如图 6－6 所示。

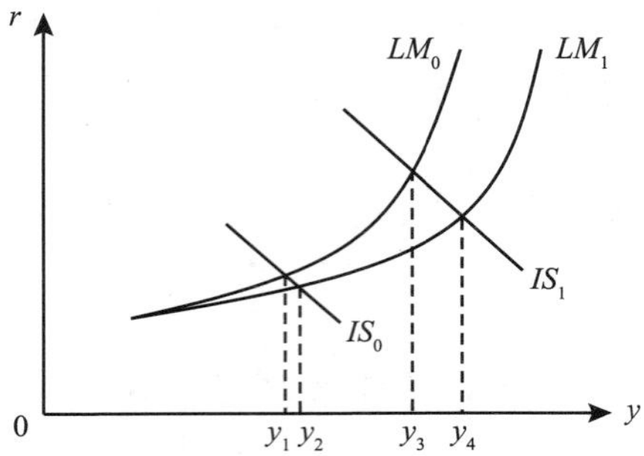

图 6－6　货币政策效应因货币需求的利率弹性大小而异

若用货币政策乘数表示，货币政策乘数与货币需求的利率弹性 h 之间的关系为：

$$\frac{dy}{dm}=\frac{1}{k+\cfrac{1-b(1-t)}{\cfrac{d}{h}}}$$

货币需求的利率弹性 h 的大小与货币政策乘数负相关，凯恩斯认为，h 较大，货币政策乘数较小，即货币政策弱效应。货币主义认为，h 较小，货币政策乘数较大，货币政策强效应。

（2）货币主义的财政政策弱效应和凯恩斯主义的财政政策强效应。货币主义认为财政政策对经济的调节作用较弱，甚至反对政府实施财政政策，凯恩斯主义强调财政政策效应。主要原因在于二者对投资的利率弹性大小持有不同观点。货币主义认为，投资的利率弹性较大，投资曲线斜率较小（较平缓），利率一定幅度的变化就会导致投资较大的增加。凯恩斯主义认为，投资的利率弹性较小，投资曲线斜率较大（较陡峭），因而利率变化对投资的影响较小。在经济衰退时期，投资曲线还会向左移动，即使利率降低，也难以增加投资。

在 IS—LM 模型中，投资的利率弹性 d 影响 IS 曲线的斜率，可以显示财政政策效应差异，如图 6－7 所示。

若用财政政策乘数表示，财政政策乘数与投资的利率弹性 d 之间的关系为：

$$\frac{dy}{dg}=\frac{1}{1-\beta(1-t)+dk/h}$$

投资的利率弹性 d 与财政政策乘数负相关，凯恩斯认为，d 较小，财政政策乘数较大，即财政政策强效应。货币主义认为，d 较大，财政政策乘数较小，即财政政策弱效应。

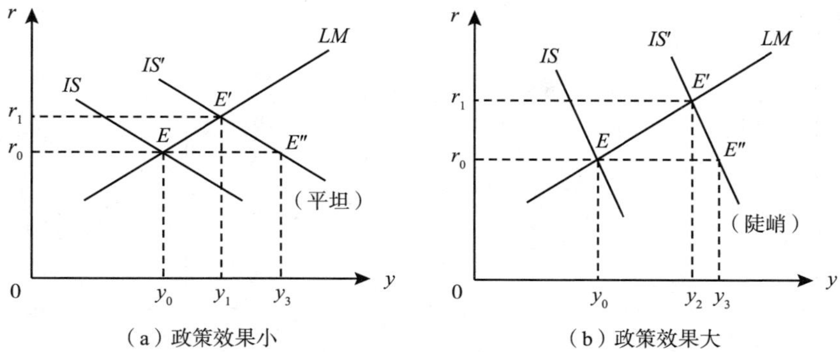

图6－7　财政政策效应因投资的利率弹性大小而异

在凯恩斯极端情况下，即 $h\to\infty$ 或 $d=0$ 时，*LM* 曲线成为水平线，*IS* 曲线成为垂线，货币政策无效。在古典主义的极端情况下，即 $d\to\infty$ 或 $h=0$ 时，*LM* 曲线成为垂线，*IS* 曲线成为水平线，财政政策无效。

综合货币主义的财政政策和货币政策效应分析，进一步论证了货币供给量变化与总需求的密切关系，即因为货币需求的利率弹性较小，货币供给量一定的增加，会引起利率较大的下降；因为投资的利率弹性较大，利率一定的变化会引起投资和总需求较大的增加。

货币主义反对财政政策的原因还包括：财政政策对私人投资的挤出效应较大；财政政策会导致财政赤字和通货膨胀等问题。货币主义强调，作为调节总需求的政策工具，货币政策也比财政政策有效，而且，如果没有货币供给量的增加，财政政策也难以发挥作用。

四、工资和价格弹性及总需求变动的影响

凯恩斯主义和货币主义关于工资和价格弹性大小的认定不同，表现为 *AS* 曲线的斜率不同，导致总需求变动对价格水平和实际产出的影响不同。

根据凯恩斯主义理论，工资和价格弹性较小，*AS* 曲线斜率较小，所以，当政府采取增加总需求的政策（包含增加政府支出、减税、增加货币供给量、增加出口等政策工具的使用）时，会引起实际产出较大的增长，价格水平上升幅度较小。如图6－8（b）所示。

根据货币主义理论，工资和价格弹性较大，*AS* 曲线较陡峭，所以，当政府采取政策增加总需求（政策工具为增加货币供给量）时，结果将主要影响价格水平，对实际产出的影响较小。如图6－8（a）所示。

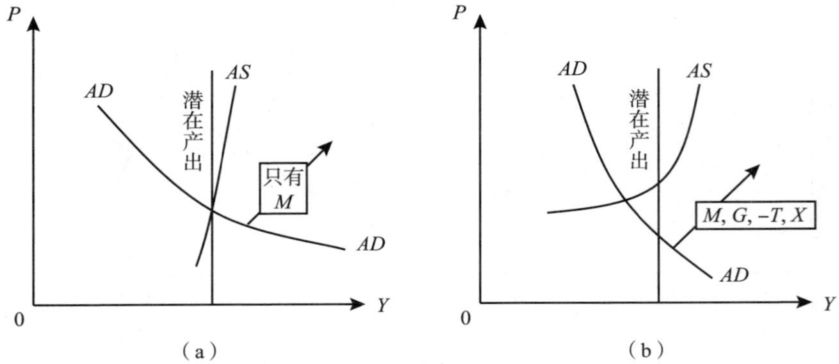

图 6-8　货币主义与凯恩斯主义的 *AS* 曲线斜率及政策效果

在20世纪70年代末80年代初，在与凯恩斯主义的论战中，莱荣霍夫德（Axel Leijonhufvud，1983）和卢卡斯（Robert Lucas，1981）等人都曾指出货币主义取得胜利的结果，随着新凯恩斯主义的兴起，到80年代中期，货币主义在学术界已不再是凯恩斯主义的主要对手。后来，“温和的”货币主义被融入凯恩斯主义。托马斯·迈耶曾指出：“如果说凯恩斯学派理论被认为享有盛誉的话，那么，在相当程度上因其如此灵活，愿意吸收反方必须提供的最佳论点所致。或许，这种对异己思想较大的包容性，主要是20世纪六七十年代的事件按凯恩斯主义展开的结果，抑或仅仅是由于偶然的人格力量使然——凯恩斯主义的主要代表，例如莫迪里安尼和D. 罗默，其思维方式比货币主义主将的思维方式更显灵活。”①

并且，货币主义主要还只是一种宏观经济政策理论，并没有形成一个能够与凯恩斯主义竞争的宏观经济理论体系和分析框架。货币主义主要分析了货币数量在宏观经济中的作用，并没有构建自己的宏观经济分析框架，研究思路依然具有追随凯恩斯主义的特征，理论体系并没有完全脱离凯恩斯主义理论体系。研究方法过于重视事实和经验分析，规范分析相对不足，迈耶曾总结货币主义理论特点之一是“强调小计量经济模型比大计量经济模型更加可靠这一事实。此外，一般应当重视长期效应”②。货币主义对经济学理论发展的贡献还不能与凯恩斯主义相匹敌。

货币主义对宏观经济学发展做出了重要的贡献。作为第一个反凯恩斯主义的

① 托马斯·迈耶. 货币主义反革命还剩下什么？. //布赖恩·斯诺登，霍华德·文. 现代宏观经济学发展的反思［M］. 北京：商务印书馆，2000：101.

② 托马斯·迈耶. 货币主义反革命还剩下什么？. //布赖恩·斯诺登，霍华德·文. 现代宏观经济学发展的反思［M］. 北京：商务印书馆，2000：111.

宏观经济学流派，货币主义对凯恩斯主义的挑战，开启了西方经济学领域学术争鸣的局面，逐步形成经济学派林立的学术环境，推动了西方经济学的繁荣和发展，也掀起了西方的新自由主义热潮。作为治理通货膨胀的政策依据，货币主义理论价值是永恒的。“弗里德曼是为数不多的几个推动了经济学理论和国家经济政策变革的经济学家之一，他是现代的亚当·斯密，……弗里德曼对自由市场坚定不移的推崇和对政府的无情批判长久地影响着后来的经济学家。”① 自货币主义产生以来，经济学家普遍认同，中央银行应把控制通货膨胀作为首要目标，并且学术界和中央银行对治理通货膨胀问题的对策，都重视控制货币供给增长率。并且，沿着货币主义的思路，继承货币主义的信念，卢卡斯等人又构建了新古典宏观经济学，托宾等人把新古典宏观经济学叫作第二代货币主义②。

① ［美］托马斯·卡里尔．智慧资本［M］．钟晓华，译．北京：中信出版集团，2016：29.

② 弗里德曼和卢卡斯是师徒关系，20 世纪 90 年代，卢卡斯说过，弗里德曼是他“迄今为止最重要的老师”。“弗里德曼的货币分析和他对在动态而不确定的世界中相机稳定政策的局限性和危险性的证明，已经影响了整整一代著名经济学家——其中最著名的是小罗伯特·卢卡斯。”因此，后来以卢卡斯为核心创建的新古典宏观经济学与货币主义存在密切的关系。詹姆斯·托宾就曾把货币主义区分为货币主义Ⅰ和货币主义Ⅱ，货币主义Ⅰ以现代货币数量论、自然率假说、附加预期的菲利普斯曲线等为理论硬核。货币主义Ⅱ就是指新古典宏观经济学。曼昆把货币主义看作是“新古典宏观经济学的第一波”（the first wave of new classical economics）。

第七章

经济政策学：供给学派

供给学派（supply-side school）又称供给经济学（supply-side economics），产生于反凯恩斯主义的学术浪潮中。该学派主张经济自由放任，重视经济中的供给方面，以解决经济“滞胀”为目标，提出以减税为核心的政策主张，并在政策论战过程中逐步使其理论系统化，从而形成了一个经济学流派，并成为美国第45任总统里根竞选纲领和施政的主要理论依据。其主要特点是重视政策，属于经济政策学，因被里根政府采纳也被叫作“里根经济学”。

第一节　供给学派与古典经济学和凯恩斯主义

作为反凯恩斯主义的经济思潮，供给学派否定凯恩斯主义的理论和政策，并继承了古典经济学的衣钵，在萨伊定律的基础上，侧重于供给分析，形成其理论和政策主张。

一、供给学派对凯恩斯主义的否定

供给学派否定凯恩斯主义的有效需求理论，批判其以调节总需求为核心的政策主张，从供给的角度分析出现“滞胀”的原因和对策。

（一）凯恩斯主义的需求决定论对“滞胀”解释无力

凯恩斯主义从需求的角度分析失业产生的原因，认为总产出水平决定于总需求水平，失业的原因是需求不足，解决失业问题的对策是政府通过政策调节总需求。供给学派否定凯恩斯主义，认为凯恩斯主义违背了“资源稀缺性”这一经济学基本前提，忽视了市场机制对资源配置和利用的调节作用。认为只要市场机制能够充分发挥作用，价格具有完全弹性，那么，通过价格调节，资源必然能够得到最优配置和充分利用。

“二战”以后，西方国家政府以凯恩斯主义为依据，采取需求管理政策，导致了高失业与高通胀并存的“滞胀”。供给学派认为，“滞胀”产生的主要原因在于供给不足，而不是需求不足。供给学派强调，失业不是需求不足引起的，而是凯恩斯主义的政策所致，只有摒弃凯恩斯主义，重视增加供给，才能使美国经济走出“滞胀”的泥潭。

（二）凯恩斯主义政策抑制了储蓄和投资以及生产率的增长

供给学派认为，储蓄率和生产率增速的下降是凯恩斯主义政策所致，因为增加社会福利、抵押贷款和消费信贷等政策不利于储蓄。美国的个人储蓄率在1946～1955年间为8.3%，1956～1965年间为7%，1965～1975年间为6.5%，到1979年降至4.5%。“二战”以后，美国的劳动生产率增长率一直处于下降态势，到20世纪70年代中后期，基本处于停滞状态。在1948～1968年间，美国的劳动生产率年均增长率为3.1%，到1968～1973年间，年均增长率降为2.1%，而在1973～1980年间，仅为0.6%，1977年以后甚至出现负增长。低储蓄抑制投资的增长以及技术创新，从而不利于就业和经济增长。供给学派把美国劳动生产率的增长缓慢和下降归咎于凯恩斯主义的政策，认为凯恩斯主义的需求管理政策忽视了供给方面。供给学派侧重于供给分析，认为储蓄和投资不足从而供给不足是经济“滞胀”产生的主要原因，主张通过减税等政策增加总供给，减少失业和降低通货膨胀。

二、供给学派与古典经济学的复兴

经济学产生以后的大约一百年间，以萨伊定律为核心的古典经济学一直占据统治地位，古典经济学家都强调供给的重要性。斯密认为，国民财富的增长决定于劳动和资本使用量及其效率；李嘉图强调，不用愁产品没有销路，只需愁能否把产品生产出来。穆勒指出，一切卖主必然而且最终都是买主。作为古典经济学的核心理论，萨伊定律强调供给方面的决定作用，认为任何一种产品的生产，都会给其他产品打开销路。

供给学派继承了萨伊定律的这一基本特征，从总供给的角度解释“滞胀”产生的原因，寻求解决“滞胀”的对策。但是，供给学派和萨伊定律产生于不同的时代背景，面临着不同的问题，因此，供给学派强调供给，不仅包括商品供给的数量，还包括要素供给以及供给结构等内涵。崇尚经济自由放任、重视增加供给等古典经济学的核心观点和主张都成为供给学派的基本特征。

与古典经济学相同，供给学派也重视储蓄。亚当·斯密在《国富论》中批判了重商主义关于国家财富取决于其拥有的金银的思想，强调国家财富由其包括劳动力、土地、资本在内的生产性资产决定，而储蓄能促进生产性资产的增加，因而重视储蓄在经济增长中的作用。萨伊定律的供给决定需求的逻辑运用到资本市场即储蓄决定投资，储蓄增加能够带动投资增加。

供给学派的理论和政策主张根植于古典经济学，强调税收和政府行为对市场经济的扭曲，因而理论核心和政策主张是减税和弱化政府的经济职能。马丁·费尔德斯坦指出："很大程度上，我们的供给经济学是通过促进生产能力、移除政府障碍来提高个人主动性，该思想是亚当·斯密的《国富论》以及 19 世纪很多经典经济学理论的核心观点。"①

"滞胀"困境和供给学派的刺激经济的政策主张使供给学派有力地挑战了凯恩斯主义，成为里根政府制定政策的理论依据。1980 年，里根以供给学派的理论作为竞选纲领的主要依据当选总统，执政后采纳了供给学派的政策主张，复兴的古典经济学（以供给经济学的名称）在 20 世纪 20 年代的"大萧条"之后首次在白宫找到拥护者。

三、供给学派的产生及其主要代表人物

经济学的每次革命都有其起源的条件。与其他反凯恩斯主义理论一样，供给学派产生的背景也是美国经济陷入"滞胀"的泥潭，导致了凯恩斯主义的衰落。里根执政前的 1979 年和 1980 年，美国的失业率、通货膨胀率和经济增长率分别为（5.8%，7.0%）、（11.3%，13.5%）和（2.8%，-0.6%）。供给学派基于解决"滞胀"问题的目标，提出减税等政策主张。从理论的形成及其系统化和传播过程来看，供给学派阵营的学院派经济学家和其他领域的专家以各种方式论述相关思想和理论，并使其成为政府政策主张的依据。

供给学派的主要思想和主张及其系统化都是在谈话或论战中形成的。在 20 世纪 70 年代中期，万尼斯基、蒙代尔和拉弗等人在多次的聚餐谈话中讨论并形成供给学派的思想观点和政策主张。尼克松政府的前经济顾问赫伯特·斯坦恩（Herbert Stein）于 1976 年首次使用术语"供给侧财政主义者"，同年，万尼斯基将其简化为"供给经济学"，并在《华尔街日报》宣传供给经济学理论②。1978

① ［美］罗伯特·阿特金森. 美国供给侧模式启示录［M］. 杨晓，魏宁，译. 北京：中国人民大学出版社，2016：34.

② 万尼斯基在宣传供给经济学方面发挥了重要作用。

年，万尼斯基还出版了被誉为供给学派《圣经》的著作——《世界的运作方式》（The Way the World Works），书中的核心论点就是减税。乔治·吉尔德（George Gilder）于1981年出版了《财富与贫困》（Wealth and Poverty），该书成为供给学派的代表作，书中否定凯恩斯主义的福利国家观念和政府在促进经济增长中的作用，强调企业家和富人是经济增长的关键。

供给学派的主要代表人物既有学院派的经济学家，也有实际工作部门的非学院派专家，甚至非学院派在供给学派阵营中占据主导地位。供给学派的主要代表人物包括：阿瑟·拉弗（Arthur B. Laffer，1940～），1976～1984年任南加州大学商学教授；丘德·万尼斯基（Jude Wanniski，1936～2005），1972～1978年任《华尔街日报》副主编和社论撰稿人；罗伯特·蒙代尔（Robert Mundell，1932～），哥伦比亚大学教授；乔治·吉尔德（George Gilder，1939～），国际经济政策研究中心主任；保罗·罗伯茨（Paul C. Roberts，1939～），任里根政府财政部助理部长；马丁·费尔德斯坦（Martin Stuart Feldstein，1939～2019），任哈佛大学经济学教授，1982～1984年任里根政府总统经济顾问委员会主席。迈克尔·伊文斯（Michael K. Evans）自1980年起任伊文斯经济社社长。

诺贝尔经济学奖获得者蒙代尔被认为是供给学派的先驱。早在1971年，蒙代尔就对美国政府的需求管理政策提出批评，反对通过增加税收的办法抑制通货膨胀。并主张通过减税增加总供给，促进经济增长，控制货币数量甚至恢复金本位制，抑制通货膨胀。蒙代尔的主张得到供给学派的主要代表人物拉弗和《华尔街日报》社论撰稿人万尼斯基的赞许。“在宏观经济学领域中，我们通常所称的供给学派始于我的同事蒙代尔在1971年所著的一本小册子，这是一本偏激的关于美国财政—货币政策组合的小册子。这本小册子写于高通货膨胀率和高失业率的背景下，他认为‘正确的政策组合要建立在宽松的财政政策与紧缩的货币政策相结合的基础上，其中宽松的财政政策获得更多的经济产出，而紧缩的货币政策防止通货膨胀’。”①

吉尔德在其《财富与贫穷》一书②中驳斥了货币主义关于货币供给量是影响国民收入和价格水平的关键因素的观点，强调企业家的创新思维和行动才是促进经济繁荣的关键，认为需求会自动地适应供给的变动。吉尔德认为，该书宣示了供给学派的产生。几十年之后，吉尔德又构建了信息经济时代的新型经济学，进一步发展供给经济学。

费尔德斯坦曾任哈佛大学教授，在长达30年间任美国国家经济研究局主席，

---

① ［美］埃得蒙德·菲尔普斯．宏观经济学七学派［M］．贺京同，那艺，贺坤，译．北京：机械工业出版社，2016：72.

② 该书在2012年再版。

1977 年获美国经济学会的克拉克奖。学术层次较高，但因主张的分歧，费尔德斯坦和伊文斯等学者被认为是非正统派或温和的供给学派代表人物。只有拉弗、万尼斯基、吉尔德及罗伯茨等自称是供给学派的“正统派”。

阿瑟·拉弗（Arthur B. Laffer）为了论证减税的必要性，用拉弗曲线表达了高税率反而会减少税收的观点，“拉弗曲线”后来成为供给学派重要标志[①]。拉弗在里根执政期间成为总统经济顾问委员会成员。

在供给学派阵营中，没有领袖人物，多数不是学院派经济学家，没有系统理论，甚至没有代表性著作。在供给学派兴起之初，1979 年在美国《商业周刊》上发表的《为什么供给学派经济学突然广泛流行》一文就指出：“与需求学派经济学不同，供给学派尚缺少一个统一的理论；……就某种意义而言，供给学派经济学仍在寻找它的凯恩斯。”[②] “供给学派宏观经济学关注的焦点是宏观经济政策，……无论从微观的角度，还是从宏观的角度来看，我们都不认为供给学派经济学提出了关于经济行为的深刻而远创的理论。”[③]

虽然产生的时间较短，也缺少学术影响较大的经济学家，但供给学派成为“里根复兴计划”的主要理论依据，供给学派的主要代表人物也成为最迅速地施展政治影响的经济学家。属于西方经济学领域的一个奇葩，历史上的一个罕见现象。

第二节　基本模型和三个基本命题：减税的理论依据

供给学派强调经济发展的主要动力为储蓄和投资的增长、劳动者的积极性和创造性的发挥以及劳动生产率的提高。主张通过减税激励人们工作、储蓄和投资，从而增加供给，消除“滞胀”。

一、增加供给：供给学派的基本特点

供给学派强调经济中的“供给”方面，主张通过增加供给解决“滞胀”问题，而增加供给需要强化市场机制和减税政策。

---

① 当年在斯坦福大学读研究生时，曾经预言里根将在加利福尼亚州长竞选中获胜，后来结果诚如所料。而后成为里根的好朋友。

② 外国经济学说研究会编．现代国外经济学论文选（第 5 辑）［M］．北京：商务印书馆，1984：54.

③ ［美］埃得蒙德·菲尔普斯．宏观经济学七学派［M］．贺京同，那艺，贺坤，译．北京：机械工业出版社，2016：71.

（一）由需求转向供给分析，复活萨伊定律

以萨伊定律为代表的古典经济学理论统治了西方经济学约100多年之后，在20世纪30年代因凯恩斯革命而沉沦，到20世纪70年代，面对“滞胀”，凯恩斯主义衰落，主张恢复古典经济学的思潮兴起，供给学派复活了萨伊定律（Say's Law）。萨伊概括了古典经济学关于生产、分配、交换和消费的关系：生产是起点，分配是生产的结果，交换是分配的继续，消费是经济活动的终点。生产者追求最大利润必然能带来全社会的最大利益，生产者为了获取利润必然生产令消费者满意的产品。因此，是生产决定消费，经济学理论研究的出发点和重点应该是生产或供给方面。萨伊论证了市场经济会自动实现供求均衡，他认为：“在以产品换钱，钱换产品的两道交换过程中，货币只是一瞬间起作用，当交易最后结束时，我们将发现，交易总是以一种货物交换另一种货物。”① 因此，一个商品的卖主同时也是另一个商品的买主。任何一种产品的生产，都会给其他产品打开销路。总供给必然等于总需求，即供给能够创造自己的需求（supply creates its own demand）。只要有供给，就必然产生相应的需求，市场经济不会受到需求不足的约束。

拉弗认为，萨伊定律包含了一系列至关重要的经济学真理。吉尔德在其《凯恩斯与萨伊的对立》一文中指出：“就全部经济看，购买力会永远等于生产力，经济具有足够的能力来购买它的全部产品，不可能由于总需求不足而发生产品过剩。从整体看，生产者在生产过程中会创造出对他们的产品的需求。”② 吉尔德断言：“在经济学中，当需求在优先次序上取代供给时，必然造成经济的呆滞和缺乏创造力、通货膨胀以及生产率的下降。”③

供给学派重视供给的主要原因，从理论方面源于对凯恩斯主义以需求分析为核心的理论和政策的否定；从经济实践方面则是经济面临着供给冲击，包括：农业歉收导致的农产品价格上升和石油价格上升导致的能源价格上升，从而食品价格和一般价格水平的上升；④ 同时，失业率也显著增加，以及劳动生产率下降，导致产品的国际竞争力下降。

---

① ［法］萨伊．政治经济学概论［M］．陈福生，陈振骅，译．北京：商务印书馆，1963：144.

② 吉尔德．凯恩斯与萨伊的对立［J］．经济影响，1981（3）.

③ ［美］乔治·吉尔德．财富与贫困［M］．储玉坤，等译．上海：上海译文出版社，1985.

④ 美国出现农业歉收从而农产品价格上升，1973～1974年及1979～1980年石油价格上涨4倍。农产品和石油价格上升导致能源和食品价格暴涨，1974年，美国的能源价格和食品价格分别上涨29.3%和14.4%，1979年这一数字分别为25.2%和10.9%。

（二）崇尚经济自由主义

政府经济政策都有其哲学基础。在西方经济学界，凯恩斯主义的哲学基础是推崇政府干预，反凯恩斯主义流派则崇尚市场机制。在美国，共和党大多数支持“小政府”，自1933年罗斯福执政到卡特总统任职结束，民主党遵从凯恩斯主义“大政府”理念，一些新自由主义者把罗斯福的“新政”、杜鲁门的“公平政治”、肯尼迪的“边疆政策”、约翰逊的“大社会福利计划”等看作是对自由的威胁。经济衰退为新的政治和学术思想开辟了道路，“滞胀”成为供给学派等反凯恩斯主义流派登上经济学舞台中央的序曲。

供给学派认为，市场经济具有自我调节和自我稳定的能力，政府干预会破坏市场经济的稳定性，“大危机”的产生原因主要是高税收和货币供应量减少。供给学派的主要代表人物费尔德斯坦曾指出，“供给学派其实不过是倒退回……关于取消政府干预，主张自由放任的基本论点。”① 供给学派理论和政策的实施者里根发表的总统就职演说中说到，政府不能解决问题，它本身就是问题。因而主张通过市场调节，刺激供给和提高效率。

（三）强调以减税为核心的经济政策

供给学派理论的系统化源于政策制定过程，在20世纪70年代（1975～1978年）美国国会关于财政预算的辩论中，供给学派的影响力迅速扩大，而且其理论观点也逐渐条理化。1977年2月23日在国会举行的预算讨论中，掀起了一场经济政策革命，主张实行全面减税，5个月以后，众议员杰克·肯普和参议员威廉·罗斯提出了在三年内把个人所得税率削减30%的议案。到1978年底，供给学派经济学已风靡国会。无论是民主党多数派，还是共和党少数派，概无异议。

阿瑟·拉弗曾强调，供给学派是一种新经济学，即对个人刺激的经济学。税率是通过对要素的税后报酬的影响而影响经济的，因此通过降低税率提高劳动、储蓄、投资等生产性活动（growth activities）相对于闲暇和消费性活动的报酬，将促进就业和经济增长。即较低的税率会提高劳动和资本的税后收益，较高的税后收益又会促进劳动和资本供给的增加，而投入和创新的增长会导致潜在产出的增长。

---

① 费尔德斯坦．旧真理，新主张［J］．美国经济评论，1986.//高鸿业，吴易风等．现代西方经济理论与学派［M］．北京：中国经济出版社，1988：481.

二、基本模型：税率与总产出

拉弗等人在《税率、生产要素使用与市场生产》① 一文中，构建了税率与总产出关系的理论模型。

模型的假设条件：

（1）经济中只有一个部门，使用资本和劳动两种生产要素；

（2）政府对生产要素报酬征收比例税；

（3）劳动和资本存量一定；

（4）模型是静态的，即不考虑资本形成过程。

市场生产函数为：

$$Q = K^{\alpha}L^{1-\alpha} \tag{7-1}$$

在式（7－1）中，Q、K、L 分别表示市场总产量、资本和劳动量，α 和 $(1-\alpha)$ 分别为资本和劳动的产出弹性，$0<\alpha<1$。

如果 W 和 R 分别为劳动和资本的税前报酬，t_L 和 t_K 分别为政府对劳动和资本报酬征税的税率，则劳动和资本的税后报酬 W^* 和 R^* 为：

$$W^* = W(1-t_L) \tag{7-2}$$

$$R^* = R(1-t_K) \tag{7-3}$$

劳动和资本的报酬都等于各自的边际产量，对劳动和资本的需求可表示为：

$$L_d = \frac{(1-\alpha)Q}{W} \tag{7-4}$$

$$K_d = \frac{\alpha Q}{R} \tag{7-5}$$

资本和劳动的最佳投入比例为：

$$\frac{K_d}{L_d} = \frac{\alpha}{1-\alpha} \cdot \frac{W}{R} = \frac{\alpha}{1-\alpha} \cdot \frac{(1-t_K)}{(1-t_L)} \cdot \frac{W^*}{R^*} \tag{7-6}$$

即资本和劳动报酬的比率会影响两种要素投入比率。

劳动和资本的供给函数为：

$$L_S = \left(\frac{W^*}{R^*}\right)^{\sigma L}(W^*)^{\beta},\ \sigma_L+\beta>0 \tag{7-7}$$

$$K_S = \left(\frac{R^*}{W^*}\right)^{\sigma K}(R^*)^{\beta},\ \sigma_K+\beta>0 \tag{7-8}$$

合并式（7－7）、式（7－8）得：

① 外国经济学说研究会编．现代国外经济学论文选（第五辑）[M]．北京：商务印书馆，1984：1－27.

$$\frac{K_S}{L_S}=\left(\frac{R^*}{W^*}\right)^{\sigma s}, \ \sigma_s>0 \qquad (7-9)$$

在式（7-9）中，定义 $\sigma_S=\sigma_K+\sigma_L+\beta>0$，表示生产要素供给的替代弹性。该式表明，从供给方面看，资本和劳动的投入比率取决于税后的资本和劳动报酬的比例。式（7-6）显示，从需求方面看，资本和劳动的投入比率取决于税前的资本和劳动报酬的比例。

当生产要素供给均衡时，$\frac{K_d}{L_d}=\frac{K_s}{L_s}$。

合并式（7-6）和式（7-9）得到劳动和资本的税后和税前的报酬比率为：

$$\frac{W^*}{R^*}=\left[\left(\frac{1-\alpha}{\alpha}\right)\left(\frac{1-t_L}{1-t_K}\right)\right] \qquad (7-10)$$

$$\frac{W}{R}=\left(\frac{1-\alpha}{\alpha}\right)\left[\left(\frac{1-\alpha}{\alpha}\right)\left(\frac{1-t_L}{1-t_K}\right)\right] \qquad (7-11)$$

若把产品定义为 1，则追求利润最大化的厂商的成本函数可表示为：

$$\left(\frac{W}{1-d}\right)^{(1-\alpha)}\left(\frac{R}{d}\right)^{\alpha}=1 \qquad (7-12)$$

把式（7-12）代入式（7-11），可得到税前的劳动报酬和资本报酬：

$$W=(1-\alpha)\left[\left(\frac{1-\alpha}{\alpha}\right)\left(\frac{1-t_L}{1-t_K}\right)\right] \qquad (7-13)$$

$$R=\alpha\left[\left(\frac{1-\alpha}{\alpha}\right)\left(\frac{1-t_L}{1-t_K}\right)\right] \qquad (7-14)$$

把式（7-2）、式（7-3）、式（7-13）和式（7-14）代入要素供给函数中，可得到资本和劳动的均衡数量及均衡状态下资本与劳动的比率。

$$K=[\alpha(1-t_K)]^{\beta}\left[\left(\frac{1-\alpha}{\alpha}\right)\left(\frac{1-t_L}{1-t_K}\right)\right] \qquad (7-15)$$

$$L=[(1-\alpha)(1-t_K)]^{\beta}\left[\left(\frac{1-\alpha}{\alpha}\right)\left(\frac{1-t_L}{1-t_K}\right)\right] \qquad (7-16)$$

$$\frac{K}{L}=\left[\left(\frac{1-\alpha}{\alpha}\right)\left(\frac{1-t_L}{1-t_K}\right)\right] \qquad (7-17)$$

把式（7-15）、式（7-16）代入式（7-1），得：

$$Q=[(1-\alpha)(1-t_K)]^{\beta}\left[\left(\frac{1-\alpha}{\alpha}\right)\left(\frac{1-t_L}{1-t_K}\right)\right] \qquad (7-18)$$

式（7-18）表明，产出是税率的函数。在总供给函数中，纳入了税率这一变量，这也是供给学派对总供给函数的发展。

三、三个基本命题：税率对就业、资本和税收的影响

根据凯恩斯主义，通过降低利率，能够刺激投资从而导致经济增长。供给学派认为，到 20 世纪 70 年代末，实际利率已经为负数，所以经济政策应转向供给方面，而增加供给的根本途径是减税。在美国，正是因为高税率抑制了人们劳动、储蓄和投资的积极性，导致供给不足从而产生“滞胀”。因此，供给学派的三个基本命题包括高税率会导致低就业、高税率会阻碍投资以及过高的税率会导致税收额下降，都论证了高税率的负效应。

（一）高税率会导致低就业：劳动“楔子”模型

供给学派用劳动“楔子”模型解释税率对就业的影响。这里“楔子”（wedge）是指政府税收，导致了生产要素税前报酬与税后报酬的分离。劳动“楔子”导致税前工资与税后工资的分离，工资税的计算方式如下：

工资税 = 厂商支付的工资 − 劳动者得到的工资

在图 7－1 中，（$W_2 - W_1$）为工资所得税，工资税像楔子一样嵌入劳动力市场，税率越高，劳动楔子越大，就业量越小，即高税收不利于就业增加。

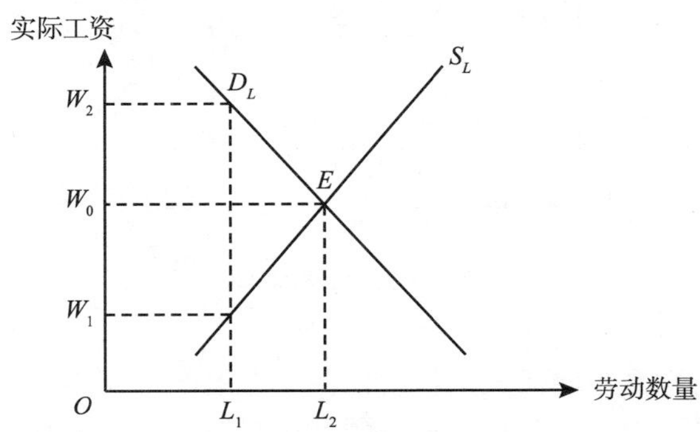

图 7－1　劳动“楔子”模型

（二）高税率会阻碍投资：资本“楔子”模型

在资本市场上，储蓄和投资作为资本的供给和需求，受到利率和利润率的影响，企业所得税像楔子一样嵌入资本市场，影响投资。其作用机理与劳动楔子模型相同。

（三）过高的税率会导致税收额下降：拉弗曲线

1974 年，拉弗在一次与多名政府要员的聚餐中，为了说明减税的必要性，在餐巾纸上画出了后来成为供给学派重要标志的“拉弗曲线”。拉弗论述了税率与税收额之间的关系，曲线表示：当税率为 100% 时，税收为零；当税率为 0 时，税收也等于 0；当 0 < 税率 < F 时，税收与税率同方向变化；当 F < 税率 < 100% 时，税收与税率反方向变化。

“拉弗曲线”假说认为，高税率抑制了经济活动，当税率较高时，人们会减少工作和投资，从而缩减了税基。如图 7 – 2 所示，当税率高于 F 时，提高税率反而会导致税收额的减少，阴影部分即为税率“禁区”。税率变动对税收的影响决定于税收的两种效应：一是增加财政收入；二是对工作和投资的抑制，从而降低计税基数和财政收入。拉弗认为，20 世纪 70 年代美国的税率过高，已经处于税率“禁区”，因此主张减税。

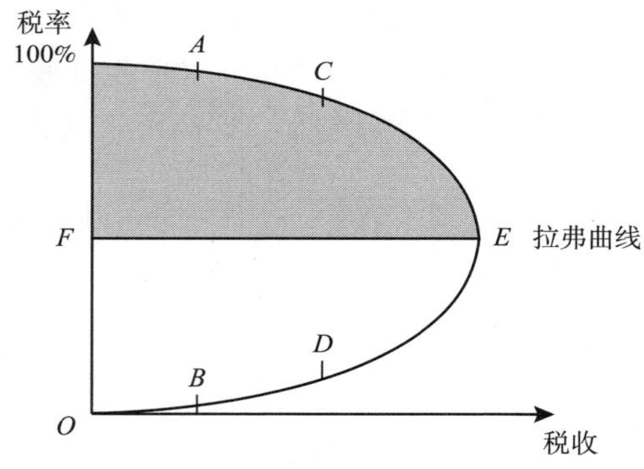

图 7 – 2　拉弗曲线

作为主流供给学派主要代表人物的拉弗、吉尔德、罗伯茨、万尼斯基等人都不是资历较深的经济学家，其理论分析的严谨度较低，且没有经过统计检验，因而在学术界较受冷落，但在政府部门却有强有力的代言人，一些众议员和参议员都是供给学派理论的支持者，来自纽约的议员杰克 · 肯普认为拉弗的理论可以与凯恩斯学派和货币主义的理论并驾齐驱。1978 年，杰克 · 肯普还和另一位议员威廉 · 罗斯就拉弗的理论提出肯普—罗思减税法案。

第三节 费尔德斯坦曲线：减少财政赤字的理论解释

在供给学派内部，虽然都重视经济中的供给方面，但具体的理论观点和政策主张还存在分歧，激进的供给学派强调减税，而温和的供给学派更关注财政赤字。

一、财政赤字、资本形成及通货膨胀之间的关系的理论模型

作为供给学派的代表人物，费尔德斯坦①也反对凯恩斯主义的政策主张，认为是凯恩斯主义的扩张性财政政策和货币政策导致了“滞胀”，美国在20世纪80年代初的主要经济问题在于供给方面，因而主张增加储蓄和资本形成，从而增加供给能力。在政策方面主张通过减税和减少政府支出，消除财政赤字，促进资本形成和降低通货膨胀率。

相较于以拉弗、吉尔德、罗伯茨、万尼斯基等人为代表的论点较为极端的供给学派中的激进派或主流派，马丁·费尔德斯坦（Martins Feldstein）被认为是供给学派中的稳健派，其理论较温和，政策主张较稳健，不是单纯地主张减税，而是主张综合性地减少财政赤字，以降低通货膨胀、促进资本形成。在供给学派阵营中，费尔德斯坦采用计量经济学方法，形成相对系统的理论，学术地位相对较高。

费尔德斯坦构建了一个综合分析财政赤字对通货膨胀、资本形成的影响及其相互关系的理论模型，即“费尔德斯坦曲线”。

费尔德斯坦认为，20世纪80年代美国经济已经不存在严峻的失业问题，与凯恩斯理论产生的背景不同。在这一背景下，财政赤字的增加表现为政府债券增加或货币供给增加，或者两者同时增加。货币供给增加会导致通货膨胀，政府发行债券会产生对私人有价证券的挤出效应，降低资本形成。因此，费尔德斯坦强调，较大的财政赤字会导致高通货膨胀率和降低资本形成的后果。

在费尔德斯坦模型中，经济中存在三种金融资产——货币、政府债券和私人有价证券（包括股票和企业债券）。费尔德斯坦曲线用于分析财政赤字对通货膨胀、资本形成的影响及其相互关系，曲线表示当财政赤字一定时，资本形成与通

① 费尔德斯坦因运用计量经济学方法分析政府的社会福利计划和税法而获得了1977年克拉克奖，并于同年出任国家经济研究局主席。1982年10月至1984年7月担任总统经济顾问委员会主席。

货膨胀之间存在正相关关系。费尔德斯坦曲线的斜率为正，即当财政赤字一定时，资本形成与通货膨胀率正相关。为弥补既定的财政赤字，货币增发量越多，通货膨胀率越高；政府发行债券就越少，被挤出的私人投资就越少，资本形成增加。

财政赤字增加，曲线向左上方移动；财政赤字减少，曲线向右下方移动。当财政赤字减少时，用较低的通货膨胀率就可以保持既定的资本形成，或在既定的通货膨胀率下，可以增加资本形成。在图 7－3 中，财政赤字由 D_1 增加到 D_2，费尔德斯坦曲线由 F_1 移动至 F_2，这时，在通货膨胀率 π_2 下，资本形成由 K_2 减少至 K_1。若财政赤字由 D_1 减少到 D_3，费尔德斯坦曲线由 F_1 移动至 F_3，在通货膨胀率 π_3 下，资本形成由 K_1 增加至 K_2。当财政赤字为零时，费尔德斯坦曲线下移至和自然通货膨胀率重合的水平线。自然通货膨胀率与政府政策变量不相关，也不会影响资本形成。

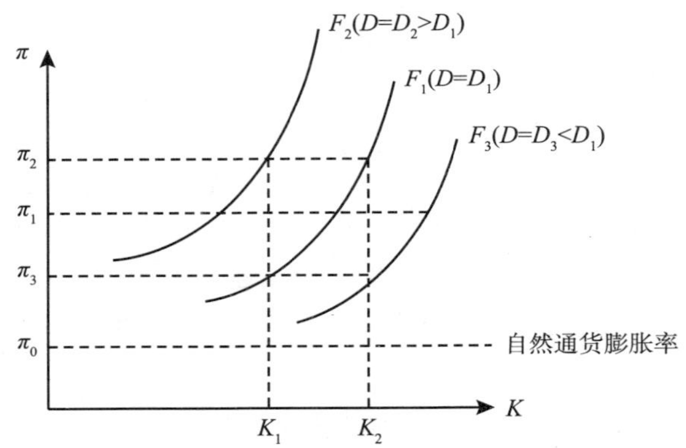

图 7－3　费尔德斯坦曲线

二、费尔德斯坦曲线的政策含义

根据费尔德斯坦曲线，财政赤字的规模影响资本形成和通货膨胀，政府应减少财政赤字，以促进私人投资增加、降低通货膨胀。费尔德斯坦认为，美国政府一直通过发行债券和货币推行赤字财政政策，抑制了资本形成，提高了通货膨胀率。因此，费尔德斯坦不赞同激进的供给学派单纯重视减税的主张，在其《供给经济学：老原理和新论断》（Supply Side Economics：Old Truth and New Claims）一文中，他指出："供给学派的极端分子给本质上好的政策戴上了坏帽子，并造成了很多问题，不仅产生了随后的预算赤字，而且在这些赤字变得明显时，使修正政策更加困难。”① 因此，主张平衡政府预算，稳定并降低财政赤字和通货膨胀率，以刺激储蓄和投资，促进资本形成。根据费尔德斯坦曲线，因为美国政府一直推行赤字政策，并且混合使用发行货币和债券弥补赤字，导致了通货膨胀，也抑制了资本形成。

费尔德斯坦批评拉弗等激进供给经济学者单纯减税的主张，认为美国经济的病症不仅源于过高的边际税率，而且在于财政赤字、税收结构、通货膨胀、社会保障制度等方面，只有通过减少财政赤字，才能促进储蓄和投资，增加资本形成并降低通货膨胀率。所以政府政策应重视具有综合性的财政赤字。与激进供给学派不同，费尔德斯坦不赞同减税对增加政府收入、抑制通货膨胀和促进经济增长的快速效应，而是主张优化税制结构，刺激居民储蓄和企业投资。

费尔德斯坦认为，凯恩斯主义的菲利普斯曲线显示了失业率与通货膨胀率之间的替代关系，这种关系只存在于短期的非充分就业情形中，不能解释 20 世纪 80 年代美国的经济现象，因而可以用“费尔德斯坦曲线”替代菲利普斯曲线。凯恩斯主义的政策也已经不适宜美国面临的问题，宏观经济政策应由需求调节转向供给调节，政策目标是减少财政赤字。

第四节　减税及其政策效果

供给学派主张以减税为核心的政策，并被里根政府采纳实施。

一、以减税为核心的政策主张

供给学派的政策主张以减税为核心，具体内容包括减税、削减政府支出、减少政府干预及稳定币值等。

（一）减税

在美国，直到 20 世纪 20 年代，古典经济学都占据主导地位，政府的经济职能较少，相应的支出也较少。20 世纪初，政府在垄断管制、产品监管、银行业监管、货币供应量控制等方面的职能扩大，需要相应的资金支持，为此，国会和威尔逊总统于 1913 年实行了所得税政策。

---

① ［美］罗伯特·阿特金森．美国供给侧模式启示录［M］．杨晓，魏宁，译．北京：中国人民大学出版社，2016：127.

供给学派认为，个人提供劳动是为了获得可支配收入，企业投资是为了获得可支配利润，税后收入影响劳动者就业和企业投资的积极性，因此税率是影响就业和投资从而影响总供给的重要因素。减税成为供给学派政策主张的核心内容。

供给学派还用“相对价格”理论解释高税率对经济的不利影响，认为人们在进行对消费与储蓄、现期消费与延期消费（投资）、工作与闲暇时间的选择时，相对价格低的会被优先选择。如果企业所得税率较高，意味着投资的未来收益会较低，即在现期消费价格一定时，延期消费的价格较高，导致投资减少。如果个人所得税率较高，意味着在闲暇成本一定时，劳动的相对价格上升，就会抑制劳动者的劳动积极性，减少劳动量。

供给学派认为减税还能够抑制通货膨胀。根据货币数量论，$MV=PQ$，当货币流通速度 V 一定时，高税率会减少产出量 Q，货币供给量增加只会导致价格水平 P 上升；如果采取低税率，促进总产出 Q 增加，产出量的增加快于货币量的增加，价格水平 P 就会下降，从而抑制通货膨胀。

供给学派和凯恩斯主义的政策主张中都包含减税，但二者的减税政策在政策目标、政策作用过程、减税对象以及政策规则等方面都有根本的不同。从减税目的来看，凯恩斯主义的减税是为了增加需求，而供给学派的减税是为了增加供给；从减税的传导过程来看，凯恩斯主义认为，减税能够促进居民可支配收入增加，从而引起消费需求增加，并带动就业和经济增长，而供给学派认为，减税能够促进就业和投资增加从而促进总供给增加，最终降低失业率和通货膨胀率；从减税对象来看，凯恩斯主义更重视削减低收入者的税，因为低收入者的边际消费倾向较高，而供给学派强调削减高收入者的税，因为高收入者有较高的边际储蓄倾向；从减税方式来看，凯恩斯主义的减税政策是酌情使用的，即只在经济萧条时期减税，通货膨胀时期则主张增税，而供给学派的减税政策是永久性的，即主张永久性地保持低税率。

（二）削减社会福利支出

供给学派认为，政府支出具有对私人投资的挤出效应，且政府支出效率低于私人支出效率。为了减少政府对经济的干预，充分发挥市场机制作用，应减少政府支出。

在政府支出中，主张重点削减社会福利支出。因为供给学派认为美国的高福利带来诸多不利影响：加重了政府财政负担；加剧了通货膨胀；导致官僚机构臃肿；削弱了人们工作和储蓄的动力，使人们产生依赖心理和懒散的精神状态；扼杀了竞争和个人创造性。吉尔德在其《财富与贫困》一书中就指出：“失业保险制度鼓励人们失业；丧失劳动能力保险使患轻病者装作重病，暂时性残废装作永久性残废；抚养儿童家庭补助造成更多的无父亲家庭。”①

（三）减少政府干预，弱化规章条例

供给学派强调市场调节的效率和政府失灵，主张经济活动尽可能由市场调节，反对政府过多地干预经济。主张废除或减弱之前政府制定的一系列关于工资、就业、生产安全、环境保护等方面的规章条例及相应的监督机构。提出撤销限制价格、最低工资等法令，放宽环境保护、商品检验等标准，给企业营造宽松的市场环境，促进企业家精神的形成和发挥；减少企业的非生产性成本，提高企业生产效率和国际竞争力。

（四）稳定货币供给，逐步实行金本位制

供给学派认为，一方面通过减税等政策调节财政收支促进供给的增长，另一方面还需要稳定货币供给，使货币供给增长与潜在经济增长相适应，实现物价的稳定。供给学派否定货币主义控制货币数量的主张，因为金融衍生品的出现使得银行、企业和个人使用创造各种货币凭证和信用凭证来充当货币，货币的内涵多样化，从而难以控制货币供给量。供给学派认为，控制货币供给，应对中央银行加强管制，约束货币当局的行为，甚至主张恢复尼克松政府在1971年放弃了的金本位制，认为只有金本位制才是稳定物价的最有效的政策。

二、里根政府的政策实践

在竞选总统期间，里根就明确表示信奉供给学派，并据以制定竞选纲领。1981年1月20日，罗纳德·里根当选第40任美国总统，政府经济部门和总统经济顾问委员会吸纳了供给学派的经济学家：罗伯茨为财政部助理部长，图尔为财政部副部长，斯托克曼为行政管理和预算局长，拉弗为总统经济顾问委员会成员。供给学派替代凯恩斯主义成为官方经济学，即里根政府制定经济政策的重要依据。

1982年，里根政府全面开启了“里根复兴计划”，以供给学派理论为主要依据，兼容了货币主义等的思想和主张，从供给方面入手提出一系列重振美国经济的政策措施，主要内容包括以下三个方面。

（一）降低个人所得税和企业所得税率，以刺激就业、储蓄和投资

里根政府实施了美国历史上幅度最大、范围最广、影响最深刻的一次减税。

① 高鸿业，吴易风．现代西方经济理论与学派［M］．北京：中国经济出版社，1988：490.

1. 降低个人所得税。

供给学派主张改进税收体系，主要目标在于增加储蓄、投资，提高生产率，因此主张降低边际税率，并降低税率的累进性，以此降低高收入者的税收负担。

在里根执政伊始，就提出了25%的全面减税，以及按通货膨胀指数调整税率。1981年8月，国会通过了《经济复兴税法案》(ERTA)。从1981年10月到1983年7月，三次共使得美国纳税人的税率削减25%。在累进税制下，降低边际税率的益处主要被高收入者获得。从所得税来源结构来看，主要降低非劳动收入的税率。个人收入中利息、红利等非劳动收入的最高税率从1982年起削减20%。① 另外还根据通货膨胀率调整税率等级。

2. 降低企业所得税或对企业的利润投资给予税收优惠。

对企业减税主要采取缩短固定资产折旧年限以加速折旧、降低小公司的利润税等政策。

(二) 削减社会福利支出

里根政府根据供给学派的观点，认为社会福利制度不仅没有改善美国的贫困状况，还加重了财政赤字，也因此批判约翰逊的“伟大的社会”的计划。1981年国会通过了削减预算法案，削减的项目主要是各种社会福利支出，包括食品券、失业和伤残保险、医疗补助、住房补贴、抚养儿童家庭补助，还停办了就业计划等公共服务项目。这些政策的实施，导致低收入者和困难群体的利益减少，被当时的美国舆论称为“向穷人开战”。

(三) 弱化或废除企业经营相关的规章条例

里根政府采取的相关措施主要包括：

(1) 放宽《反托拉斯法》的执行，以便于企业兼并，使得美国在20世纪80年代出现大企业并购浪潮。认为企业规模扩大，虽然会提高垄断程度，但能够促进创新。

(2) 里根任命时任副总统的布什成立了撤销、放宽规章的总统特别小组。该小组通过分析每一项规章条例的成本和收益，对成本大于收益的规章条例进行废除或修改。解散了于1974年成立的稳定工资和物价委员会，取消对工资和物价的管制。

(3) 放宽环境保护方面的条例。在1981年审核的91种规章条例中，撤销或放宽了65种，涉及空气清洁法、水污染控制法、矿工安全法、汽车交通安全法、

① 蒋自强，史晋川. 当代西方经济学流派［M］. 上海：复旦大学出版社，2014：123－124.

反噪声法等。

三、政策效果

在里根第一个任期结束时，美国经济开始出现增长率上升、通货膨胀率和失业率下降的结果，使得里根在1984年的大选中获胜，连任美国总统。在1985年向国会提交的预算报告中宣称，美国已经摆脱了20世纪70年代所处的“灾难性的通货膨胀与经济衰退状态”。减税确实促进了美国的投资、生产率的提高，同时也导致了巨额财政赤字。

（一）通货膨胀率和失业率下降

里根执政期间，美国的失业率和通货膨胀率都有显著下降，经济基本走出“滞胀”的泥潭。失业率和通货膨胀率分别从1980年的57.2%和13.5%下降至1988年的5.5%和4.1%。[①]

（二）巨额财政赤字

在减税的同时，政府支出也主要只削减社会福利等，因此导致巨额财政赤字。联邦税收收入占GDP的比例下降了1.5个百分点，从20.1%下降到18.6%，同期所得税的降幅更大。在1980～1984财政年间，国防支出占GDP的比重从5.3%增加到6.4%，非国防支出从15.1%下降到14.1%。财政赤字（联邦）占GDP比重在1979年为1.5%，到1983年就增长到6%。[②]

（三）减税并未实现预期的就业等效应

供给学派主张通过减税促进就业，因为高税率会降低人们的工作积极性或提升休闲的吸引力。就理论而言，税率变动会产生两种效应：收入效应和替代效应，替代效应是指税率提高引起人们用休闲替代工作，减少工作时间。收入效应是指当税率提高时，人们需要更多的工作以弥补上缴的高额税收，即增加工作时间。供给学派坚信，减税的替代效应大于收入效应，即减税会促进就业的增长。

但从减税政策实施的结果来看，减税对就业的作用并没有达到供给学派预期的效果。原因之一是实际工作中有些劳动力比如经理人和CEO等高收入者，并没有选择自己工作时间的权利。对演员、医生及其他自由职业者而言，考虑到社

---

① ［美］罗伯特·阿特金森．美国供给侧模式启示录［M］．杨晓，魏宁，译．北京：中国人民大学出版社，2016：87.

② ［美］罗伯特·阿特金森．美国供给侧模式启示录［M］．杨晓，魏宁，译．北京：中国人民大学出版社，2016：89.

会压力、与税前收入挂钩的社会地位等因素，税率下降也不会改变其工作时间。对承受最高边际税率的高收入者而言，地位、权利、满足感、预期等才是影响其工作的主要因素。即税前收入才是成功和高社会地位的决定因素。斯密曾说过："促进人们工作的不是经济方面的动力，而是能够让人们活出自尊和价值的因素，比如地位、尊严、自尊心、道德感、生活质量等。"因此，减税不会影响人们工作的时间或努力程度。

生产工人的工作时间随着税率的上升而增加。在 1948 ~ 2004 年间，税率与生产工人的工作时间存在明显的正相关，相关系数约为 0.9。较低的边际税率与工作时间也存在明显的正相关关系，相关系数约为 0.66①。即低税率反而减少了人们的工作时间。大量的实证研究结果都表明，"对男性和单身女性而言，税率对工作的影响微乎其微"。②

统计数据显示，减税也没能促进储蓄和投资的增加。在 1973 ~ 1980 年间，美国的最高边际所得税率是 70%，私人储蓄（个人和企业的总和）平均约占 GDP 的 7.8%，里根政府减税后，这一比例降到 4.8%。减税对国家储蓄（私人储蓄和政府储蓄的总和）的影响更加不乐观，在 20 世纪 70 年代，国家储蓄占国民净产值的比重约为 7.7%，里根时期的预算赤字爆发后，到 20 世纪 80 年代末期，这一比重降为 2% ~3%③。

四、后里根时期供给学派政策的应用

20 世纪 80 年代，供给学派占据了西方经济学舞台上的重要位置，随着里根的卸任，供给学派的地位明显下降。里根执政结束后，继任总统乔治·赫伯特·沃克·布什（George Herbert Walker Bush）及克林顿都没有继续采纳供给学派的政策。面对巨额财政赤字，里根的继任者老布什签署了《预算综合调整法》(The Omnibus Budget and Reconciliation Act)，该法案将最高所得税率提高到 31%，并提高了纳税人缴纳医疗税的收入标准，降低了个人免征额的收入标准。1993 年克林顿上任后，也致力于增税，到 1998 年，联邦政府实现了财政盈余。并且实现了美国历史上最大的经济增长，创造了超过 2000 万个就业机会，贫困率达到历史最低水平，生产率也得到明显提高。到 2001 年经济增长减速，供给

① [美] 罗伯特·阿特金森. 美国供给侧模式启示录 [M]. 杨晓，魏宁，译. 北京：中国人民大学出版社，2016：87.

② [美] 罗伯特·阿特金森. 美国供给侧模式启示录 [M]. 杨晓，魏宁，译. 北京：中国人民大学出版社，2016：89.

③ [美] 罗伯特·阿特金森. 美国供给侧模式启示录 [M]. 杨晓，魏宁，译. 北京：中国人民大学出版社，2016：111.

学派就认为是高税收所致。

1990 年，供给学派阵营中年轻学者拉里·林德赛（Larry Lindsey）出版了其《增长实验：新的税收政策将如何改变美国经济》（*The Growth Experiment：How a New A Tax Policy Is Transforming the U. S. Economy*）一书，倡导里根执政时期采纳的供给学派的经济政策，即以减税和降低非国防支出为核心的政策。用大量数据论证了降低税率能够增加就业、增加储蓄和投资。因而主张持续实施里根政府的减税政策，包括大幅度削减资本收益率和股息税率、建立大额个人免税存款账户、取消遗产税等。特别是提议撤销已有大约 80 年历史的累进所得税率，由 19% 的单一税率取而代之。

在竞选总统期间，小布什就听取了林德赛的政策建议，2000 年，小布什赢得大选后，随即任命林德赛为国家经济委员会主任。该机构是美国总统幕僚机构，负责制定和监管经济政策。还有其他供给学派经济学家在政府经济机构任职，"因为到 2000 年，供给经济学已经成为共和党的金科玉律，几乎所有的经济学保守派学者都认同这一政策，即使他们不把自己称为供给学派"。① 小布什执政后，确实采取了降低最高边际税率、股息税和资本利得税、企业税等，成为美国历史上减税规模最大的总统。

到 2000 年，得到重振的供给学派在政府决策中占据统治地位，小布什被称为最忠诚的供给学派支持者。小布什政府依然采取以减税为核心的政策，试图通过减税增加就业、促进经济增长。但政策效果却差强人意，主要表现在收入差距扩大。因为税收减免主要让高收入者受益，"收入超过 20 万美元的家庭享受到绝大部分税收减免，这样的家庭仅占 1%。2004 年，收入为 50 万美元的夫妇将享受 17486 美元的税收优惠，而一个收入为 5 万美元的家庭只能得到 744 美元的减免。……通过收入对比的测算，收入位列前 0. 1% 的纳税人所享受的税收优惠，是收入位列后 5% 的纳税人的 18 倍"。②

小布什上任后，供给学派再一次成为政府政策的主导思想和理论依据，小布什任命供给学派的经济学家担任要职，其副总统迪克·切尼也是一位忠诚的供给学派支持者。减税成为政策核心，强调永久减税，在小布什的八年任期里，一直致力于推进减税的永久化，其目的主要是促进经济增长。并且依然坚信拉弗曲线，即减税能够增加财政收入，但结果却导致了巨额财政赤字，小布什上任时，联邦预算盈余为 2360 亿美元，而到 2006 年，财政赤字就超过了 4200 亿美元。

---

① ［美］罗伯特·阿特金森．美国供给侧模式启示录：经济政策的破解之道［M］．杨晓，魏宁，译．北京：中国人民大学出版社，2016：5.

② ［美］罗伯特·阿特金森．美国供给侧模式启示录［M］．杨晓，魏宁，译．北京：中国人民大学出版社，2016：12.

特朗普执政后，税改方案也以减税为主，与供给学派的主张基本一致。政策效果尚待检验。

第五节　信息经济与新型经济学：供给学派理论的新进展

随着技术进步，特别是信息技术向经济体系的渗透，作为供给学派形成早期重要的代表人物，吉尔德提出需要构建与信息经济相适应的新型经济学，在其《知识与权力》一书中，提出了一个新型经济学的理论框架，进一步发展了供给经济学。

一、吉尔德对传统经济学的批判

吉尔德认为，传统经济学的主要缺陷在于未能把企业家的创造力置于核心地位。在影响经济发展的各要素中，企业家的创造力是最重要的。所以政府的经济职能就是创造一个有利于创新的社会环境。

受牛顿 17 世纪提出的“世界体系”（system of the world）的启发，亚当·斯密①致力于研究当时那些增加财富的商业行为和商业组织，试图构建一个类似于物理学体系的经济学体系。提出了分工与效率、国际贸易比较优势等理论。宏观经济体系就像一个庞大的机器，其内部的各部分由“看不见的手”调节，可以有序地运行。企业家的创造力没有受到重视，斯密肯定地指出，企业家是存在的，但是这些企业家很少聚在一起，进行会谈时，不是策划出一个对付公众的阴谋，就是炮制出一个掩人耳目的提价方案。

1800 年，世界人口约 10 亿人，2013 年，世界人口约 13 亿人，全球总产出增长了约 118 倍。吉尔德认为，传统经济学难以解释几个世纪以来的经济增长。凯恩斯主义在分析 GDP 构成时往往会遗漏掉最重要的一个因素——技术进步。②20 世纪，经济学更加注重数学手段的应用，对此，克鲁格曼解释道：“经济学是沿着数学阻力最小的方向前进，这是难免的，也是可以理解的。”这就相当于在最明亮的街灯下寻找丢失的钱包③。

---

① 亚当·斯密退休前是一位道德哲学教授，同时也是苏格兰启蒙运动的领导者之一，退休之后开始写《国富论》，并于 10 年后即 1776 年出版。

② ［美］乔治·吉尔德．知识与权力［M］．蒋宗强，译．北京：中信出版社，2015：67.

③ 有一个笑话：一个经济学家在路灯下找钱包，路人问：你的钱包掉在了哪里？经济学家说：在地下室里。路人问：那你为什么要在路灯下找呢？经济学家答：因为这里才有亮光。

二、信息经济需要一种新型经济学

从学科之间的关系来看，某些学科的研究成果或规律的发现，会成为其他领域创新的条件或方法。17 世纪的一个重要的智力成果是微积分的发明，之前的物理学主要研究炼金术、天文现象等，内容较分散。牛顿等人运用微积分方法，把宇宙视为一台庞大的机器，创造了具有数学秩序的新物理学，发现了宇宙运行的规律，提高了人类认识世界及预测的能力。受牛顿研究物理学的启发，斯密探寻经济学领域的规律，提高经济事件的可预测性。认为经济活动中“看不见的手”类似于物理学中“重力”的角色和作用，形成了古典经济学的理论基础和核心思想。至今都是市场经济赖以发展的基本原则。

吉尔德强调，研究人类行为的社会科学（比如经济学）和研究自然客体的自然科学（比如物理学）之间存在无法弥合的差异。即物理学研究客观规律，而经济学研究人类具有自由意志和创新思维。吉尔德特别强调企业家的重要性，指出，“如果经济学仅仅以市场体系为基础，也就是说只考虑市场的作用，却忽视人的作用，那就会存在根本性的，或者说致命的缺陷。”① 因此，“经济学这个学科并没有随着时间的流失而出现很大的进步。如今，经济学已僵化成一个严重脱离现实的学术科目，异变成一个充斥着复杂公式的数学体系，却仍然幻想着利用牛顿式的规则去分析错综复杂的人类行为。经济学家们痴迷于机械的市场模型，却忽视了一类重要的市场主体，即具有自由意志的人类”。②

吉尔德在出版《财富与贫穷》第一版与第二版之间的几十年里，成为风险投资人，并深入研究计算机网络技术及其背后的信息论。在这一过程中，逐渐开始以一种新的方式思考经济学问题。重点思考知识与权力问题，创立一种新型经济学。其中的一个主要信条是：市场经济是一个信息体系，而不是激励体系。“经济增长的关键不是为了追求货币激励而去获取新事物，而是通过学习和发现去扩张财富。”一个经济体就是一个智能圈，所谓智能圈，就是一个以智力为基础的体系，是一个由思想、态度、目标与灵感构成的主观范畴，决定着经济体内一切支出能够带来的价值。……信息中排除了冗余后的平均信息量可称为“信息熵，”也可以称为“知识”。这种新经济学将会像转变世界经济那样转变经济学这一学科③。

受高通公司④的影响，吉尔德开始研究信息论及其对经济学的影响，逐渐偏

①② ［美］乔治·吉尔德．知识与权力［M］．蒋宗强，译．北京：中信出版社，2015：4.

③ ［美］乔治·吉尔德．知识与权力［M］．蒋宗强，译．北京：中信出版社，2015：8.

④ 该公司成立于 1985 年，是在全球无线通信技术领域非常有影响力的公司。

离了传统经济学。在传统经济学中，斯密及其追随者们提出了均衡理论和自发秩序原理，探寻市场条件发生变动，特别是价格变动以后，市场赖以恢复秩序和平衡的机制，在经济学领域构建一个有秩序的体系。近年来的经济危机，包括理论危机和实体经济危机，都源自信息危机。而经济学家缺少对无序和随机的系统研究。因此，吉尔德开始研究以非均衡和无秩序、信息和噪声为基础的新型经济学，以此凸显人特别是企业家的作用，并且认为新型经济学才是理解经济发展的关键路径。

三、协调知识分散与权力集中是新型经济学的核心

哈耶克在其《知识在社会中的运用》一书中指出：因为知识分散于不同的个体之间，所以包括决策权在内的权力也必须分散。这是支撑几乎所有自由主义经济学家的一个基本思想。人的基因、经历、视角等各异，人类知识的分布格局必然呈现多样性特征，而政治权力则具有自上而下的架构，并试图通过施加秩序抑制人的多样性，即权力往往具有集中性。因此，吉尔德强调，知识与权力的统一是促进现代市场经济繁荣发展的关键，协调信息经济中知识的分散性和权力的集中性之间的冲突，就是新型经济学的核心。

四、供给增加依然是信息经济中经济增长的关键

1. 信息经济中，“供给依然决定需求”。

在信息经济中，“供给决定需求”依然是供给学派的核心观点，这是因为：

（1）生产成本下降，商品价格下降，导致需求增加。比如，1914 年福特汽车公司采用流水线生产技术，使汽车生产成本大幅度下降，汽车需求大幅度增加，汽车从此成为普通居民的代步工具。

（2）供给是市场之源。企业创新，形成新产品的供给，扩大了市场，消费者产生对新产品的需求。比如，智能手机的出现，扩大了消费者对手机的需求。

2. 经济增长主要源于学习、信息和创新。

与传统经济学研究理性经济人（homo economicus）不同，吉尔德提出并强调“现代智人”（homo sapiens），认为在信息经济中，经济增长不是源于激励，而是源于学习、信息和创新。“学习曲线”（也被称为“经验曲线”）表明，每当产品或服务的销量增长一倍，其制造成本就会下降 20% ~30% 。[①] 这被认为是工作经

① ［美］乔治·吉尔德. 知识与权力［M］. 蒋宗强，译. 北京：中信出版社，2015：53.

验积累即学习的结果。

财富的增长主要是通过技术发明和创新获得的。比如，19 世纪英国照明成本的下降，使照明的供给大幅度增长。19 世纪末的照明成本只有 1800 年的 0.1%①。电力的发明导致照明成本下降了上千倍，供给量增加了上百万倍。人类发明了电力，使得光照资源供给丰富。

五、政府的经济职能：营造促进创新的社会环境

信息论的数学架构是由克劳德·香农完成的，根据信息熵对信息进行度量。“熵”的概念最早起源于物理学，用于度量一个热力学系统的无序程度。在信息论中，熵是对不确定性的衡量。即信息熵是系统有序化程度的一个度量，一个系统越是有序，信息熵就越低；反之，一个系统越是无序，信息熵就越高。经济的高效运行，需要一个低熵的社会环境，包括实现法制、维护社会秩序、保护产权、监管的可靠性和约束性、政府支出的透明度以及维持金融体系的稳定性。低熵的社会环境是高熵的创新所必需的。

“在经济中，低熵的一方是需求方，因为需求方的行为具有可预测性，而高熵的一方是供给方，因为供给方的行为往往充满了惊异。政府和法律属于低熵的一方，他们有利于形成一些固定的规则和秩序。企业家位于高熵的一方，他们的行为具有自发性和创新性，往往能给人们带来惊异。”②

根据美国人口普查局的调查数据，从 1996 年到 2009 年，几乎所有新增就业机会都来自小规模的初创公司，2010 年，在美国，企业家们在风险资本支持下创建的公司对美国 GDP 的贡献比重超过 20%，股市价值超过 60%。同年，美国所有新增就业岗位都是由成立时间不足 5 年的公司创造的③。

因此，吉尔德特别重视创新和企业家才能在经济发展中的作用，主张政府应营造能够激励企业家投资和创新的宏观环境。

① ［美］乔治·吉尔德．知识与权力［M］．蒋宗强，译．北京：中信出版社，2015：71.
② ［美］乔治·吉尔德．知识与权力［M］．蒋宗强，译．北京：中信出版社，2015：98.
③ ［美］乔治·吉尔德．知识与权力［M］．蒋宗强，译．北京：中信出版社，2015：35－39.

第八章

基于理性预期：新古典宏观经济学

在“滞胀”冲击下，经济学领域出现了古典主义的复兴，在20世纪50年代，弗里德曼等人发动了货币主义反革命，20世纪70年代的理性预期革命对凯恩斯主义进行了更深层次的批评，这一理论体系在80年代逐步发展成为西方主流经济学派之一——新古典宏观经济学。对凯恩斯主义开启了新古典反革命（new classical counter-revolution）。

新古典宏观经济学的理论渊源是货币主义[①]。作为货币主义的延续和发展，卢卡斯等人采用理性预期方法，构建了一个反凯恩斯主义的理论体系，因其主要理论前提和观点与古典经济学一致，被命名为新古典宏观经济学（new classical macroeconomics），简称“新古典主义”。新古典宏观经济学从20世纪70年代中后期开始，占据宏观经济学主流地位。

第一节　古典经济学的复兴及卢卡斯批评

在古典经济学理论中，如果市场机制能够充分发挥作用，那么就不会出现非自愿失业。非自愿失业源于非市场因素，比如，最低工资标准的实施或工会的作用。因此，通过市场机制的作用，无论是微观经济领域还是宏观经济领域，都会实现充分就业的均衡。这是古典经济学的基本信念。“大萧条”冲击了古典经济学理论，因为在“大萧条”时期，最低工资标准尚不存在，工会的作用甚微，但失业率却达到20%以上，[②] 从而导致了凯恩斯宏观经济学的产生，并使得古典经济学退回到微观经济学领域。

面对古典经济学的衰落，芝加哥大学的许多经济学家一直坚持维护古典经济

① 因此也被称为“货币主义Ⅱ”。

② 相关数据信息见表2－1。

学，到20世纪70年代，西方国家经济陷入“滞胀”泥潭，凯恩斯主义式微，卢卡斯等人结合现代数学和古典经济学，使用“理性预期”“新古典”等概念，试图夺回宏观经济学“阵地”，对凯恩斯主义形成巨大冲击。

一、新古典宏观经济学产生的学术背景及其发展的两个阶段

（一）新古典宏观经济学产生的学术背景和特点

1. 新古典宏观经济学的主要代表人物。

新古典宏观经济学的主要代表人物包括：卢卡斯（Robert E. Luca，芝加哥大学）、萨金特（Thomas J. Sargent，芝加哥大学和纽约大学等）、华莱士（Neil Wallace，宾州大学）、罗伯特·巴罗（Robert J. Barro，哈佛大学等）、普雷斯科特（Edward C. Prescott，明尼苏达大学等）、明福德（Patrick Minford，英国利物浦大学）等。

1963年，卢卡斯到卡内基—梅隆大学任教职，在此工作期间，卢卡斯和校内其他杰出的经济学家一样，对动力学和预期的形成产生浓厚的兴趣。1972年在《经济学理论》杂志上发表的《预期和货币中性》，被认为是他最重要的论文，并在23年后被列为其获得诺贝尔经济学奖的主要原因，货币中性是他获得诺贝尔奖的演讲主题之一。1974年，卢卡斯到芝加哥大学任教。1995年，瑞典皇家科学院颁发诺贝尔经济学奖给卢卡斯，表彰他对“理性预期假设的应用和发展”所做的贡献。

“卢卡斯的重要成就无疑使他成为20世纪最后20年间最有影响的宏观经济学家。……由卢卡斯写作并在1972～1978年间出版的一系列论文奠定了研究总量经济波动（经济周期）的理性预期均衡方法的分析基础。这些论文一并对上个世纪最后25年宏观经济学的研究方向产生了巨大的影响。”① 作为职业经济学家，卢卡斯特别重视理论创新而不是参与政府决策，他曾说，“作为一种提供建议的职业群体，我们在头脑上行走”，因而不愿意参与政府工作。“我的影响更多的是在同行内部及就此而言在同行的技术的部分。……不是职业经济学家的人可能从未听说过我。”②

① ［英］布赖恩·斯诺登，霍华德·文．现代宏观经济学：起源、发展和现状［M］．佘江涛，魏威，张风雷，译．南京：江苏人民出版社，2009：220.

② ［英］布赖恩·斯诺登，霍华德·文．与经济学大师的对话：阐释现代宏观经济学［M］．王曙光，来有为，译．北京：北京大学出版社，2000：192.

2. 新古典宏观经济学与凯恩斯主义和货币主义的理论分歧。

卢卡斯等人曾指出凯恩斯主义和货币主义等理论的根本问题在于：一是假定非市场出清的微观基础不恰当；二是凯恩斯主义和货币主义关于预期的形成，采用的不是理性预期假设，从而与行为的最优化假设相矛盾。

（1）新古典宏观经济学与凯恩斯主义的理论分歧。凯恩斯革命旨在推翻新古典经济学，因此，新古典宏观经济学认为凯恩斯主义经济学是失去根基的非科学正统教义。新古典宏观经济学把凯恩斯主义理论，甚至也包括货币主义，都当作非科学而不予接受。

作为最极端的反凯恩斯主义理论，新古典宏观经济学对凯恩斯理论进行了否定和批判。卢卡斯和萨金特在其《凯恩斯主义宏观经济学之后》一文中，指出凯恩斯主义的论断是错误的，所基于的教义存在根本缺陷，从而宣告凯恩斯经济学已告失败。卢卡斯和萨金特甚至“并没有把凯恩斯主义经济学当作经济理论来看待，而是把它当作一组武断假说。……认为凯恩斯主义经济学的出发点是经济活动的毫无条理的定性谈论。……中心事实是：从科学意义上来说，凯恩斯主义的政策主张比非凯恩斯主义经济学家，甚至比非经济学家的政策主张更缺乏合理的依据”①。对于20世纪70年代凯恩斯主义经济学阵营依旧庞大的局面，卢卡斯和萨金特的解释是：理论框架总是比具体模型的影响更广泛。

新古典宏观经济学揭示的凯恩斯主义的理论缺陷主要包括：

第一，凯恩斯主义没有从微观经济主体理性行为的角度解释非自愿失业；

第二，没有理性预期。

所以以凯恩斯主义理论为依据构建的经济模型对现实的解释力和经济变动趋势的预测能力较弱，制定的经济政策难以解决现实问题。

（2）新古典宏观经济学与货币主义的理论分歧。新古典宏观经济学认为，货币主义的主要缺陷在于：货币主义的许多观点和结论都是建立在经验研究而不是理论分析的基础上，而有些问题上存在实证结果与理论结论的不一致的状况，被叫作“弗里德曼悖论”，比如，根据弗里德曼的实证研究，货币流通速度在长期呈小幅下降的态势，但是，理论分析却表明，由于技术和支付习惯等的改进，货币流通速度是不断加快的。如果货币流通速度的稳定性这一条件不存在的话，货币主义主张的单一规则的货币政策效应也必然受到质疑。

新古典宏观经济学产生之初，托宾等经济学家曾以为它只是货币主义的变种，而不会成为货币主义的对手。新古典宏观经济学和货币主义都反对凯恩斯主

① ［英］布赖恩·斯诺登，霍华德·文．现代宏观经济学发展的反思［M］．黄险峰，译．北京：商务印书馆，2000：61－63.

义的反周期政策，但反对的理由却不同：新古典宏观经济学否定非自愿失业的存在，而货币主义认为非自愿失业存在，只是政府有无能力解决而已。从方法论来看，货币主义保持了马歇尔传统，重视理论对解释经济现象的作用。而新古典宏观经济学崇尚瓦尔拉斯方法，重视理论的优雅、简洁与精确。

3. 新古典宏观经济学的特点。

作为极端的反凯恩斯主义理论，新古典宏观经济学继承了古典经济学的基本假说和信念，吸收了货币主义的一些思想，进行理论和研究方法的创新，形成了理论体系，其理论观点和研究方法具有以下特点：

（1）相信私人经济具有内在稳定性，反对政府干预经济，认为凯恩斯主义积极干预经济的政策是有害的。

（2）认同古典经济学的“二分法”，坚持货币中性论。认为货币不仅在长期是中性的，在短期货币也是中性的。这也是新古典宏观经济学与货币主义的主要区别。

（3）提出政策无效性定理，认为不论是凯恩斯主义还是货币主义的政策主张都不会对实际产出产生影响。

（4）大量使用计量分析技术特别是统计检验技术等数学方法。进行理性预期本身就需要概率论、微积分等数学方法，因此新古典宏观经济学的理论具有高度数学化的特点。时间序列分析是常用的方法之一，比如，卢卡斯就是运用时间序列分析方法论证失业与通货膨胀之间的关系，否定凯恩斯主义的负斜率的菲利普斯曲线。作为新古典宏观经济学的领袖人物，卢卡斯非常重视运用数学方法研究经济理论①。“在我研究经济学之前，并不知道人们能运用数学来研究社会科学问题，当我知道后，便乐此不疲。当我得知数学被应用于经济学时，重新燃起了我对数学的兴趣。”②③ 卢卡斯认为：“只能使用文字描述的方法对于经济学家太困难了，……经济思维的进步，会变得越来越抽象，模拟经济模型就是对这个世界最好的观察描述。”④

就方法论而言，新古典宏观经济学的主要特点在于：

---

① 卢卡斯在芝加哥大学历史系学习期间，就对经济学和经济史感兴趣，1997 年在接受采访时，卢卡斯说道：“强调经济力量的比利时历史学家亨利·比伦尼（Henri Pirenne）的著作影响了我。”在学习罗马时代终结的历史时，他了解到面对政治大动荡，人们经济生活的连续性，他对此印象深刻，开始修一些经济学和经济史课程，并转向经济学专业。

② 形成显著对比的是，马歇尔和凯恩斯都是学数学出身，却都不重视在经济学中运用数学方法，而学习历史出身的卢卡斯却把数学方法在经济学中的利用用到了极致。

③ ［英］布赖恩·斯诺登，霍华德·文．与经济学大师的对话：阐释现代宏观经济学［M］．王曙光，来有为，译．北京：北京大学出版社，2000：172.

④ ［美］托马斯·卡里尔．智慧资本：从诺奖读懂世界经济思想史［M］．钟晓华，译．北京：中信出版集团，2016：221 －222.

（1）新古典宏观经济学属于纯理论模型，主要是理论演进。新古典宏观经济学在方法论上与货币主义决裂，货币主义的方法论是经验性的，而新古典宏观经济学的主要论点是先验的。

（2）新古典宏观经济学把经济理论和经济计量学进行了更大程度的融合。卢卡斯批评就是使用一般的理论观点并结合经济计量模型解释经济问题。主要原因在于理性预期和动态最优化提供了相关方法和技术。

（二）新古典宏观经济学发展的两个阶段：从“理性预期学派”到“新古典宏观经济学”

新古典宏观经济学的形成和发展可分为两个阶段，第一阶段是 20 世纪 70 年代，以理性预期为核心的，被叫作理性预期学派（rational expectations school）。

在这一阶段，卢卡斯、萨金特等人提出理性预期假说并引入宏观经济模型，继承古典经济学的工资和价格弹性假说，从微观经济主体的最大化行为为宏观经济理论提供微观基础，提出了货币政策无效性命题等。

新古典宏观经济学的第二阶段始于 20 世纪 80 年代，这时其理论体系更加丰富，被叫作新古典宏观经济学。1979 年，萨金特在其《宏观经济理论》一书中用“新古典宏观经济学”来命名这一理论体系。

在这一阶段，巴罗、普雷斯科特、基德兰德等学者进一步论证了政策无效性理论，构建了实际经济周期理论、动态宏观经济学等。

二、卢卡斯批评（Lucas critique）

1976 年，卢卡斯发表《计量经济学的政策评价：一个批判》（Econometric Policy Evaluation：A Critique）一文，对运用计量经济学模型评价各种政策结果的做法进行了批评，否定了凯恩斯主义和货币主义的政策主张。

（一）卢卡斯对凯恩斯主义的批评

卢卡斯认为，《通论》的影响主要在于意识形态方面，因为当时西方资本主义国家深陷经济危机的泥潭，而社会主义国家却没有危机，所以在西方经济学领域也出现了解决经济危机问题的社会主义观点。《通论》的显著作用是论证了资本主义经济可以通过政策调节，而不用走社会主义道路就可以解决经济问题，《通论》的理论和政策使资本主义国家可以在原有制度下走出萧条，而不用转向社会主义。“大萧条”和凯恩斯主义理论改变了人们对市场的信仰，弱化了市场机制的作用。

卢卡斯认为，凯恩斯主义理论的根本缺陷在于没有研究理性预期对经济主体行为的影响。20 世纪 40 年代末，自新古典综合派形成以来，大多数计量经济学模型都是建立在凯恩斯主义基础上，包括消费函数、投资函数、货币需求函数等。卢卡斯发现，凯恩斯主义的计量经济模型中的参数都是根据过去的经验估计出来的并且假定是不变的，实际上，参数的变化是难以测度的，参数是“漂移的系数”（drifting coefficience），比如，在消费函数 $C=\alpha+\beta(Y-T)$ 中，α 和 β 都是根据过去消费者的最优行为确定的，当政策变化时，消费者会对政策做出反应，模型中的参数 α 和 β 就会发生变化。投资函数 $I=I_0-dr$ 中的投资对利率的弹性 d、货币需求函数 $L=Ky-hr$ 中货币需求的利率弹性等也都会随着政策变化而调整。任何政策的变化都将改变计量经济学模型的结构。

人们在对未来的事态进行预期时，不仅要根据过去，还要考虑现在的事件对未来的影响，并以此改变自己的行为，以实现利益最大化。而行为的改变会使经济模型中的参数发生变化，所以，凯恩斯主义模型缺少理性预期，忽略了经济主体行为的最优化过程，从而影响参数的质量，参数的变化会改变函数关系。因此，凯恩斯主义的理论和政策规则不能作为政府制定政策的依据。1978 年，卢卡斯和萨金特明确宣布，现存的凯恩斯主义宏观经济计量学模型不能提供可信赖的理论作为制订货币、金融和其他种类的政策的指导。

卢卡斯（1981）在评论托宾的著作《财产积累和经济行为》（1980 年）时，批评凯恩斯主义的理论错误，认为凯恩斯主义的正统观点或者新古典综合派陷入了深深的麻烦之中，并正在给予最基本的宏观经济学问题非常严重的错误回答。卢卡斯和萨金特（Lucas & Sargent，1978）曾指出，现存的凯恩斯宏观经济学模型在阐述货币政策、财政政策及其他政策时不能提供可靠的指导。这一结论部分建立在这些模型近来的失败事例上，部分建立在它们缺少完备的理论基础或间接基础，……在后一个根基上，对这些模型进行微小或者重大的修正来导致它们可信性的明显提高是绝无希望的。

卢卡斯批评动摇了人们所相信的传统凯恩斯式的宏观经济计量模型能够准确地预测各种政策变化对宏观经济主要变量的影响的观念。

（二）卢卡斯对货币主义的批评

货币主义是新古典宏观经济学的理论渊源，弗里德曼对卢卡斯也有很深的学术影响，卢卡斯也自认为是 20 世纪 60 年代作为货币主义者成长起来的。但是，货币主义虽然自称为凯恩斯主义的替代物，却没有对凯恩斯主义产生根本性冲击。并且货币主义认为货币流通速度具有高度稳定性，因而主张实施货币数量稳定增长的政策，以实现名义国民收入水平的稳定增长。

卢卡斯认为，如果中央银行采取固定货币增长的规则，货币周转率也会发生变动，货币主义货币流通速度稳定的结论与现实相悖。在 1979 ~ 1982 年间，美国政府采纳货币主义的政策主张，货币周转率变得极不稳定，最终美联储不得不放弃控制货币数量增长率的政策，证明单一规则的货币政策无效。

“卢卡斯批评”正是在这一背景下提出来的。可见，就反凯恩斯主义而言，新古典宏观经济学超越了货币主义。胡佛（Hoover，1984）认为，卢卡斯与弗里德曼理论上的关键差异在于，弗里德曼是一个马歇尔主义者，而卢卡斯是一个瓦尔拉斯主义者。“阿兰·布林德所指的‘卢卡斯革命’展示了一个比货币主义的批评更为有力的对凯恩斯主义的挑战，这一挑战具有潜在的破坏性，并且更为持久。”①

（三）卢卡斯批评的经济理论新思路及政策含义

作为新古典宏观经济学理论渊源的货币主义只否定财政政策效应，新古典宏观经济学则反对一切经济政策。卢卡斯批评表明，凯恩斯主义和货币主义政策都有一定的规则，如果政策制定者过分倚重政策规则，人们会觉察到政策变动并做出反应，政策效果难以达到。因而引发了经济理论发展的理性预期思路和政策无效结论。

卢卡斯批评引发了经济学发展路径和方法的革命②，卢卡斯等人以理性预期为基础构建宏观经济模型，根据理性人假设和最大化原则，从微观层面解释宏观经济问题。从此开启了自 20 世纪 80 年代中期以来西方宏观经济学的微观化发展态势。

就政策效果而言，卢卡斯认为，评价一个政策的影响需要考虑经济主体的预期和行为随政策变化而变化的情况，而经济主体和政策制定者拥有相同的信息，或者说，政策制定者并没有信息优势，经济主体具备进行理性预期的条件，因此，新古典宏观经济学在竞争市场和理性预期假设下，得出政策无效的结论。强调如果政策制定者过分依赖某种规则，经济主体就会随之调整其行为，即所有系统性财政政策和货币政策均无效。只有政府采取欺骗性政策或人们没有预期到的政策才会在短期影响就业和产出。

对于卢卡斯批评引发的经济学革命，《纽约时报》曾写道：“卢卡斯先生引

---

① ［英］布赖恩·斯诺登，霍华德·文．现代宏观经济学：起源、发展和现状［M］．佘江涛，魏威，张凤雷，译．南京：江苏人民出版社，2009：191.

② 萨金特曾经表明，你可以随便把任何科学发展诠释为连续演变过程或不连续的革命过程。关于新古典宏观经济学对经济学理论的作用，卢卡斯认为：“我对‘革命’这个词语没有任何浪漫联想。对我来说，它意味着撒谎、偷盗和谋杀，因此，我宁愿不担革命者这个名声。”

领了经济研究的转向，使经济研究远离了约翰·梅纳德·凯恩斯所倡导的政府干预。”①

第二节　新古典宏观经济学的基本假设和理性预期

新古典宏观经济学构建在完全市场基础上，纳入理性预期方法，形成其理论体系，理论前提有二：一是工资及价格弹性。新古典宏观经济学否定新凯恩斯主义的工资和价格黏性命题，并称该命题为特设假定（adhoc assumption）②。工资和价格弹性假设意味着：工资和价格能够迅速调整，实现供求均衡。二是理性预期。根据理性预期假说，人们的预期是建立在所有能够获得的信息和经济理论的基础上。即人们能够掌握经济运行的相关信息，了解政府行为的内容，因而可以做出准确的预期。

一、新古典宏观经济学的基本假设

新古典宏观经济学的理论假说体现了其经济思想中的古典因素，主要包含四个基本假设。

（一）微观经济主体追求个人利益最大化

作为宏观经济的微观基础，个体行为目标是追求自身利益最大化，新古典宏观经济学把微观经济主体利益最大化的行为目标与宏观经济学结合起来。并且，在新古典宏观经济学理论中，经济主体根据理性预期进行决策，实现利益最大化目标。

（二）弹性价格和弹性工资导致持续的市场出清

持续的市场出清是古典经济学的基本命题，即在每一个时点上，市场都能够达到出清，并且经济主体行为是市场调节的最优结果，宏观经济均衡也是充分就业的均衡。这一假说也是新古典宏观经济学的核心命题。

在新古典宏观经济学中，市场机制能够充分发挥作用。价格弹性使得当商品市场出现供过于求时，商品价格就会下降，直到达到供求均衡。工资弹性使得劳

① ［美］托马斯·卡里尔．智慧资本［M］．钟晓华，译．北京：中信出版集团，2016：221．
② 新凯恩斯主义者认为，工资和价格缺乏弹性不是特设假定，而是具有牢固的微观经济基础。

动市场出现失业时，工资率就会下降，直到厂商愿意雇佣所有劳动力，所以，每个市场都处于或趋向于连续的市场出清，且充分就业是必然的，消费者剩余和生产者剩余达到最大，这一假设符合瓦尔拉传统。①

（三）理性预期

前已述及，在理性预期（rational expectations）中，经济主体追求自身利益最大化，力求获取一切信息，并根据经济变量之间的关系等知识做出最准确的预期，不会出现系统的预期误差。人们会准确地或趋向于预期到经济变量的实际未来值，即经济变量的预期值等于实际值。也许是因为理性预期蕴涵着经济学理论关于理性行为的基本假设，这一假设被广泛接受。

（四）自然率假说

这一假说与货币主义假说相同，即假设通过市场机制调节，失业率会稳定在自然失业率水平，国民收入水平也会达到其自然率水平——充分就业的国民收入水平。

二、预期方法的演变及理性预期

经济学中预期思想起源于 19 世纪，在蛛网模型中，第一次将预期假说形式化，使用静态预期的方法，后来经过外推式预期、心理预期和适应性预期等，到 20 世纪 60 年代形成理性预期理论和方法。

在 1960～1961 年间，约翰·穆斯（John F. Muth）首创了理性预期假说②，在 20 世纪 70 年代初，芝加哥大学的小罗伯特·卢卡斯（R. Lucas）把理性预期概念应用到货币主义模型中。自 20 世纪 70 年代中期以来，在美国形成了以罗伯特·卢卡斯、托马斯·萨金特（T. Sargent）和罗伯特·巴罗（R. Barro）为主要代表人物的理性预期学派，运用理性预期方法分析经济主体行为和政策效应。

（一）理性预期之前的预期假说

理性预期的概念源于约翰·穆斯于 1961 年发表在《经济计量学杂志》上的论文《理性预期与价格变动理论》，穆斯认为，预期是对未来事件的预测，因而

---

① 对于新古典宏观经济学理论在 20 世纪 80 年代的流行，弗里德曼解释道：“它属于那种有正确的模式但推论却与事实相悖的理论。……其魅力就在于把你重新带回到一个纯理论分析的世界里，一个没有任何复杂情况、没有任何同时并发的难题、没有摩擦……”

② John F. Lucas. Monetary Neutrality and the Theory of Price Movements [J]. Econometricia, 1961: 315－335.

在本质上与经济理论的预期一样。这一概念在十多年后才受到理性预期理论的重视。

在理性预期理论产生之前经济学理论中使用的预期主要包含以下几种（以价格预期为例）。

1. 静态预期。

静态预期把价格看成是固定不变的，即把上一期的价格作为预期价格。蛛网模型就是使用这种预期进行农产品价格的预期。

在蛛网模型中，采用静态预期方法预期农产品价格，并决定市场供求，用代数式表示为：

$$Q_t^d = a - bp_t \tag{8-1}$$

$$Q_t^s = c + dP_t^e \tag{8-2}$$

$$P_t^e = P_{t-1} \tag{8-3}$$

式（8-1）和式（8-2）分别为农产品的市场供给函数和需求函数，式（8-3）表示，在静态预期下，t 期的预期价格等于（$t-1$）期的价格，即经济主体预期下一期的价格会保持不变，且根据这一预期价格决定农产品的供给量。

2. 外推型预期。

20 世纪 40 年代初经济学家梅茨勒（L. Metzler）提出了外推型预期，认为对未来的预期应建立在经济变量的变动方向和趋势上。这种预期根据上一期的实际价格以及上一期的实际价格与前一期的实际价格的变动幅度进行预期。

对 t 期价格的外推式预期为：

$$P_t^e = P_{t-1} + a\ (P_{t-1} - P_{t-2}) \tag{8-4}$$

即在外推式预期中，任一期的价格预期值等于前一期的价格加上前两期的价格之差的一定比例的值。a 为预期系数。

若 $a>0$，如果 $P_{t-1}>P_{t-2}$，则 $P_t^e>P_{t-1}$；如果 $P_{t-1}<P_{t-2}$，则 $P_t^e<P_{t-1}$；即之前的价格变化趋势将继续保持。

若 $a<0$，如果 $P_{t-1}>P_{t-2}$，则 $P_t^e<P_{t-1}$；如果 $P_{t-1}<P_{t-2}$，则 $P_t^e>P_{t-1}$；即之前的价格变化趋势将改变。

若 $a=0$，则 $P_t=P_{t-1}$；即为静态预期。可见，静态预期是预期系数等于零时的外推式预期。

3. 心理预期。

凯恩斯很重视预期对投资、就业、总产出、经济周期的影响。根据预期分析有效需求不足以及经济周期性波动。凯恩斯对预期的模型化或用预期准确地计算未来持怀疑态度，所使用的预期是心理预期，他根据三个基本心理因素，即心理上的消费倾向递减、心理上的流动性偏好以及心理上对资本资产收益递减的预期解释消费需求和投资需求的不足。

在分析投资变动时，凯恩斯认为，对未来的预期成为决定资本边际效率的重要因素，包括对货币价值变动（利率）的预期和对宏观经济态势的预期。预期收益影响资本边际效率从而影响投资，而人们根据资本资产现状和市场需求等未来的状况进行预期，其中对未来的心理上的预期状态即长期预期状态（the state of long-term expectation），而信心状态（the state of confidence）是影响预期从而影响资本边际效率的重要因素。

凯恩斯强调非理性的心理因素在预期中的重要性："我们据以估计预期收益的知识，其基础是极其脆弱的。我们对若干年后决定投资收益的因素实际上也是知之甚少，也许根本就不大了解。……企业家是在玩一种既靠本领又靠运气的混合游戏。……如果人类的本性不喜欢碰运气，或者对开工厂、修铁路、开矿和开垦农场，除了利润之外别无他图，仅凭冷酷的计算，那就不可能有大量的投资。"① "除了投机引起的不稳定之外，人类本性的弱点也会造成经济的不稳定性。我们积极行动中的一大部分，与其说是来自冷静的计算（不论是道德方面的、苦乐方面的或是经济方面的），不如说是来自一时冲动的乐观情绪。……人们的绝大多数行动决策只能看作是动物的情绪的产物，即一种一念之间的想动而不想静的产物，而不是根据预期收益的加权平均数乘以可得到的概率的结果。"②

4. 适应性预期。

在 20 世纪 50 年代中期，卡甘（P. Cagan）根据预期的形成机制，结合以前发生的预期误差程度对每个时期的预期进行修正，形成适应性预期。这种预期是根据之前的价格以及预期价格误差进行预期。后来，货币主义把适应性预期纳入宏观经济模型中。适应性预期的内容已经在货币主义一章中做了较详细的说明，此处不再赘述。

这几种预期的共同缺陷是都具有一定的随意性，经济主体或者是根据过去的经验预期未来，或者是根据情绪预期，而没有使用科学方法以及当前可获得的相关信息和知识。在 20 世纪 60 年代之前，尽管认同预期的重要性，但在经济学理论中也一直没有明确的形式去说明预期的形成机制。

（二）理性预期假说

穆斯认为，只有理性预期才符合经济主体的理性人原则，在其论文《理性预

---

① ［英］约翰·梅纳德·凯恩斯. 就业、利息和货币通论［M］. 宋韵声，译. 北京：华夏出版社，2012：116.

② ［英］约翰·梅纳德·凯恩斯. 就业、利息和货币通论［M］. 宋韵声，译. 北京：华夏出版社，2012：124.

期与价格变动理论》中，穆斯提出“理性预期”的概念，并强调，由于预期是对未来事件有根据地预测，所以与有关的经济理论的预测本质上是相同的。理性预期隐含的一个观点是：之前的非理性预期存在系统性错误，且与理性人的行为规则不相符。与之前的各种预期不同的是，在理性预期中，预期和现实的结果具有一致性。“这种预期是与模型一致的（model-consistent），即它们将会与用来解释被预测变量的模型保持一致。因而，变量的理性预期值将等同于其客观的数学期望值，或平均期望值，并受预期形成时的变量理论和可获得数据的制约。”①

大约10年之后，即进入20世纪70年代，理性预期替代了适应性预期，成为构成内生预期的主导方式。理性预期与适应性预期的重要差别之一就是强调预期和现实行为结果的一致性。卢卡斯等新古典宏观经济学家把理性预期假说吸收到其宏观经济模型中，产生了一系列文献，以理性预期为核心，逐步形成新古典宏观经济学的理论②。

1. 理性预期的基本内涵。

理性预期可以定义为：经济主体在有效地利用一切信息的前提下，根据自己得到的全部信息和知识通过合乎逻辑的推理过程而形成的对经济变量未来数值的预期。经济主体对经济变量的主观预期与这些变量的真正或客观数学条件期望相一致。理性预期具有以下特点：

（1）人们会有效地利用全部可以被利用的信息进行预期；

（2）将对变量 X_t 的预期看作是 X_t 的数学期望值，即理性预期是最准确的预期方式。

（3）人们能够准确地预期到经济变量的实际值，即预期值 = 实际值。经济主体不会形成有系统错误的预期。如果出现偏差，人们会立即做出正确反应，对误差进行纠正。如果有系统性错误，经济主体就会从错误中吸取教训，改变其形成预期的方式，从而消除系统性错误。

2. 理性预期的代数表述。

以预期通货膨胀为例，理性预期的通货膨胀率表示为：

$$\dot{P}_t^e = E(\dot{P}_t \mid I_{t-1}) \tag{8-5}$$

在式（8-5）中，$\dot{P}_t^e$ 表示 t 期的预期通货膨胀率，$E(\dot{P}_t \mid I_{t-1})$ 表示经济主体在 $t-1$ 期根据所有信息对通货膨胀率的预期。

① ［美］詹姆斯·K. 加尔布雷斯，小威廉·戴瑞提．宏观经济学［M］．孙鸿敞，刘建洲，译．北京：经济科学出版社，1997：265.

② 理性预期有弱假说和强假说之分。弱假说是指，在对某一变量进行预期时，经济主体会确定影响预期变量的因素，并有效地利用关于影响因素的可获得的公开信息进行预期。比如，如果经济主体认为通货膨胀率取决于货币数量增长率，那么就会根据关于货币数量增长率的相关信息形成对未来通货膨胀的预期。新古典宏观经济学采用的是穆斯的强预期假说。

在理性预期条件下，经济主体对经济变量的预期平均来说是正确的，即，预期值等于实际值，而不会出现系统性误差。因为经济主体会根据预期误差进行学习，从而调整预期的方式，排除系统性错误。用代数式表示为：

$$\dot{P}_t^e = \dot{P}_t + \varepsilon_t \tag{8-6}$$

其中，$\dot{P}_t^e$：t 期的预期通货膨胀率；$\dot{P}_t$：t 期的实际通货膨胀率；ε_t：随机误差。随机误差的平均值等于 0，且与预期形成时的信息不相关，否则表示经济主体没有充分利用所得信息。

理性预期是最准确和最有效的预期方式，预期误差是一个平均值为 0 的随机量，与其他预期方法相比方差最小。不同时期的预期在整个时间段里没有序列相关。

理性预期也受到一些批评，主要是针对进行理性预期获取信息所需的成本、经济主体如何得到理性预期所需的经济模型方面的知识以及现实世界的不确定性的影响等。但在 20 世纪 70 年代确实发生了理性预期革命。特别是"'理性'一词的使用，被证明是 20 世纪 70 年代在赢得宏观经济学家人心的战斗中的一件重要的'修辞学'武器"①。因为理性是经济学理论的基本前提，所以经济学家都不想否认理性的地位。

第三节　货币中性论及政策无效性命题

新古典宏观经济学继承了古典经济学的基本信念和理论基础，坚守并重新论证了货币中性，否定政府干预市场经济的有效性，得出政策无效性命题。

一、货币中性论

18 世纪哲学家大卫·休谟就提出货币数量变化不会影响实际产出的观点，古典经济学的货币数量论进一步论证了货币不会影响实体经济，新古典宏观经济学复活了古典经济学的二分法，并加入理性预期，得出货币中性的结论。在古典理论中，货币只是覆盖在实体经济上的一层面纱，货币并不影响交易过程的实质。即货币中性，强调经济体系中货币数量的变化只会影响到名义经济变量，而对实际变量比如实际利率、投资、消费、就业和产出等不会产生影响。新古典宏

① ［英］布赖恩·斯诺登，霍华德·文，彼得·温纳齐克．现代宏观经济学指南：各思想流派比较研究引论［M］．苏剑，等译．北京：商务印书馆，1998：230.

观经济学认为，在理性预期条件下，货币政策能够被人们预期到，而预期到的货币供给量的变化完全是中性的。

货币中性可用总供求函数推论。

（一）总需求函数

$$y_t^d = A + \alpha[M_t - E_{t-1}(P_t)] + \lambda_t \tag{8-7}$$

y_t^d 表示 t 期总需求；A 表示自发支出，即为维持习惯的生活水平而发生的固定支出，不受预期和政策等因素的影响；M_t 表示 t 期的货币数量，$E_{t-1}(P_t)$ 表示在 $t-1$ 期对 t 期价格水平的数学期望值，$[M_t - E_{t-1}(P_t)]$ 则表示未预期到的货币数量的变化，或预期到的收入的变化，亦即人们在 t 期得到的收入与其通货膨胀预期下的期望收入的差额，或人们在 t 期的实际收入与其期望收入的差额。α 为正常数。λ_t 为随机变量，即未预测到的冲击。

（二）总供给函数

$$y_t^s = y^* + \beta[P_t - E_{t-1}(P_t)] + \mu_t \tag{8-8}$$

y_t^s 表示 t 期总供给，y^* 表示自然产出率或充分就业的产出水平，μ_t 为供给冲击，是随机干扰项，β 为正常数。$[P_t - E_{t-1}(P_t)]$ 为预期价格误差。若实际价格 P_t 大于预期价格 $E_{t-1}(P_t)$，实际产出会大于自然产出率水平；反之，若预期价格被低估，实际产出就小于自然产出率水平。

（三）均衡价格水平的决定

把总需求函数方程与总供给函数方程联立起来得到均衡价格水平决定的方程：

$$P_t = \frac{-y^* + A + \alpha M_t + (\beta - \alpha)E_{t-1}(P_t) + (\lambda_t - \mu_t)}{\beta} \tag{8-9}$$

（四）货币政策与总产出

政府实施单一规则的货币政策，货币数量按固定比率 η 增长，M_t 比 M_{t-1} 的增长幅度为 η，则：

$$M_t = (1+\eta)M_{t-1} + \nu_t \tag{8-10}$$

其中 ν_t 为随机干扰项。

把式（8-10）代入式（8-9）得：

$$P_t = \frac{-y^* + A + \alpha(1+\eta)M_{t-1} + (\beta - \alpha)E_{t-1}(P_t) + \lambda_t - \mu_t + \alpha\nu_t}{\beta} \tag{8-11}$$

在理性预期条件下：

$$P_t = E_{t-1}(P_t) \tag{8-12}$$

把式（8－12）代入式（8－11）得：

$$P_t = \frac{-y^* + A}{\alpha} + (1+\eta)M_{t-1} + \frac{1}{\alpha}(\lambda_t + \mu_t + \alpha\nu_t)$$

∵ y^*、A、α 皆为常数，用 W^0 替换 $\frac{-y^* + A}{\alpha}$。λ_t、μ_t、ν_t 为随机扰动项，数学期望值为零。

∴ t 期的预期价格水平为：

$$E(P_t) = W^0 + (1+\eta)M_{t-1} \tag{8-13}$$

在式（8－13）中，W^0 为常数，只要货币政策能够被预期到，即已知 M_{t-1}，且能预期到（$1+\eta$），就能预期到实际价格水平，即将 $P_t = E_{t-1}(P_t)$ 代入总供给函数得：

$$\begin{aligned} y_t^* &= y^* + \beta[P_t - E_{t-1}(P_t)] + \mu_t \\ &= y^* + \mu_t \end{aligned} \tag{8-14}$$

式（8－14）表明，t 期的总产出由自然率水平和随机因素决定，若不考虑随机因素，实际产出水平就等于产出的自然率水平。

只有当货币供给量的变化，即（$1+\eta$）不能被预期到时，价格水平不能被准确预期到，货币数量变化才会影响到实际产出水平。货币政策只要能被任何主体预期到，则货币政策无效，即货币中性。

二、政策无效性命题

新古典宏观经济学持有的基本信念就是市场经济具有内在稳定性及充分就业的必然性。在 20 世纪 70 年代中期，萨金特和华莱士在《理性预期、最优货币制度及货币供给规则》一文中提出了“政策无效性命题”，否定政府政策对就业和产出的影响。

（一）政策无效性命题的基本要义

新古典宏观经济学以完全市场为前提，论证了在理性预期条件下市场必然能够实现充分就业的均衡，认为政府政策不会对实际经济产生作用，提出了政策无效性定理（the policy ineffectiveness proposition）。这一命题的含义是指，在存在理性预期及工资和价格具有弹性的条件下，被人们预期到的政府政策不能影响实际产量和就业，即政策无效。或者说，只有在政府实行随机性的政策时，才会产生短期的实际效果，因为这些政策不会被理性经济行为人所预期到。

新古典宏观经济学否定了凯恩斯主义和货币主义的政策效应。认为凯恩斯主义的相机抉择的政策不仅不能有效地解决问题，而且还会使得经济状况变得更糟。因为理性预期的存在，市场主体会比政府对市场变化做出更快的反应，政府相机抉择的政策不仅没有意义，甚至还会发出误导性的经济信号，产生扭曲的经济行为。

新古典宏观经济学对货币主义的关键性假设也发起了毁灭性攻击。货币主义认为，货币流通速度具有极强的稳定性，因此，主张通过货币数量的稳定增长实现名义国民收入水平的稳定增长。而新古典宏观经济学则认为当政策发生变动时人们可能会改变其行为，如果中央银行实施固定的货币数量增长率政策，货币流通速度也会发生变化。如果政策制定者一直坚持某一种政策规则，经济行为就可能发生变化，并影响政策效果，导致政策无效。

新古典宏观经济学理论把政策分为可预期到的和不能预期到的两类。认为能够被预期到政策只会影响价格水平，而不会影响就业和产出。只有未被预期到的政策才会在短期内影响实际经济变量，当预期误差得到调整后，政策效应就会消失。

（二）政策规则与政策无效

政府制定经济政策存在一定的规律，政策总是与经济变量的现在式和过去式有某种系统的关系，这种关系构成了政策规则，并可以通过观察发现。人们可以把握政策规则，从而有利于理性预期，因为政策规则也是影响理性预期的重要因素。

理性预期理论的一个基本假设是，存在一个决定政府财政政策和货币政策的可感知的政策规则。除非政策是完全随机的，否则就必然存在政策规则并能够被预期到。无论是凯恩斯主义还是货币主义，其政策规则被人们感知后都不会影响就业和实际产出。

1. 凯恩斯主义的政策规则与政策无效。

根据理性预期模型的分析，预期误差和不确定因素是影响政策效应的两个基本因素，不确定因素不足以成为政策制定的基础。因此，只有当政府政策不能被预期到时，政策才有效。当人们能够理性预期政策时，政策不会影响产出，政策无效。

凯恩斯主义的政策规则是根据过去的经济运行状况制定相应的政策，或者说，t 期的政策取决于以前各期的经济运行状况。用公式表示为：

$$X_t = kX_{t-1} + Ly_{t-1} + mP_{t-1} \tag{8-15}$$

在式（8－15）中，X_t 表示 t 期的政策，X_{t-1} 表示 $t-1$ 期的政策，y_{t-1} 表示

$t-1$ 期的收入水平，P_{t-1}表示 $t-1$ 期的价格水平。t 期的政策取决于之前的政策、收入水平和价格水平。

即使加入随机变量 vt，

$$X_t = kX_{t-1} + Ly_{t-1} + mP_{t-1} + vt \tag{8-16}$$

政策的理性预期值为：

$$E[X_t] = KE[X_{t-1}] + LE[y_{t-1}] + mE[P_{t-1}] + E[v_t]$$

因为之前的信息都是已知的，即 X_{t-1}、y_{t-1}、P_{t-1}为既定的量，则：

$$E[X_{t-1}] = X_{t-1}$$

$$E[y_{t-1}] = y_{t-1}$$

$$E[P_{t-1}] = P_{t-1}$$

且 $$E[v_t] = 0$$

此时， $$EX_t = KX_{t-1} + Ly_{t-1} + mP_{t-1} \tag{8-17}$$

式（8－16）与式（8－17）相减得：

$$X_t - E[X_t] = v_t \tag{8-18}$$

把式（8－18）代入

$$Y_t - Y = \frac{\alpha\delta(X_t - EX_t) + \beta u_t}{\beta + \delta}$$

得：

$$Y_t - Y = \frac{\alpha\delta V_t + \beta u_t}{\beta + \delta} \tag{8-19}$$

因为 V_t 和 u_t 都是随机变量，所以，实际产量偏离潜在产量也是随机的，即系统的政策对实际产量没有影响——政策无效。

2. 货币主义的政策规则与政策无效。

货币主义的政策规则是政策独立于现行的经济运行状况，政策内容会受到之前的政策（X_t，X_{t-1}）的影响，但与过去的经济状况（y_{t-1}，P_{t-1}）无关。用公式表示为：

$$X_t = kX_{t-1} \tag{8-20}$$

比如，货币主义的单一规则的货币政策主张：不论经济状况如何，货币供给量都按照一个固定的比率增长。

加入随机变量 w_t 后：

$$X_t = kX_{t-1} + w_t \tag{8-21}$$

其理性预期值为：

$$E[X_t] = KE[X_{t-1}] + E[w_t]$$

因为政策规则固定，所以：

$$E[X_t]=X_{t-1}$$

且 $E[w_t]=0$，所以：

$$E[X_t]=KX_{t-1} \tag{8-22}$$

把式（8－22）代入式（8－21）得：

$$X_t-E[X_t]=w_t \tag{8-23}$$

把式（8－23）代入

$$Y_t-Y=\frac{\alpha\delta(X_t-EX_t)+\beta u_t}{\beta+\delta}$$

得：

$$Y_t-Y=\frac{\alpha\delta W_t+\beta u_t}{\beta+\delta} \tag{8-24}$$

式（8－24）表明，实际产量偏离潜在产量也是完全随机的，即自由放任主义的政策规则决定的系统政策对实际产量没有影响——政策无效。

不管政策制定过程多么复杂，政府总会遵循某种规则，且经济主体也都了解这些规则。因此，对政策的预期可能会有随机偏差，但系统偏差是不会存在的。政策规则使得人们能够准确地预期到实际政策。因此，不论是短期还是长期，不论是凯恩斯主义还是货币主义的政策都不会影响实际产量，政策皆无效。

第四节 新古典宏观经济学的 AS—AD 模型

在古典理论中，总供给曲线是一条垂直于总产出轴的垂线，总产出稳定于潜在总产出水平。古典理论的缺陷在于它不能解释经济的波动，新古典宏观经济学在古典理论的基础上，纳入预期变量，修正了古典总供给曲线，形成新古典宏观经济学的 AS—AD 模型。

一、附加预期变量的 *AS* 曲线

1. *AS* 曲线：预期价格水平一定时价格水平与总产出的对应关系。

在劳动市场，厂商对劳动的需求量和劳动者对劳动的供给量均取决于实际工资率，劳动市场均衡，决定了均衡的就业量。在把货币工资调整为实际工资时，劳动供给方根据预期价格水平把货币工资调整为实际工资；劳动需求方根据实际价格水平把货币工资调整为实际工资。因此，预期价格水平一定时有一条劳动供

给曲线。

实际价格水平的上升会导致劳动需求曲线右移。如图 8－1（a）所示，若预期价格水平为 P_0^e，劳动供给曲线为 N_s^0。实际价格水平由 P_0 上升至 P_1，劳动需求曲线由 N_d^0 右移至 N_d^1。

图 8－1（b）为总生产函数 $Y=f(N)$，（d）为 AS 曲线，表示在预期价格水平一定时总产出水平与价格水平的对应关系。

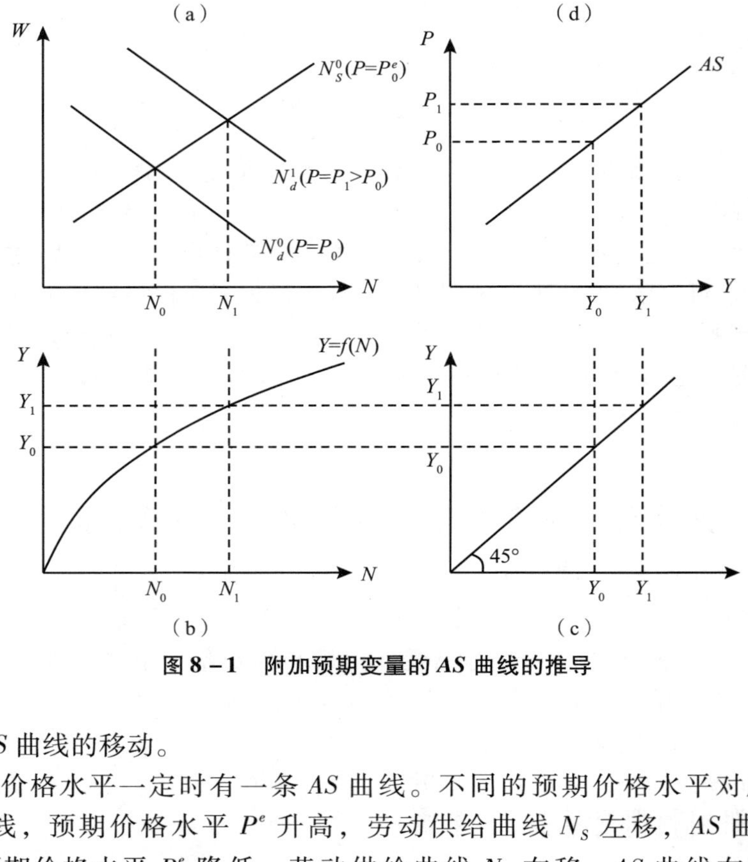

图 8－1　附加预期变量的 AS 曲线的推导

2. AS 曲线的移动。

预期价格水平一定时有一条 AS 曲线。不同的预期价格水平对应着不同的 AS 曲线，预期价格水平 P^e 升高，劳动供给曲线 N_S 左移，AS 曲线左移；反之，预期价格水平 P^e 降低，劳动供给曲线 N_S 右移，AS 曲线右移。如图 8－2 所示。

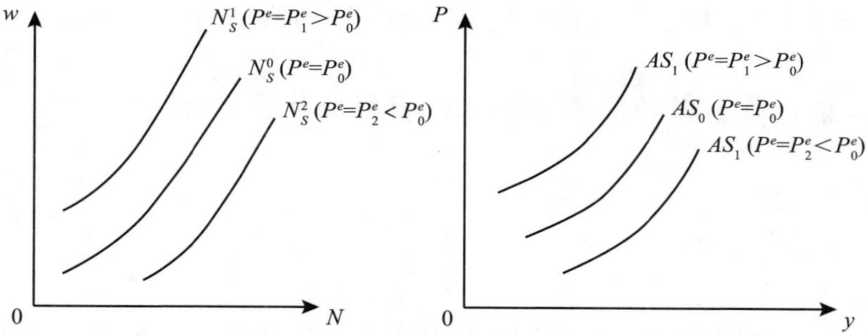

图 8－2 预期价格水平决定劳动供给曲线和 *AS* 曲线的位移

二、AS—AD 模型：能够被预期到的政策无效

把附加预期变量的 *AS* 曲线和 *AD* 曲线结合起来，即可得到新古典宏观经济学的 AS—AD 模型，可用以分析理性预期条件下的价格和总产出水平的决定。如图 8－3 所示。在初始均衡状态下，预期价格水平为 P_0^e，相应的 *AS* 曲线为 AS_0，AS_0 与 AD_0 的均衡点为 *A*，价格水平为 P_0，总产出水平为 Y_0。

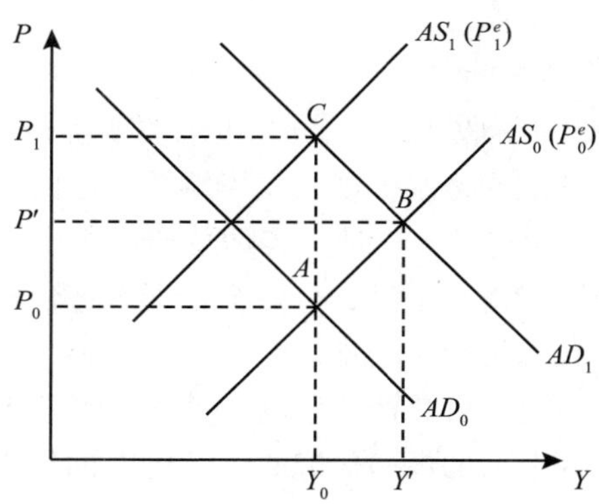

图 8－3 新古典宏观经济学的 AS—AD 模型及政策效应

如果政府实施增加总需求的政策，*AD* 曲线向右移动至 AD_1，与 AS_0 的均衡点为 *B*，对应的价格水平和产出水平分别为 P' 和 Y'，如果这一政策被人们预期到，则预期价格水平上升为 P_1^e，与实际价格水平 P_1 相等，*AS* 曲线就会向左移动，直至 AS_1，AS_1 与 AD_1 的均衡点为 *C*，*C* 与初始均衡点 *A* 在一条垂线上，产出水平皆为 Y_0，即理性预期条件下政策不会影响实际产出，政策无效。

只有在政府政策没有被预期到的情况下，预期价格水平不变，*AS* 曲线不发生位移，B 点成为均衡点。这时，政策导致产出增加，政策效应为正。

三、新古典宏观经济学 AS—AD 模型的代数表述

1. 基本公式。

（1）总需求函数。

$$y_t = \alpha - \beta p_t \tag{8-25}$$

表示收入水平与价格水平之间的负相关关系。若用 X_t 表示政策手段，并纳入 AD 函数中，则包含政策变量的 AD 函数为：

$$y_t = \alpha X_t + \beta P_t \tag{8-26}$$

（2）总供给函数。新古典宏观经济学的总供给函数也是建立在理性预期和正统的微观经济学假设的基础上：经济主体采取理性决策的最优化行为、相对价格对劳动供给和产品供给的决定作用。卢卡斯在 1973 年发表的论文《产出—通货膨胀替换的一些国际证据》① 中，把一定时期的总产出分为正常产出和周期性产出，正常产出即潜在总产出或产出的自然率水平，由资本、人口、技术等生产要素决定，既定时期中为常量。周期性产出决定于预期价格水平的误差，这样，新古典宏观经济学的总供给函数可表示为：

$$y_t = y + \delta p_t - \delta p_t^* = y + \delta(p_t - p_t^*) \tag{8-27}$$

其中，y 表示潜在或自然收入水平，p_t^* 表示预期价格水平。

总供给函数表明：预期价格水平误差是影响总产出的重要因素，当预期价格水平等于实际价格水平，即 $p_t^* = p_t$ 时，实际总产出等于潜在总产出，即 $y_t = y$。当实际价格水平大于预期价格水平时，厂商会错误地把价格上升当成自己产品相对价格的上升，从而导致总供给的增加。

系数 δ 表示预期价格误差对总产出变化的影响程度。δ 越大，预期价格误差对总产出的影响越大。卢卡斯的经验研究表明，国家的价格水平稳定的程度影响 δ 的大小，一个通货膨胀相对稳定的国家可能会对通货膨胀刺激显示出较大的供给反应②。

加入不确定因素项 u_t，总供给函数为：

$$y_t = y + \delta(p_t - p_t^*) + u_t \tag{8-28}$$

---

① Lucas, R. E. Some International Evidence on Output-inflation Trade-off [J]. American Economic Review, 1973, 63: 326-334.

② 卢卡斯对此问题的国际比较研究显示：在价格较为稳定的国家像美国，增加名义收入的政策往往对实际产出产生巨大的初始影响，同时对通货膨胀率有着轻微的正影响。相反，在价格波动的国家像阿根廷，增加名义收入的政策主要影响价格水平，而对实际产出没有明显影响。

（3）预期的形成。t 期的预期价格水平等于根据 $t-1$ 期内所能获得的全部信息得出的对价格水平的数学期望值，即：

$$p_t^* = E_{t-1}[p_t]$$

$$y_t = \alpha X_t - \beta p_t$$

$$y_t = y + \delta(p_t - p_t^*) + u_t$$

$$p_t^* = E_{t-1}[p_t]$$

各经济主体都将利用这一均衡关系形成预期。

2. 模型的求解。

（1）预期价格水平（p^*）和政策（X_t）对均衡价格和国民收入水平的影响。把 AS 和 AD 函数联立起来可求得均衡的价格水平 P_t，即：

$$\alpha X_t - \beta p_t = y + \delta(p_t - p_t^*) + u_t$$

$$p_t = \frac{\delta p_t^* + \alpha x_t - y - u_t}{\beta + \delta} \tag{8-29}$$

预期价格水平和政策对价格水平的影响为：

$$p_t^* \uparrow,\ p_t \uparrow$$

$$X_t \uparrow,\ p_t \uparrow$$

把 p_t 代入 AD 或 AS 函数可得均衡收入水平 y_t：

$$y_t = \alpha x_t - \beta p_t = \frac{\beta y + \alpha\delta x_t - \beta\delta p_t^* + \beta u_t}{\beta + \delta} \tag{8-30}$$

预期价格水平和政策对产出水平的影响为：

$$p_t^* \uparrow,\ y_t \downarrow$$

$$X_t \uparrow,\ y_t \uparrow$$

（2）预期价格水平 p^* 的决定。各经济主体都将利用式（8-29）来形成对价格水平的预期。即：

$$p_t^* = E_{t-1}[p_t] = E_{t-1}\frac{\delta p_t^* + \alpha x_t - y - u_t}{\beta + \delta}$$

$$= \frac{\delta E[p_t^*] + \alpha E[x_t] - E[y] - E[u_t]}{\beta + \delta}$$

$$\because E[p_t^*] = p_t^*,\ E[y] = y,\ E[u_t] = 0$$

$$\therefore p_t^* = \frac{\delta p_t^* + \alpha E[x_t] - y}{\beta + \delta}$$

因此，
$$p_t^* = \frac{\alpha E[x_t] - y}{\beta} \tag{8-31}$$

结论显示，理性预期的价格水平取决于：1）自然或潜在产出水平 y^*；2）预期的政策。

(3) 预期价格水平的误差 ($p_t - p_t^*$) 取决于：把式 (8-31) 代入式 (8-29) 得：

$$p_t = \frac{\alpha\beta x_t + \alpha\delta E[x_t] - (\beta+\delta)y - \beta u_t}{\beta(\beta+\delta)} \tag{8-32}$$

由式 (8-32) 减去式 (8-31) 可得：

$$p_t - p_t^* = \frac{\alpha(x_t - E[x_t]) - u_t}{\beta+\delta} \tag{8-33}$$

式 (8-33) 显示，预期价格水平的误差是因为：1) 随机因素 u_t；2) 预期政策与实际政策的不同即没有预期到的政策。

结论显示：

若 $X_t = E_t - 1[X_t]$

则 $P_t = P_t^*$

把式 (8-33) 代入 AS 方程得：

$$y_t - y = \frac{\alpha\delta(x_t - E[x_t]) + \beta u_t}{\beta+\delta} \tag{8-34}$$

在式 (8-34) 中，($y_t - y$) 即实际产量与潜在产量的差额，可以看作失业率。

即产量或就业偏离潜在水平是因为：1) 随机因素 U_t；2) $x_t \neq E[x_t]$，即未预期到的政策。

结论显示：

若：$$X_t = E_t - 1[X_t]$$

则：$$Y_t = Y$$

即被预期到的政策 X_t 不能影响产出水平 Y。

综合新古典宏观经济学理论，如果实际产量或就业与自然率相背离，原因有二：一是政府采取了不可预见的政策，没能被人们预期到。二是有随机冲击。随机冲击可能是一场战争、石油价格变化，或者影响劳动力供给的社会风气发生变化。政府只有采取非系统的或欺骗公众的政策，才会影响实际就业和产出。否则政策不会影响实际产出，政策无效。

第五节　垂直的菲利普斯曲线

菲利普斯曲线是表示失业率与通货膨胀率之间的数量关系的常用工具，也是宏观经济学领域不同学派之间争论的焦点之一。新古典综合派的菲利普斯曲线为负斜率，因为在货币工资刚性的情况下，价格水平上升会导致实际工资下降，从而就业增加或失业减少。表明调节总需求的政策能够有效调整就业和产出，政策有效。负斜率的菲利普斯曲线也成为新古典综合派主张相机抉择政策的理论依据。在货币主义理论中，因为适应性预期，短期失业与通货膨胀之间存在交替关系，货币主义的短期菲利普斯曲线为负斜率，表明政策短期有效。而在长期，预期值 = 实际值，所以货币工资与价格水平同比例变化，实际工资不变，失业率稳定在自然失业率水平，失业与通货膨胀之间不存在交替关系，菲利普斯曲线为垂线，表明政策无效。而新古典宏观经济学根据其理论前提和理性预期，得出了垂直的菲利普斯曲线。

一、从幻觉到理性预期：菲利普斯曲线成为垂线

人们能否准确地预期到价格水平的变化，影响实际工资，从而影响就业或失业。如果人们存在货币幻觉，价格水平的变化没能被预期到，价格水平变化会导致实际工资变化，就会形成负斜率的菲利普斯曲线。在理性预期条件下，价格水平的变化能够被准确地预期到，实际工资不变，就业或失业率不变，菲利普斯曲线成为垂线，如图 8－4 所示。

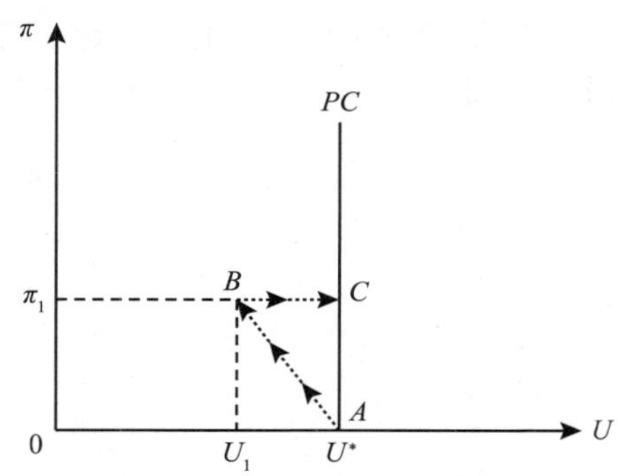

图 8－4　垂直的菲利普斯曲线的形成

假设最初经济处于 A 点，失业率为自然失业率 U^*，通货膨胀率为零。如果政府采取政策增加总需求，并且政府政策没有被公众预期到，这样会提高通货膨胀率至 π_1，失业率下降至 U_1，AB 为幻觉的菲利普斯曲线。

但是，如果政府政策能够被公众预期到，π_1 的通货膨胀率也被预期到了，那么，就业量会减少，直到图中 C 点，失业率恢复到 U^*，这时，预期通货膨胀

率等于实际通货膨胀率 π_1，失业率和实际产出没有随着政府政策而变化。

分析结果显示，新古典宏观经济学的菲利普斯曲线为垂线，无论短期还是长期，失业与通货膨胀之间都不存在交替关系，政府政策只能引起价格水平上升，就业和产出不变，政策无效。其中的经济机理在于：理性预期→名义工资与价格水平同比例变化→实际工资不变→失业不变。

若用代数式表示，预期通货膨胀率、实际通货膨胀率、实际产出与潜在产出之间的关系为：

$$\pi_t = \pi^e + h \cdot \frac{Y_t - Y^*}{Y^*} \qquad (8-35)$$

若预期通货膨胀率 π^e 等于实际通货膨胀率 π_t，则：

$$\pi_t - \pi^e = 0 = h \cdot \frac{Y_t - y^*}{y^*} \qquad (8-36)$$

$$Y_t = Y^* \qquad (8-37)$$

结果表明，在理性预期条件下，政府政策只引起通货膨胀率上升，不会影响实际就业和产出，即政策无效。

二、垂直的菲利普斯曲线与横轴相交于自然失业率

新古典宏观经济学相信市场经济的内在调节机制，认为失业率会稳定在自然失业率水平。而自然失业率在一定时期是固定的，决定于技术、资源、产业结构调整、人们的相关观念等。因此，菲利普斯曲线与失业率轴相交于自然失业率水平，如图 8－5 所示。

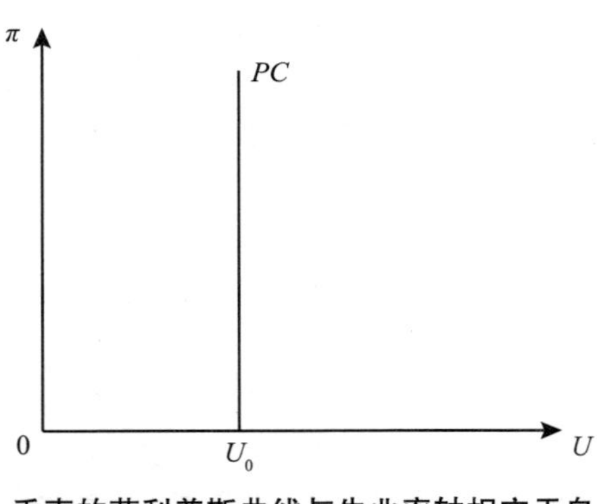

图 8－5　垂直的菲利普斯曲线与失业率轴相交于自然失业率

在图 8－5 中，U_0 为自然失业率，菲利普斯曲线在 U_0 处与失业率轴相交，并平行于纵轴。表明不论价格水平如何变化，失业率都稳定在自然失业率水平而不变。

理性预期是基于现代统计学、存在不确定因素条件下的行为等领域的成果。根据理性预期假说，人们的预期是无偏向的，并建立在所有可以获得的信息和经济理论的基础上。“由于理性预期的存在，政府不能通过系统的经济政策来愚弄人民。”① 垂直的菲利普斯曲线也支持了政策无效性命题。

第六节　新古典宏观经济学的经济周期理论

“任何一派宏观经济理论的一个主要挑战，都在于以一种内在统一并符合经济行为规则的方式去解释商业周期。”② 在《通论》产生之前，就有许多经济学家热衷于解释经济周期，凯恩斯主要采用比较静态分析方法论证各时点上产出水平的决定。后来，新古典综合派构建了乘数—加速数模型，货币主义根据货币数量变化与总产出变化的关系，新凯恩斯主义运用黏性理论等解释经济周期性波动。新古典宏观经济学采用了一种新的研究总量波动的方法——经济周期模型的均衡方法，构建了均衡的经济周期模型。

新古典宏观经济学的经济周期模型把经济波动描述成竞争性均衡现象，说明经济受到预料之外的随机冲击后，就业和产出会偏离自然率水平，但这种偏离不会累积，而是向自然率水平收敛。根据对经济波动的初始根源和性质的不同解释，新古典宏观经济学的周期理论分为货币经济周期模型和实际经济周期模型。

一、货币经济周期模型

1975 年，卢卡斯在其《均衡的经济周期模型》③ 一文中，把穆斯的理性预期方法、弗里德曼的自然率假设和瓦尔拉斯的一般均衡理论融合在一起，构建了货币经济周期理论。

（一）模型假定条件

货币经济周期模型中包含的假设条件包括：

---

①② ［美］保罗·萨缪尔森，威廉·诺德豪斯．经济学．第 16 版［M］．萧琛，等译．北京：华夏出版社，1999：510.

③ Lucas, R. E. An Equilibrium Model of Business Cycles ［J］. Journal of Political Economy, 1975, 83: 1113－1114.

（1）价格和产量在竞争性均衡中决定。

（2）经济主体具有理性预期。

（3）不完全信息。因为假设经济体系中的市场是分散的，每个市场的行为人通过观察自己所在市场而对其他市场的变化进行估计，因而可能误解价格信号而对冲击做出反应。

在这一模型中，卢卡斯扩展了古典模型，即允许经济主体具有不完全信息，论证了经济主体在理性的追求利益最大化及所有市场出清的条件下，货币中性以及货币幻觉导致经济波动的结论。

（二）货币供给量变动导致经济波动

厂商根据相对价格变化决定其就业和产出水平。如果货币供给量意外增加，导致总需求增加和一般价格水平上升，实际上各种产品的相对价格不变，但是，因为信息不完全，单个厂商误以为是自己产品的相对价格上升，对其他产品市场需求做出错误的预测，当价格上升到高于预期价格时，厂商会增加就业和产出，如果所有厂商都如此，那么，就业和产出就会超过竞争性均衡状态的水平，即自然率水平。这时，经济处于扩张的态势。相反，当出现货币供给量的意外紧缩，实际价格会低于预期价格，厂商就会减少就业和产出，经济处于收缩的态势。

在图 8－6 中，假设初始的货币供给量为 M_0，相应的总需求曲线位于 AD_0，总供给曲线在 AS_0，均衡价格水平为 P_0，总产出水平为充分就业的产出水平 y^*。

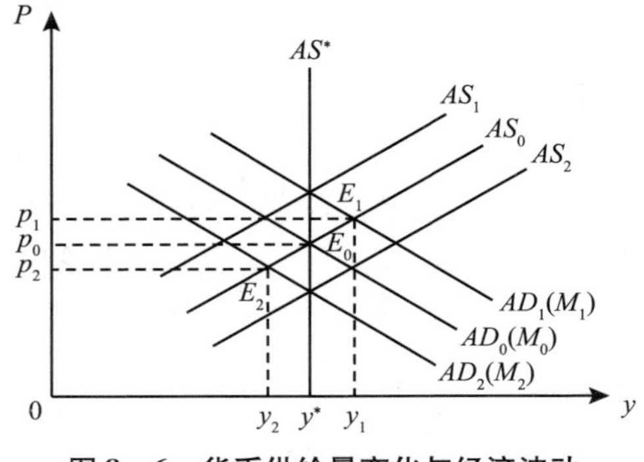

图 8－6　货币供给量变化与经济波动

如果货币供给量意外增加到 M_1，总需求曲线移动至 AD_1，因为人们没有预期到货币供给的增加及价格水平的上升，所以总供给曲线不发生位移。经济在 E_1 点达到新的均衡状态，这时，实际价格大于预期价格，厂商会增加就业和产出，

总产出水平增加至 y_1。即意料之外的货币供给增加使得经济出现扩张态势。

当人们预期到这种变化时，总供给曲线会移动至 AS_1，使总产出水平回复到 y^*。

如果货币供给量意外减少到 M_2，总需求曲线移动至 AD_2，因为人们没有预期到货币供给量的减少及价格水平的下降，所以经济在 E_2 点达到均衡。这时，实际价格小于预期价格，厂商会减少产量，总产出水平下降至 y_2。即意料之外的货币供给量减少会导致经济出现收缩的态势。

当人们预期到这种变化时，总供给曲线会右移至 AS_2，总产出水平回复至 y^*。

货币经济周期模型结论表明，未被人们预期到的货币供给冲击会导致经济波动，但人们不会犯系统性错误，货币供给量的变化不会永远被人们预期不到。当理性预期存在时，总产出就会回复到自然率水平。也就是说，未预期到的货币冲击导致经济围绕着自然率水平波动，但在理性预期条件下，货币是中性的，经济不会随着货币供给量变化而波动。

二、实际经济周期模型

实际经济周期理论是自 20 世纪 80 年代以来宏观经济学领域影响较大的成果之一。普雷斯科特（Edward C. Prescott）和基德兰德（Finn E. Kydland）等人构建的实际经济周期模型，发展了新古典宏观经济学经济周期理论。实际经济周期理论用潜在总产出的波动解释经济波动，被命名为“实际”周期理论，是为了区别于强调货币因素和总需求因素的周期理论。

新古典宏观经济学的实际经济周期理论（real-business cycle（RBC）theory）也是基于理性预期和竞争市场，并且经济主体应对冲击的信息是不完全的。与货币周期理论不同的是，实际周期理论没有引入货币或需求方面的因素来解释经济周期，而是从总供给的角度，揭示技术、投资或劳动供给的冲击使垂直的 AS 曲线发生移动，从而影响到实际产出①。

从供给方面来看，实际因素包括技术进步、人口变动、石油危机、战争等。其中，实际周期理论认为技术进步是最常见和最值得分析的动因。因此，在实际周期理论中，经济波动的主要驱动力是随机的技术冲击从而导致的生产率冲击。新古典宏观经济学的实际经济周期理论强调的是，随机技术进步表现为生产函数的变化，是经济周期波动的主要动因。

在实际经济周期理论中，经济主体依然具有不完全信息，因而导致经济波

① 1997 年卢卡斯在接受采访时说：“我们正逐渐专注于技术方面的、供给方的、长期以来的问题。”

动。通过不断地提高筛选和分辨信息的能力，使实际经济变量向自然率收敛。

（一）假设条件

其假设条件有以下几点：

（1）时间 t 是非连续的和无限的，$t=1，2，3，\cdots$。

（2）每期的总产出用于消费和投资，$y_t=c_t+i_t$。

（3）经济中所有消费者有相同的偏好，即存在反映所有人利益的代表，其偏好依赖于可延续至未来的每年的消费。消费者在预算约束下追求效用的最大化。厂商在完全竞争下追求利润的最大化。

（二）生产函数

在人口和劳动力既定的条件下，总产出决定于技术水平和资本存量，总生产函数表示为：

$$y=zf(k)$$

式中，y 表示总产出或实际收入，z 表示技术水平，k 表示资本存量。z 值一定时有一个生产函数，z 值变化会导致生产函数变化，在图象上生产函数曲线发生位移。

（三）消费、投资及总产出的决定

若折旧率为 δ，则未被折旧的资本存量为 $(1-\delta)k$，当期总产出加上期末未被折旧的资本存量 $=zf(k)+(1-\delta)k$，即为可供利用的资源总量。生产函数、总资源函数决定的消费、投资和总产出如图 8－7 所示。

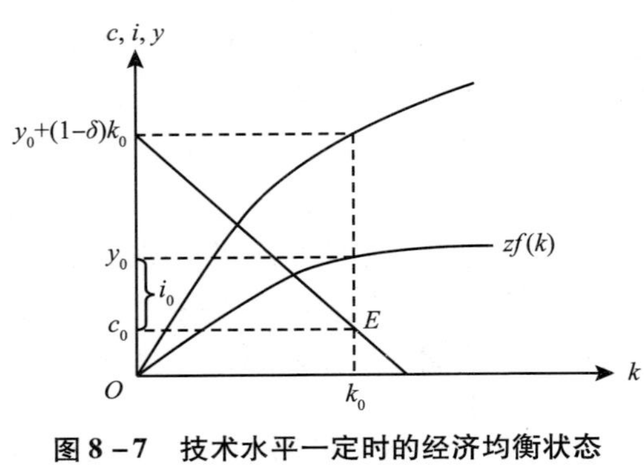

图 8－7　技术水平一定时的经济均衡状态

在图 8－7 中，横轴表示资本存量，纵轴表示本期总产出、消费及下期投资。

斜率为 -1 的直线为消费和投资约束线，因为下期资本存量增加 1 单位来自本期消费减少的 1 单位。约束线上的 E 点为均衡状态：下期资本存量为 k_0，投资为 i_0，消费为 c_0，如果没有技术冲击，生产函数不变，从而总资源函数不变，则消费、投资和总产出将重复，经济处于稳定状态。

（四）随机技术冲击与经济波动

如果技术水平不变，则经济处于稳定状态，不发生波动。当技术进步出现，则会影响生产函数从而总资源函数变动。比如，生产函数中的 z 值由 z_0 增加到 z_1，图中的生产函数和总资源函数分别上移。在资本存量 k_0 下，总产出增加到 y_1，总资源增加到 $y_1+(1-\delta)k_0$，约束线右移，下期的消费和投资增加，新的均衡点移动至 A'，下期资本存量为 k_1，投资为 i_1，消费为 c_1，总产出为 y_1，如图 8-8 所示。

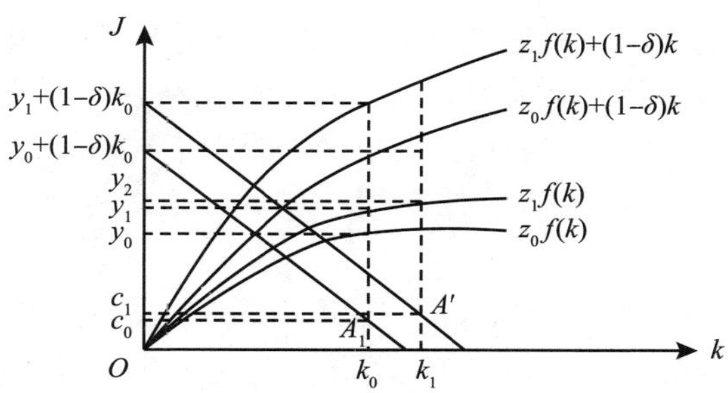

图 8-8 技术冲击导致经济波动

在技术水平 Z_1、资本存量 k_1 下，下期总产出将增加至 y_1，总资源也相应地增加，消费和投资也会增加，但增加的幅度都会越来越小，经济向新的稳定状态收敛。

（五）技术冲击后新稳态的实现路径

技术进步打破了经济原有的稳态，但总产出、消费、投资、资本存量等变量都会增加至各自新的稳态，其变动路径如图 8-9 所示。

在图 8-9 中，时期 1 发生技术进步，Z 值在时期 1 末增加，导致投资和总产出相应地增加，但投资增量趋于减少，总产出增幅趋于下降，直至新的稳态。

同理，如果出现 Z 值减少，则会出现相反方向的波动。因此，经济的扩张和衰退都是技术冲击的结果。

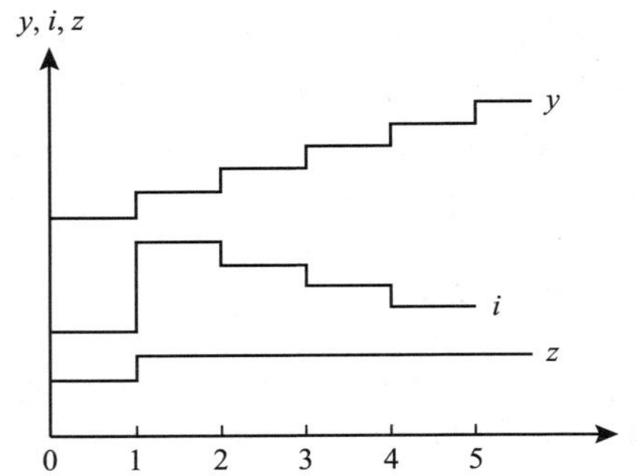

图 8－9　技术冲击后各变量的变动态势

在实际经济周期模型中，不考虑失业率，被认为是一个奇怪的理论创新，普雷斯科特和基德兰德也因此获得 2004 年诺贝尔经济学奖。普雷斯科特自认为在实际经济周期模型中采用的方法为“宏观经济学的革命”①。该理论也被批评者指出没有解释以往的事件，也没有预测未来的趋势。面对质疑，普雷斯科特认为，没有任何必要来检验这个模型，因为它是建立在新古典主义理论基础上的，“新古典主义模型是已被证实的理论。……宏观经济学的发展已经超出寻找理论的阶段，而进入了推导理论影响的阶段。如此，宏观经济学已经如同自然科学了”。②

自 20 世纪 80 年代中期以来，新古典宏观经济学成为西方经济学领域的主流学派。新古典宏观经济学在三个方面对经济学理论产生了重要影响：一是运用微观经济学理论分析宏观经济问题，开启了宏观经济理论微观化的态势；二是证明了理性预期的重要作用，并运用严谨的数学方法把理性预期植入模型；三是改变了政府制定政策的方式，重视政策的长期性，弱化政府政策调节经济的功能，比如，美国里根政府削减个人所得税的三年计划，英国的中期金融战略等，都是要营造一个对政府政策有稳定预期的环境。

与同时期占据主流地位的新凯恩斯主义相比较，新古典宏观经济学的优势是理论的严密性较高，运用数学方法进行严谨和形式化的论证。“这是新古典宏观经济学吸引如此之多的年青支持者（特别是在美国）的一个原因。他们享受着高等数学带来的纯智力的乐趣。”而新凯恩斯主义往往偏重结合实际问题。“为了换

① 普雷斯科特在诺贝尔奖晚宴的演讲中说道：无论是经济学、物理学、化学，还是任何其他的学术领域，研究的最大乐趣之一就是发现新事物，有时候我们都会被自己的发现所惊讶……经过最初的震惊之后，我们谦卑地说，是的，主人。接着赶紧改变自己的固有观念。

② 转引自［美］托马斯·卡里尔．智慧资本［M］．钟晓华，译．北京：中信出版集团，2016：229.

取较大的现实性，他们乐意忍受技术上的不一致性。”① 严密的数学与切合实际的融合，是经济学理论发展的重要趋势。因此，“尽管理性预期或许引领了部分研究领域的转向，但在政府政策方面确实鲜有作用。在 1995 年卢卡斯获得诺贝尔奖时，美联储照例调整货币供应量及利率以引导全盘经济活动，这种做法一直持续到今天。”②

① ［英］《经济学家》主编．现代经济学的最新发展［M］．冯金华，译．北京：经济科学出版社，1987：123.

② ［美］托马斯·卡里尔．智慧资本：从诺奖读懂世界经济思想史［M］．钟晓华，译．北京：中信出版集团，2016：221.

第九章

经济学与政治学的融合：公共选择理论和新政治宏观经济学

公共选择理论（public choice theory）是20世纪50年代在西方经济学领域形成的一个学派，是经济学和政治学交叉融合而形成的一种理论，其主要特点是用经济学的方法研究政治行为或政府决策，因而也被称为政治学的经济学（economics of politics）。由詹姆斯·M. 布坎南创建和领导的公共选择理论也是反凯恩斯主义浪潮中影响较大的一个理论。在20世纪70年代中期以后，以政治和经济的相互关系为主题，把政治过程融合到经济学中，进一步掀起“新政治宏观经济学”的研究热潮。

第一节　政府行为研究的简要回顾：公共选择理论的产生

公共选择理论以政府行为为主要研究内容，其思想渊源可以追溯到19世纪的社会契约论。维克赛尔对财政制度的研究，为公共选择理论的产生奠定了基础。布坎南等人进一步用经济学方法研究政治市场，形成公共选择理论。

一、社会契约论和财政理论：公共选择理论的思想渊源和先驱

对政府行为的研究历史，最早可以追溯到200多年前法国的两位数学家孔多塞和勃劳德对投票规则的分析。19世纪霍布斯、洛克的社会契约论，是公共选择理论重要的思想渊源。社会契约论的核心思想是：人类曾经生活在没有法律和政府约束的自然状态中，生命和财产等自然权利是天赋的，人们的行为受自然法的支配。在这种自然状态下，缺少一种协调人们之间利益和关系的行为主体，使

得社会存在许多不便。于是人们通过订立契约，把部分自然权利让给社会，从而产生了国家或政府，政府也必须受宪法的约束，并遵守社会契约，否则会被选民推翻，政府职能主要是保护私有财产和公民的自然权利。社会契约论强调有限政府，成为公共选择理论界定政府职能的重要依据。

20 世纪初意大利经济学家庞塔雷奥尼、德·马尔科、萨克斯的公债理论和国家学说主张公共决策由小集团做出，在分析方法上把边际价值应用于公共决策，也对公共选择理论有着重大影响。

在欧洲历史上，财政理论与法律的关系比与经济理论的关系更为密切，所以公共选择理论的先驱和主要创始人都是受过欧洲财政理论传统训练的经济学家。欧洲的克努特·威克塞尔（Knut Wicksell）、萨克斯（Sax）、马佐拉（Mazzola）、潘塔莱奥尼（Pantalconi）、德·维梯（De Viti）、德·马尔科（De Marco）等学者都是公共选择理论的先驱，其学术研究的共同目标就是把公共经济纳入私人经济活动的分析体系。布坎南曾指出："现代公共选择理论的主要创始人都是一些受过欧洲财政理论传统训练的经济学家。"[①] 布坎南后来在其自传性文章《胜过耕田》中指出，对他的研究主题、研究方法甚至学术生涯影响较大的有两个人，其中之一就是在观念上影响较大的威克塞尔。"纳特·威克塞尔有关财政制度组织的独到而极具挑战的工作，促成了我们在这里所展开的许多观念。"[②]

威克塞尔是公共选择理论的先驱，他对经济学的主要贡献，一是作为瑞典学派的主要代表人物，二是他对政府行为的研究，提出"政治是一种复杂的交换"的观点。公共选择理论的思想渊源和基本观点都来自威克塞尔对政治和经济的研究。威克塞尔提出了一个能够使得税收规模达到帕累托最优的原则——税收的利益原则，即个人因纳税而减少的边际效用和因国家提供公共服务而增加的边际效用相等。而在实践中落实这一理想的税收原则，则需要相应的政治决策。威克塞尔认为，政治决策过程类似于市场决策。在政治代理人的选举过程中，选票执行着类似于在市场交换中表达个人估价的货币功能，选举人和被选举人是市场主体，这样就形成了政治市场。政治市场达到帕累托最优的条件是"一致同意规则"，即威克塞尔特别强调制定经济政策的规则的重要性。他的一句名言"经济学家不能仅仅满足于向仁慈的君主提供政策建议"就体现了其核心思想。

威克塞尔在《公平赋税的新原理》中提出了公共选择理论的三个基本要素：（1）方法论上的个人主义。认为同一个人在一般经济领域（经济市场）和公共

① ［美］布坎南 J. M.. 经济学家应该做什么［M］. 罗根基，雷家端，译. 成都：西南财经大学出版社，1988：161.

② ［美］詹姆斯·M. 布坎南，戈登·图洛克. 同意的计算［M］. 陈光金，译. 上海：上海人民出版社，2014：7－8.

经济领域（政治市场）的行为方式和目标是相同的。（2）经济人。指政治领域的行为人也是追求个人利益最大化。在政治活动过程中，政府官员总是从增进自身利益出发制定政策，而不是单纯地从增进公共福利的愿望出发制定提高全体社会成员福利的政策。威克塞尔特别强调，不存在什么仁慈的君主，经济学家应该停止像他们是被一位仁慈的君主所雇佣的那样提供政策建议。（3）作为交易的政治。认为政治是一种在个人之间进行的复杂交易，人们基于自身利益自愿形成政治过程和结果。并且政治行为人是在一定的规则内进行选择的，因此规则非常重要。威克塞尔为财政理论的独特的研究结论奠定了公共选择理论的基础。

二、凯恩斯革命以后政府经济职能的强化

在 1929 年“大萧条”之前，古典和新古典经济学都信奉市场这只“看不见的手”的作用，国家的职能只是“守夜人”，即国家只需要承担保卫国家安全、维护民族尊严等职能，而不需要承担调节经济的职能。

“大萧条”以后，凯恩斯及其他凯恩斯主义者形成了一个比较系统的关于国家调节市场经济的必要性和政策的理论体系，即国家应该是市场经济的积极的干预者和管理者，通过财政政策、货币政策、收入政策、人力政策等实现充分就业的稳定增长。特别是，凯恩斯的理论核心是有效需求不足导致小于充分就业的均衡即非自愿失业的存在是一种常态，因此需要发挥政府的职能，特别是财政政策通过增加公共工程支出、减税等措施增加总需求，从此预算平衡的观念被赤字哲学替代。凯恩斯主义认为在赤字财政政策下，萧条时期的赤字会通过繁荣时期的盈余抵销，从而最终实现平衡。在这一理论指导下，政府规模包括政府支出数额和政府干预范围迅速膨胀。

三、公共选择理论的形成

公共选择理论产生于20 世纪40 年代末，直到20 世纪60 年代末70 年代初发展成为一种学术思潮。被誉为公共选择理论之父的邓肯·布莱克（Duncan Black，1908 ~1991）于1948 年发表的《论集体决策原理》一文是公共选择理论的开篇之作。在该文中得出了后来成为对于公共选择理论非常重要的单峰偏好理论或中间投票人定理。该理论认为，在投票人的偏好是单峰值的条件下，简单多数规则一定可以产生唯一的均衡解，并且均衡解与中间投票人的第一偏好一致，或者说，中间投票人偏好的方案会被通过。

福利经济学就致力于揭示市场机制的缺陷，凯恩斯主义为政府干预提供了理

论依据和政策主张。在出现“滞胀”之前，基于凯恩斯主义的统治，强调市场失灵和政府干预成为经济学的主基调，凯恩斯主义政策主张成为西方国家政府调节经济的主要依据和工具。长期推行凯恩斯主义政策也导致了许多问题。随着政府在经济生活中的作用日益增强，到20世纪60年代末70年代初，美国公共部门在经济结构中的比重不断上升，政府支出规模不断扩大，政府债务和财政赤字不断增加，以及出现严重的通货膨胀和“滞胀”。并且利益集团可以从政府活动中获取利益，立法对不同利益集团产生的影响有明显差异。凯恩斯主义因此衰落。在这一背景下，运用经济学的方法研究政治市场不仅是可行的，而且是必要的。

公共选择理论认为，凯恩斯主义论证了政府政策的必要性，但没有研究政府政策的制定过程。因而未能找到政策失败的根本原因。作为反凯恩斯主义的学派，公共选择理论把政策制定内生化，用经济学方法研究政府行为，揭示政府干预的缺陷，对凯恩斯主义进行攻击，成为学术影响较大的一种理论。20世纪70年代以后研究政治与宏观经济相互作用的“新政治宏观经济学”成为热潮。

四、公共选择理论的主要代表人物

（一）理论创建者和学术领袖：詹姆斯·M. 布坎南（James M. Buchanan）

布坎南在田纳西州贫困的农村长大，“布坎南卑微的、农村的背景可能很好地解释了他非常闻名的、对于自命不凡和精英政治的鄙视”。[①] 本有机会就读范德堡大学，成为学术精英，但因为贫穷，只能到中田纳西大学读书，每天早晚挤牛奶赚取四年大学学费。“他形容自己为‘下层人民的一员’，并一直与东部的学术精英们作对”。[②]

布坎南于1941年获得中田纳西大学硕士学位。“二战”期间在海军服役5年，1945年开始在芝加哥大学攻读经济学研究生，在芝加哥大学，布坎南接受了自由主义信仰和弗里德曼的实证主义精神。“他所有时期的研究成果都与他赞同自由市场以及反对政府干预的主张一致。弗里德曼把科学客观性与自由主义价值观相结合的行动准则，布坎南应用起来得心应手。”[③] 在这里受到奈特（1885～1972）的新古典主义的巨大影响，从而成为市场秩序的倡导者。也是在这里，布坎南阅读了威克塞尔的文章，从而激发和激励他将经济学的假设和原理运用到对政治过程的分析中。1948年，获得芝加哥大学博士学位。

---

① ［美］斯坦利·L. 布鲁. 经济思想史［M］. 焦国华，韩红，译. 北京：机械工业出版社，2003：303.
② ［美］托马斯·卡里尔. 智慧资本［M］. 钟晓华，译. 北京：中信出版集团，2016：43.
③ ［美］托马斯·卡里尔. 智慧资本［M］. 钟晓华，译. 北京：中信出版集团，2016：41.

从芝加哥大学研究生毕业后，布坎南到弗吉尼亚大学，并于 1962 年和戈登·塔洛克共同写作了《同意的计算》，构建了公共选择理论。到 20 世纪 60 年代后期，他们来到弗吉尼亚理工学院，组建了“公共选择研究中心”，创办了《公共选择》杂志。1983 年，布坎南和研究中心一起迁到乔治梅森大学。

布坎南把自己定位为具有个人主义、宪政主义、契约论、民主派基本价值观的职业经济学家①。因为在公共选择领域的贡献而获得了 1986 年诺贝尔经济学奖。瑞典皇家科学院认为，“布坎南的贡献在于他将人们从互相交换中各自获益的概念应用于政治决策领域。”

（二）其他代表人物

还有很多经济学家都对公共选择领域具有浓厚的兴趣，并产生了有价值的研究成果。戈登·塔洛克（Gorden Tullock）也是公共选择理论的学术领袖之一，其参与创办的《公共选择》杂志是公共选择学派的学术阵地。阿罗主要研究了公共选择过程中的多数票规则，在其《社会选择与个人价值》一书中得出了著名的“不可能定理”。奥尔森于 1965 年出版《集体行动的逻辑》，主要论述了政治领域利益集团的行为。唐斯的《民主的经济理论》主要论述了政治选举过程中选民和被选举人的行为。尼斯坎南于 1971 年出版的《官员与代议制政府》，从官员供给的角度论述了代议制政府行为。丹尼斯·C. 缪勒（Dennis C. Mueller）对公共选择领域产生的相关理论进行了总结归纳，并在此基础上进一步发展和完善，形成的《公共选择》，先后发行三版，成为公共选择理论的经典教科书。

布坎南和塔洛克合著的《同意的计算：宪法民主的逻辑基础》对公共选择理论进行了较为全面的论述，该书的出版被视为公共选择学派形成的标志，也是其经典著作。

第二节　经济学视角下的政治市场：公共选择理论的经济学逻辑

任何特定的社会制度，都包含有经济和政治两类行为方式的成分，二者都可

① 布坎南坚守的一个原则：“每个人都是平等的”。作为经济学家，他更加重视新理论的产生，而不在意其理论观点的传播或能否被其他人接受。在《由内观外》（引自［美］迈克尔·曾伯格编．经济学大师的人生哲学．商务印书馆，2002：142.）一文中，布坎南指出，“我一直把发展和创造思想以及使这些思想进入讨论看作是我的任务。一旦我的思想被人们讨论，我的任务就完成了。我过去一直，现在也还感到，没有宣扬我自己的想法或是他人想法的道义责任。”他很享受研究经济理论的过程，“对我来说，效用的增进来自我自己想出足够明晰的思想，使我能够提出内在一致的，并且在美学上也令人满意的论点。”“尊重个人对于社会科学家来说，是一种必要的谦逊。这种谦逊是一种必须有意保持的态度。”

作为经济学家和政治学家的研究对象。经济学与政治学的区别在于个人之间的社会关系，“经济学是研究整个交换关系的制度。政治学是研究强制关系或可能产生的强制关系的制度的”。[①] 在标志着公共选择理论体系形成的《同意的计算》一书中，作者就强调该理论会坚定不移地按照政治经济学的两大分支——经济学和政治学之间的边界线展开。公共选择理论就是运用经济学逻辑研究政治市场。

一、经济学的研究对象：市场交换而非选择

关于经济学的研究对象，布坎南强调经济学研究的核心问题是市场交换而不是资源配置或选择。

罗宾斯（Lionel Robbins）在其于 1932 年出版的《论经济科学的性质与意义》一书中，把经济学定义为选择的科学，之后经济学的发展就是以选择为核心，而不是趋向于有关社会秩序、社会中人们相互作用的理论。经济学的范式就成为在一定约束条件下求目标函数的最大值。这样，当已知个人效用函数及其约束条件时，经济学家就能确定个人的最佳选择。同理，当已知社会福利函数及其约束条件时，经济学家也就能够为政府提供有效地管理经济的政策，但这种方法没能考虑个人行为之间相互作用及其后果。

罗宾斯的定义奠定了目前主流经济学的理论基础。布坎南认为，科学是具有可以验证的预见，而“选择的含义是：在所有可选择物中从优选取，……选择在本质上是不能预先确定的，是要留待以后才能做出选择。”因此，选择不应成为科学，“经济学是选择的科学”这种观点存在逻辑冲突或自相矛盾。“经济学的核心原理不是节约的方法；不是在一定约束条件下求客观衡量的函数的最大值。一旦我们在方法论上陷入求最大值的范例的约束，经济学就变成了应用数学或者工程学。”[②]

“在某种意义上说经济学是具有独特的科学性的。自动秩序原理就是一种科学原理，……如果我们不留在交换范例中，就会失去正统的科学原理，同时，经济学的本义就会被求最大值的范例中产生的自然科学的含义所替代。”[③] 公共选择理论在研究方法上主张采用观察或经验分析的方法，而不能将数学作为主要的分析工具，因为数学分析不能解释清楚复杂的经济关系、市场关系以及体现市场

---

① ［美］布坎南 J. M.. 经济学家应该做什么［M］. 罗根基，雷家端，译. 成都：西南财经大学出版社，1988：17.

② ［美］布坎南 J. M.. 经济学家应该做什么［M］. 罗根基，雷家端，译. 成都：西南财经大学出版社，1988：65.

③ ［美］布坎南 J. M.. 经济学家应该做什么［M］. 罗根基，雷家端，译. 成都：西南财经大学出版社，1988：14.

关系的各种制度结构。

二、把政府行为作为内生变量

一直以来，经济学理论中政治因素被当作外生变量，其只有关于市场个人决策的理论，因而缺乏集体决策理论。这也使得单纯依赖市场分析而建立起来的一些理论和政策缺少充分的依据。布坎南等人构建了一个与市场个人选择相对应的公共选择理论，开辟了公共选择的研究范式并获得了独立的学术地位。研究内容包括政治学领域的国家理论、投票规则和行为、政党、官僚行为等。

在主流宏观经济学理论中，经济政策的制定是作为外生变量给定的，即不考虑经济政策的制定过程。其中隐含的假设条件是："仁慈的政府"制定政策的目标是增进公共利益①。公共选择理论则把经济政策的制定过程看作决定经济活动的内在因素，用经济学的方法研究政策制定过程等政府行为，以此构建一个独特的经济学理论体系，丰富和发展宏观经济学。

三、经济学方法在政治市场分析中的应用

公共选择理论将微观经济学的基本分析方法和工具运用于政治决策中，创建了与之前的市场决策理论相对应的政治或集体决策理论。认为政治决策与市场决策相似，在政治市场，选民和代理人之间也存在着自身利益的交换。因而强调规则、立宪等政治环境因素的重要性，并把这些因素看作是提高效率的必要条件。公共选择理论因而也被称为"新政治经济学"或"宪政经济学"。

（一）个人主义方法论（methodological individualism）：公共选择与传统政治学的区别

传统的政治学理论隐含的假设条件是：政治行为人并不追求自身效用的最大化，而是要寻求公共利益，或者说，个人在公共选择中不是经济人。在经济学理论中，假设每个人都追求自身效用最大化，每个人都是经济人。即在密切相关的经济学和政治学两个学科中，对个人行为目标有不同的假设。公共选择理论把政

---

① 根据英国的凯恩斯传记作家、经济学家哈罗德（Harrod，1951）的观点，凯恩斯是一位坚定的精英主义者，他认为应该由从士大夫阶层中选拔出来的贤人来制定并实施经济政策。在他所处的时代背景下，没有真正想象过政治过程是一个争取选票的市场。这就隐含着凯恩斯认为政府以公共利益最大化为目标的假定。经济政策决策呈线形模型：经济学家根据理论分析和对实际问题的思考向政治家提供解释、预测和政策主张，政治家基于社会福利最大化的目标制定和实施政策。这样，经济政策决策和实施过程被简化为一项追求社会福利最大化的技术行为。实际上，经济政策决策还受到各种利益集团的影响。

治市场与经济市场看作是具有相同属性的两类领域，二者分别通过国家和市场进行政治交换和经济交换，交易双方都获益。

在西方哲学传统中，人类个体是首要的哲学实体。相应地，西方经济学的传统强调个人主义，个人的目的或偏好是经济学分析的出发点和基石。而传统的政治学则采用集体主义研究方法，即以集体或组织为分析单元，把集体看作不可分割的整体，从整体上分析政治行为，比如，把国家看作是代表个人的唯一决策单位。

公共选择理论认为，一切社会现象都必须追溯到他的个人行为基础，都必须从个人的角度来分析。人类行为，不论是经济行为，还是政治行为，都应从个人角度去解释。因为个人是组成集体的基本单元，个人行为的集合构成了集体行为，集体行动是个人为了各自的利益而进行的共同行动。并且集体本身是不会选择的，把集体作为行为主体的分析不符合科学准则。集体选择是个人通过集体实现自身利益的个人行动。

布坎南和布伦南（Brennan H. G.）在其合著的《规则的理性》一书中定义了一种彻底的个人主义方法论：只有个体是选择和行动的唯一和最终的实体，任何关于社会互动过程的理解都必须建立在对过程参与者行为分析的基础上。一个集体或社会不会有真正意义上的选择行为。在集体决策过程中，真正的选择也只是参与决策过程的个人做出的。布坎南的个人主义包含两层含义：一是分析意义上个人是唯一的分析单位；二是哲学或规范意义上，个人是唯一的哲学存在，是价值评估的唯一源泉。布坎南把国家理解为个体公民做出集体决策以达到个人目的的手段和场所。

采用个人主义方法论，就是要把所有政治组织问题都归纳为个人面对的种种取舍，以及他在这些取舍之间所做的选择。他的“选择逻辑”（logic of choice）成了这种分析的核心部分。既然我们的模型把个体行为（individual behavior）当作它的核心特征来加以体现，那么把我们的理论归类为方法论的个体主义理论，或许是最好的①。

公共选择理论要构建一种与西方政治制度相关的集体选择理论，所以反对把国家或集体视为一个有机体。因为在有机体概念下，会产生普遍意志，而忽视个体动机。“假如忽略了行为的基本单位是个人，那种认为将个人行为加总计算就可以成为社会行为的加总的经济理论是建立在沙子基础上的，是不行的。”② 公

① ［美］詹姆斯·M. 布坎南，戈登·塔洛克. 同意的计算［M］. 陈光金，译. 上海：上海人民出版社，2014：3.

② ［美］布坎南 J. M.. 经济学家应该做什么［M］. 罗根基，雷家端，译. 成都：西南财经大学出版社，1988：100.

共选择理论就是要运用个人主义——经济学方法构建一种立宪理论。其重要特征就是强调公共选择是由作为经济人的个人进行的。

（二）“经济人”假设：政治行为主体同样以自身利益最大化为目标

一些现代政治理论在研究集体选择活动时，假设个人的目标是使他对其他个体的权力最大化，即这种假设把集体选择解释为一种零和博弈（zero-sum game）。在一个集团中，一个人控制他人权力的增加，其他人的权力就会减少，或者说，不可能让集团中所有人的权力同时增加。这一假设与“经济人”假设有着根本的不同。

根据“经济人”假设，个人追求自身利益最大化不会减少他人利益而增加自己的利益，交换对双方都是有益的，交换过程是正和博弈（positive-sum game）。“经济人”假设是经济学的基本假设条件。从古典经济学开始，经济学理论中就把经济行为人视为“经济人”，即每个人在经济活动中都追求个人利益最大化。“经济人”的两个基本特征是自利和理性。自利是指个人行为受个人利益的驱动，追求最小成本或最大收益。理性是指行为人有能力和条件做出利益最大化的决策。

公共选择理论认为，“经济人”假设符合人的基本行为特征，既可以用来分析经济市场上人的行为，也可以分析政治市场上人的行为。因为人不论在经济市场还是在政治市场，本性是不会变化的，都以个人利益最大化为最基本的行为动机。公共选择理论认为，在其他的经济学理论中，把经济市场的人视为经济人，而把政治市场的人视为利他主义者是不符合逻辑的。人的行为应统一在“经济人”的假设下，这样才能够使在分析人的行为时具有一致性。把“经济人”范式应用到政治市场，在政治市场上，选举人的收益包括：通过自己投票，选出最能反映和代表自己利益的官员。被选举人的收益包括：权力、地位、名声、威望、增进公共利益等。选举人的成本主要包括：选举时所放弃的选择（机会成本）和当选者未来的行为可能使自己遭受的损失（未来的不确定性）。被选举人的成本包括为当选所付出的费用（实际成本）和当选后可能遭受的损失（未来的不确定性）。

（三）政治行为主体“经济人”的伦理道德角度的解释

布坎南还从伦理道德的角度说明政治市场的行为主体也是“经济人”[①]，对

① 古典政治经济学是从道德哲学中产生并不断发展的。在 20 世纪 30 年代及其之前，道德伦理哲学在经济学理论中占有重要地位。奈特等经济学家都认为经济学的任务就是提出一个有关社会秩序、社会中人们相互作用的理论。布坎南认为，现代经济学家因受自己提出的由数据决定调查结果的限制，而宣布放弃他们的基本道德责任。

此他主要强调两点。

（1）政府干预市场会提升社会秩序对道德的依赖程度，因而反对政府干预。布坎南认为，个人行为受社会秩序的约束。如果法律等制度环境完善、市场不受政府干预是自由的，那么，社会秩序对道德标准的要求就较低。否则，社会秩序就更多地需要道德约束来维护。“历史事实证明，乐观主义者希望的道德的力量会发挥很大作用是没有多少根据的。市场组织把个人对他人道德上的依赖限制在最小的范围内。”①

（2）社会结构变迁和技术进步弱化了道德约束力。社会结构包括家庭、宗教、国家或政府在20世纪30年代以后发生了明显的变化，这些变化改变了传统的道德标准。就家庭而言，家庭的变化主要有二：一是家庭规模缩小，降低了家庭传播道德价值的作用；二是城市化使更多的人离开土地涌入城市，城市居民与农村居民有着不同的道德观念。就宗教而言，正统的宗教是人们观念的塑造者，教会是一种维护秩序的制度，其作用却在衰落。“现在，正统的宗教几乎已经放弃了它缓和人们对自身所处的社会结构愤怒的作用。甚至教会本身已经从维护秩序的制度成了引起动乱和不稳定的因素，对现存的和传统的道德标准起了破坏作用。”② 就人们对国家或政府作用的看法而言，政治丑闻、国际局势等也改变了人们对国家或政府的看法，对政治家的敬重程度降低。同时，交通和通信等领域的技术进步导致高度流动的社会的建立，结果使维护道德价值稳定性的“地方观念”大量消失。道德约束的弱化，导致人们更重视追求个人利益，每个人都具有“经济人”特征。

（四）作为复杂交换的政治市场

用经济学的方法研究政治市场，政治活动就是一种特殊形式的交换。作为公共选择理论的先驱，威克塞尔认为，政治与市场之间的实质性差别不在于个人追求的目标不同，而在于追求个人利益的方式不同。在商品市场，个人用商品交换另一种商品；在政治领域，个人用税收交换公共服务。

公共选择理论也强调，经济学的基本命题是交换。因此，从交换的角度理解政府，是公共选择理论的特点。经济市场的交易对象是私人产品，政治市场的交易对象是公共产品。选举人和被选举人作为政治市场的交换主体，分别为了自身利益进行投票。经济市场进行的是个人之间的交换，而政治市场主要是集团之间

① ［美］布坎南 J. M.．经济学家应该做什么［M］．罗根基，雷家端，译．成都：西南财经大学出版社，1988：182.

② ［美］布坎南 J. M.．经济学家应该做什么［M］．罗根基，雷家端，译．成都：西南财经大学出版社，1988：183.

的交换，政治市场追求个人利益的方式与经济市场不同，政治是一种更为复杂的交换，政治市场的交换目标也是共赢。

公共选择学派强调，“市场理论”，而不是“资源配置理论”或“选择理论”才应是经济学研究的核心。他们认为，市场是一种关系，是人们互相进行交换的关系；也是一种制度，是体现人们交换关系的各种制度形式。不能把市场作为一种手段，更不能控制或操纵市场。对此，布坎南分析了关于市场的两种不同观点：一种是根据选择逻辑，把市场看作是完成经济职能的手段，按照此观点，“市场就成为一种可以操纵的构造”。另一种相反的观点是：市场不是完成任何目标的手段，“市场是自动交换过程的制度体现，个人是按各自交换能力进入自动交换过程的。……在交易过程，制度结构所产生或包含的多种关系网络就被称为‘市场’。市场是一种环境，一个竞争场所。”①

布坎南认为，“概括起来，公共选择就是以经济学作为工具和方法，进行政治决策分析。”②

第三节　政府职能的界定及政府失灵：公共选择学派的国家理论

在公共选择理论产生之前，古典和新古典经济学强调市场的完美性，而凯恩斯强调市场失灵。经济学理论演变的主线之一就是围绕市场完美还是市场失灵这一基本命题展开的。公共选择理论从经济学的角度分析政治主体的行为，界定政府职能，提出并论证了“政府失灵”，主张弱化政府干预。

一、界定政府职能的基本依据：弥补市场失灵

福利经济学揭示了市场失灵的主要领域——产权界定、外部效应、公共物品及信息不对称等。在市场失灵的领域，市场机制不能发挥或有效发挥调节作用，因而需要政府干预，弥补市场失灵成为界定政府经济职能的基本依据。公共选择理论主要研究政治市场，政治市场提供公共物品，公共物品的特点成为分析政府干预的逻辑起点。

---

① ［美］布坎南 J. M.．经济学家应该做什么［M］．罗根基，雷家端，译．成都：西南财经大学出版社，1988：14.

② ［美］布坎南 J. M.．经济学家应该做什么［M］．罗根基，雷家端，译．成都：西南财经大学出版社，1988：160.

根据排他性和竞争性，商品可分为私人物品与公共物品两类。商品的“排他性”（excludability）是指：一个人消费了一单位某种物品就排除了他人消费同一单位物品；“竞争性”（rival）是指一个人消费了某种物品就减少了这种物品供其他人消费的数量。

公共物品同时具有“非排他性”和“非竞争性”，非竞争性导致消费公共物品的边际成本或机会成本为零，即价格为0。非排他性导致公共物品提供中出现的搭便车（free-rider problem）行为，所以，公共物品需要进行公共选择，提供公共物品成为政府的基本职能之一。

二、政府职能界定的理论演变

从古典经济学、福利经济学、制度经济学，到凯恩斯革命，都分别提出了界定政府职能的理论。

古典经济学的理论核心是：秩序和稳定是资本主义市场经济的常态。古典和新古典经济学崇尚市场机制，坚信市场的有效性，认为即使出现失业和通货膨胀，市场调节也会在人们可接受的时间内将经济系统恢复到充分就业状态，因而主张政府只需承担“守夜人”的职能，政府职能就是提供市场经济运行中所需要的外部条件和环境——界定、保护产权以及构建法律体系。

庇古根据经济活动的外部效应，论证了政府干预经济的必要性。外部效应理论动摇了古典经济学关于政府经济职能所赖以立论的逻辑基础。在存在外部效应的领域，私人成本与社会成本不一致，或私人收益与社会收益不一致，会导致经济效率的降低，这时市场机制是失灵的，因此，政府的经济职能应该包括协调外部效应。庇古主张通过向产生外部负效应的个人和企业增加税收，向产生外部正效应的个人和企业发放补贴等形式，使得私人成本与社会成本、私人收益与社会收益相等，消除外部效应，从而实现社会福利最大化。按照庇古的理论，通过政府协调外部效应以后，市场秩序得以重建。

科斯对庇古的理论提出质疑，根据科斯定理，假定产权界定明确，市场交易费用为零，在产生外部效应的企业和个人与受其影响的企业和个人之间，可以通过交换产生外部效应的权利而使双方的处境变好。产权的重新分配仅影响当事人之间的收入分配，而不影响总体的资源配置效率。因而不需要市场以外的政府对经济进行干预。也就是说，在科斯看来，外部效应并不应成为政府干预经济的依据。但在实际经济活动中，交易费用存在并不能被忽略，因而科斯反对政府干预经济的逻辑存在弱点。

“大萧条”以后，凯恩斯否定了古典经济学的自由放任主义哲学，“大萧条”

的灾难性经历使凯恩斯认识到，市场经济具有内在的不稳定性。通过边际消费倾向递减、资本边际效率递减和流动偏好三个基本定律，论证了有效需求不足导致经济萧条，主张政府通过宏观经济政策调节总需求，实现经济的稳定增长。

三、公共选择学派对其他政府干预理论的批判

西方经济学理论演变围绕的一个核心问题就是关于市场机制和政府干预在市场经济中的相对重要性。而界定二者关系的原则基本上都是基于对市场的估价直接推演出政府的职能范围。对此，布坎南认为存在逻辑缺陷，对新古典经济学、福利经济学、凯恩斯主义经济学等都进行了批判或揭示其缺陷，从而形成了关于市场与政府关系的独特分析思路。

（一）对自由主义的批判

布坎南对庇古的福利经济学理论的批评主要在于：庇古在剖析市场失灵和呼吁政府干预经济时，未能清楚地意识到，一个可供选择的政治解决方案也会带来外部效应问题，因而庇古的政策建议是缺乏根据的。在庇古福利经济学理论中，隐含的假设前提是：个人在市场决策中追求个人利益最大化，而在政治决策中追求社会利益最大化，这种关于人类行为的双重假定在分析的严密性方面存在明显的缺陷。

根据“经济人”假定，个人在政治决策中，同样也是追求个人效用最大化的利己主义者（即在政治行为中人也不是利他主义者）。在这一假定条件下，现实中的投票规则往往是简单多数规则。按照这一规则，政治决策过程将形成两大集团：一是占全部成员 50% 以上的多数获利集团；二是低于 50% 的少数受限集团。这样就出现多数获利集团中个人的边际收益大于社会的边际收益或个人边际成本小于社会边际成本的情况，这就是“庇古离差”（Pigovian divergencies），即政府决策的外部效应。只要投票规则不是一致同意规则，那么政治决策都会产生外部效应问题。所以，政府干预经济缺乏合理的依据和基础。

作为调节经济的手段，市场和政府都有缺陷，这样，用一方来弥补另一方的不足在逻辑上不一定是合理的。这是公共选择理论在界定市场和政府的关系时的主要思路。

（二）对政府干预主义的批判

布坎南揭示了萨缪尔森等人构建的社会福利函数的理论缺陷。

第一，社会福利函数中的主要自变量是个人效用。布坎南质疑，社会偏好如

何从个人偏好中合乎逻辑地推导出来。早期的基数效用论通过加总个人可测度的效用得出社会总效用的尝试已经失败。而根据序数效用论，要得出社会效用函数，则需要人为地规定每个人的效用的排列次序。这不仅不符合民主社会尊重个人自由的规范，也依然具有基数效用论的困境。所以，布坎南认为，没有人能够确定一个集体的或社会的福利函数。

第二，福利经济学的基本概念和隐含的前提条件都意味着存在一个理想化的政府，因此，关于政府与市场之间的关系必然是：当市场出现失灵时，政府就成为实现社会福利最大化的唯一选择。布坎南认为，即使可以确定社会福利函数，政府也不能成为实现社会福利最大化的主体。

布坎南强调社会福利函数存在的规范基础，区分了两种国家概念。一种是把国家视为一个有机整体或实体，具有独立于个人的偏好、目标和利益。与个人决策相同，目标是社会效用最大。另一种是把国家或政府看作是个人赖以做出集体决策达到个人目的的手段。即不存在独立的“社会效用”或“社会福利”。布坎南认为，在尊重个人选择的民主社会，独立于个人而存在的社会利益不具有真实和确定的内涵。因为一旦“社会福利”作为独立的目标获得认定，那么任何社会都难以阻止某些人假借“社会利益”之名去剥夺另一些人的合法利益。因此，政府干预主义是和第一种国家概念、独立的社会利益有着相同的逻辑关系。

四、公共选择理论中的“政府失灵”

福利经济学关注市场失灵，公共选择理论关注政府失灵。布坎南认为，就像市场失灵一样，也存在政府失灵。公共选择理论通过揭示政府失灵的原因及后果，以此对凯恩斯革命进行反革命。

（一）公共选择理论反对政府干预的理论基石：古典经济学解释

布坎南从古典经济学中寻找理论基石，构建坚实的理论基础去对抗当时占统治地位的凯恩斯主义经济学。布坎南从古典经济学产生的社会哲学背景理解“看不见的手”的作用。在斯密写作《国富论》的18世纪末期，强调个人自由和政治权利是天赋的、不可侵犯的权利成为主流的社会意识，自由主义哲学思想占据主流地位，社会秩序以尊重个人的不同利益为基础，于是产生了“社会契约论”等政治构想。在这一背景下，经济领域开始反对重商主义的国家干预倾向，而市场交换既能反映经济主体的个人利益，同时也能实现社会利益，斯密在《国富论》中揭示了这种由“看不见的手”调节的社会秩序。而国家的经济职能只是保护私人财产的安全等，即国家在市场经济中的角色只是“守夜人”。古典经济学家和哲学家斯密、穆勒等人认为政府是偏见、腐败和低效率的化身，因而主张对国家活动的范围和规模严格限制。

对于古典经济学关于市场交换中个人利益与社会利益、个人行为与国家干预之间的关系等核心思想，布坎南认为，斯密主张的“看不见的手”的调节，使得经济主体在追求个人利益的同时也能自动地增进社会利益，是在一定的制度约束下产生的。布坎南正是关注和强调制度是如何产生的，即“看不见的手”发生作用的制度环境成为布坎南创建的公共选择理论的出发点和核心。

（二）政府失灵的原因

公共选择理论把政府失灵（government failure）定义为：政府为克服市场功能缺陷所采取的立法、行政管理以及各种经济政策手段，在实施过程中往往出现事与愿违的结果和问题，最终导致政府干预经济的低效率和社会福利损失，也被称作官员政治的无效率（bureaucratic inefficiency）。公共选择理论从政府增长和寻租等方面解释政府失灵。

1. 政府增长与政府失灵。

回顾政府干预经济的历程，可以发现，是重大历史事件和经济理论的发展共同决定政府干预经济的范围和程度。在凯恩斯之前，经济学理论和政府实践都采用预算平衡政策，即使政府需要借款筹措开支，也必须建立并保证为偿还债务所用的偿债基金。预算平衡的理论与实践把政治家活动的界线严格限制在一种可接受的范围内。“大萧条”以后，凯恩斯提出了“职能财政”的主张。实际上，凯恩斯的“职能财政”思想并没有完全摒弃预算平衡原则，而是将实现平衡的时间从一个财政年度延长到一个经济周期，即萧条时期的赤字可以由繁荣时期的盈余弥补，总体上还是平衡。但是，“二战”后的绝大多数年份，预算都出现赤字，且持续增长。

政府支出规模及其占 GDP 的比重是衡量政府的经济职能的重要指标，19 世纪，西方国家的这一指标大约在 10%。到 1996 年，经合组织成员国的政府支出占 GDP 的比重平均为 45% 左右。在 1900 ~ 1970 年间，美国政府支出剔除物价因素增长了 4 倍，其份额已达到 GNP 的 1/3。

对于政府规模和赤字不断增长的原因，公共选择理论认为凯恩斯主义经济学家忽略了经济政策赖以制定和实施的政治环境。凯恩斯理论中隐含的前提是政治家是一个由精英组成的群体。公共选择理论质疑和否定这一假定，并从美国的政治体制解释政府增长的原因：

第一，政治家主要是基于选民对各种备选的政府税收和支出的支持程度做出的最终预算决策。而要获得预算盈余，就需要采取增税或减少支出的政策，这必然会降低选民的实际收入，而政治家不会做令选民不乐意的事，这就是政府很难出现预算盈余的原因。布坎南还强调，凯恩斯的政策在选举的政治环境中会产生不对称，因为选民不完全了解政府的跨期预算，因而往往会低估政府借债导致的未来的纳税负担。

第二，政治家追求自身利益。政治家在其权利范围内，会选择使其自身而非选民效用最大化的方案。选民一般不关心政治家的行为，原因在于：选民要了解政治家的行为有难度；选民个人的努力对政治家的行为的影响微乎其微；选民存在“税收幻觉”（tax illusion），即作为纳税人的选民通常不清楚他为政府的公共服务支付了多少代价，包含在商品价格中的间接税容易被忽略。

第三，官僚（bureaucracy），即政治家所雇佣的政府公务人员。公共选择理论认为，官僚所追求的是本部门预算规模最大化。在现行的官僚制度下，官员的工资收入、职业前景、升职机会和任职时间都与官僚部门的预算规模正相关，所以官员都有扩大其所在部门规模的动机，这会导致政府支出规模的增长。

第四，决策规则。现实中集体决策往往采用多数票规则，而不是一致同意规则。多数票规则为多数人侵犯少数人的权益提供了制度便利。还会导致政治家之间互投赞同票，比如，你赞同我的农产品价格补贴政策，我支持你的关税保护提案，这样也会导致政府规模的扩大。

政治家基于自身利益目标，增加政府支出，往往会导致低效率、政府行为短期化等问题，即政府失灵。

2. 寻租与政府失灵。

（1）经济租金及其来源。经济租金是指超过资源所有者的机会成本的报酬，即：

$$经济租金 = 实际收入机会成本$$

经济租金的来源主要有两个：一是寻利（profit seeking），寻利过程是在价格机制中产生的，如需求增加，成本下降。二是寻租（rent seeking），寻租是人为创造的，如政府通过帮助创造、提高或保护一个集团的垄断地位，提高该集团的经济租金。

寻租与寻利的区别在于：第一，寻利是一种生产性活动。通过创新降低成本或提高产品质量获得超额利润，能够创造价值；寻租是非生产性活动。浪费了有价值的资源，减少了产出。第二，寻利（主要表现为创新活动）所获得的经济租金会随着模仿而消失；寻租者依靠政府的权力或政府授予的特权，阻碍竞争对手进入特定领域，使经济租金不会消失。

（2）公共选择理论对寻租的解释。在公共选择理论中，寻租是在政府许可或保护下进行的，寻租通过垄断特权破坏竞争性市场秩序而得到超额利润，寻租造成的经济损失包括：寻租需要耗费人力、物力资源，不仅不带来产出增加，还会减少产出；寻租形成垄断后，资源配置效率会降低；一个允许游说活动存在，并可以通过寻租获得利益的制度，必将阻碍将生产要素投入到生产技术的改进上。因此，寻租主要是通过政府干预所致，限制寻租就应限制政府。

第四节　政治市场运行机制及政府失灵的矫正

政治市场提供公共物品，需要进行公共选择，通过投票规则决定。公共选择理论主张对政府失灵的矫正可通过宪政改革等途径进行。

一、公共选择的方法——投票机制

（一）投票规则

通过投票进行公共选择，投票规则包括一致同意规则（unanimity rule）和多数票规则（majority rule）。一致同意规则是指一项议案必须由全体投票人都同意才能通过。政治市场的这一规则符合帕累托最优的条件，即所有投票人的愿望都能满足。多数票规则包括简单多数票规则——赞成票超过一半和比例多数票规则——赞成票超过半数以上的一定比例。

布坎南从财政的角度分析政治，认为全体一致同意规则较之多数票规则更应该成为根本的规则。“只有依靠使用全体一致同意的规则，我们才能绝对保证这个集体的总福利得到改善。全体一致同意的规则应用于政治是相当于帕累托建立的判断有可能改变的状态的标准。”① 在现实中，一致同意规则难以形成决策，除了联合国常任理事国会议决议等极少数情况外，一致同意规则很少用，大部分都采用多数票规则。

（二）投票悖论（the paradox of voting）

在多数票规则下，投票结果不能在多个备选方案中达成均衡，而是在各种选择之间循环，即产生投票悖论。

---

① ［美］布坎南 J. M.．经济学家应该做什么［M］．罗根基，雷家端，译．成都：西南财经大学出版社，1988：134.

例如，有甲、乙、丙三个投票人；三项政策提案：A（低支出）、B（中支出）、C（高支出），偏好顺序为（见表9－1）：

表9－1　偏好顺序

投票人	提案		
	A	B	C
甲	第一	第二	第三
乙	第三	第一	第二
丙	第二	第三	第一

在A、B之间选择，甲丙同意A，乙同意B，A当选，即A>B；

在B、C之间选择，甲乙同意B，丙同意C，B当选，即B>C；

在A、C之间选择，乙丙同意C，甲同意A，C当选，即C>A。

投票结果为：A>B，B>C，C>A，公共选择在这三个方案中无穷无尽地循环，任何均衡都不能形成。投票悖论的产生是因为没有确定投票程序。因此，消除投票悖论，就要确定投票程序。在多数票规则下，如果先确定一个投票程序，集体选择将会获得确定的结果，投票悖论不再发生。

在上例中：

如果先在AB之间表决，胜者再与C表决，则C最终获胜；

如果先在BC之间表决，胜者再与A表决，则A最终获胜；

如果先在AC之间表决，胜者再与B表决，则B最终获胜。

即投票结果取决于投票程序，确定投票程序的权力往往就是决定投票结果的权力。

布坎南把选择分为两个层次：选择规则本身的立宪性选择，和规则之下的个人的策略选择。布坎南认为，制定政策的程序而不是政策本身应成为改革的重点，要改革政治，首先必须改革规则。民主制度选出了林肯、丘吉尔和肯尼迪，也选出了希特勒、墨索里尼。没有一种选择机制可以称得上是最优选择机制或有效率的选择机制。

公共选择理论的目标就是通过分析有关的政治活动，使人们对政府产生怀疑，进而使人们相信应缩小政府活动的范围。在政治市场上，“产品”是国家的各种职能（国防、立法、调节经济等），“产品”的供给者是政治家，需求者是广大选民。政治市场是一个效率低下、官僚主义严重的完全垄断市场，国家干预经济的失败、财政赤字严重等问题都是源于这种政治制度。

二、集体决策的成本分析

当个人效用可以通过集体行动增加时，理性的、自由的、追求个人效用最大化的个人就会选择从事集体选择。集体行动给个人带来的收益主要有两个：一是集体行动可以消除一些外部成本（external cost），比如，警察可以帮助个人家庭防盗。二是可以增加外部收益（external benefit），比如消防队防火比个人防火更经济。

集体决策的成本包括以下几方面的成本。

（1）决策成本（decision-making cost）：指在要求两个以上的人达成协议时参与决策的估计成本。包括解释待通过的议案、讨价还价、修改议案、表决等花费的资源和时间成本。这种成本是参与决策人数的增函数。

用函数式表示为：

$$D_i = f(N_a),\ i = 1,\ 2,\ 3,\ \cdots,\ N$$

其中，$N_a < N$；D_i 表示除 i 外其他人给 i 带来的成本；N_a 表示参与集体决策的人数。

决策成本函数用图象表示为（如图 9－1 所示）：

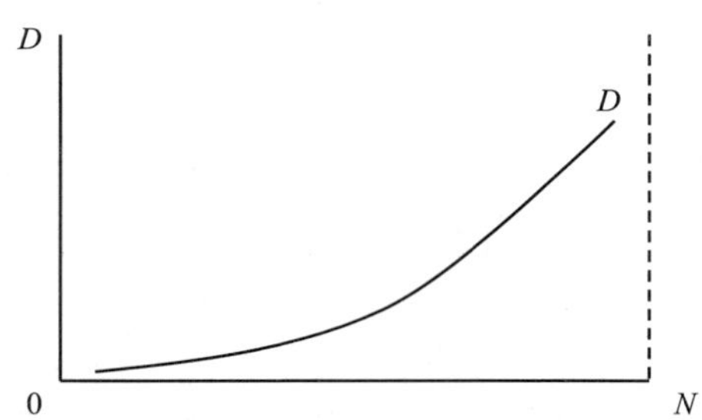

图 9－1　决策成本曲线

在图 9－1 中，纵轴 D 表示预期决策成本，横轴 N 表示参与集体决策的人数。随着集体决策所要求的人数的增加，预期成本将增加，所以决策成本曲线是一条正斜率的曲线。当决策规则是全体一致同意时，个人的预期外部成本最大，在所需票数等于全体人数 N 时，曲线达到最高点。

（2）外部成本（external cost）：指一个人由于他人的行动而要承受的成本，即在集体决策过程中对那些没有参与决策的人产生的不利影响或效用损失，其大小受参与决策的人数的影响，外部成本是参与决策人数的减函数。用函数式表示为：

$$E_i = f(N_a),\ i = 1,\ 2,\ 3,\ \cdots,\ N$$

其中，$N_a < N$；E_i 表示除 i 外其他人给 i 带来的成本；N_a 表示参与集体决策的人数。

外部成本函数用图象表示为（如图 9 – 2 所示）：

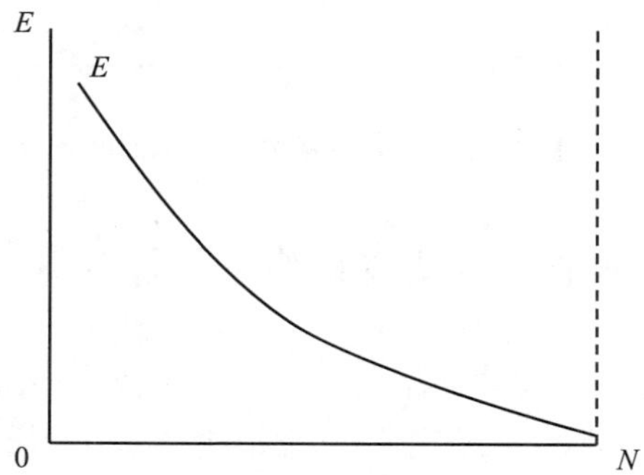

图 9 – 2　外部成本函数

在图 9 – 2 中，纵轴 E 表示预期外部成本，横轴 N 表示参与集体决策的人数。随着集体决策所要求的人数的增加，预期成本将减少，所以成本曲线是一条负斜率的曲线。当决策规则是全体一致同意时，个人的预期外部成本为零，曲线在 N 点与横轴相交。

外部成本与决策成本之和叫作社会相互依赖成本或简称相互依赖成本（interdependence cost），从个人的角度而言，相互依赖成本的最小化是社会组织或政治组织行为的最佳标准。即一个理性人，在面对集体选择时，将采取他所预期的社会相互依赖成本最小化的行为。

因决策成本和外部成本都是决策人数的函数，所以，总成本的大小与决策所需票数相关。用图 9 – 3 表示，总成本曲线就是决策成本曲线和外部成本曲线的垂直加总，即图中的（$D + E$）曲线。

在图 9 – 3 中，纵轴 $D + E$ 表示决策总成本，横轴 N 表示参与集体决策的人数。在只需一人决策的情况下，决策成本最小而外部成本最大，在全体一致同意规则下，外部成本最小而决策成本最大。因两条曲线分别是正斜率和负斜率的，所以垂直加总以后，曲线是一条 U 型曲线，曲线的最低点位于 N 值的中部区域，当所需票数为 N^* 时，总成本曲线位于最低点。

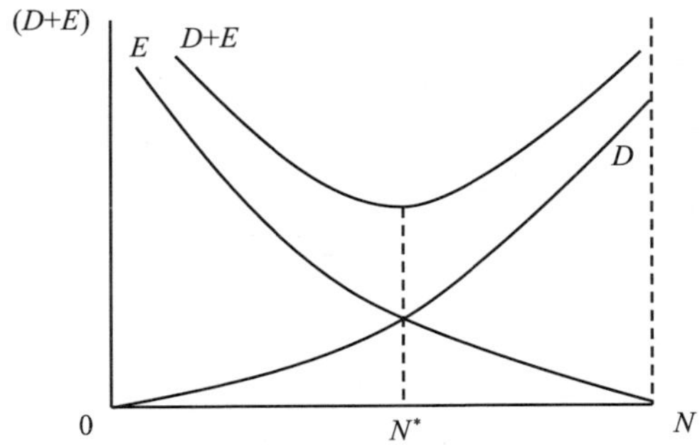

图 9 - 3　集体决策的总成本曲线

三、政府失灵的矫正：改革宪政约束政府行为

公共选择理论通过分析公共物品的特点和政府作为经济人的特征，揭示了政府失灵。到 20 世纪 70 年代，公共选择理论衍生出一个新的领域——宪政经济学（constitutional economics），主张通过宪政约束政府行为。公共选择理论认为，西方国家的现行宪法不能对政府行为形成有效约束，导致政府失灵。因而矫正政府失灵的关键就是通过改革宪法，约束政府行为。

在研究公共选择理论的初期，布坎南等人就提出了宪制政府（constitutional government）的问题。在《宪法经济学》一书中，布坎南（1991）把宪政经济学的主要特征和内涵概括为："宪法政治经济学是这样一种研究计划：直接研究规则的运行性质，个人在其中相互作用的制度，以及这些规则和制度被选择的过程或规则和制度的产生。这个研究计划与主流经济学的不同之处在于强调约束条件的选择，它与传统的政治科学的区别在于强调个人相互作用的合作而不是对抗。方法论上的个人主义和理性选择被看作是这个研究计划的核心内容。"①

宪政经济学的研究内容以规则为核心，包括规则如何运行及如何选择规则；约束个人行为的规则以及约束集体行为的规则，特别是约束政府行为的规则。规则决定政策后果，所以，一个国家或一个社会需要建立一套公平的决策规则，以应对政府权力施加宪法约束。布坎南主张实施宪政民主（constitutional democracy），通过宪法条文规定约束或限制集体政治行动的规模和速度。

尽管强调个人主义和怀疑政府，但布坎南并不是无政府主义者，他主张政府要担负起构建法律体系、保护产权和契约等职能，从而构建自然秩序和自由交换的环境。

① 许云霄．公共选择理论［M］．北京：北京大学出版社，2006：219.

第五节　新政治宏观经济学

受公共选择理论和其他反凯恩斯主义的影响，在20世纪70年代以后，质疑政府干预的经济思潮占据主导地位，许多经济学家越来越重视政治对经济政策选择以及经济后果的影响，对政治与宏观经济相互关系的研究成为宏观经济学发展的一个重要领域，掀起“新政治宏观经济学”的研究热潮。艾伯特·艾莱斯纳、威廉·诺德豪斯、道格拉斯·诺斯等学者在这一领域进行了大量研究。

一、经济政策制定中政府的作用

凯恩斯主义理论和政策主张隐含着一个基本前提条件——政府追求的目标是社会利益最大化，政府官员都是仁慈的精英人士，唯一的目标是达到社会福利最大化，而不考虑争取选票、谋求连任等私人利益，即政府官员有愿望和能力实现经济稳定增长等社会目标。凯恩斯的政策形成“可以被描绘成一个线性模型的政策决策过程，其中经济学家的角色是基于健全的经济分析而提供建议、预测和处方给角色引导的政治家们，由他们负责做出政策决定”。政治家根据经济学家的建议制定政策以实现社会福利最大化。

早在20世纪40年代，卡莱茨基和熊彼特等经济学家就质疑凯恩斯的这一假设，分析了政治体系对经济的影响。卡莱茨基（Kalecki，1943）认为，代表资本家利益的党派，通过政治手段制造衰退以降低工人的工资议价能力，从而形成经济周期。熊彼特（Schumpeter，1939；1942）指出了政治家为了争取选票，会影响经济政策及后果。

从新的政治经济的角度来看，政治体系会影响经济政策的制定，政策制定者需在各种力量或利益集团之间进行平衡。因此，利益团体、党派和选民等都成为影响经济政策制定的因素。即政府不会完全根据经济学家的建议制定政策。

在新政治宏观经济学理论中，否定凯恩斯主义的假设，关注现实中由社会的分化等导致的利益集团的分裂和差异，比如，宗教、种族、地理区域的差异使得政府的政策制定过程成为利益平衡的行为而不是寻求社会福利最大化的行为。社会稳定和维持权力超过经济目标。作为经济政策制定者的政府介于政治和经济力量相互作用的中心点。政治体系成为影响经济政策制定的重要因素。

把政策制定内生化后，弗雷（Frey，1978）构建了一个政治—经济模型，可用图9－4表示。

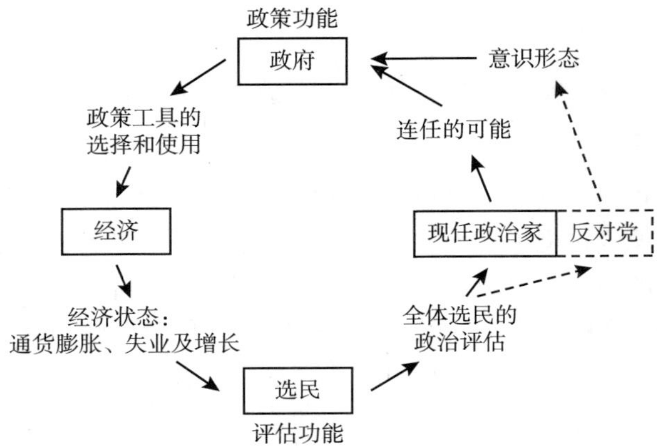

图 9-4　弗雷的"政治—经济循环流"模型

在该模型中，选民对经济政策效果的评估、在选举前期的经济态势、反对党对选民的承诺等都是影响政治市场从而影响经济政策的变量。大量实证研究结果也证明了关键宏观经济变量对政府声誉及选举结果的重要影响。因此，政治家会选择最有利于获得执政权的经济政策。

二、新政治宏观经济学：基于政治—经济相互作用的主要理论

在 20 世纪 70 年代中期，诺德豪斯和希布斯分别构建了政治经济周期模型和党派模型，论证政治对经济周期和收入分配等的影响。在早期的模型中没有考虑理性预期，经济行为人没有前瞻性，可能发生系统性错误，政治家可以利用投票人的短视行为制定政策。在 20 世纪 80 年代，理性预期被纳入模型，形成了理性政治经济周期模型和理性党派模型。

（一）政治经济周期模型

在 20 世纪 70 年代中期，诺德豪斯（Nordhaus，1975）构建了政治经济周期模型，论证了一个重要结论：执政党选择的是能使其在下一届选举中赢得最多选票的经济政策。

在政治家追求连任的条件下，投票选举制度导致的经济政策的长期均衡状态是：与理想状态相比，失业率更低、通货膨胀率更高。因为在选举前期政府会实施扩张性政策，导致失业率降低和通货膨胀率上升。通货膨胀率上升会提高预期通货膨胀率，从而进一步提高通货膨胀率。从短期来看，因为存在适应性预期，通货膨胀在经历了一段时间或上升到更高水平时，经济行为人或选民才会意识

到，所以，政府在紧接着选举胜利之后，又采取紧缩性政策，降低通货膨胀率、增加失业率。这样就导致了经济在选举前的繁荣和选举后的衰退之间的波动。

纳入理性预期后，只要存在投票人和政策制定者之间的信息不对称，早期的诺德豪斯模型中的一些结论依然存在。在理性政治经济模型中，投票人通过对政治家的相关信息的了解和判断进行投票决策，选择给其带来最大效用的政治家，但缺乏不同政治家的完整的信息，因此在选举之前，政治家会发出有利于获取选票的信号——减税和增加政府支出等。因此，理性政治经济周期模型的主要结论是预测了在选举前后存在对不同政策工具的操纵行为，而不是规律性的通货膨胀—失业周期。

（二）党派模型

希布斯（Hibbs，1977）从政治家和选民的意识形态或党派特征的角度，根据12个发达国家1945～1969年间的经济政策，论证了不同执政党对通货膨胀和失业的权衡具有不同偏好的命题。能够带来低失业和高通货膨胀的经济政策有利于提高穷人在国民收入中的份额，反之，高失业和低通货膨胀的政策有利于富人。12个北美和西欧国家的证据表明："劳工或社会党执政的时间比例越高，平均通货膨胀率越高而平均失业率越低。……美国和英国的时间序列证据支持下述命题，即民主党和工党政府通常会减少失业，而共和党和保守党政府倾向于增加失业。"① 大量资料都表明，党派因素对宏观经济政策和结果的影响存在系统性差异。表9－2显示了美国20世纪后半期的情形。

表9－2　　党派因素对宏观经济结果的影响

宏观经济结果	共和党总统	民主党总统	党派差异
平均失业率（%）	6.35	4.84	1.51
平均通货膨胀率（%）	3.95	3.97	－0.02
平均年GDP增长率（%）	2.86	4.08	－1.22

资料来源：转引自［英］布赖恩·斯诺登，霍华德·文．现代宏观经济学：起源、发展和现状［M］．佘江涛，魏威，张风雷，译．南京：江苏人民出版社，2009：467.

因为不同的宏观经济政策（失业和通货膨胀组合）会影响国民收入在不同利益集团之间的分配，所以不同的团体往往支持能增进其利益的党派，各党派因而

① ［英］布赖恩·斯诺登，霍华德·文．现代宏观经济学：起源、发展和现状［M］．佘江涛，魏威，张风雷，译．南京：江苏人民出版社，2009：466.

也就倾向于增进其支持者的利益。

艾莱斯纳（Alesina，1987；1988；1989）把理性预期纳入党派模型，依然强调政治家的意识形态偏好，假设投票人很清楚政党之间意识形态的差别，各党派通过选择有利于其支持者的收入分配政策获取相关投票人的选票，理性党派理论论证了不同党派如何根据收入再分配的作用来采取不同的宏观经济政策。因为理性投票人不能确定选举结果，所以宏观经济政策会导致经济的短期波动。在美国，当共和党胜出后，接着就会有通货紧缩冲击；若民主党胜出，则会发生通货膨胀。因此，选举结果的不确定性和两党意识形态的差别导致了经济波动。

除了政治经济模型和党派模型以外，新政治宏观经济学理论的研究还涉及负债与赤字、收入不平等与经济增长之间的关系、政治不稳定与经济不稳定之间的关系、国家的大小及国际经济联系等。

公共选择理论和新政治宏观经济学否定了凯恩斯主义隐含的前提条件——政府是仁慈的且以社会福利最大化为目标的社会规划师，认为政治家作为政治市场的交易主体，同样也是追求个人利益最大化的经济人。获得执政权或谋求连任的目标会影响政治家政策选择，并且政策的制定要考虑各利益集团之间的平衡或某团体的偏好。把政治变量纳入经济模型，揭示政治体系对经济周期、经济增长、收入分配、国际经济关系等的影响。公共选择理论能够解释现实中的政府债务增加、寻租及官僚主义的强化等问题。公共选择理论的形成和发展使得对经济问题的研究需要考虑政治因素成为共识，拓展了宏观经济学研究的视野和领域。

第十章

纳入空间因素：新经济地理学

在经济学产生之后的很长时间内，都隐含着一个前提条件，即空间均质。或者说，主流经济学没有重视空间因素①。自20世纪70年代以来，区位（location）和场所（place）成为影响经济效率和决策的日益重要的因素，克鲁格曼等人运用主流经济学的研究方法，融合经济学、经济地理学、国际贸易等理论，进行交叉性研究，把空间因素纳入主流经济学分析，形成了一个经济学理论体系——新经济地理学（new economic geography）。本章主要论述从古典区位论到新经济地理学，空间因素在经济学理论中的地位及其演变。

第一节　新经济地理学：20世纪70年代形成的“新经济学”之一

20世纪70年代，经济全球化的深入、信息技术的发展、市场需求以及产业组织等的变化对经济活动产生巨大影响，于是，西方经济学界产生了“新经济学”，包括新产业组织理论、新贸易理论、新增长理论和新经济地理学等，其中，新经济地理学运用（D－S）垄断竞争模型，把规模经济、外部性、运输成本等纳入模型，分析产业集聚、城市集聚以及国际贸易的形成。

一、以经济空间布局和联系为主要研究对象的“新经济地理学”

克鲁格曼以传统区位论为基础，以经济学分析方法为主，结合国际经济和贸易理论、新经济增长理论等，构建了一个新的理论体系——新经济地理学。克鲁格曼也因此获得了2008年诺贝尔经济学奖，其颁奖词中强调，他“整合了此前

① 20世纪60年代以后形成的城市经济学和区域经济学也被视为非主流经济学。

经济学界在国际贸易和地理经济学方面的研究，在自由贸易、全球化以及推动世界范围内城市化进程的动因方面形成了一套理论。”

新经济地理学以“生产的空间区位”为主要研究对象，目标是设计出一种理论体系，构建相应的模型，解释使经济活动集中的向心力和使其分散的离心力，以及由这两种力量的作用形成的经济空间格局。

二、经济空间结构的多重均衡

贯穿新经济地理学理论体系的一条主线就是分析经济发展的空间状态存在多重均衡。在资源禀赋、技术、偏好相同的情况下，因为历史、偶然事件或人们预期变化的影响，经济活动的空间集聚状态可能会出现多种结果。特别是因为存在规模收益递增，导致偶然事件会产生较大的空间效应，使得经济活动的空间均衡状态难以预测或存在多重均衡的可能性。

三、影响空间区位的主要因素

在新经济地理学中，影响空间区位的主要因素包括：

（1）运输成本。运输成本在国际贸易和区际贸易中都发挥重要作用。萨缪尔森于 1952 年在一篇论文中提出“冰山”运输成本的概念，构建模型采用“冰山”形式估算产品在区域间运输的成本，认为产品在从产地到消费地的过程中，有部分产品被“融化”为运输成本。

（2）收益递增。空间经济规模的扩大，即经济活动特别是关联产业的空间集中会带来规模经济效应。

（3）空间集聚。要素和经济活动之间的相互依赖导致空间集聚。

（4）路径依赖。历史事件或偶然事件如果产生空间过程，形成某产业的空间优势，那么这种过程会持续，形成长期的集聚过程，这种效应不断强化并被“锁定”。

第二节　古典区位论中的空间分析

把空间因素纳入经济分析，主要关注经济活动的两个方面：区域和距离。区域的基本作用在于一些经济活动的空间选择受到地理条件的制约。距离主要是通过运输成本影响经济活动的空间配置。

在 18 世纪，斯密等经济学家对经济活动的空间问题进行了分析论述，但是，到19世纪，古典和新古典经济学却忽略了空间因素。布劳格（Mark Blaug）认为，整个主流经济学实际上直到1950年前后都局限于没有空间维度的经济世界。把经济学发展过程中空间问题的特点概括为两个谜：一是空间分析与主流经济学分离的原因是什么？二是区位理论的主要研究成果集中于德国经济学领域。“德国学者在空间经济学文献上拥有压倒性优势是没有任何疑问的。这是一个历史的引人好奇的事情，它大概归功于这个简单的事实，即区位理论‘之父’是一个德国人。”①

一、冯·杜能的农业区位论

冯·杜能的区位论产生于德国企业型农业建立的时代，试图探索农业生产方式的地域配置原则。在19世纪初，德国的农业制度改革取缔了所有对土地所有者的依附关系，国民可以自由进行资产的买卖和经营自己的农场。但贵族却成为大的土地所有者，从而成为独立的农业企业家，土地的自由买卖也产生了大量的农业劳动者，这样就出现了农业企业式经营。

1826年，冯·杜能（Johann Heinrich von Thünen，1783～1850）在记录和研究德国农庄10余年后②，完成巨著《孤立国同农业和国民经济的关系》（简称《孤立国》）一书，抽象出一个地理空间模型，描述地租和土地利用之间的关系，以此分析不同的农产品生产的空间布局问题，构建了农业生产的区位理论模型，开启了区位理论的研究。

1. 冯·杜能模型的假设条件。

（1）存在一个孤立国（isolated state），孤立国外荒无人烟。孤立国与外部没有联系，周围是荒野，与其他地区隔绝。

（2）不存在可用于航运的河流等，马车是唯一的交通工具。

（3）土地同质，即孤立国是一个具有同等肥力的平原。在这一假设条件下，运输成本是距离的线性函数。

（4）一个城市位于孤立国的中心，生产所有制造品，并由平原的农民提供所有农产品。

（5）企业是商品价格的接受者，即农作物不论在哪个区位生产，都按相同的价格销售。距离城市中心较近的位置就可以节省运输成本，因此，地租就是使用有利位置的企业节省的运输成本。地租随离城市中心距离的增加而减少。

---

① ［英］马克·布劳格．经济理论的回顾（第5版）［M］．姚开建，译校．北京：中国人民大学出版社，2009：479.

② 为了研究的需要，杜能本人从1810年起在德国梅克伦堡购置了特洛农场。十多年的农业经营数据他都详细记录下来，成为他用来检验自己提出的假说的数据基础。

2. 农业企业区位决定的形成机制。

在以上假设条件下，分析地租的决定及不同种类的农业用地的决定原理。或者说要回答这一问题：在孤立国中，围绕中心城市的农业生产模式是什么？

不同地块的地租由土地使用者竞价形成，即竞租（bid rent）。也可解释为土地使用者为竞争得到某块土地所愿意支付的最高租金，这意味着孤立国中每块土地都被最高竞租者获得。地主会把土地租给愿意支付较高地租的使用者。

作为追求利润最大化的农业企业，如何根据所种植的农产品的特点选择生产区位？杜能主要探讨一个要素——与市场的距离对区位的影响。具体而言，在距离市场不同远近的区位，应种植哪种农作物？

农作物种植的密度如何？密度主要取决于农作物的特点，即单位产品所需要投入的土地面积的大小，比如种植树木的密度较小，种植谷物的密度较大。因此，其同心圆圈层论的一般原理是：随着距离城市中心的距离的增加，农作物的密度呈下降趋势。即距离城市中心较近的区位应种植密度较大的作物，因为密度较大导致平均成本较小，支付地租的能力较强。易腐或体积大的作物除外。

农场主的利润函数：

$$\pi(d) = pm - ik - rs - mtd \tag{10-1}$$

在式（10－1）中，利润等于产量 m 和商品价格 p 决定的总收益减去由单位非土地投入品价格 i 和非土地投入品量 k 决定的非土地成本、由单位土地租金 r 和占用土地面积 s 决定的地租成本以及由农产品到市场的距离 d、单位产品单位距离运输费用 t 和产量决定的运输成本。

单位产量的利润：

$$\frac{\pi(d)}{m} = p - i\frac{k}{m} - r\frac{s}{m} - td$$

令：

$$K_m = \frac{k}{m}$$

即单位产量的非土地投入品数量的代数式如下：

$$S_m = \frac{s}{m}$$

此时，单位产量的利润为：

$$\pi_m = \frac{\pi(d)}{m}$$

$$\pi_m = p - iK_m - rS_m - td$$

在完全竞争条件下，即 $\pi_m = 0$，单位土地租金的计算式如下：

$$p - iK_m - rS_m - td = 0$$

$$r = \frac{(p - td) - iK_m}{S_m}$$

结果中的 r 为单位产出所能支付的最大租金，对 d 求导后得出：

$$\frac{\partial r}{\partial d} = -\frac{1}{S_m}\left(t + \frac{\partial t}{\partial d}d\right)$$

设 t 为常数，则：

$$\frac{\partial t}{\partial d} = 0$$

$$\frac{\partial r}{\partial d} = -\frac{t}{S_m} \tag{10-2}$$

式（10－2）即为竞租曲线的斜率，与单位产出占用土地面积负相关。

土地竞租曲线为负斜率。每一种农作物都有其竞租曲线，其斜率由运费率决定，不容易运输的农作物一般斜率较大，竞租曲线陡峭。在杜能模型中，每个区位的地租都因农民竞价而最大化，或者说，对所有区位的土地，农场主都选择种植租金收入最高的农作物，从而形成了农业土地利用的圈层结构，即农业土地利用方式就形成了几个圈层，也被叫作“杜能环”，如图 10－1 所示。

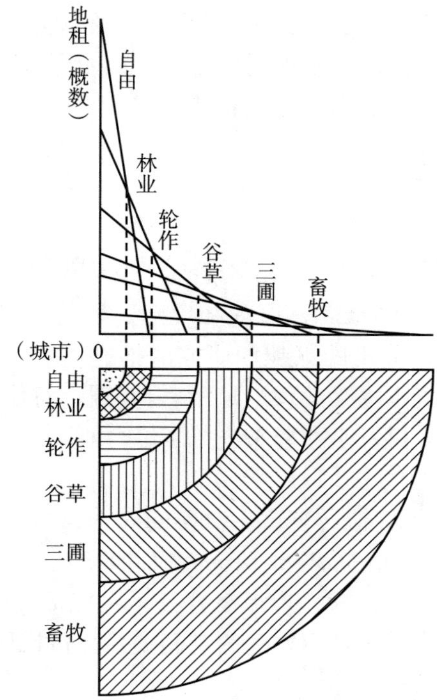

图 10－1　杜能环

“杜能环”显示，在城市附近，种植相对其价格而言体积大的作物，或生产易腐烂或必须在新鲜时消费的产品，随着与城市中心距离的增加，种植相对于农产品价格而言运费较小的作物，这样就形成以城市为圆心某一圈层以某一种农作物为主的同心圆结构。从城市中心开始，往外层扩展，适宜种植的农作物分别为：

第一圈：自由式农业圈，主要生产易腐难运输的产品，比如蔬菜、鲜奶等。

第二圈：林业圈，主要生产城市用的建筑材料、木炭等，这类产品因为体积较大，因而距离城市应较近。

第三圈：轮作式农业圈，主要生产麦类等谷物和马铃薯等饲料作物。

第四圈：谷草式农业圈，主要是谷物、牧草、休耕轮作地带。

第五圈：三圃式农业圈，是最粗放的谷物农业圈，也是距离城市最远的谷物农业圈。在这一圈层，土地分为三区：黑麦区、大麦区和休闲区，三区轮作。

第六圈：畜牧业圈，杜能圈层的最外圈，生产谷麦作物仅用于自给，生产牧草用于养畜，生产黄油、奶酪等畜产品供应城市市场。

杜能模型首创了竞价活动区位分析理论模型，对后来的工业区位论等产生了较大的影响。杜能第一次从理论上系统地论述了空间摩擦对人类经济活动的影响，提出了地租主要是由位置决定，而不是由土地的肥沃程度或生产率决定。地租与交通运输成本的权衡决定了土地利用方式。杜能模型包含的基本要素分析和理论成为现代空间经济分析的理论基础和渊源。

二、区位论的发展

1909 年，韦伯（Alfred Weber）出版了《工业区位论》（*Theory of the Location of Industries*），建立了一系列概念、原理和规则，是关于区位论的第一部成功的著作，激发了人们对区位分析的兴趣和研究的推进。1914 年又出版了《工业区位理论：区位的一般及资本主义的理论》，结合实践，对德国自 1861 年以来的工业区位和资本主义国家人口及工业分布进行了综合研究。这些经典著作奠定了工业区位分析的理论基础。

德国地理学家克里斯塔勒（Walter Christaller，1893～1969）的《德国南部的中心地》（*Central Place in Southern Germany*，1933）中推导出一个地区的城镇规模、数量及其空间布局，认为六边形集合是最可能的互补的市场边界的形状。中心地理论研究了一国或地区城市之间的空间关系，包括城市之间的数量关系和产业联系。

德国经济学家勒施（August Lösch，1906～1945）的《区位经济学》（*The*

Economics of Location，1939）试图回顾和概括之前的一个世纪以来空间经济分析理论化的过程，把一般均衡理论应用于空间过程。

艾萨德（Walter Isard）的《区位和空间经济》（*Location and Space Economy*），提出其目的是消除区位论与主流经济学之间的鸿沟，他认为，这个古典和新古典经济学限定于"一个没有空间维度的奇境"，在其理论中，把厂商看作是权衡生产成本和运输成本，实现成本最小化、利润最大化的决策者。他试图把杜能、韦伯、克里斯塔勒、勒施等人的理论整合为一个统一的框架，建立一般区位论。

之后，德国古典区位理论的发展基本陷入停滞状态。

第三节　空间集聚：新经济地理学的理论基石

各国经济发展的实践经验表明，自工业革命以来，经济活动的空间布局从全球来看都是倾向于集聚。库兹涅茨对经济增长的实证研究结果也显示，经济活动的空间集聚是伴随现代经济增长的主要事实之一。产业空间集聚是一种世界性的普遍现象。

把空间因素纳入经济分析，一是要决定经济活动布局于什么位置，另一个基本问题就是要分析影响经济活动空间选择的因素是什么。除了自然条件、资源禀赋等因素以外，集聚是最重要甚至是最根本的影响因素。新经济地理学研究的核心问题就是集聚及其相对应的扩散。追溯理论渊源，从韦伯的工业区位论开始，集聚就成为空间经济分析的重要内容，马歇尔和雅格布斯分别研究了地方化经济和城市化经济等集聚类型。

一、集聚经济及其产生的基本原因

戴维·皮尔斯主编的《现代经济学辞典》① 中把集聚定义为：集聚经济（agglomeration economies）是指因企业（或其他经济活动）设址接近邻近其他企业而产生的经济活动中成本的节约。

集聚经济产生的基本原因有以下几点：

（1）由空间集中所产生的规模经济效应（scale economies effect）。企业、人口的空间集聚可以节约运输、洽谈等交易费用，并且基础设施、管理等方面的效

① ［英］戴维·W. 皮尔斯. 现代经济学词典［M］. 宋承先，等译. 上海：上海译文出版社，1988.

率也能够提高。

（2）空间集中能够产生大数法则（the law of large numbers）。具有异质性的多个行为个体及其活动的空间集聚，使得任何一项活动都有足够的个体与之相适应，从而减少社会经济活动波动的损失。比如，众多具有不同偏好的居民存在，会减少需求和生产波动给厂商造成的损失；众多的经济活动可以给具有不同工作能力的居民提供多种就业机会。

（3）空间集中能够获取互补性效应（complementary effects）。经济活动空间集中导致区域主体多样性或异质性的增强，从而获取多样性经济利益互补性效应。各种各样的居民、厂商、社会组织聚集在一起，相互作用和影响，产生了多种形式的外部经济利益；各种思想、观念、知识、风俗等方面的交流，不仅为居民提供了丰富多彩的文化生活环境，更为重要的是，还为新知识、新思想、新发明的涌现提供了源泉；众多的居民和厂商的聚集，产生了各种各样的供给和需求，为分工和专业化发展提供了社会基础。

消费需求与产品供给的多样化还会产生补充性效应：多样性越高，消费者既定收入下的总效用越大，厂商的生产效率越高。

在图 10－2 中，横轴表示消费品 X_1，纵轴表示消费品 X_2。两条无差异曲线中 AB 位于 A_1B_1 的左下方，消费者有既定的预算线 AD，AD 与横轴交于 A 点。当只有一种消费品时，消费者选择 A 点表示的消费，即获得无差异曲线 AB 表示的效用；如果城市能提供两种消费品，则根据边际效用递减规律，消费者会减少对 X_1 的消费量，而增加对 X_2 的消费量，最佳消费组合沿预算线向左上方移动，直到与 A_1B_1 相切，即总效用增加。由此推论：消费品品种越多，因为边际效用递减，既定收入下的总效用越大。对于厂商而言，一个城市可用的投入品越多，因为存在边际收益递减规律，厂商的生产率越高。

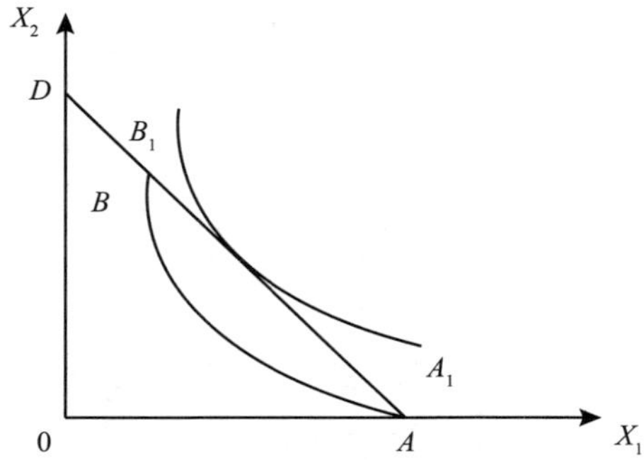

图 10－2　多样化集聚的补充性效应

（4）空间集中的信息经济效应（communication economies）。各类社会经济活动在城市的空间集中为信息的交换和技术扩散提供了便利：厂商可以及时获得各种信息，及时调整生产决策、降低存货；居民获得了择业的便利，也有助于提高消费决策有效性；信息交换与技术扩散不仅有利于新技术的采用，还有利于激发新技术的发明和创新。

集聚经济表现为因企业、居民的空间集中而产生的经济利益或成本节约，集聚经济产生城市空间集聚的向心力。集聚达到一定程度时，也会产生集聚不经济，即空间聚集也会导致集聚成本，集聚不经济主要表现为地价上升；工资费用上升，企业劳动力成本增加；存在拥挤成本（不一定是货币形式）；存在社会成本等。集聚不经济产生离心力。

二、韦伯的工业区位论：集聚是影响工业企业区位选择的要素之一

韦伯第一次提出聚集因子概念，揭示了集聚是影响工业企业区位选择的重要因素。

韦伯（Alfred Weber，1868～1958）于1909年著书《关于工业的区位：区位的纯理论》，创立了工业区位理论，研究工业经济活动空间组织和优化。韦伯提出工业区位论的时代，是德国在产业革命之后，近代工业有了较快发展，从而伴随着大规模人口的地域流动，特别是人口和产业向大城市集中的现象极为显著。在这种背景下，韦伯从经济区位的角度，探索资本、人口向大城市移动背后的空间机制。之前，韦伯对1860年以后德国的工业区位进行了详尽的调查，著有《工业分布论》一文，成为其工业区位论研究的实证基础。

1. 工业区位论的假设条件。

韦伯的工业区位论建立在三个基本假设条件基础上：已知原料供给地的地理分布；已知产品的消费地与规模；劳动力不能移动，各地的劳动成本是固定的，在这种劳动花费水平下可以得到劳动力的无限供应。

韦伯首先揭示了影响工业企业区位选择的区位因子（locational factors），分析了两种一般区位因子——运输成本和劳动力成本，之后再把集聚因子纳入分析框架。

2. 影响工业企业选址的因素：集聚指向。

在韦伯的工业区位论中，影响工业企业选址的因素包括区域因素和位置因素。区域因素（区位因子）包括运输费（因子）指向和劳动力（因子）指向。位置因素包括集聚和分散（因子）指向。由集聚利益导致的工业企业向某一地点集聚，为集聚因子，由集聚而导致地价上升等使得经济活动向其他地点分散，为

分散因子。

韦伯分三个阶段逐步构建其工业区位理论。

第一阶段：由运费指向形成地理空间中的基本工业区位格局。不考虑运费以外的因素，假定影响工业区位的因子只有运费一个。

第二阶段：考察劳动成本对由运费所决定的基本工业区位格局的影响，即考察运费与劳动费合计为最小的区位。劳动费指向，可以使由运费指向所决定的基本工业区位格局发生第一次偏移。

第三阶段：考察集聚与分散因子对由运费指向和劳动费指向所决定的工业区位格局的影响。

集聚节约额比运费（或劳动费）指向带来的生产费用节约额大时，便会产生集聚。分散因子的作用是集聚结果所产生的，可以说是集聚的反作用。这种反作用的方式和强度与集聚的大小有关。其作用主要是消除由于集聚带来的地价上升造成的一般间接费、原料保管费和劳动费的上升。

三、城市化经济和地方化经济：集聚的两种基本形态

集聚经济是规模经济的空间特征。根据集聚的企业和产业的边界的不同，集聚可以分为以下几种类型：企业内部规模经济、地方化经济、城市化经济、城市群等，其中，地方化经济和城市化经济是两种最基本的集聚形态。

（一）产业集群（industrial cluster）或地方化经济（localization economies）

第一位论述集聚活动空间集聚的是新古典经济学的鼻祖马歇尔。在马歇尔模型中，集聚被解释为外部经济，是由同一地区的关联企业共同引起的。一个产业及其关联产业的空间集聚，即产业集群，能够产生产业专业化的经济效应。

在其《经济学原理》中，马歇尔分析了制造业可能存在两种组织方式：大企业或者是专业化的小企业在地域的集聚。后一种组织方式被马歇尔称为产业区。在当时的背景下，产业区是主流形态。后来，特别是“二战”以后，大批量生产技术的出现，需求格局逐渐汇聚于对标准化产品的批量消费，大企业成为主流组织方式①。

马歇尔认为，产业区的显著特征是相同产业小企业的集聚、地方产业系统与

① 1984 年，社会学家马歇尔（Michael Piore）和卡洛斯（Charles Sabel）出版了开创性的一本书《第二次产业分工》，认为 20 世纪末期出现第二次产业分工，这是一个可能扭转秩序的转折点，使巨型企业回归基于同类产业小企业网络的区域经济，并认为，新的需求格局和新的生产技术的出现（弹性专精和个性化需求）又一次使小企业复苏，尤其是那些与其他企业密切联系的小企业。

地方社会的不可分割性。马歇尔关于产业区的内涵包含两个基本点：一是相同工业企业的地理集聚带来的地方化经济可以降低成本、提高效率；二是马歇尔还强调产业区与当地社会（地方社会产生的社会规范和价值观）的不可分割性。

马歇尔从三个方面说明了空间聚集与收益递增之间的关系①，即知识的溢出、熟练劳动力市场的形成以及与本地大市场相联系的前后向联系。地方化经济也被叫作马歇尔外部性（Marshallian externality）。尽管在现实世界中，马歇尔的三种外部性都起到作用，然而建立前两种外部性模型的技术问题至今没能彻底解决，故较少地涉及知识溢出和劳动力市场问题，注意力主要集中在联系效应上。

（二）集聚经济（agglomeration economy）或城市化经济（urbanization economies）

简·雅各布斯（Jane Jacobs）在其《城市经济》（*The Economy of Cities*，1969）一书中，不仅强调城市是经济增长的主要动力，还揭示了增长动力源于城市具有外部性，即城市化经济效应。因此，城市化经济也被叫作雅各布斯外部性。

雅各布斯强调经济活动的多样化，即各种产业和经济活动的空间集中都具有外部性，即产业多样化的经济效应。或者说，城市规模的扩大会对城市中的每个企业或产业带来外部性。

雅各布斯从多样化产业的集聚能够促进知识的流动、溢出和创新等方面解释集聚经济产生的原因。

第四节 新经济地理学对空间分析的发展

新经济地理学是对经济学、地理学、国际经济学等学科的融合，在继承和发展古典区位论的基础上，主要运用经济学方法和范式，把空间因素纳入主流经济学理论。

一、新经济地理学与古典区位论的不同

作为区域经济空间结构演化的基础性理论，区位论揭示了经济活动空间分布的基本形态，总结了区域经济空间分异的基本特征。新经济地理学是对区位论的

① Marshall，A. *Principles of Economics* [M]. London：Macmillan（8th ed.），1920.

继承和发展。克鲁格曼认为，杜能的农业区位论的不足之处主要在于：它只说明了经济活动向外扩散的离心力，而没有考虑规模报酬递增带来的经济活动空间集聚的向心力。

（1）从理论产生的时代背景来看，区位论产生于 19 世纪西方国家快速工业化阶段，用以解释这一时期工业、农业各类经济活动的区位选择和空间布局现象和问题。新经济地理学产生于 20 世纪 90 年代，解释在信息化和全球化重要宏观环境和影响因素的条件下，经济活动如何在全球范围内进行区位选择和空间流动。

（2）从经济学理论的假设条件来看，区位论的前提条件是新古典经济学的假设，包括完全竞争的市场条件、规模报酬不变以及同质的需求，在这些假设条件下论证厂商利润最大化时的空间均衡状态。新经济地理学则是在市场结构为垄断竞争、规模报酬递增及多样化需求的假设条件下，借助计算机数理模拟技术，运用垄断竞争模型（D－S 模型），论证经济活动空间布局的多重均衡的形成。

（3）从影响经济活动集聚和区域经济分异的因素来看，区位论主要根据资源禀赋的差异来解释，重视区位条件、交通可达性、地租等因素的影响。新经济地理学则根据空间规模报酬递增等理论解释集聚及其导致的空间分异。新经济地理学解释了现实中的一种现象：资源禀赋基本相同的区域，却形成不同的产业结构和发展水平，也论证了产业集群和区域专业化和分工的形成，且重视报酬递增、偶然事件、路径依赖、运输成本等因素的影响。

（4）从建模和分析方法来看，区位论主要采用静态分析方法，构建线形模型，解释各种经济活动在一定条件下的唯一均衡状态。新经济地理学采用动态分析方法，构建非线性模型解释经济活动空间流动的向心力和离心力及其形成的空间集聚和扩散、区际分异、城市能级体系等过程和规律。

（5）从理论的学科交叉性来看，区位论主要涉及经济地理学，新经济地理学则是把经济学、国际经济学、经济地理学等学科的理论融合和交叉研究的成果。克鲁格曼强调，必须通过国内的区域经济格局的形成和发展解释国际贸易。空间区位论也成为克鲁格曼研究国际经济问题的一个重要视角。把贸易和区位联系起来，以此作为其新贸易理论的基础。其中，规模报酬递增是其解释区域专业化和贸易的空间集聚机制的重要基础，即在规模报酬递增的条件下，解释经济活动的空间区位的形成。随着经济全球化的推进，区域代替国家成为更加重要的竞争主体，国际经济学和区域经济学之间的融合进一步深化。

二、新经济地理学重视构建集聚的微观基础

马歇尔对产业集聚做出经典解释，克鲁格曼等人在马歇尔理论的基础上，进一步发展了集聚经济理论，使集聚成为自20世纪80年代以来经济学领域的研究热点，理论演进路径主要是对集聚原因的解释方法和深度的发展。其中一个重要内容就是重视对集聚的微观基础的构建，从三个方面解释集聚机制——共享、匹配和学习机制。

（1）共享。包括大的不可分性（large indivisibility）商品和设施的共享，比如：地铁站、港口；更为多样性的中间投入品；个人专业化收益；劳动力的集聚会促进分工，即提升个人的专业化程度；劳动力市场共享等。

（2）匹配。匹配效率与匹配主体数量正相关。比如，一个收益递增的匹配函数意味着找工作者和工作空缺数量的增加将导致工作匹配数量的增加。

（3）学习。学习有多种方式和途径，且学习与其他人的联系相关，与其他人的联系具有“面对面”的性质。集聚可以获取学习的环境。促进知识的产生和扩散、新思想的产生和交流、信息的扩散等。

三、新经济地理学的主要理论模型

新经济地理学的模型既从微观层面解释了影响企业区位决策的因素，也从宏观层面论证了经济活动空间集聚的规律。形成了中心—外围模型、城市层级体系模型和国际模型等。

1. 中心—外围模型。

中心—外围模型（core-periphery model，C—P模型）是一个两区域、两部门的一般均衡区位模型。解释外部条件相同的两个区域，因为规模收益递增、要素流动以及运输成本的存在，导致制造业在发达地区集聚的现象。与弗里德曼的核心—边缘模型不同的是，弗里德曼根据经验归纳预先划分了核心地区和边缘地区，然后分析要素在“核心”与“边缘”之间流动的规律。而新经济地理学则是在严格的假设条件下，运用数学等方法推理出制造业向发达地区的集聚，从而形成制造业集聚的“中心”和以农业为主的“外围”的经济空间结构。中心—外围模型或核心—边缘模型是新经济地理学的基础理论模型。

在中心—外围模型中，存在三种效应影响企业选择和要素流动，这三种效应表现为两种作用力——集聚力和扩散力。

（1）市场邻近效应。市场邻近效应是指企业区位选择更偏好于市场规模较大

的区域，这种效应源于需求导向的循环累积效应（demand-linked circular causality）。市场邻近效应导致市场规模较大的区域增强了集聚力，吸引经济活动的集聚。

（2）生活成本效应。生活成本效应是指劳动力等要素会流向生活成本较低的区域，源于成本导向的循环累积（cost-linked circular causality）。核心地区的经济活动集聚提高了生产效率、降低了生活成本，从而吸引边缘地区劳动力的迁入，这种效应增强了核心地区的集聚力。

（3）市场拥挤效应。市场拥挤效应又叫作市场拥挤扩散力（market-crowding dispersion force），是指随着核心地区集聚度的提高，企业间竞争加剧，会导致企业利润和劳动力工资的下降，从而导致企业和要素迁出核心地区，即形成扩散力。

当集聚力大于扩散力时，经济活动的空间流动以向核心地区的集聚为主，表现为正反馈过程；反之，当集聚力小于扩散力时，向核心地区的集聚趋势发生变化，经济活动的空间流动以向边缘地区的扩散为主，表现为负反馈过程。

导致集聚或形成向心力的因素主要包括产业关联、劳动力共享、外部溢出和低成本生活效应。不可移动要素的拥挤、土地租金的上涨、企业间竞争激烈等会导致扩散，形成集聚的反向作用力即离心力。

C—P 模型表明，即使两个区域初始条件完全相同且不存在外力作用，经济系统的内生力量终将使区域演化分异，产业集聚不可避免，甚至形成极端的核心—边缘结构。产业集聚区（核心区）在满足本地需求的同时向非集聚区（边缘区）输出商品。核心区的市场需求远大于边缘区，并成为它进一步吸纳人口和产业转移、促进资本积累和知识创造的重要力量来源之一。

2. 城市层级体系模型。

假设城市为制造业集聚地，周围被农村腹地包围。随着制造业在城市集聚规模的扩大，当集聚到一定程度时，制造业会外迁，形成新的城市，随着人口和经济活动的进一步增长，也会形成新的城市，城市数量增加，直到城市规模、城市间距离在向心力和离心力均衡时稳定下来，形成城市等级、功能、空间体系为止。

3. 国际模型。

产业间的关联、运输成本及要素流动影响产业集聚和国际贸易。在克鲁格曼的新经济地理学中，产业关联主要是上下游企业之间的“垂直关联”，即一个企业的产出品是另一个企业的投入品。制造业部门使用劳动力和中间产品进行生产，因为劳动力在国际间的流动受到制度等约束，所以产业关联导致制造业在几个主要国家若干区域集聚，形成专业化过程。

第五节　新经济地理学的新发展

克鲁格曼开启了新经济地理学的研究热潮，在核心—边缘模型的基础上，根据企业的异质性以及要素流动状况等相继形成了许多新的理论模型，不断发展新经济地理学理论。

（1）要素流动模型，包括自由企业家模型、自由资本模型等，这类模型主要分析由于要素的收益率（劳动力的实际工资、资本收益）差异导致要素的空间流动，从而影响企业区位变动和产业集聚。

（2）要素累积模型，这类模型是把新经济地理学与新增长理论相结合，把空间因素纳入增长模型而形成的区域增长模型，包括全局或局域溢出模型等。

（3）中间投入品模型，包括中心—外围垂直联系模型（core periphery vertical linkage model），主要分析在劳动力可以在部门之间流动的条件下，企业之间的垂直联系（即一个企业的产出品是另一个企业的投入品）影响企业区位的变化。

（4）新新贸易理论（new new trade theory），主要研究相同产业内的异质企业在国际投资和贸易中的选择。

（5）新新经济地理学模型（new NEG），把异质性企业纳入新经济地理学。

这些内容可用表 10 - 1 进行分类。

表 10 - 1　　新经济地理学的演进

分类	要素状态	代表性文献	
企业同质	要素流动	核心—边缘模型（Krugman，1991）	自由企业家模型（Forslid and Ottaviano，2003）
	中间投入品	垂直联系模型（Krugman and Venables，1995）	自由资本模型（Rovert - Nieoud，2002）
	要素累积	全局或局域溢出模型（Baldwin，1999）	—
企业异质	要素流动	新新贸易理论（Melitz，2003）	新新经济地理学（Baldwin and Okub，2006） 消费者异质模型（Tabuchi and Thisse，2002） 劳动力异质模型（Mori and Turrini，2005）

资料来源：踪家峰．城市和区域经济学［M］．北京：北京大学出版社，2016：68.

作为近年来新形成的一个理论体系，新经济地理学把空间因素纳入主流经济学，主要研究产业规模、产业集聚、垄断和竞争等经济问题，其中，地理空间是作为经济问题的载体而存在的。新经济地理学的研究方法是经济学范式，运用包括外部性、规模经济、收益递增等经济学概念来分析产业的区域集中。随着经济活动空间联系的环境变化及微观基础的复杂化，新经济地理学的理论会不断地发展和完善。

第十一章

一个经济史视角的研究：经济增长阶段论

美国经济学家罗斯托的相关研究理论集中反映在其著作《经济增长的阶段》（*The Stages of Economic Growth：A Non - Communist Manifesto*）中[①]。在该书中，罗斯托“提供了一个经济史学家归纳整个现代史的方法。这种归纳方式就是一系列的增长阶段”[②]。

罗斯托从经济史的角度，分析了各方面的因素及大量的国际经验，划分了经济发展的阶段，构建了经济发展阶段论的基本理论框架。《经济增长的阶段》于1960年首次出版，引起学术界的关注并引发了长时间的争论。1971年完成第二版，首版30年之后，该书的第三版作为经典著作再次出版，并把分析扩展到世界舞台上最新的经济和政治发展，以及由非线性和混沌现象所提供的理论观点。《经济增长的阶段》一书的多次再版，表明其学术价值和影响之大。“增长阶段论的目的不仅是要描述现代化顺序的一致性，而且也同样要说明每个国家经历的独特性。”[③] 尽管阶段论已经产生半个多世纪，但其对理解经济史实并用以预期经济发展的未来趋势依然有很大的价值。本章通过总结罗斯托《经济增长的阶段》及其他研究成果的内容，梳理其理论所归纳的经济发展依次经过的各个阶段和重要的时间节点与史实，揭示对现代经济发展的启示。

第一节　经济增长阶段论：一种经济史论

在《经济增长的阶段》开篇时，罗斯托强调：本书提供了一个经济史学家归纳整个现代史的方法，这种归纳方式就是一系列的增长阶段。作为一种经济史

---

① 罗斯托的主要著作还有：《十九世纪的英国经济》（1948年）、《经济成长的过程》（1950年）、《政治与成长阶段》（1971年）、《世界经济：历史与展望》（1978年）等。

②③ ［美］W. W. 罗斯托. 经济增长的阶段［M］. 郭熙保，王松茂，译. 北京：中国社会科学出版社，2000：1.

论，经济增长阶段论强调经济活动中人类行为动机的复杂多样性，并以结构演变为主线分析经济增长的阶段。

一、经济活动中人类行为的动机具有多样性

罗斯托特别强调人类及其行为的复杂性和多样性，他曾引用大卫·休默的话“你可能会说，人类本性的这些原则是相互矛盾的；但人本来就是矛盾的集合体”。① 罗斯托在耶鲁大学主修历史学时，通过对一些重大历史时间的分析，就意识到单一原因分析的不足。17 岁那年，上二年级时，听了一堂运用数学语言表达的经济学课，就做出决定，将致力于把经济学理论和经济史结合起来的研究。“经济思想史学家常常努力建立时间序列。……，但时间序列并不能确切地告诉我们因果关系。”② 作为经济—历史学家，他认为，“以包括所谓新古典综合派在内的主流经济学理论作为解释框架，对一个严肃的经济史家或现状分析家来说是不完善的。而且，我知道得越多，我就越感到有必要系统地引入对经济行为有影响的政治、社会、文化和其他非经济因素。”③

在阶段论中，人被看作是一种比较复杂的单元，影响人类行为的动机具有多样性，人类的实际行为不能被看作是最大化行为。“他不仅追求经济利益，而且追求权力、闲暇、冒险、经验和安全的连续性；他关心他的家庭，关心他所熟悉的他的国家和地区的文化和价值观。……，社会的行为不单决定于经济考虑。一个社会的各部分是在互相影响的：反映人类的不同方面的文化、社会和政治力量，对社会的行为（包括它们的经济行为）产生它们自己的真正和独立的影响。因此，各国政策和社会的全部行为（就像个人的行为一样）是保持平衡的行为，而不是一种简单的最大化过程。”④

罗斯托从世界各国特别是典型国家的历史累积证据，并纳入军事、外交等因素的影响，形成了他的“阶段论”。在阶段论中，“经济变化本身被看作是政治和社会以及狭义的经济力量的结果。而且，就人类动机而言，很多最深刻的经济变化是人类非经济动机和愿望的结果。”罗斯托还引用了凯恩斯的名言：“如果人的天性不愿意冒险，除利润之外对建设工厂、铁路和开矿本身丝毫不感兴趣，那

① 罗斯托．对政治经济学的反思：过去、现在和未来．//［美］迈克尔·曾伯格．经济学大师的人生哲学［M］．北京：商务印书馆，2002：310.

② 罗斯托．对政治经济学的反思：过去、现在和未来．//［美］迈克尔·曾伯格．经济学大师的人生哲学［M］．北京：商务印书馆，2002：311.

③ 罗斯托．对政治经济学的反思：过去、现在和未来．//［美］迈克尔·曾伯格．经济学大师的人生哲学［M］．北京：商务印书馆，2002：316.

④ 罗斯托．对政治经济学的反思：过去、现在和未来．//［美］迈克尔·曾伯格．经济学大师的人生哲学［M］．北京：商务印书馆，2002：157.

么，纯粹作为冷静计算而进行的投资就不会有很多了。”①

二、两种理论的研究方法不同

马克思理论中的社会主义和共产主义阶段是理论预期，历史分析和逻辑分析是马克思采用的主要研究方法。罗斯托理论中的各阶段都是对实际发生的事实的总结。就研究方法而言，阶段论的特点在于以下几点。

1. 非总量分析是阶段论的根本特征。

罗斯托强调现代经济增长源于新技术在某些部门的运用并不断扩散。在阶段论中，经济增长是按照经济部门结构及其变化衡量的，而不是一般意义的总量概念②。因此，罗斯托非常重视总量的部门分解以及技术与生产的关联，系统地分析现代经济增长的动力和过程。在《经济增长的阶段》第二版序言中，罗斯托指出，“虽然关于增长阶段的某些争论进行的很热烈，但是，争论的核心是关于看法的技术分歧：增长是按照总量概念来分析？还是这些总量必须与部门和分支部门的变化联系起来？如果采纳前一个方法，那么起飞时间和相继的阶段似乎是模糊不清和印象不深的。如果接受后一个看法，并且准备挖掘资料，那么，从过去历史中和在我们生活的世界中增长的阶段就会清晰地呈现出来。”③

2. 以动态生产理论为基础的分析框架。

在阶段论中，经济增长阶段的划分不仅是根据观察概括史实的方法，而且各阶段之间具有内在的逻辑关系和连续性。罗斯托认为，古典生产理论是基于静态的分析，把与经济增长过程密切相关的变量视为固定不变或只允许一次性变化的。新古典综合派等现代经济学理论虽然引入人口、技术、企业家才能等动态变量，“但是他们倾向于以如此严格和一般的形式把动态变量引入理论中，以至于他们的模型不能像经济史学家那样抓住增长的本质现象。”④ 因此，阶段论不仅研究收入在消费、储蓄、投资之间的分配，而且特别关注投资的部门结构及经济中某些特殊部门的发展。比如，因为增长阶段的技术基础部分原因就在于主导部门次序的变化，所以按照主导部门的演变来描述各阶段的主要特征。同时，经济增长阶段的演进也源于高需求价格弹性和高需求收入弹性的影响。历史、文化、

---

① ［美］W. W. 罗斯托. 经济增长的阶段［M］. 郭熙保，王松茂，译. 北京：中国社会科学出版社，2000：3.

② 这也是库兹涅茨抨击阶段论的焦点问题之一。

③ ［美］W. W. 罗斯托. 经济增长的阶段［M］. 郭熙保，王松茂，译. 北京：中国社会科学出版社，2000：1－2.

④ ［美］W. W. 罗斯托. 经济增长的阶段［M］. 郭熙保，王松茂，译. 北京：中国社会科学出版社，2000：13.

政治等因素与技术进步、企业家才能、市场需求等动态变量相互作用的动态过程，决定着每个增长阶段的特定内容。

3. 交叉性研究。

罗斯托强调社会是一个政治、经济、文化等各方面相互作用的有机体，所以，阶段论中包含了经济学、政治学与历史学等的交叉。

从经济思想史的角度来看，罗斯托把经济学家分成两派：新牛顿学派和生物学派，牛顿学派强调物质世界是可以认识的，因此能够进行对人类有利的系统控制。新牛顿学派重视简化或把一些变量视为外生变量，然后进行计算。生物学派重视问题的综合性，即一个变量发生变化往往是多个因素作用的结果。罗斯托自称为生物学派。李嘉图和马尔萨斯分别被看作是两派的代表。尽管二人互相尊敬，他们在 1811 ~1823 年的 12 年间进行了大量交流，包括面对面的对话和信件来往（仅已为人知的信件就 167 封），结果还是依然坚持各自的观点。

马尔萨斯认为，“在政治经济学研究中，简单化的愿望导致不愿承认特定结果的产生是多个而不是一个原因的作用……。哲学（科学）的首要任务就是按事物的本来面目对其加以解释。”[①] 李嘉图则认为，他重视的是事物的永久状态，而马尔萨斯则过于关心直接和临时的结果。马歇尔曾努力对两个学派进行协调和综合。他有新牛顿学派的天赋，主要以加数学计算附录的形式，比如，构建了短期均衡的公式。但他仍是一个坚定的生物学派。比如，大约 1881 年，马歇尔运用数学方法对影响经济增长的各因素进行了估算。（内容与 1950 年产生的新古典增长模型接近）并且之后还分析了各个变量的决定因素，指出影响劳动力增长率及其效率的因素包括收入分配的公平性、家庭情感的力量、是否愿意牺牲现在的享受换取未来的快乐、结婚年龄、教育投资等。

生物学派强调一个经济问题往往都受到多种因素的影响。比如，1951 ~1972 年美国和其他西方国家出现了经济增长的黄金时代，对这一成就，主流经济学认为是凯恩斯主义经济政策使然。即因为调节总需求的政策，实现了低失业、高增长和低通胀的理想状态。但罗斯托认为，还有其他的原因：主要包括在国际贸易中，在 1951 ~1964 年间，来自发展中国家的初级产品价格降到历史最低水平，使发达国家获得贸易条件优惠；以及这一时期实际工资上升消化和缓解了耐用消费品的积压等。国际秩序、能源供给、收入分配等都是影响经济增长的重要因素。

① ［美］罗斯托．对政治经济学的反思：过去、现在和未来//迈克尔·曾伯格编．经济学大师的人生哲学．北京：商务印书馆，2002：311.

第二节 经济增长各阶段的分析

在罗斯托最初构建的阶段论中，经济增长被划分为五个阶段，后来根据美国等国家在20世纪70年代以后的变化，又增加了第六个阶段。这样，罗斯托的经济增长阶段论就把经济增长概括为六个阶段，依次是：传统社会阶段、为起飞准备阶段、起飞阶段、成熟阶段、大众高消费阶段和追求生活质量阶段。

一、传统社会阶段

所谓传统社会是指这样一个社会，它的结构是在有限的生产函数内发展起来的。从时间特征来看是指前牛顿时代。牛顿的科学发现被视为历史的分水岭。即传统社会的经济中没有或者没有系统地运用科学技术，因此，经济技术生产率的进步是有限的。传统社会的主要特征包括：

（1）生产率低下。因为在传统社会，没有科学技术在生产活动中的经常和系统地运用。“传统社会的一个基本事实是该社会能达到的人均产量水平存在一个最高限度。”① 自然条件、战争、瘟疫、社会动荡等对人们生活水平的变化产生重要影响。

（2）经济以农业为根本。虽有制造业，但占比很小，因此传统社会是农业社会，大部分资源配置于农业。

（3）社会结构具有分层且流动性很小的特征，家庭和宗族关系在社会组织中发挥很大作用。虽然一个人为改善他的命运而努力是可能的和合法的，但价值体系与宿命论相吻合，即一个人的家庭出身决定了其一生的命运。

（4）从权力结构来看，虽然有中央政治统治的存在，但政治权力的重心一般在地方上，土地所有者操纵政治权力并对中央政治权力产生较大影响。

根据历史进程，罗斯托把传统社会进行分类，包括中国的王朝；中东和地中海文明；中古欧洲社会。牛顿的科学发明以后，尚未能够具备利用科学技术、追求经济利益和控制其环境的能力的社会也被划归传统社会。

① ［美］W. W. 罗斯托．经济增长的阶段［M］．郭熙保，王松茂，译．北京：中国社会科学出版社，2000：5.

二、为起飞准备阶段

一个以农业为主的社会（通常有 75% 或更多的劳动力从事农业）转变为以工业、交通、商业和服务业为主的社会，而转变传统社会需要利用现代科学的成果，从传统社会到经济起飞需要做一些准备，这一阶段叫作“为起飞准备阶段”，这一阶段始于 17 世纪末 18 世纪初的西欧，英国由于地理、自然资源、贸易机会、社会和政治结构的优势，而成为第一个为起飞准备前提条件的国家。在这一阶段，现代科学知识开始在农业和工业中转化为新的生产函数。

根据罗斯托的分析，从现代史的一般情形来看，为起飞准备阶段一般不是由内部产生的，而是较先进社会的外部入侵产生的，入侵从思想情感、技术等方面动摇了传统社会，促进了新社会代替传统社会的进程。这一阶段的主要特征包括以下 5 点。

1. 价值观念的转变。

（1）生儿育女的观念。最初是一种眼界比较固定的艰苦生活的余福和对生命不朽的肯定。通过转变生儿育女的观念降低人口出生率，以适应技术进步等对劳动力的需求。

（2）社会地位的提高不是由于家庭或氏族，而是由于个人从事某种职业的能力。

（3）人们不必把物质环境看作是大自然的恩赐，而应掌握和利用物质世界的规律。

2. 农业的作用。

在为起飞准备阶段，农业的作用主要在于三个方面：

（1）增加粮食供给以满足人口增长的需要以及快速增长的城市人口的需要；出口农产品获取外汇以提供工业部门发展所需要的资本。

（2）带动生产农业机械、化肥等农业需要的产品的工业部门的发展。

（3）农业向政府纳税，增加政府的收入从而增强提供资金的能力。

3. 收入的转移。

在传统社会，富人的财富主要用于建造乡间别墅、雇佣仆役、建筑庙宇、购买个人装饰品等非生产性领域①；到为起飞准备阶段：储蓄开始用于建造公路、

① 根据德国历史学家于尔根·科卡的分析，这一阶段商人进行资本积累的动力不足，因为商人的社会地位较低，且人们认为地产是稳定可靠的，可以作为遗产留给后代，而贸易资本是不稳定的，无法长期持有。所以，在中世纪的社会和文化背景下，资本积累不是商人追求的主要目标，商人更多地把盈利和商业成功视为实现幸福生活的手段。

铁路、学校、工厂等生产性活动。在这一过程中的变化主要在于：

（1）出现企业家、银行家，他们愿意追求利润、调动储蓄和承担风险，这些人作为新的精英人物，会引领工业社会的发展；“这种新的精英阶层必须在某种程度上在社会和政治权威方面代替旧的以土地为基础的精英阶层。”①

（2）有钱人愿意把钱贷给企业家。

（3）人们要准备过一种有变化的生活；劳动者要接受训练，准备承担专业性工作。

（4）投资率超过人口增长率，使得人均资本增加。为起飞准备或向起飞过渡期的本质“最终可以合理地被描述为把投资率提高到经常性地、大量地和明显地超过人口增长率的水平”②。

4. 社会基础资本特别是交通运输能力的增加。

社会基础资本是实现起飞的条件之一，因为具有建设周期或投资回收期长、投资规模大以及公共产品性质的特点，社会基础资本的形成需要政府发挥较大的作用。即使在美国这种典型的资本主义国家，州和地方政府在1815～1840年间对社会基础资本的形成都发挥了主要作用。

5. 政治变革：建立一个有效的中央集权的民族国家是为起飞准备阶段的一个决定性因素。

在政治方面，反应型民族主义（对先进国家侵略的反应）成为发展经济的重要动力，即为了摆脱外国侵略，发展经济，消灭传统社会，以维护国家主权和民族独立。并且反对传统的地区性的主集团和殖民政权。

对于不同职业的人员在为起飞准备阶段的作用，罗斯托认为，“商人一直是一种积极的力量，他不仅认为现代化意味着消除扩大市场和增加利润的障碍，还认为现代化也使他能够得到在传统社会（尽管他有钱）得不到的重要地位。知识分子差不多一直是参加者，他们认为现代化是为个人和整个国家提高人类生活的尊严或价值的方式。军人在过渡时期是绝对关键性人物，他们从事的工作常常远远超过了仇恨外国统治和梦想将来在外国战场上为国增光的事情。”③

---

① ［美］W. W. 罗斯托．经济增长的阶段［M］．郭熙保，王松茂，译．北京：中国社会科学出版社，2000：27.

② ［美］W. W. 罗斯托．经济增长的阶段［M］．郭熙保，王松茂，译．北京：中国社会科学出版社，2000：21.

③ ［美］W. W. 罗斯托．经济增长的阶段［M］．郭熙保，王松茂，译．北京：中国社会科学出版社，2000：29.

三、起飞阶段

起飞阶段被罗斯托认为是经济发展的一个巨大的分水岭，“起飞是稳定增长的障碍和阻力得以最终克服的时期”。“起飞被定义是一种工业革命，和生产方法的剧烈改变直接相关，在比较短的一段时期内产生有决定意义的后果。”① 经济起飞阶段的主要特征包括以下三点。

1. 起飞开始后，就像飞机起飞一样，升空后即可顺利航行。

“促进经济进步的力量扩大了并开始支配整个社会。增长成为正常状态。复利似乎成为习惯和制度结构。”② 罗斯托用牛顿主义观点解释起飞之后经济增长的自动持续性，即根据一些稳定性原理，物质世界是可以认知的，因此能够进行对人类有利的系统控制。这样，当面对问题时，人们有能力解决问题，从而为增长的自动性提供了基本要素。并引导人们发现和利用获利的机会，从而刺激人们的发明创造和创新成为规律性活动。心理、政治、制度和技术因素综合作用，使得起飞后增长成为自动持续的过程。

2. 起飞阶段相当于工业化的初期，基本经济结构和生产方法剧烈转变。

工业部门迅猛扩张，不仅提高了生产率，而且其利润的很大一部分被再投资于新工厂，这样又增加了对劳动力、服务业以及制造业产品的需求，进一步促进了城市地区和其他现代工厂的扩张。新技术促进了新的生产方法的产生和自然资源的使用，收入水平增长带来储蓄增长并转化为投资，增加了经济中的资本积累，也使掌控投资决策的企业家阶层扩大。

3. 农业部门的商业化及生产率的提高。

工业部门的扩张对农产品需求增加，农业随之商业化，新技术不仅在工业也在农业中广泛使用，农业开始使用新技术，农业生产率提高，农民的生活方式也发生深刻变化。“农业生产率革命性的变化是成功起飞的一个必要条件，因为一个社会的现代化将急剧增加对农产品的需求。”③

罗斯托总结的部分国家起飞的时间如表 11 - 1 所示。

---

① ［美］W. W. 罗斯托. 经济增长的阶段［M］. 郭熙保，王松茂，译. 北京：中国社会科学出版社，2000：8 + 59.

② ［美］W. W. 罗斯托. 经济增长的阶段［M］. 郭熙保，王松茂，译. 北京：中国社会科学出版社，2000：8.

③ ［美］W. W. 罗斯托. 经济增长的阶段［M］. 郭熙保，王松茂，译. 北京：中国社会科学出版社，2000：9.

表 11－1　　一些国家起飞阶段暂定的大致年代

国别	起飞时间（年）	国别	起飞时间（年）
英国	1783～1802	俄国	1890～1914
法国	1830～1860	加拿大	1896～1914
比利时	1833～1860	阿根廷	1935～
美国	1843～1860	土耳其	1937～
德国	1850～1873	印度	1952～
瑞典	1868～1890	中国	1952～
日本	1878～1900	—	—

资料来源：W. W. 罗斯托．经济增长的阶段［M］．郭熙保，王松茂，译．北京：中国社会科学出版社，2000：38.

四、成熟阶段

1. 经济成熟的定义。

成熟是指技术上的成熟，一系列先进技术已经在各经济领域广泛使用。起飞开始后大约 60 年或者起飞结束后大约 40 年，经济进入成熟阶段。“我们可以把成熟正式地定义为这样一个阶段，在这个阶段中，经济展现出超越曾推动它起飞的初始工业的能力，以及在非常广泛的资源范围中吸收和有效地采用（当时条件下）现代技术的最先进成果的能力。……成熟阶段是指一个社会已经把（当时的）现代技术有效地应用于它的大部分资源的时期。”①

从起飞向成熟的过渡，主要通过这样几方面的调整。

（1）经济中的许多部门全面发展。起飞阶段的新技术主要应用于工业领域，而到成熟阶段，工业部门多样化发展，并且现代科学技术成果广泛地应用于经济各部门。

（2）主导部门的更替。原来的主导部门增速可能减缓，新的主导部门逐步发展壮大实现主导部门的更替，技术条件、资源禀赋、政府政策等都会影响新的主导部门的形成。比如，到 1873 年，美国、法国、德国都完成了起飞，这些国家达到成熟的途径是建立了一套工业综合体系。19 世纪 90 年代，瑞典的主导部门由木材工业转向木浆工业，从出口原木改为出口木板和火柴。

（3）重新组织资源，实现经济持续增长。起飞阶段只有少数几个部门的产

① ［美］W. W. 罗斯托．经济增长的阶段［M］．郭熙保，王松茂，译．北京：中国社会科学出版社，2000：61.

出迅速增长，这些部门的迅速增长必然会发展过度，一旦生产过度，就有必要重新组织和分配资源，以便使增长能够在新的主导部门继续。起飞阶段通常是以经济萧条而告终，因此，“衡量一个社会是否完成起飞阶段的方法之一，就是看这个社会有没有能力重新有效地组织它的资源，和加速一系列新的主导部门的发展”。①

2. 成熟阶段的特征。

到成熟阶段结束时，经济发生了显著变化。

（1）劳动力结构的变化。农业劳动力由起飞结束时的40%下降到20%。劳动力的构成、实际工资、眼界（比如维权和争取自身利益的意识和能力）及劳动技能都发生了变化。在起飞之前，大约75%的劳动力在维持生存的低工资下从事农业，到成熟阶段结束时，农业劳动力的比重下降至20%左右，并且劳动力中办公室工作人员和半熟练工人、受过高度训练的技术人员和专门职业人员占比增加，工人的实际工资随之增长，工人还会通过建立组织等途径谋求更高的工资和福利待遇。

（2）领导人性质的改变。“由具有海盗作风的棉纺织大王、铁路大王、钢铁大王、石油大王转变为高度官僚化和高度精细机构的有效率的专业化经理。”②

为了说明这种转变，罗斯托还根据现代经济史，把经济增长中头三代领导人的特点进行了比较，认为最初的领导人是推动经济增长的、比较谦逊而具有创新精神的人；其次是手段强硬、善于完成任务的能手，适时把握机会，把经济向成熟推进，必要时不问社会本身是否愿意都会这样做；最后是把经济当作一种专业来管理的人员，他们是心情愉快而办事谨慎的委员会成员。

因此，领导人性质变化的主要态势是作为专业管理的功能和特点的强化。

（3）整个社会对工业化开始感到厌烦，反对把工业化作为压倒一切的目标。因为工业化也导致了环境污染等问题。这时，经济社会发展有了更高的目标。

3. 部分国家经济成熟的时间。

从历史上看，一个社会从开始起飞转变到成熟，大约需要60年的时间。部分国家进入成熟阶段的时间大约如下③：

英国：1850 年；

美国：1900 年；

---

① ［美］W. W. 罗斯托．经济增长的阶段［M］．郭熙保，王松茂，译．北京：中国社会科学出版社，2000：61.

② ［美］W. W. 罗斯托．经济增长的阶段［M］．郭熙保，王松茂，译．北京：中国社会科学出版社，2000：75.

③ ［美］W. W. 罗斯托．经济增长的阶段［M］．郭熙保，王松茂，译．北京：中国社会科学出版社，2000：62.

德国：1910 年；
法国：1910 年；
瑞典：1930 年；
日本：1940 年；
苏联：1950 年；
加拿大：1950 年。

五、大众高消费阶段

1. 经济成熟以后的目标选择。

经济成熟之后，经济发展水平及经济结构层次提高，达到高度发达的工业社会的人们的消费水平，能够超越基本衣食住行的需要，城市人口比重及在办公室和在工厂技术岗位工作的劳动力比例明显上升，都渴望享受经济成熟的成果。影响经济社会发展的主要因素从供给方面转向需求方面，从生产问题转向消费和福利问题。这时，新技术的应用及扩散不再是压倒一切的目标，因而会重新选择新的发展目标。社会发展的方向一般朝着三种目标选择。

（1）国家追求在国外的势力和影响，把资源用于军事和外交。进入成熟阶段以后，"在疆界之外寻求可以征服的新的世界，这在近代史上是一种颇为一贯的特征"。①

（2）建立福利国家，人们追求更合乎人道主义的目标。通过国家的税收政策等实现个人和社会的目标，追求闲暇和社会保障。在成熟阶段完成之前，刺激私人经济以实现最大产出、促进工业化、获取新技术并扩张其在经济部门的应用等经济目标压倒一切，经济成熟以后，人们不仅关注经济目标，也会追求非经济目标，"随着成熟阶段的到来，这些更合乎人道主义的目标就更有力地表现出自己的重要性。在某种意义上，人们甘愿冒降低生产水平和牺牲对私人部门刺激的危险，以便缓和经济周期所造成的痛苦；增加社会保障；重新分配收入；缩短工作日；以及一般来说，软化迄今为止主要以最大限度地增加工业生产和普及现代技术为目标的社会的严酷性"。②

（3）提高消费水平，使之越出衣食住基本需要的范围。经过成熟阶段以后，现代技术在经济各部门得到广泛的应用，商品的供给能力得到大幅度提高，因

① ［美］W. W. 罗斯托．经济增长的阶段［M］. 郭熙保，王松茂，译．北京：中国社会科学出版社，2000：76.

② ［美］W. W. 罗斯托．经济增长的阶段［M］. 郭熙保，王松茂，译．北京：中国社会科学出版社，2000：77.

此，人们可以追求超越基本消费需求的更高层次的需求，更多的人增加对耐用消费品和服务的需求。

不同的国家因为地理条件、传统文化、资源禀赋、价值观以及政治领导人的特点等的不同，对三个目标的选择重点不同。美国、西欧各国家、日本和苏联等国就选择了各自的发展目标，美国第一个进入大众高消费阶段。

2. 大众高消费阶段的特征。

进入大众高消费阶段后，经济呈现出新特征：

（1）耐用消费品工业成为经济中的主导产业，主要包括汽车、家用电器产业、住房建设等。

（2）技术工人在劳动力中的比例、城市人口比重上升。

（3）社会福利和社会保障支出增大。

美国是第一个由成熟阶段进入大众高消费阶段的国家，其经济成熟是以亨利·福特的流水装配线的使用为起点，大约到 1946～1956 年，结束成熟阶段。

进入 20 世纪以后，美国社会生活的许多方面都在发生转变，形成了一种新的精神状态和政策方向，为转变目标重点做准备，到 1916 年，美国接受了经济政策中最有革命性的政策，包括：征收累进所得税；明文规定工会有权组织活动；联邦储备系统的建立等。在 19 世纪 90 年代，美国出现了一种普遍情绪，认为美国在某种意义上已经成为一个成熟的世界大国，已经到了应该在世界舞台上起作用的时候了。西奥多·罗斯福执政期间也推动了这种要出人头地和一定程度上要在世界舞台上起主要作用的思想。但是，美国还是放弃了建立帝国的道路，在社会服务和军事开支方面的资源增加并不是很大。

美国的资源越来越多地用于新型消费方面，这种态势在 20 世纪 20 年代非常显著，这一时期美国的经济社会发生的主要变化及其呈现的特点在于：

第一，劳动力就业结构的变化，专业技术人员、办公室工作人员、熟练和半熟练工人所占的比重大幅度增加，这些人主要居住在城市或城市郊区。20 世纪 20 年代，整个美国人口增长了 16%，住在城市中心的人口增长了 22%，住在卫星城的人口增长了 44%①。这些人日益倾向于提供和享受消费品和服务。

第二，福特汽车公司采用流水线装配方式，使汽车的生产成本降低从而价格大幅度下降，汽车成为代步工具进入大多数人的家庭，这对人们的消费和生活方式、城市空间结构、企业组织结构和管理方式等都产生了革命性影响。

第三，制造业得到大幅度增长，在 1899～1937 年间，汽车产量增长率最高，

① ［美］W. W. 罗斯托. 经济增长的阶段［M］. 郭熙保，王松茂，译. 北京：中国社会科学出版社，2000：80.

增长1801倍，香烟、石油、牛奶等增长都大于10倍。就这样，美国进入汽车化时代，到1948年，54%的美国家庭拥有自己的汽车，10年之后增加到73%①。“汽车、单家独院式的住房、公路、家庭耐用品、高档食品的大众化市场——这些都可以说明20世纪20年代美国社会转型的大部分历史。”② 美国在大众高消费阶段的主导产业依然是汽车、郊区住房、公路建设以及其他耐用消费品的普及。汽车作为交通工具的普及及其所带来的消费方式特别是住房的郊区化是美国大众高消费阶段的最重要的特征。

随着物质生活的极大丰富，耐用消费品时代走向它的逻辑终点时，美国社会出现了一些新情况，其中之一是“美国人开始似乎宁愿多生孩子也不愿多得消费品。”“二战”后美国的出生率上升并保持在2.5%左右，结果导致人口总量增长及人口年龄结构和家庭规模的变化。③

西欧国家在“一战”前也已经达到成熟阶段，但是，因为在其政治力量对比中农业的力量较小以及在西欧工业劳动力和知识分子领袖中，社会主义学说和理想有比较大的势力，因而在“一战”前政府支出比重较大。20世纪20年代需要进行战后重建，西欧国家没有像美国一样进入耐用消费品时代。20世纪30年代虽然住房建设、汽车和耐用消费品生产迅速增长，但因为地理（国土面积）条件、投入资本的规模、为较大的市场生产汽车的愿望等原因，导致西欧国家的公路建设也落后于美国，制约了西欧国家消费水平的提高。就社会文化观念而言，美国崇尚平等，从而容易接受大众高消费的观念，而西欧国家强调等级社会，认为成熟社会提供的耐用消费品和服务等主要是为贵族等高端阶层人士消费。就“大萧条”的政治影响而言，1929年以后，美国和西欧国家及日本都产生了新的政权和政府政策（美国的新政、英国的联合政府及保守党政府、法国的人民阵线政府），而德国和日本主要把资源用于军事扩张而不是用于消费。尽管“二战”前西欧各国已经出现了一些大众高消费现象，但直到“二战”结束以后，西欧国家和日本才真正进入大众高消费阶段。

六、追求生活质量阶段

罗斯托对经济增长阶段的总结和划分，最初只提出前五个阶段，即大众高消

① ［美］W. W. 罗斯托．经济增长的阶段［M］．郭熙保，王松茂，译．北京：中国社会科学出版社，2000：82.

② ［美］W. W. 罗斯托．经济增长的阶段［M］．郭熙保，王松茂，译．北京：中国社会科学出版社，2000：80.

③ ［美］W. W. 罗斯托．经济增长的阶段［M］．郭熙保，王松茂，译．北京：中国社会科学出版社，2000：83.

费阶段是经济发展的最高阶段。罗斯托还曾担心，经过大众高消费阶段以后，人们的物质得到极大丰富，人类会不会陷入长期精神停滞状态，找不到发挥他的精力、才能和谋求永生的本能的有价值的出路？到 20 世纪 70 年代以后，发现美国经济社会的新变化，又提出了第六个阶段：追求生活质量阶段。这一阶段的主要特征包括：

（1）服务业成为经济中的主导部门。

（2）闲暇、环境、精神享受等成为人们追求的重要目标。

罗斯托提出一个预警问题："高消费之后就存在一个是否会出现长期的精神颓废的问题，"① 对此他引用了托马斯·曼（Thomas Mann）的小说《布登布洛克家庭的衰落》②（*Buddenbrooks Verfalleiner Familie*）中的一个关于三代人的故事，该故事总结了代际间需求层次提升的规律，被叫作"布登布洛克式动态"（Buddenbrooks dynamics），这一动态显示，第一代人追求金钱；第二代人一出生就有钱，于是追求社会和政治地位；第三代人一出生就既舒适又有家庭名望，于是追求音乐提供的境界。各代人的追求在不断变化，因为每代人对自己已有的东西并不看重，而寻求新的满足方式。

第三节　经济起飞的条件

起飞是经济发展过程中一个具有决定作用的阶段，从此增长成为正常状态。起飞的开始通常可以溯源于一种特别剧烈的刺激力量，包括政治革命促使社会权力和价值观念、经济制度和收入分配等的变革。比如 1868 年日本的明治维新，技术创新在实际部门中的广泛应用及扩散，改变了生产方式并提高了生产率；新的有利的国际环境的产生，比如国际资本流入、国外市场开放等。因此，经济起飞的条件包括新技术的出现及应用、资本积累、制度或政治权力结构等。

---

① ［美］W. W. 罗斯托. 经济增长的阶段［M］. 郭熙保，王松茂，译. 北京：中国社会科学出版社，2000：12.

② 托马斯曼是 1929 年文学诺贝尔奖获得者，在其出版于 1901 年的小说《布登布洛克家庭的衰落》中，描述了 19 世纪中期德国一个资产阶级家庭的兴衰。在这个家族中，老布登布洛克的奋斗目标是积累财富，通过经营粮食公司，成为当地的富裕人家。他的下一代因出生在富裕家庭。对赚钱失去兴趣，只把继承的家庭企业作为一种责任。目标成为追求社会地位，并最终当上参议员。于是，到再下一代出生时家庭既有钱也有社会地位，转向追求精神生活。最终的结局是家族企业破产、家庭里接连发生变故，布登布洛克家庭完全衰败。作者的本意是想说明"企业家精神"与"知识分子的精神"之间的冲突，罗斯托据其说明一个家庭乃至一个社会生活环境不同，从而追求的目标和满足欲望的方式不同。

一、资本积累率要达到10%以上

作为起飞的资本支撑，“在起飞时期，有效的投资率和储蓄率可能从大约占国民收入的5%提高到10%以上。”① 根据哈罗德—多马经济增长模型，经济增长率 G 等于储蓄率 S 除以资本—产量比率 C。根据当时的情况，罗斯托认为，资本—产量比率 C 大约为3.5，人口增长率为1.5%，人均产出增长率为2%，经济增长率 $G=1.5\%+2\%=3.5\%$，所以，储蓄率 $S=G\cdot C=12.25\%$。

实现起飞所需要的资本的来源主要包括两个途径：一是通过收入的转移和收入分配的改变而获得；二是通过一些部门的利润再投资。收入的转移即把财富从非生产性用途转向生产性用途。比如，在1868年的明治时期的日本和沙皇俄国，就是通过政府公债来换掉大地主据为已有的地租收入，这种收入分配使收入转移到现代经济部门。通货膨胀也具有收入分配效应，18世纪90年代后期的英国、19世纪50年代的美国和19世纪90年代的日本，都在通货膨胀过程中实现了资源从消费转移到追求利润方面，促进了资本形成。经济中迅速增长的部门的企业家把利润的较大部分再投资于新的生产能力，其重要形成方式是通过对外贸易实现，比如，一个经济体根据其资源禀赋或自然资源优势建成出口工业，再利用出口获取的外汇进口资本设备，增加资本形成。美国（1843~1860）、俄国（1890~1914）、加拿大（1896~1914）的谷物，瑞典（1868~1890）的木材和纸浆等都曾发挥了这样的作用。另外，资本输入也是资本积累的来源之一，外国资本在美国、加拿大、瑞典、俄国等国家的经济起飞阶段都起过重要作用。

起飞之后，保持经济持续增长也需要一定的投资率。“经济现代化”中存在一个有助于增长过程自动性的技术性经济要素，即投资率的提高。起飞之前和起飞期间，甚至在以后阶段，这样的提高并不能保证增长不被中断，但是个人的储蓄习惯、公司的再投资策略和政府安排下的公共投资模式倾向于使增长成为持续的（即使不是连续的）过程②。

二、建立起飞的主导部门

从经济的部门结构分析经济发展，是阶段论的特点之一，对于实现起飞的前

---

① ［美］W. W. 罗斯托．经济增长的阶段［M］．郭熙保，王松茂，译．北京：中国社会科学出版社，2000：12.

② ［美］W. W. 罗斯托．经济增长的阶段［M］．郭熙保，王松茂，译．北京：中国社会科学出版社，2000：188.

提条件，罗斯托认为，主导部门的建立是必要条件之一。

1. 形成主导部门的主要条件。

罗斯托把经济中的经济部门分为三类：

（1）主要增长部门。这些部门的创新能力较强，具有较高的自身增长率以及带动其他部门扩张的能力。

（2）补充性增长部门。这些部门是与主要增长部门联系较密切的部门，是由主要增长部门的增长带动而发展的。

（3）派生增长部门。这些部门的发展与实际总收入、人口、工业生产等因素之间存在稳定的相关关系，比如住房产业与人口规模和家庭结构密切相关。

经济增长的驱动力包括供给方面和需求方面，供给方面主要是成本因素即资源的供给及其价格等，需求方面包括人口、消费者收入水平、偏好等。根据罗斯托的分析，在增长的较早阶段，主要增长部门和补充性增长部门主要受供给方面因素的影响，派生增长部门主要受需求方面因素的影响。

在经济发展过程中，各部门的发展速度存在差异，各个阶段都需要有一些部门以更高的速度增长并具有较大的外部经济效应。“从这个角度来说，起飞阶段中各部门的活动情况只是一般增长过程的一种特殊形式；换言之，增长就是通过不同的形式、不同主导部门不断重复起飞阶段的经验而进行的。”① 形成主导部门的条件包括：

（1）有技术创新和迅速应用新技术的能力。这一特征决定了该部门自身较高的生产率和较快的增长速度。

（2）具有较强的扩散效应，有带动其他部门的能力。该部门与其他部门具有较强的产业关联效应，对其他部门的扩散和带动能力较强。

2. 各国起飞阶段的主导部门。

世界各国起飞阶段的主导部门具有多样性，许多部门都在起飞过程中都发挥了主导作用。

（1）棉纺织业：英国起飞阶段的主导部门。18 世纪，英国的纺织业、煤、铁、蒸汽机动力等产业都得到迅速的发展，但最终是棉纺织业作为主导部门，使得英国实现了起飞。主要原因在于：首先，英国棉纺织业的规模和出口比例均较大。从它成为现代化的工业时起，特别是从 18 世纪 80 年代以后，棉纺织业的总产量中有极大一部分是用于出口的，在 19 世纪 20 年代达到了 60%②。所以，棉

---

① ［美］W. W. 罗斯托. 经济增长的阶段［M］. 郭熙保，王松茂，译. 北京：中国社会科学出版社，2000：54.

② ［美］W. W. 罗斯托. 经济增长的阶段［M］. 郭熙保，王松茂，译. 北京：中国社会科学出版社，2000：56.

纺织业的发展对煤、铁、交通运输及流动资本都产生了较大的需求，对这些部门产生了较大的扩散效应，带动了相关部门的增长。其次，制造业技术进步和轧棉机的使用带来了原棉成本的大幅度降低，从而英国的棉纺织品的成本和价格下降，促进了其纺织品的出口。

（2）铁路建设：美、法、德、加、俄等国的主导部门。历史经验显示，修建铁路是许多国家起飞阶段的一个最强有力的驱动力。在起飞阶段，铁路对经济增长的作用主要包括：

第一，降低了国内运输成本，开辟了新市场；

第二，在许多国家，铁路是发展出口部门的先决条件，而出口部门又能为国内提供资本，1914 年前的美国铁路就发挥了这样的作用。

第三，建设和维持大规模的铁路，产生了对煤、钢铁、机械的需求，从而带动了现代采煤业、钢铁业及机械工业的发展。

（3）木材加工业和纸浆工业：瑞典的主导部门。原料和食品工业的技术进步，不仅可以为其他部门提供资本，也能起主导部门的作用。由于采用蒸汽锯等先进技术，瑞典的木材加工业和纸浆工业发展迅速，成为瑞典起飞阶段的主导部门。同理，在丹麦，肉类、乳制品成为主导部门。

可见，棉纺织工业、以铁路为基础的重工业、木材、纸浆、乳制品等消费品都发挥过主导部门的作用，即起飞阶段的主导部门没有固定的模式，各国应根据其资源禀赋、技术水平、价值观或消费偏好、国际环境等选择主导部门。

三、起飞所需要的政治、社会和制度结构的存在或迅速形成

起飞需要相应的社会环境和政治制度支撑，从而形成调动和利用国内资源的能力以及企业家才能发挥作用的环境等，否则，即使具备其他条件，如果没有形成适宜的政治和社会环境，也难以实现起飞。比如，英国和日本，进入起飞阶段时实际上没有输入资本；美国和加拿大，进入起飞阶段时外国资本占较大比重。但有些国家，比如 1914 年前的阿根廷，输入了大量资本却没有实现起飞。对于创新阶段非常重要的企业家而言，其行为动机尽管在各国存在差异，但极少是纯物质特性的动机。“从非经济方面来讲，起飞通常表明要使经济现代化的人对坚持传统社会不放或寻求其他目标的人在社会、政治和文化方面取得决定性的胜利。”[①] 形成与起飞相适应的价值观、政治制度、经济结构等，一个经济才能够

① ［美］W. W. 罗斯托．经济增长的阶段［M］．郭熙保，王松茂，译．北京：中国社会科学出版社，2000：60.

起飞并持续增长。

第四节 增长阶段论揭示的重要历史事件及其启示

在“阶段论”中，罗斯托主要根据技术进步、经济结构和社会结构变化、重要的历史事件、价值观念等划分经济发展的阶段，总结了世界各国经济社会发展的阶段性规律，分析经济发展的动力和影响因素，也揭示了若干重要的历史事件，预期了一些问题的发展，对我们解释和分析当今的经济问题具有启示和借鉴价值。

一、英国是世界上第一个实现起飞的国家，这一事实说明工业化在经济起飞中的决定作用

18 世纪后期，西欧国家处于为起飞准备阶段，对西欧以外新土地的发现促进了贸易的扩张、航运业的兴起、信贷和商业机构的兴起，“新土地以及随新土地的发现而发展起来的新贸易，是西欧社会中一种深刻的横向创新，它不同于诸如蒸汽机或纺织机中所包含的纵向创新。”[①] 同时，西欧国家涌现了许多生产性小发明，这些发明有利于解决纺织业、蒸汽机等效率方面的问题。

在为起飞准备阶段，荷兰是世界上经济最发达的国家，它没有最先起飞原因在于：荷兰本国缺乏原料以及是金融贸易集团而不是制造业集团居于支配地位，所以荷兰过分致力于金融和贸易，却没有一个充分的制造业基础。法国在政治和社会方面过于僵化，“不仅陷于一种阶级社会，而且陷于一种等级社会中。……18 世纪法国最优秀的人物必须考虑政治、社会和宗教革命而不是经济革命”。[②]

美国有巨大的国内市场和丰富的自然资源，导致很多人才和资源投入贸易而不是工业，英国在美洲殖民地实行的重商主义政策也延缓了美国的工业化的启动。从社会环境来看，在独立地获得和巩固之前，有才华的大部分人都被政治问题吸引，直到 1815 年之后，在政治环境稳定以后，美国社会才开始致力于发展经济。

---

① ［美］W. W. 罗斯托．经济增长的阶段［M］．郭熙保，王松茂，译．北京：中国社会科学出版社，2000：32.

② ［美］W. W. 罗斯托．经济增长的阶段［M］．郭熙保，王松茂，译．北京：中国社会科学出版社，2000：34.

只有英国具备了进入起飞阶段的必要和充分条件。英国不但拥有较丰富的工业资源，而且其政治、社会和宗教革命在 1688 年就已经结束，因此，英国是唯一能够把棉纺织、采煤和炼铁等技术以及巨额的对外贸易结合在一起，成为第一个实现经济起飞的国家。

二、大众高消费阶段之前，英国一直都领先于美国

英国不仅是世界上第一个实现起飞的国家，而且也率先达到成熟阶段。成熟阶段以后，在社会发展的目标选择上，由于社会文化等原因，英国没有马上进入大众高消费阶段，而美国由于汽车社会的到来所形成的生活方式和消费水平的提高，以及国家的自然条件、社会环境、价值观等，使得美国在 20 世纪 20 年代首先进入大众高消费阶段，“二战”结束以后，西欧等国才陆续进入大众高消费阶段。

三、相对于供给，需求方面对经济增长的作用在成熟阶段以后占据主导

供给和需求作为市场经济的两个基本方面，共同影响产出、就业、产业结构等，但在经济发展的不同阶段，二者的相对重要性不同。根据罗斯托的分析总结，成熟阶段及其之前，生产成本或供给方面起主导作用，大众高消费阶段开始以后，消费需求成为主导。

四、新技术的应用及其扩散是现代经济增长的主要源泉

重视经济增长的部门结构是罗斯托阶段论的特点之一，在经济增长的各个阶段，都有起主要作用的主导部门，特别是实现经济起飞，必须有主导部门的形成，而主导部门的特征之一就是创新能力强从而自身增长率较高，并且能带动其他部门的增长。正是一些部门出现新技术并产生扩散效应，促进了经济增长。

五、世界经济和政治发展存在多极化和区域化趋势

罗斯托当时就预期到世界经济政治的多极化和区域化。最初研究阶段论时，罗斯托就思考这一问题，在这个权力扩散的世界上，从“冷战”走向稳定和平的前景如何？对此，罗斯托发现，从 20 世纪 60 年代开始，世界政治格局开始出现

多极化态势。(典型事件包括马歇尔计划的立法通过、铁托与斯大林的决裂、古巴的导弹危机等)。他预期，21 世纪的和平取决于一系列条件，其中包括：创立全球性和地区性机构，该机构将允许新兴技术成熟的国家扩大其范围和影响，但不会诱发他们推行荒谬的全球性或地区性霸权。今天，全球化和区域化是世界潮流，中国已经成为世界第二大经济体，中国的世界影响力在提升。作为全球政治和经济体系中的一个重要极化点，中国融入 APEC、"一带一路"等，都是增强中国的全球联结度、促进中国经济增长的途径。根据罗斯托的预期，这也是维护世界和平的举措。

全球信息流和资本流，以及高度多样化的新技术，将使得比较优势扩散和专业化，产生大量的高技术贸易和跨国生产经营。在《经济增长的阶段》第三版序言中，罗斯托指出："我认为，分别达到比如 15 亿人口的中国和印度的技术成熟的到来，很可能产生一次政治运动，以组成和巩固更大的地区性组织——可能比任何人设想的都大。"

六、经济成熟以后，与全球的联系成为一国经济增长的重要因素

当经济到达成熟阶段，即经济各部门都能够使用新技术时，生产率的持续提高必须依赖全球投资中研究与开发部门产生的新技术流。罗斯托根据全人类热爱并追求幸福的共性以及发展中国家和发达国家人口增长差异、技术扩散等因素的变化，预测经济发展的未来，认为发达国家和发展中国家应该也将会通过技术扩散等途径实现共同发展。在长约 40 年的发展中国家经济研究中，接触亚洲、非洲、拉丁美洲等地区的人们，他发现，"可怕的非人的贫困重负并未严重损害人们生活、热爱和欢笑的令人难以置信的决心"。从发达国家和发展中国家之间的关系来看，发展中国家的人口规模较大，且增长率较高，即全世界更多、更大比例的人口都在发展中国家。同时，发展中国家会获得来自发达国家的技术扩散。因此，"对目前的发达工业国来说，维持其活力并在帮助整个世界安然度过这个复杂并具有潜在爆炸性的调整阶段发挥建设性作用，需要力量、团结、平静和内在的自信"。① 因此，应积极参与甚至主导全球化进程，以获取资源和扩大市场容量。

从历史的角度研究经济理论和实践的演变，是罗斯托理论体系的特点。在其他研究成果中，还总结了经济学理论发展的不同阶段，经济学家及其形成的理论

① ［美］W. W. 罗斯托．经济增长的阶段［M］. 郭熙保，王松茂，译．北京：中国社会科学出版社，2000：327.

的特点。罗斯托认为，古典经济学家都具有社会责任感，以务实的态度研究经济理论和解决经济问题。他总结了政治经济学发展的几个阶段：第一阶段主要包括休谟、斯密、穆勒和马克思的理论，主要研究经济增长问题；穆勒和马克思开启了政治经济学的第二阶段，把经济理论的中心问题转移至瓜分一个馅饼上的资源的零和争斗；第三阶段的中心问题则是新技术的产生及其国际扩散对各国经济增长的影响。罗斯托认为，古典经济学家以及凯恩斯都致力于研究经济问题和对策，以实现经济的稳定增长和公平等社会目标。“他们理解问题本身的复杂程度，并以这种态度来对待这些问题，以此自我约束，并接纳来自每一个方面的见解。……他们承认自己受到道德目标的驱使，憎恶由于贫穷而导致的人类的堕落，……我们这一代人已严重偏离我们的职业中最好的传统，并为此付出了极大的代价。”① 因此，罗斯托强调，经济学理论应增强其解释和解决实际问题的能力。

从经济史的角度来看，考虑经济社会的多样性和多元化目标，研究经济发展的阶段性规律，罗斯托的独特的研究方法和理论体系，成为独树一帜的经济学理论，永存于经济学发展历史宝库中。

① 罗斯托．对政治经济学的反思：过去、现在和未来．//［美］迈克尔·曾伯格．经济学大师的人生哲学［M］．北京：商务印书馆，2002：326.

第十二章

结语与展望

前面各章梳理了宏观经济学的产生及其在之后几十年的发展中形成的主要学派。本章拟从经济学理论演变过程中新理论与旧理论的关系、经济学研究方法的争论、不同学派之间的关系以及市场机制和政府干预两种调节手段的相对重要性等方面对宏观经济理论进行简要回顾和展望。

第一节　经济学理论“革命”的结果：新理论与旧理论并存

经济学理论的主要职能包括解释经济现象和问题、预测经济变量的变动趋势以及提出解决问题的经济政策主张。当现有理论不能实现这些目标时，就会引致新理论的出现。对事物的认知规律表明，传统与创新，是一种历史的承继。在经济学领域，旧理论的积累会促进新知识的拓展，新理论需要借助原有理论的概念和工具等，对新的经济问题进行思考和论证。

经济学理论的“革命”就是指新理论改变了对基本经济问题的思考方式。经济学一直是在“革命”与“反革命”的不断交替过程中演进。继往开来是人类历史演变的规律，经济理论发展亦然。每一种新理论都是在前人的基础上，对原有理论的继承、发展或批判而产生的。在经济学理论的发展演变中，新理论的出现往往不会导致旧理论的灭亡，即新理论不能完全取代旧理论：一是新理论往往与旧理论存在一定的联系，或是继承了旧理论的一些假设条件、分析方法，甚至是理论观点等；二是旧理论随着经济状况的变化有可能重新被接受。

“经济学似乎更符合库恩的艺术模式而非科学模式。在经济学中，争论的结局通常是接受新的却不毁坏旧的。完全的胜利是罕见的，这使得旧范式的复活或东山再起有了希望，……它更倾向于同时承认许多不相容的传统或学派。”“经济学的特点是其在拒绝方面而非保留方面的明显的无能，……经济学中的理论经常被替换，但很少完全消失。”① 这一特点表明了经济学理论的坚韧性，或者说要消灭一种经济学理论是极其困难甚至不可能的。比如，凯恩斯革命使得古典理论衰微，20世纪70年代新古典宏观经济学的产生又导致古典理论的复兴。

马克·布劳格在其《经济理论的回顾》② 序言中指出：在几乎每一个现代经济学分支学科中的每项新的发展都可能使我们重新想起经济学史中的一些旧有的、熟悉的论题，或者改变我们对过去伟大思想家真正想要表述的含义的标准看法。在经济发展过程中，技术进步、产业结构调整、需求层次提高等因素会带来新的经济现象和问题，但是研究经济问题的一些视角和方法具有永恒的价值，因此，在经济学发展中尽管新理论会不断出现，但旧理论也不会消失。各学派之间争论的结果往往是接受新理论而不抛弃旧理论，可以同时存在各种不相容的学派。这一特点导致两种可能的结果，一是旧理论还有东山再起的希望；二是不同学派可以融合，以促进理论的完善。

经济学理论的这一特点也决定了各学派及其之间的分歧将会不断产生并持续存在。因此，应重视不同学派之间的异同特别是互补性。

第二节　经济学研究方法的演变及关于经济学数学化的不同观点

一、经济学方法论史的简要回顾

系统化的知识和恰当的研究方法是一门学科科学化的重要特征。从经济学方法论来看，西方经济学领域的探索和争论一直存在。

19世纪经济学方法论争论的焦点问题是经济分析中抽象演绎法和历史归纳法的相对重要性。在西尼尔之前，斯密、李嘉图、马尔萨斯等没有专门论及方法论问题，但是在其著作中都采用了相应的研究方法。“假设—演绎推理”是其主要特征，且假设是通过内省或观察他人行为而得。布劳格（1980）认为，《国富论》和《道德情操论》中采用的方法包括比较静态分析法和苏格兰历史学派方

① ［英］布赖恩·斯诺登，霍华德·文，彼得·温纳齐克．现代宏观经济学指南：各思想流派比较研究引论［M］．苏剑，等译．北京：商务印书馆，1998：27.

② ［英］马克·布劳格．经济理论的回顾（第5版）［M］．姚开建，译．北京：中国人民大学出版社，2009.

法。内维尔·凯恩斯把斯密的方法概括为抽象演绎推理和历史归纳推理相结合的方法。

1827 年，西尼尔在其《政治经济学导论》一书中第一次论述了经济学方法论问题，提出了“经济人”假设。“经济人”假设后来成为马歇尔和现代主流经济学的理论前提。而穆勒强调经济学主要是论述经济生活中人类动机和行为方式的心理科学，因而批判经济人假设的不足。认为经济人假设抽象掉人类行为的其他动机，而只有追求财富或自我利益这一唯一目标。

1890 年，约翰·内维尔·凯恩斯试图调和之前的各种关于方法论的观点，在其《政治经济学的范围和方法》一文中，约翰·内维尔·凯恩斯①区分了经济学研究中实证分析和规范分析两种方法。20 世纪 30 年代的“方法论革命”，推动了经济学理论的蓬勃发展。在这一时期，经济计量、投入产出、博弈论、经验统计等方法被应用到经济分析中，无差异曲线等分析工具也相继问世。20 世纪 70 年代经济“滞胀”以后，经济学理论的发展主要体现在方法的变化，数学方法和计算机技术在经济理论中得到广泛应用。

二、关于经济学数学化的争论

“二战”以后，在经济研究中，科学哲学悄然褪色，从自然科学的角度发展经济理论成为重要途径。数学方法比归纳描述更符合科学标准。1947 年，萨缪尔森的《经济分析基础》出版，同年还有希克斯的《价值与资本》出版，从此，主流经济学在数学化的道路上阔步前进。

自 20 世纪 70 年代以来，经济学朝着更具有数学严谨性的方向发展②，经济学的数学化是提升经济学的科学性的主要途径，已经成为一个明显态势。其结果是：一方面，经济理论研究结论的精确度提高；另一方面也被认为给经济学发展带来危机。“经济学家们发现，如果人们用数学验证熟悉的观点，会带来高度的满足感，如果能用数学去验证其他人眼中的常识，成就感更强。……毫无疑问，数学表达式显得更为科学，但它也有局限性。例如，公式与其基本假设，往往夸大了可以从经济理论中预测出来的精密度。”③ 拓扑学等高等数学的引入已经改变了一些经济学的研究领域，这种进展甚至将对许多经济理论的完整理解置于大量经济学家掌控之外。“许多经济理论，更多关乎一个完全虚构的世界。危机就

① 约翰·梅纳德·凯恩斯的父亲。

② 诺贝尔奖强化了这一趋势。几乎所有的诺贝尔经济学奖获得者都有很强的数学背景，其中很多人最初接受的专业训练是物理学、数学、工程学等相关学科。约翰·F. 纳什就是数学博士，并没有受过系统的经济学教育。

③ ［美］托马斯·卡里尔. 智慧资本［M］. 钟晓华，译. 北京：中信出版集团，2016：10－11.

在于此，经济模型可能除了成为空中楼阁之外，一无是处，它结构精巧，但在现实应用中相当有限。”① 戴维·沃斯威克（N. Worswick G.，David N.，1972）指出：“现在存在着门类齐全的抽象经济学理论，那些门类同具体事实毫无关联，与纯数学几乎没有区别。”② 货币主义的领袖弗里德曼于1996年接受采访时说到，经济学已经逐渐地而且是莫名其妙地成了数学的一个分支，且没有解决真正的经济问题。

数学作为主要方法在经济学中的应用也会影响经济学理论发展中“大的思考”——系统化的理论的形成和“小的思考”——仅论述某一具体问题的配置。自从数学方法进入主流经济学以来，经济学逐渐远离了关注“应该是什么”的规范经济学，而转向了实证经济学，避免价值判断，主要解答“是什么”的问题。对此，近年来的主流经济学家认为，数学方法不会阻碍对更宽泛的理论问题的研究。而反对者认为，这种做法的危险在于手头上的工具经常会决定所从事的工作。换言之，一个熟练使用锤子的人可能只会想到需要使用钉子的项目，所以，数学更适合于“小的思考”而不是“大的思考”，数学和统计学的方法使经济学倾向于“小的思考”，难以形成系统化的理论。

经过20世纪的繁荣，到20世纪末，许多经济学家开始反思经济学面临的问题或危机，包括人类行为的假定前提、经验与数学推理的相对重要性、经济学数学化等③。本杰明·沃德（Benjamin Ward，1972）认为，“经济学基本上是一门规范性的政策科学，但用冷静的实证主义装饰它自己。……现代经济学的主要弱点在于不愿使它所产生的一些理论包含一种可以明显地被驳倒的结论，随后又普遍地不愿把这种结论同事实相对照。”④

经济理论需要规范分析与实证分析的结合，应重视不同研究方法的互补性，以提升经济理论的规范性和严谨度。

第三节 市场机制与政府干预的相对重要性的交替

宏观经济学发展演变围绕的主题之一就是市场机制和政府干预这两种调节手

---

① ［美］托马斯·卡里尔．智慧资本［M］．钟晓华，译．北京：中信出版集团，2016：10－11.

② ［英］马克·布劳格．经济学方法论［M］．石士钧，译．北京：商务印书馆，1992：250.

③ 布劳格认为，经济学是有关相机抉择（trade-off）的科学，方法论中基本的相机抉择之一就是严谨性与现实相关性之间的相机抉择，作为一个经济学家，你必须在以下两者之间作出选择：表达上严格而精确，但你提出的问题与现实情况无关；或者，你所提出的问题是重要的而与现实相关的，但你的表达方式却不甚严格，不能给人留下深刻印象。换句话说，即作为一个经济学家，你必须在严格精确而不现实和与现实相关但不严格不精确之间作出选择。

④ ［英］马克·布劳格．经济学方法论［M］．石士钧，译．北京：商务印书馆，1992：251.

段在市场经济中的相对重要性。

古希腊人为个人与城邦的关系争论不休，在当代语境中，古老的命题重新表述为市场与政府的分界，以及自由与管制的冲突。凯恩斯主义认为，由于市场参与者的非理性冲动（凯恩斯称之为“动物精神”），导致市场失灵，因此，需要理性的政府，作为“社会利益”的代表，弥补市场失灵，实现资源配置最优和社会公平。反凯恩斯主义者认为，凯恩斯主义在逻辑原点上就错了，世界上并不存在“社会利益”，因为世界上不存在一个抽象的、作为一个整体的、具有思维和感受能力的社会。并且，凯恩斯主义假设了一个全能（无限的认知和执行能力）和仁慈（以救民于水火为己任）的政府①。

经济学理论体系形成以后，根据宏观和微观经济学以及市场机制和政府干预的相对重要性，经济学的演变经历了以下几个阶段。

（1）古典经济学时期：崇尚市场机制，认为政府只有“守夜人”的职能。1776 年，斯密的《国富论》出版，经济学理论体系形成，标志着经济学的产生。其内容既包括以资源配置为核心的微观经济理论，也包括经济增长等宏观经济问题。其理论核心是创造生产能力，消除政府对个人创新精神的阻碍。

（2）新古典经济学时期：强调市场机制配置资源的效率。1890 年，马歇尔的《经济学原理》出版，在其理论体系中，把宏观经济变量视为外生的，主要研究资源配置问题。在调节手段上依然秉承古典经济学的观点，强调市场机制的有效性和完美性。

（3）凯恩斯主义宏观经济学统治时期：强调政府干预的必要性和有效性。1936 年，凯恩斯的《通论》出版，建立了宏观经济学理论体系，凯恩斯主义者对其补充和发展以后，特别是新古典综合派把凯恩斯宏观经济学与新古典微观经济学进行综合并发展和完善，在西方经济学领域占据统治地位几十年。从此，经济学成为包括微观和宏观两个基本组成部分的理论体系。在调节手段上，打破市场崇拜，提出市场失灵，并主张政府干预市场经济，资本主义不再是 19 世纪的具有自由放任（laissez-faire）特征的经济，市场机制和政府干预成为市场经济的两种基本调节手段。在这一时期，美国等西方国家采纳凯恩斯主义的政策主张，实现了 20 世纪五六十年代经济的高增长。

（4）“滞胀”后的学派林立时期：新自由主义主张放松管制。在 20 世纪 70 年代初，西方国家经济陷入“滞胀”，凯恩斯主义的统治地位风光不再。反凯恩斯主义的货币主义、供给学派、新古典宏观经济学等登上主流经济学的舞台，同

① 根据对市场机制和政府干预的相对有效性，在西方经济学领域形成观点相反的两大派别：淡水派和咸水派。在美国，重视政府干预经济的经济学家主要集中在美国东海岸和西海岸，所以被称为咸水派；重视市场的自我矫正功能、反对政府干预经济的经济学家集中在美国五大湖附近，所以被称为淡水派。

时，拯救凯恩斯主义的新凯恩斯主义也不甘示弱。从此，经济学领域真正出现百花齐放、百家争鸣的繁荣局面。似乎一种理论统治整个经济学界的情况过去了。从调节手段来看，自20世纪80年代以来，新自由主义占了上风，政府放松管制并强化市场机制的调节作用成为占据主导地位的思想和政策导向。美国里根政府采用供给学派的理论和主张、英国撒切尔政府采纳货币主义的理论和主张，在这些变化中，政府干预的力量在弱化，同时相应的市场化机制的作用在强化。

2008年发端于美国的金融危机，使凯恩斯主义势头再起，政府干预的作用又一次被重视。

作为调节市场经济的两种基本手段，市场机制和政府干预的相对重要性成为划分西方经济学领域两大阵营的基本依据，随着经济发展状况的变化而交替主导经济思想和政策。

第四节　各学派之间的竞争关系的变化态势

"大萧条"之前，古典和新古典经济学在经济学领域占据统治地位，凯恩斯的《通论》又经过萨缪尔森等人的发展，使凯恩斯主义经济学成为自20世纪30年代以后几十年间经济学的新正统。自20世纪70年代后西方国家经济陷入"滞胀"以来，凯恩斯主义衰微，导致拯救凯恩斯主义的新凯恩斯主义的产生以及反凯恩斯主义的货币主义、供给学派和新古典宏观经济学的盛行。但是没有一种理论成为新正统，不同的理论共同存在并带来经济学的繁荣，从此，丰富多样性成为宏观经济学的显著特征。

庇古有句名言：在社会科学中，我们寻求的是热不是光。不同学派的存在是经济学发展繁荣昌盛的标志，各学派之间的思想交锋使各方都能够从中受益。这种状况可以使得经济学人免受学术奴役和自满的危害，也能够从各学派中获取发展完善其理论的动力和启发。但是，在过去很长时期的各学派之间的竞争中，宏观经济学家为了标榜自己的学术产品的与众不同，更热衷于强调理论以及政策主张的分歧。

自宏观经济学产生到20世纪末，经过争论、批评和发展，宏观经济理论在一些领域达成共识，但分歧依然存在。布莱恩·斯诺登等人把20世纪末宏观经济学的共识总结为：（1）实际经济增长从长期来看主要由供给方面的因素决定，实际总产出在长期是螺旋式上升的。短期波动主要由总需求决定。（2）失业与通货膨胀之间的替代关系在长期不存在。（3）长期内货币供给的增长率决定通货膨胀率。分歧主要在于：为促进经济增长政府如何发生作用，即政府在稳定经济中的作用及其方式。

宏观经济理论中的分歧会一直存在。无论是什么学科，追求真理必须具备批判性思维（critical thinking）能力。批判性（critical）不是批判（criticism）。批判性思维是以提出疑问为起点，以获取证据、分析推理为过程，以提出有说服力的、有创造性的解答为结果。对这个结果又会提出新的疑问，导致新的发现。这就是科学探索的逻辑。经济学理论也必然按照这一逻辑演进和发展。萨缪尔森认为，"20 世纪经济学的一个重要突破是宏观经济学的发展。它促使人们更好地理解了如何对付周期性经济危机和刺激长期经济增长等问题。……然而，宏观经济学仍是一个经济学家和政治家们争论不休的领域①卢卡斯也认为，"当宏观经济学在一个问题上达成了一致（比如说在通货膨胀的货币原因上达成一致），那么这个问题就退出了职业争论的舞台，我们将就别的问题进行辩论。职业经济学家主要是学者，而非政策管理者。我们的责任在于把研究推向新的、因而肯定很有争议的领域来创造新的知识。在特定的问题上可以达到一致，但在研究的全部领域里达成一致就等于停滞、麻木和死亡。"②

20 世纪末曾有经济学家总结和展望："就宏观经济学的未来发展而言，我们可以确信的一件事是，它将继续使人们惊喜，正像它过去一样。"③ 自 21 世纪以来，多学科交叉成为社会科学研究的新常态，与其他学科的融合成为经济理论发展的重要途径，这就意味着宏观经济学更加丰富，经济学将进入多元主义状态。

许多经济学家都意识到，多元主义时代需要一种新的学术精神，即改变之前追求统治地位的思维方式，而用学科或学派间自由平等的交流来推进经济学的发展。麦克罗斯基（D. N. MaCloskey）就是坚持平等学术观的代表。作为主流经济学的背叛者，他对多元主义一直非常推崇，尤其强调学术的平等价值。认为促进学术发展的有效途径并不是建立和强化一个统一的本体论和方法论，而是倡导一种学术价值观念上的多元主义。知识的生产者和需求者都需要一个更为宽广和自由的学术标准。在多元主义时代，应结束学术的冷战思维模式，不同的经济学理论之间不是竞争关系，而是有共同的目标即扩展知识。因而每个人都应有更高的知识宽容度。

理论是灰色的，而生命之树常青。同时，朴素的事实只有透过理论的棱镜才能看清。展望未来，影响宏观经济学未来走向的可能因素包括：大的事件的出

① ［美］保罗·萨缪尔森，威廉·诺德豪斯．经济学（第 16 版）［M］．萧琛，等译．北京：华夏出版社，1999：298－299.

② ［英］布赖恩·斯诺登，霍华德·文．与经济学大师的对话：阐释现代宏观经济学［M］．王曙光，来有为，译．北京：北京大学出版社，2000：187.

③ ［英］布赖恩·斯诺登，霍华德·文，彼得·温纳齐克．现代宏观经济学指南：各思想流派比较研究引论［M］．苏剑，等译．北京：商务印书馆，1998：506.

现，经济学方法的多元化，国际经济关系，支撑经济学理论的创新的技术条件、技术进步、产业结构演进、分工协作深化等。经济社会结构的复杂程度会不断上升，需要新的经济理论解释新的经济现象和解决新的经济问题，宏观经济学的发展将在理论的严谨性和科学性、经济思想和研究方法的多元化、解释和解决现实问题的能力等方面不断提升和完善。

参 考 文 献

[1] [英] 阿弗里德・马歇尔．经济学原理 [M]．廉运杰，译．北京：华夏出版社，2005.

[2] [美] 埃得蒙德・菲尔普斯．宏观经济学七学派 [M]．贺京同，那艺，贺坤，译．北京：机械工业出版社，2016.

[3] [美] 保罗・萨缪尔森，威廉・诺德豪斯．经济学（第12版）[M]．高鸿业，等译．北京：中国发展出版社，1992.

[4] [美] 保罗・萨缪尔森，威廉・诺德豪斯经济学（第16版）[M]．萧琛，等译．北京：华夏出版社，1999.

[5] [美] 保罗・威尔斯．后凯恩斯经济理论 [M]．瞿卫东，译．上海：上海财经大学出版社，2001.

[6] [英] 彼得・德・哈恩．从凯恩斯到皮凯蒂：20 世纪的经济学巨变 [M]．朱杰，安子旺，于东生，译．北京：新华出版社，2017.

[7] 布坎南 J. M. 著．经济学家应该做什么 [M]．罗根基，雷家端，译．成都：西南财经大学出版社，1988.

[8] [英] 布赖恩・斯诺登，霍华德・文．现代宏观经济学：起源、发展和现状 [M]．佘江涛，魏威，张风雷，译．南京：江苏人民出版社，2009.

[9] [英] 布赖恩・斯诺登，霍华德・文．与经济学大师的对话：阐释现代宏观经济学 [M]．王曙光，来有为，译．北京：北京大学出版社，2000.

[10] [英] 布赖恩・斯诺登，霍华德・文，彼得・温纳齐克．现代宏观经济学指南：各思想流派比较研究引论 [M]．苏剑，朱泱，宋国兴，苏英姿，译．北京：商务印书馆，1998.

[11] [英] 布赖恩・斯诺登，霍华德・文．现代宏观经济学发展的反思 [M]．黄险峰，译．北京：商务印书馆，2000.

[12] [英] 布莱恩・摩根．货币学派与凯恩斯学派——它们对货币理论的贡献 [M]．薛蕃康，译．北京：商务印书馆，1995.

[13] 陈端洁．弗里德曼与托宾的货币理论 [M]．北京：经济科学出版社，1987.

［14］［英］戴维·W. 皮尔斯. 现代经济学词典［M］. 宋承先，等译. 上海：上海译文出版社，1988.

［15］［美］丹尼尔·豪斯曼. 经济学的哲学［M］. 丁建峰，译. 上海：上海人民出版社，2007.

［16］方福前. 当代西方经济学主要流派［M］. 北京：中国人民大学出版社，2014.

［17］高鸿业，吴易风. 现代西方经济理论与学派［M］. 北京：中国经济出版社，1988.

［18］［英］霍布豪斯. 自由主义［M］. 朱曾汶，译. 北京：商务印书馆，2007.

［19］［英］基思·卡思伯森. 宏观政策：新剑桥学派 凯恩斯学派和货币主义学派的论战［M］. 王德中，李运宽，译. 北京：商务印书馆，2016.

［20］贾根良等. 西方异端经济学主要流派研究［M］. 北京：中国人民大学出版社，2010.

［21］［美］简·雅各布斯. 城市经济［M］. 项婷婷，译. 北京：中信出版社，2007.

［22］蒋自强，史晋川. 当代西方经济学流派（第四版）［M］. 上海：复旦大学出版社，2014.

［23］［英］《经济学家》主编. 现代经济学的最新发展［M］. 冯金华，译. 北京：经济科学出版社，1987.

［24］［英］K·卡什伯特逊. 新剑桥学派凯恩斯学派货币学派关于宏观经济政策的争论［M］. 王德中，李运宽，译. 北京：中国经济出版社，1988.

［25］［英］凯恩斯. 就业利息和货币通论［M］. 徐毓枬，译. 北京：商务印书馆，1997.

［26］［美］劳埃德·雷诺兹. 宏观经济学：分析与政策［M］. 马宾，译. 北京：商务印书馆，1997.

［27］梁小民. 高级宏观经济学教程［M］. 北京：北京大学出版社，1993.

［28］罗志如，范家骧，厉以宁. 当代西方经济学学说（上、下）［M］. 北京：北京大学出版社，1989.

［29］［美］罗伯特. 阿特金森. 美国供给侧模式启示录：经济政策的破解之道［M］. 杨晓、魏宁，译. 北京：中国人民大学出版社，2016.

［30］吉尔德. 凯恩斯与萨伊的对立［J］. 经济影响，1981（3）.

［31］［英］马克·布劳格. 经济理论的回顾（第5版）［M］. 姚开建，译. 北京：中国人民大学出版社，2009.

［32］［英］马克·布劳格．经济学方法论［M］．石士钧，译．北京：商务印书馆，1992.

［33］［美］马克·斯考森．现代经济学的历程：大思想家的生平和思想［M］．马春文，等译．长春：长春出版社，2006.

［34］［美］迈克尔·曾伯格．经济学大师的人生哲学［M］．侯玲，等译．北京：商务印书馆，2002.

［35］［澳］迈克尔·卡特，罗德尼·麦道克．理性预期：八十年代的宏观经济学［M］．杨鲁军，虞虹，译．上海：上海译文出版社，1988.

［36］［美］米尔顿·弗里德曼，安娜·施瓦茨．美国货币史：1867－1960［M］．巴曙松，王劲松，译．北京：北京大学出版社，2009.

［37］［美］米尔顿·弗里德曼．资本主义与自由［M］．张瑞玉，译．北京：商务印书馆，2009.

［38］［美］米尔顿·弗里德曼，罗斯·弗里德曼．自由选择［M］．张崎，译．北京：机械工业出版社，2008.

［39］［美］米尔顿·弗里德曼．货币稳定方案［M］．宋宁，高光，译．上海：上海人民出版社，1991.

［40］［美］乔治·阿克洛夫，罗伯特·席勒．动物精神：人类心理如何驱动经济、影响全球资本市场［M］．黄志强，徐卫宇，金岚，译．北京：中信出版社，2016.

［41］［美］乔治·吉尔德．知识与权力［M］．蒋宗强，译．北京：中信出版社，2015.

［42］［美］乔治·吉尔德．财富与贫困［M］．储玉坤，译．上海：上海译文出版社，1985.

［43］［英］琼·罗宾逊．凯恩斯以后［M］．林敬贤，译．北京：商务印书馆，2015.

［44］［英］琼·罗宾逊．经济哲学［M］．安佳，译．北京：商务印书馆，2011.

［45］琼·罗宾逊，约翰·伊特韦尔．现代经济学导论［M］．陈彪如，译．北京：商务印书馆，1982.

［46］［法］萨伊．政治经济学概论［M］．陈福生，陈振骅，译．北京：商务印书馆，1963：144.

［47］［德］森图姆．看不见的手：经济思想古今谈［M］．冯炳昆，译．北京：商务印书馆，2016.

［48］［美］斯蒂芬·罗西斯．后凯恩斯主义货币经济学［M］．余永定，吴

国宝，宋湘燕，译．北京：中国社会科学出版社，1991.

[49] [美] 斯坦利 L. 布鲁．经济思想史 [M]. 焦国华，韩红，译．北京：机械工业出版社，2003.

[50] [美] 托马斯·卡里尔．智慧资本 [M]. 钟晓华，译．北京：中信出版社，2016.

[51] W. W. 罗斯托．经济增长的阶段 [M]. 郭熙保，王松茂，译．北京：中国社会科学出版社，2000.

[52] 外国经济学说研究会．现代国外经济学论文选（第一辑）[M]. 北京：商务印书馆，1979.

[53] 外国经济学说研究会．现代国外经济学论文选（第五辑）[M]. 北京：商务印书馆，1984.

[54] 王小卫，宋澄宇．经济学方法：十一位经济学家的观点 [M]. 上海：复旦大学出版社，2006.

[55] [英] 维克托·迈尔－舍恩伯格，肯尼思·库克耶．大数据时代 [M]. 盛扬燕，周涛，译．杭州：浙江人民出版社，2012.

[56] [美] 威廉·布雷特，罗杰·L. 兰塞姆．经济学家的学术思想（第三版）[M]. 孙琳，等译．北京：中国人民大学出版社，2004.

[57] [美] 威廉·戈兹曼．千年金融史 [M]. 张光亚、熊金武，译．北京：中信出版社，2017.

[58] 吴易风，刘凤良，吴汉洪．西方经济学 [M]. 北京：中国人民大学出版社，1999.

[59] [美] 小罗伯特·B. 埃克伦德，罗伯特·F. 赫伯特．经济理论和方法史 [M]. 杨玉生，张凤林，等译．北京：中国人民大学出版社，2001.

[60] 许云霄．公共选择理论 [M]. 北京：北京大学出版社，2006.

[61] [英] 亚当·斯密．国富论 [M]. 唐日松，等译．北京：华夏出版社，2005.

[62] [英] 亚当·斯密．道德情操论 [M]. 蒋自强，钦北愚，朱钟棣，沈凯璋，译．北京：商务印书馆，2008.

[63] [德] 于尔根·科卡．资本主义简史 [M]. 徐庆，译．上海：文汇出版社，2017.

[64] [德] 约翰·冯·杜能．孤立国同农业和国民经济的关系 [M]. 吴衡康，译．北京：商务印书馆，1997.

[65] [英] 约翰·梅纳德·凯恩斯．就业、利息与货币通论 [M]. 宋韵声，译．北京：华夏出版社，2012.

[66] [美] 约瑟夫·熊彼特. 从马克思到凯恩斯的十大经济学家 [M]. 宁嘉风, 译. 北京: 商务印书馆, 2017.

[67] 踪家峰. 城市和区域经济学 [M]. 北京: 北京大学出版社, 2016.

[68] 章星. 冲出滞胀的泥潭: 八十年代美英政府的宏观经济控制 [M]. 北京: 北京理工大学出版社, 1992.

[69] [美] 詹姆斯·K. 加尔布雷斯, 小威廉·戴瑞提. 宏观经济学 [M]. 孙鸿敞, 刘建洲, 译. 北京: 经济科学出版社, 1997.

[70] [美] 詹姆斯·M. 布坎南. 自由的界限 [M]. 董子云, 译. 杭州: 浙江大学出版社, 2012.

[71] [美] 詹姆斯·M. 布坎南, 戈登·塔洛克. 同意的计算 [M]. 陈光金, 译. 上海: 上海人民出版社, 2014.

[72] Blaug, M. Great Economists Since Keynes [M]. Cheltenham: Edward Elgar, 1998.

[73] Blaug, M. John Maynard Keynes: Life, Ideas, Legacy [M]. London: Macmillan in association with the Institute of Economic Affairs, 1990.

[74] Friedman, M. Unemployment Versus Inflation? An Evaluation of the Philips Curve [M]. London: Institute of Economic Affairs, 1975.

[75] John F. Lucas. Monetary Neutrality and the Theory of Price Movements [J]. Econometricia, 1961, 29: 315 –335.

[76] Lucas, R. E. Some International Evidence on Output-inflation Trade-off [J]. American Economic Review, 1973, 63: 326 –334.

[77] Lucas, R. E. An Equilibrium Model of Business Cycles [J]. Journal of Political Economy, 1975, 83: 1113 –1114.

[78] Robert E. Lucas. Monetary Neutrality [J]. Prize Lecture, 1995, 7.

[79] N. Gregory Mankiw. Imperfect competition and the Keynesian cross [J]. Economics Letters, 1988, 26: 7 –14.